Gaelic GOLD
decoder

Gaelic-English
learner's dictionary

Published 2021 by Lexus Ltd
47 Broad Street, Glasgow G40 2QW

Compiled by Peter Terrell
with Gaelic editors
Catriona Murray
and
Steaphan MacRisnidh

© Lexus Ltd, 2021

All rights reserved. No part of this publication may be reproduced or stored in any form without permission from Lexus Ltd, except for the use of short sections in reviews.

www.lexusforlanguages.co.uk

British Library Cataloguing in Publication Data
A catalogue record for this book is available from
the British Library.
ISBN: 978-1-904737-582

Acknowledgement
Thanks also to Richard Ridgwell

Chuidich Comhairle nan Leabhraichean am foillsichear
le cosgaisean an leabhair seo.

Printed and bound in Europe by PULSIO SARL

Contents

Preface 5
Using the dictionary 6
A guide to the pronunciation system 14
Abbreviations and symbols 16

Gaelic-English dictionary 17

Articles and genders 408
Verbs 409
Prepositional pronouns 415

to the memory of
Iseabail Macleod, lexicographer

Preface

Why decoder? Decoding is the mental activity of understanding a language that is not the language learnt from childhood up, not the mother tongue. This does not, of course, mean that the language is a code, at least not in any more of a sense than the mother tongue is a code, one generally accepted as a means of navigating the inhabited world. This decoding dictionary is designed for the native speaker of English who is setting out to understand Scottish Gaelic. The compiler was, and is and always will be, a learner of that language, who set out mapping his way through the Gaelic linguistic landscape. Along the way this involved not just the recording of vocabulary but the putting down of markers to signal the presence of structures that can help with the unravelling of meaning, with the decoding of sense. An example of this: the idiom *bha ceud cabhag orm* (I was in a tearing hurry or literally or mechanically: there were a hundred hurries upon me) is not just a pleasing expression but is built on the basis of a fundamental and important underlying Gaelic structure, an example of which every learner will encounter early on in the phrase: *tha am pathadh orm* (I am thirsty). This and other core structures are flagged up in this book and illustrated with a wealth of examples taken from actual usage.

The Gaelic contents of this dictionary are largely the result of reading and marking, and often tweaking, a wide range of Gaelic texts, written by a wide range of Gaelic speakers. The learner's journey very soon made it clear that Scottish Gaelic is nothing if not rich in variety. There are therefore many varieties of Gaelic included, varieties found not only in spelling variants, varying plural forms and varying pronunciations but also in vocabulary and idiom. Beyond the work of signalling the existence of these varieties there could perhaps be the task of more closely tying them to a region and a time, which however, given how the Scottish Gaelic language is evolving and in flux, would be akin to mapping several shorelines of shifting shingle, and so has been left for another day.

    PMT
    Glasgow, 2021

Using the dictionary

1   How to find a word

2   What to do if you can't find a word

3   Spelling variants

4   Information about the headwords

5   Compound verbs

6   The presentation of translations

1 How to find a word

(a) Gaelic headwords are listed in alphabetical order. When two words differ only by the presence of a stràc, then the word with the stràc comes first. For example:

dàil
comes before
dail

(b) Verbs are entered in both their root form, given first, and then, in brackets, as a verbal noun. For example:

caill (a' call) /kYl (ə kowl)/ lose; miss…

Verbal nouns that are not alphabetically reasonably close to their root forms are also entered as separate headwords. For example:

call: *a' call* /ə kowl/ *verbal noun of* **caill**

Using the dictionary

(c) Alphabetical ordering of headwords is only broken in two types of case:

(i) Compound nouns are listed in their own alphabetical order under the first word of the compound. This often creates a block of compounds which can sometimes usefully demonstrate the range of the Gaelic. Any link words or articles (like **na, an**) within a compound noun do not affect the alphabetical ordering:

♦ **Meadhan na h-Alba** Central Scotland, the Central Belt; **Meadhan-aoisean** Middle Ages; **meadhan baile** city centre; **meadhan-latha** midday;

(ii) Compound verbs (verbs consisting of two or more words) are listed directly after the first word of the verb. For example:

   fuirich (a' fuireach) /fooreeK (ə fooreK)/ **1** live; stay; ...
◊ **fuirich aig** live with; stay with
◊ **fuirich a-staigh** stay in
◊ **fuirich còmhla** live together
∆ **fuirich ri** wait for
   fulang ...

(d) lenited forms

Words which most frequently occur in a lenited form are listed under this lenited form. For example:

   Fhraing: *an Fhraing* /ən rang/ (*gen* na Fraing) France

Using the dictionary

2 What to do if you can't find a word

inflected forms

If you can't find a word, then it is possible that you have searched for an inflected form of the word. There are two solutions to this.

(a) If you can't find a word and the second letter in it is an **h**, try taking out the h and searching again. Most headwords are listed without the **h**, that is in their unlenited forms.

(b) If you can't find a word and there are two vowels next to each other near the end of the word and the second of these vowels is the letter **i**, try taking out the **i** and searching again. The **i** puts the the word into its slenderized form.

3 Spelling variants

It is not unusual for a language to have a few spelling variants. Scottish Gaelic (not unlike Middle English centuries ago) is awash with them. This presents a challenge for dictionary-maker and dictionary-user.

A few spelling variants are entered as separate headwords and are cross-referred to another variant with an equals sign. But this cannot be done for all spelling variants. You can use the following chart showing some spelling variants to modify your search. The chart works in both directions.

Using the dictionary

bh	↔	mh	ea	↔	ia
bh	↔	th	gh	↔	dh
cs	↔	gs	p	↔	b
d	↔	t	sc	↔	sg
ea	↔	ei	sr	↔	str

Loan words from English are often found spelled in more than one way, for example:

eaconomaidh, eaconamaidh

This variability will not normally be a problem for comprehension of the Gaelic. In general it can be said that this Gaelic-English dictionary sets out to *describe* actual usage, not to *prescribe* (or to follow other prescriptions).

GOC (the Gaelic Orthographic Convention) has prescribed certain spellings and word forms. However this move towards standardization is not universally adhered to in current practice nor, clearly, in documents or texts that pre-date it. This present dictionary aims to reflect varieties, even though there are some who will label as an error what others call a variant.

4 *Information about the headwords*

This book has dispensed with many of the traditional grammatical part of speech markers (adjective, conjunction, adverb etc) on the grounds of limited practical usefulness. The translations tell you what you need to know. But grammatical information is given for nouns and compound verbs.

Using the dictionary

(a) gender markers

Noun headwords are shown with a gender marker in the form of the definite article used with that noun in the nominative singular. These are listed on page 406.

(b) gender variation

Quite a sizeable number of Gaelic nouns will be encountered in actual usage as either masculine or feminine. This is often a regional issue. Since the possibility of dual gender has little impact on the comprehensibility of the Gaelic, this dictionary only shows one gender for each noun headword.

(c) stràcs

Some variation in the use of the stràc will also be found in Gaelic texts.

(d) hyphenation

Varying use of hyphenation will also be found in Gaelic, as in British English.

(e) genitives

Genitive singulars are shown in their indefinite forms, that is to say when not preceded by a definite article (i.e. *of a*, not *of the*). Where appropriate, genitives are shown with a final **e**, although there is a tendency for this final **e** to be dropped in modern Gaelic. A final **a** on a genitive may also be omitted, provided there is no internal vowel change in the word. (For something on genitives after a definite article you could look at **a'²**, **na²** and **den** and **dhen** in the dictionary).

If no genitive is shown for a noun headword then either (a) it is the same as the nominative or (b) it doesn't exist (or would be unusual).

If a genitive form is quite distinct from its nominative or not in the near alphabetical vicinity, then it will be entered as a separate headword.

(f) plural forms

The plural forms given of Gaelic nouns remain the same with or without a definite article. Neither do they vary for case (nominative, genitive or dative), except for the possible occurrence of a lenition in the genitive plural.

Some Gaelic nouns can have more than one plural form, often depending on region. For the commoner occurrences this is reflected in the dictionary.

If no plural is shown then either (a) it is the same as the nominative singular or (b) it doesn't exist (in normal usage).

If a plural form is quite distinct from its singular form or not in the near alphabetical vicinity, then it will be entered as a separate headword.

(g) If neither genitive nor plural is shown for a noun then that means that the noun is invariable and does not change its form.

(h) Both gender marker and genitive and plural are given together in a bracket when the English translation covers both the Gaelic noun and the Gaelic adjective.

Using the dictionary

(i) compound nouns

Genders of nouns entered as Gaelic compounds will be the same as the relevant headword and are therefore omitted in order to avoid unnecessary repetition. But in the few cases where the first element of the compound is an adjective a gender marker is given.

For Gaelic compound nouns of the form **A na B** or **A a' Bh** the English translation, to show full equivalence, is generally given together with the definite article *the*. Although the English article may in some contexts be omitted, a preceding Gaelic article may not be added.

5 Compound verbs

Gaelic compound verbs are verbs that are made up of two or more separate elements. These compound verbs have been analysed into two types.

For those that are marked by the symbol ◊ the element or elements after the first verb element do not change. For example:

◊ **ruith air falbh** run away

'air falbh' does not change.

For those that are marked by the symbol ∆ the final element in the compound verb can change (since it is a prepositional pronoun). For example:

∆ **teich air** run away from; *theich e orra* he ran away from them
∆ **thig do** suit; *tha e a' tighinn dhut/dhi* it suits you/her

Using the dictionary

Since this variability is a key factor in deciphering Gaelic, six of the most frequently used prepositional pronouns are presented as paradigm entries under one of their six forms, with the other five forms linked in to these. These paradigms are given for **à**, **air**, **de**, **do**, **le** and **ri**.

6 *The presentation of translations*

English translations when separated by commas are interchangeable options. A semicolon between translations means that there is a shift in the scale of meaning. Category numbers are introduced when translation equivalents cannot be seen as forming part of a scale of meanings. This categorization is sometimes based on the semantic equivalence, or rather the lack of it, of the English translations amongst themselves (rather than being a purely Gaelic language decision). This is, after all, a learner's dictionary.

register matching

An effort has been made to match the register of English translations as closely as possible to the Gaelic. So, for example, more informal Gaelic is translated by more informal English.

A guide to the pronunciation system

The aim of the pronunciation guide in this dictionary is to demystify Gaelic spelling and pronunciation. To achieve this aim it was thought counter-productive to oblige the learner of Gaelic laboriously to acquire familiarity with a 'third language', namely the International Phonetic Alphabet with its mysterious and arcane symbols. So just one special symbol, the ə, explained below, has been used.

If you read the pronunciations given between slashes in this book as though they were English, you will be well on your way to pronouncing Gaelic (in one of its many accents).

You should bear in mind the following special points about the pronunciation system used.

vowel sounds

a	as in c**a**t or s**a**t
ah	as in f**a**ther or (southern English) c**a**stle
aw	as in s**aw**
ay	as in d**ay**
e, eh	as in b**e**d or h**ea**d
ee	as in f**ee**t
i	as in **i**n or th**i**n
o	short as in h**o**p
oh	longer as in h**o**pe
ŏ	This is a short o as in h**o**p, the accent being given purely as a reminder of this fact.
oo	as in f**oo**l or p**oo**l
ōw	as in h**ow** or c**ow**
ur	This is a sound which can't be represented by a single letter in English: it is the u sound as in f**ur** or the e sound

A guide to the pronunciation system

as in h**er** or the i sound as in s**ir**. Remember though: the pronunciation is the southern English pronunciation in which the letter r is not sounded at all. If you know any German it is ö; if you know any French it is the œu as in cœur.

Y   as the igh in h**igh** or the y in wh**y**

ə   This special character stands for the dull uh sound like the a in **a**bove, the e as in wat**e**r or the ough as in bor**ough**.

consonants

g   always hard as in **g**et or **g**o

G   This is a g sound from the back of the throat, a little like a gargle or clearing the throat.

j   as in **j**umper

K   This is the sound in the Scottish way of saying lo**ch**.

Kk This is the ch as in lo**ch** followed by an ordinary k.

s   always soft as in **s**uch or hi**ss**

y   a yuh sound as in **y**our or as occurs after the first n in onion or after the ll in million; a lower-case y is never as in my

The Gaelic stràc (or grave accent) has the effect of lengthening a vowel.

When a pronunciation is given in quotes this means that the word is to be pronounced just as though it were English. You'll see that abbreviations in Gaelic are also pronounced with the English alphabet.

If no pronunciation is given at all, that is because it would be redundant.

Hyphens are used in the pronunciation guide to make words easier to read or to ward off misunderstandings. They do not represent Gaelic syllables.

Abbreviations and symbols

abbr	abbreviation	*nom*	nominative
adj	adjective	*pass*	passive
comp	comparative	*pl*	plural
dat	dative	*pos*	positive
fut	future	*prep pron*	prepositional pronoun
gen	genitive		
interr	interrogative, question form	*rel*	relative
		sing	singular
len	lenition; lenited	*supl*	superlative
neg	negative		

=   a spelling variant of; a contracted form of
~   an inflected form of
→   the entry is at; more is given at

◊   a compound verb in which only the last element cannot vary (see pages 12 to 13)
△   a compound verb which includes a variable prepositional pronoun (see pages 12 to 13)
*   an irregular verb whose tenses are given at the back of the book

♦   a compound and the start of block of compounds
■   a fixed expression

à /ah/ from; *tha mi à Inbhir Ùige* I'm from Wick

a[1] /ə/ (*used to address a person by name, leniting the name*) **hallo, a Mhòrag** hello Morag

a[2] /ə/ that; who; which[1]; *an càr a bha air mo chùlaibh* the car which was behind me; *am fear a chunnaic sinn* the man (who *or* that) we saw

a[3] /ə/ +*len* to; *a Shasainn/Ghlaschu* to England/Glasgow; *a dh'Inbhir Nis* to Inverness

a[4] /ə/ **1** (*before numbers when counting*) *a h-aon, a dhà, a trì* one, two, three **2** (*in this time expression*) *deich/còig mionaidean às dèidh a dhà* ten/five past two

a[5] /ə/ (*before verbal nouns*) to; *stad mi a bhruidhinn rithe* I stopped to speak to her

a[6] /ə/ **1** his (*leniting the following word*); *a mhac* his son[2] **2** her (*no lenition*); *a mac* her son[3] **3** their (*with lenition*); *tha cuideigin air a bhaga fhàgail an seo* someone has left their bag here **4** (*translates as 'he/she' in passives*) *chaidh a leantainn* he/she was followed; *chaidh a thaghadh* he was elected; *chaidh a taghadh* she was elected

a[7] /ə/ **1** (*leniting the following word*) him; it; *bu toil leam a thuigsinn* I'd like to understand him/it **2** (*no lenition*) her; it; *bu toil leam a tuigsinn* I'd like to understand her/it

a[8] /ə/ (*as an extension with some interrogatives*) *cò a...?* who...?; *cuin a...?* when...?

---

1 The **a** can't be omitted in Gaelic.
2 When the following word starts with a vowel, Gaelic **a** drops out: **athair** can mean his father.
3 When the following word starts with a vowel, **h-** is inserted: **a h-aodann** her face.

a'

a'[1] /ə/ **1** the (*with feminine nouns in the nom or dat*) *tha a' bheinn...* the mountain is...; *aig a' mhionaid mu dheireadh* at the last minute **2** (*used with some placenames or country names, can be upper or lower case*) *A' Chrìon-Làraich* Crianlarich; *a' Ghrèig* Greece **3** (*used with illnesses*) *a' ghriùthrach* measles

a'[2] /ə/ the; of the (*with the gen and dat of some masculine nouns*); *ainm a' chaisteil* the name of the castle; *aig a' bhonn* at the bottom

a'[3] /ə/ (*with verbal nouns*) *tha mi a' fuireach ri...* I'm waiting for...

abaich /apeeK/ ripe

abaid /abij/ *an* (*gen* abaide, *pl* abaidean) abbey

abair* (ag ràdh) /apar/ (əg rah)/ **1** say; *dè a thuirt e?* what did he say?; *sin a bha e ag ràdh co-dhiù* that's what he said anyhow; *mar a bha mi ag ràdh* as I was saying; *a bheil thu ag ràdh rium gu bheil...?* are you telling me that...? **2** (*in exclamations*) *abair beachd sgoinneil* what a brilliant idea!; *abair gu bheil i teth!* it's so hot!

abairt /aparsh-ch/ *an* (*gen* abairte, *pl* abairtean) phrase

Abèidh /əbay/ Aboyne

àbhachd /ahvoKk/ *an* humour

abhainn /awin/ *an* (*gen* aibhne, *pl* aibhnichean) river; *aibhnichean bradain agus bric* salmon and trout rivers

Abhainn Chluaidh /awin Kloo-wY/ the (River) Clyde

àbhaist /ahvish-ch/: *'s àbhaist dhuinn ithe aig seachd* we normally *or* usually eat at 7; *b'àbhaist dhomh a bhith fuireach ann* I used to live there; *mar as àbhaist* as usual; normally; *an àbhaist ùr* the new normal

àbhaisteach /ahvish-chəK/ usual, normal; *daoine àbhaisteach* ordinary folk; *gu h-àbhaisteach* usually, normally

àbhaistich (ag àbhaisteachadh) /ahvish-cheeK (əg ahvish-chəKəG)/ normalize

a bheil /ə vel/ (*used to ask a question with the verb for 'to be'*)

18

a bheil mi/e/sinn...? am I/is he/are we...?; *a bheil... agaibh?* do you have...?

a-bhos /ə-vos/ over here

aca /aKkə/ *prep pron from* **aig** *for* **iad** (*they*); *tha...aca* they have..., they've got...; *chan eil... aca* they don't have..., they haven't got... **2** (*as in* **an/am/na...aca**) their; *an seòmar bàn aca* their spare room

acadaimigeach /akədemeegəK/ academic

acainn /aKkin/ *an* (*gen* acainne) gear, equipment; *acainn ciad-fhuasglaidh* first aid kit

acair /aKkir/ *an* (*gen* acrach, *pl* acraichean) anchor; *aig acair* at anchor; *leig acair* drop anchor; *bhris i acair* she broke anchor

acaire /aKkirə/ *an* (*pl* acairean) acre

acasan /aKkəsən/ *the emphatic form of* **aca**; *aig an taigh acasan* at their place, at theirs; *sna coimhearsnachdan acasan* in their (own) communities

ach /aK/ **1** but; *chan e an fheadhainn seo, ach an fheadhainn sin* no, not these, those! **2** except, but; *a h-uile duine ach mise* everyone except me **3** only, just; *chan eil ach trì air fhàgail* there are only three left; *cha robh mi ach a' feuchainn ri cuideachadh* I was only trying to help **4** so that; *choimhead mi timcheall ach am fàsainn eòlach air...* I had a look around so that I would get familiar with... **5** *chan eil mi ach riaslach an-diugh* I'm completely stressed out today

achadh /aKəG/ *an t-* (*gen* achaidh, *pl* achaidhean) field

a-chaoidh /ə-Kur-ee/ **1** forever **2** never (*with a negative verb*); *cha tèid mi ann a-chaoidh tuilleadh* I'll never go there again

achd /aKk/ *an* (*pl* achdannan) act ♦ **Achd na Gàidhlig** the Gaelic Act; **Achd Saorsa an Fhiosrachaidh** the Freedom of Information Act

a-cheana /ə-Kyenə/ already

achlais /aKlish/ *an* (*gen* achlaise, *pl* achlaisean) armpit, oxter

acrach

(*Scots*); *le bata mòr fo a h-achlais* with a big stick under her arm

acrach /akrəK/ *gen of* **acair**

acraichean /akrehKen/ *pl of* **acair**

acras /aKkrəs/ *an t-* (*gen* acrais) hunger; *chan eil an t-acras orm* I'm not hungry; *tha an t-acras orm* I'm hungry

actadh /aktəG/ *an t-* (*gen* actaidh) acting

ad /at/ *an +len adj* (*gen* aide, *pl* adan) hat

adag /atak/ *an +len adj* (*gen* adaige, *pl* adagan) **1** haddock **2** stook (*of sheaves*)

adha /ur-ə/ *an t-* (*pl* àinean) liver

adhar /ahr/ *an t-* (*gen* adhair) sky; air; *anns an adhar* in the sky

adharc *an* (*gen* adhairc, *pl* adharcan) horn

adhartach /ərtəK/ advanced; forward-looking; *clas adhartach* advanced class; *adhartach nan amasan* forward-looking in their objectives, progressive; ambitious

adhartas /urtəs/ *an t-* (*gen* adhartais) progress; *thuirt e gu bheil am bòrd a' dèanamh adhartas* he said that the board was making progress

adhbhar /urvər/ *an t-* (*gen* adhbhair, *pl* adhbharan) **1** reason; cause; *dè as adhbhar dha sin?* what is the reason for that?; *air aon adhbhar* for one reason; *'s e adhbhar iomagain a th' ann* it's a cause for concern; *rudan a tha nan adhbhar dragh dhaibh* things that are concerning them **2** purpose; *adhbharan an t-solair foghlam tro mheadhan na Gàidhlig* the purposes of providing Gaelic-medium education

adhbharaich (ag adhbharachadh) /urvəreeK (əg urvərəKəG)/ cause

adhbrann /əbrən/ *an t-* (*gen* adhbrainn, *pl* adhbrainnean) ankle

adhlacadh /ōwləKəG/ *an t-* (*gen* adhlacaidh, *pl* adhlacaidhean) burial

adhradh /ur-rəG/ *an t-* (*gen* adhraidh) worship

AE (=Aonadh Eòrpach) *an t-* EU (=European Union)

agamsa

Afraga /afrəgə/ Africa ♦ **Afraga a Deas** South Africa

Afraganach /afrəgənəK/ African

ag /əg/ *(before verbal nouns that start with a vowel) daoine a tha ag obair* people who are working

-ag /-ak/ *(forms a diminutive) sgian, sgianag* a knife, a little knife; *spàin, spàineag* a spoon, a little spoon; *sùbhag* a (little) berry

agad /akət/ **1** *prep pron from* **aig** *for* **thu** *(you); tha...agad* you have..., you've got...; *a bheil...agad?* do you have...?, have you got...? **2** *(as in* **an/am/na...agad)** your; *am beachd agad* your idea

agadsa /akətsə/ *the emphatic form of* **agad**; *sin an obair agadsa!* that's your job!

agaibh /akiv/ **1** *prep pron from* **aig** *for* **sibh** *(you); a bheil... agaibh?* do you have...? **2** *(as in* **an/am/na...agaibh)** your; *na tiogaidean agaibh* your tickets

agaibhse /akivshə/ *the emphatic form of* **agaibh**

againn /akeeñ/ **1** *prep pron from* **aig** *for* **sinn** *(we); tha...againn* we have..., we've got...; *chan eil cothrom againn* we don't have a chance **2** *(as in* **an/am/na...againn)** our; *'s e sin am bus againn* that's our bus

againne /akeeñə/ *the emphatic form of* **againn**; *aig an taigh againne* at our place

agallamh /akələv/ *an t-* (*gen* agallaimh, *pl* agallamhan) interview; *agallamh ris a' Chomhairliche...* an interview with Councillor...

agam /akəm/ **1** *prep pron from* **aig** *for* **mi** *(I); tha plana agam* I have a plan, I've got a plan; *chan eil airgead agam* I don't have any money, I haven't got any money; *chan eil e agam an-dràsta* I haven't got it on me **2** *(as in* **an/am/na... agam)** my; *na brògan agam* my shoes; *am baga agam* my bag

agamsa /akəmsə/ *the emphatic form of* **agam**; *aig an taigh agamsa* at my place; *tha cù aca – tha agus agamsa* they've got a dog – so do I, me too

21

àgh

àgh /ahG/ *an t-* (*gen* àigh) joy; providence; *an ainm an àigh* for heaven's sake

agh /əG/ *an* (*gen* aigh, *pl* aighean) heifer

aghaidh /əGee/ *an* (*gen* aghaidhe, *pl* aghaidhean) **1** face; nerve; front; *aig an aghaidh* at the front; *an doras-aghaidh* the front door; *seirbheisean aghaidh* frontline services; *...gus aghaidh a chur ris na duilgheadasan* ...in order to address the difficulties; *an aghaidh!* what a nerve!, of all the cheek!; *aghaidh fhuar* cold front **2** → **an aghaidh** ♦ **An Aghaidh Mhòr** Aviemore

agus /agəs/ **1** and; *tha cat aice — tha agus agamsa* she's got a cat — me too **2** than; *còrr agus* more than; *beagan agus* a little more than **3** *...thuirt Mòrag agus i a' gàireachdraich* ...said Morag laughing; *...thuirt i agus na deòir...* ...she said with tears... **4** *cho...agus...* as...as...; *cho fosgailte agus a ghabhas* as open as possible **5** when; *bha amannan ann agus...* there were times when...; *chaidh e far an raoin-laighe agus e a' tighinn a-nuas* it went off the runway when it was coming down **6** although; *goirt agus a bha e* painful as it was

a h-uile /ə hoolə/ every; all (the); *a h-uile duine* everyone; *a h-uile latha* every day; *a h-uile rud* everything; *anns a h-uile àite* everywhere; *o Dhimàirt gu Dihaoine a' gabhail a-steach a h-uile rud* from Tuesday to Friday inclusive

àibheiseach /ahveshəK/: *àibheiseach mòr* enormous; *latha àibheiseach* an excellent day

aibhne /Ynə/ *gen of* **abhainn**

aibhnichean /an-yiKən/ *pl of* **abhainn**

aibidil /apijil/ *an* (*gen* aibidile, *pl* aibidilean) alphabet

aice /eKkə/ **1** *prep pron from* **aig** *for* i (*she*; *it*); *tha...aice* she has..., she's got...; *a bheil...aice?* does she have..., has she got...? **2** (*as in* **an/am/na...aice**) her; its; *an sgoil aice* her school **3** *tha e pòsta aice* he's married to her

aicese /eKkəshə/ *the emphatic form of* **aice**; *aig an taigh aicese* at her place, at hers

àicheadh /ahKəG/ *an t-* (*gen* àichidh, *pl* àichidhean) denial; *chaidh am Bòrd às àicheadh sin* the Board denied that; *tha sinn a' dol às àicheadh...* we deny...

àicheidh (ag àicheadh) /ahKee (əg ahKəG)/ deny

aide /ajə/ *gen of* **ad**

aidh /Y/ aye

aideachadh /ajəKəG/ *an t-* (*gen* aideachaidh, *pl* aideachaidhean) confession

aidich (ag aideachadh) /ajeeK (əg ajəKəG)/ own up (to), confess (to), admit

aifreann /afrən/ *an* (*gen* aifrinn) mass (*Catholic*)

aig /ek/ **1** at; *aig an sgoil* at school; *cò aig a bheil thu ag obair?* who do you work for? **2** of; *an càr aig Ruth* Ruth's car; *fhuair aig 24 air teicheadh* 24 managed to escape **3** (*to express 'have' as in the following*) *tha dà phiuthar aig Josie* Josie has two sisters; *a bheil gu leòr aig a h-uile duine?* does everyone have enough? **4** up to; *tha pàrantan a' fàgail a' ghnothaich aig an sgoil* parents are leaving things up to the school **5** "...", *aig Mòrag* "...", said Morag, goes Morag

aige /ekə/ **1** *prep pron from* **aig** *for* **e** (*he*; *it*); *tha deagh chuimhne aige* he has a good memory **2** (*as in* **an/am/na...aige**) his, its; *an sgoil aige* his school; *na brògan aige* his shoes **3** *a bheil i pòsta aige?* is she married to him?

àigeach /YgəK/ *an t-* (*gen & pl* àigich) stallion

aigeal *an t-* (*gen* aigeil) seabed

aigesan /ekəsən/ *the emphatic form of* **aige**; *tha a ghnìomhachas fhèin aigesan* he has his own business

aigh /Y/ *gen of* **agh**

aighean /Y-yuhn/ *pl of* **agh**

ailbhean /ehləven/ *an t-* (*gen* ailbhein, *pl* ailbheanan) elephant

ailbhinn /ehləveen/ *an* (*gen* ailbhinne) flint

àil /ahl/ *gen & pl of* **àl**

àile /ahlə/ *an t-* air; *feumaidh mi àile ùr* I need some fresh air

àill

àill /ahl/: *b' àill leat / leibh?* sorry?, pardon?; *b' àill leam...* I'd rather...

àillidh /ahlyee/ bright

aillse /Ylshə/ *an* (*pl* aillsean) cancer

ailm[1] /elem/ *an* (*gen* ailme) helm

ailm[2] /alam/ *an* (*gen* ailme, *pl* ailmean) elm

ailtire /alchirə/ *an t-* (*pl* ailtirean) architect

ailtireachd /alchirəKk/ *an* architecture; *companaidh ailtireachd* firm of architects

Aimeireagaidh /amehrəgY/ America

Aimeireaganach /amehrəgənəK/ (*an t-*, *gen & pl* Aimeireaganaich) American

aimhreit /Yrich/ *an* (*gen* aimhreite, *pl* aimhreitean) disturbance, trouble

aimlisg /amlishk/ *an* (*gen* aimlisge, *pl* aimlisgean) calamity

aimsir /emeshur/ *an* (*gen* aimsire, *pl* aimsirean) weather; *air sgàth na droch aimsire* because of the bad weather

aindeoin: *a dh'aindeoin* /ə Gan-yən/ in spite of; *a dh'aindeoin 's nach eil dùil agam ri tòrr* although I'm not expecting very much

àinean /ahnyən/ *pl of* **adha**

aineol /anyəl/: *bha mi air m'aineol an sin* I was a stranger there, I was unfamiliar with the place

aineolach /anyələK/ ignorant; unfamiliar

aineolas /anyələs/ *an t-* (*gen* aineolais) ignorance

aingeal /ang-yəl/ *an t-* (*gen* aingil, *pl* ainglean) angel

ainm /enəm/ *an t-* (*gen* ainme, *pl* ainmean) name; *dè an t-ainm a th' air / oirre?* what's his/her name?; *chuir i a h-ainm ri...* she signed..., she put her name to... ♦ **ainm-àite** placename; **ainm-baistidh** Christian name, first name; **ainm-cleachdaidh** user name; **ainm-sgrìobhte** signature

ainmeachadh /enəməKəG/ *an t-* (*gen* ainmeachaidh) naming; announcement

ainmear /enəmər/ *an t-* (*gen* ainmeir, *pl* ainmearan) noun

ainmeil /enəmel/ famous
ainmeinn /enemin/ *an* (*gen* ainmeinne) fury, rage
ainmeinneach /eneminyəK/ furious
ainmh-eòlach /enəv-yawləK/ zoological
ainmh-eòlaiche /enəv-yawleeKə/ *an t-* (*pl* ainmh-eòlaichean) zoologist
ainmh-eòlas /enəv-yawləs/ zoology
ainmhidh /enəvee/ *an t-* (*gen* ainmhidhe, *pl* ainmhidhean) animal
ainmich (ag ainmeachadh) /enemeeK (əg eneməKəG)/ name; announce; *cha deach a h-ainmeachadh fhathast* she hasn't yet been named
ainneamh /anyəv/ rare, scarce
ainneartach /anyərsh-təK/ violent (*person*); oppressive
Àir: *Siorrachd Àir* /shirəKk ahr/ Ayrshire; *Siorrachd Àir a Tuath* North Ayrshire
air[1] /ehr/ **1** on; *air a' bhòrd* on the table; *air an telebhisean* on television; *air an trèan / air a' phlèan* by train/by plane; *bha na solais air* the lights were on[4]; *cheannaich mi e air deich notaichean* I bought it for £10; *20 mìle an iar air...* 20 miles west of...

2 (*used in forming the perfect tense*) *tha an t-uisge air stad* the rain has stopped; *a bheil thu air dà phinnt òl?* have you drunk two pints?

3 (*used in forming the pluperfect tense*) *bha an t-uisge air stad* the rain had stopped; *an robh thu air dà phinnt òl?* had you drunk two pints?

4 *air a* + *verbal noun* (*used in forming a passive*) *air a ghànrachadh le...* polluted with...; *fireannach air a lorg* man found; *tha daoine air an geur-leanmhainn* people are being persecuted

air[2] /ehr/ (*prep pron from* **air**, *which happens to have the same form as* **air** *in this person only*) on him; on it; *bha seacaid uaine air*

---

4 Corresponds to both English preposition and adverb.

air adhart

> he had a green jacket on; *tha fiabhras air* he has a fever; *Donnie a th'air* he's called Donnie; *bha sròn air mar...* he had a nose like...; *le a theaghlach timcheall air* with his family around him; *chan eil air ach...* the only thing to do is..., the only thing for it is...; → **oirre**

air adhart /ehr ərsht/ forward, on; *agus mar sin air adhart* and so on; *duilleag air adhart* next page; *ciamar a tha an obair a'tighinn air adhart?* how is the work coming along?; *nas fhaide air adhart* later on; *tha a'chuirm-chiùil a'dol air adhart* the concert is going ahead

air aghaidh /ehr əGee/ forward(s)

air ais /ehr ash/ back; ago; *an toir thu a'chlann air ais leat?* can you bring the kids back with you?; *air ais is air adhart* back and forth, to and fro; *seachdain air ais* a week ago

air beulaibh /ehr bee-əliv/ in front of; *air beulaibh coimpiutair* in front of a computer; *air do bheulaibh* in front of you; *air a beulaibh* in front of her

airc /ark/ *an* (*gen* airce) distress, need

àirce /ahrkə/ *gen of* **àrc**

air cùlaibh /ehr kooliv/ behind; *an càr air mo chùlaibh* the car behind me

Àird nam Murchan /ahrsht nəm mərəKən/ Ardnamurchan

Àird nan Saor /ahrsht nən sur/ Ardersier

Àird Rosain /ahrsht rosan/ Ardrossan

àirde[1] /ahrsh-jə/ *an* (*pl* àirdean) height; headland; *dè an àirde a tha annad?* how tall are you?; *tha e mu 5 troighean is 8 òirlich a dh'àirde* he is about 5 foot 8 inches tall; *aig àirde* at its height; in its heyday; *aig àirde bha teine...* at its height the fire was...; *rothaireachd aig àirde* boom times for cycling

àirde[2] /ahrsh-jə/: *nas/as àirde comp & supl of* **àrd**

air dheireadh /ehr yehrəG/ behind, lagging behind; *tha an obair a'dol air dheireadh orm* I'm falling behind at work

aire /arə/ *an* **1** attention; *bheir iad e gu aire...* they brought it to the attention...; *thoir an aire!* pay attention!; watch out!; *cha tug e an aire dhi* he didn't notice her; he wasn't aware of her; *a' gabhail aire shònraichte do...* paying special attention to...; *tha sinn a' feuchainn ri aire dhaoine a tharraing gu seo* we're trying to raise public awareness of this; *a' toirt aire nas gèire air...* put a sharper focus on...; *slàn leat, thoir an aire ort fhèin* goodbye, take care **2** mind; *air do aire* on your mind; *ged nach robh olc sam bith air aire* although he had no evil intention in mind

àireamh /ahrəv/ *an* (*gen* àireimh, *pl* àireamhan) number, figure ♦ **àireamh-aithneachaidh** ID number; **àireamh fòn-làimhe** mobile number; **àireamh PIN** PIN (number); **àireamhan reice** sales figures; **àireamh-shluaigh** population

àireamhair /ahrəvar/ *an t-* (*pl* àireamhairean) calculator

airgead /erəget/ *an t-* (*gen* airgid) money, cash; silver ♦ **airgead-beò** quicksilver, mercury; **airgead-dìolaidh** compensation; **airgead-tasgaidh** investments, funds invested; **airgead-urrais** insurance money

airgeadach /erəgetəK/ **1** silver **2** well-off, moneyed

airidh /aree/ deserving, worthy; *airidh air* worthy of

àirigh /ahree/ *an* (*gen* àirighe, *pl* àirighean) shieling (*summer shelter for cowherds and shepherds; the summer pastures*)

àirleas /ahrles/ *an t-* (*gen* àirleis, *pl* àirleasan) token, voucher ♦ **àirleas-leabhair** book token

air leth /ehr leh/ **1** separate; *cùm air leth bho chèile iad* keep them separate from each other **2** excellent **3** extremely; *air leth toilichte* extremely happy

air-loidhne /ehr-loynyə/ online

airm /erəm/ *gen & pl of* **arm**

air muin /ehr moon/ on top of; *air muin a' phreasa* on top of the cupboard

àirneis /ahrnesh/ *an* furniture

air neo, air no /ehr nyŏ, ehr nŏ/ otherwise, if not

airsan /ehrsən/ *the emphatic form of* **air**[2]

airson /ehrson/ **1** for; *airson dè?* what for?; *airson dìnnear* for dinner; *airson trì seachdainean* for three weeks **2** *chan eil mi airson falbh a-mach a-nochd* I don't want to go out tonight; *tha mi airson...ionnsachadh* I want to learn...; *tha mi airson a dhol dhachaigh* I want to go home; *tha mi airson cùisean fhàgail mar a bha* I'm for leaving things as they were **3** to; *a bheil i deiseil airson falbh?* is she ready to go?; *tha e ro thràth airson falbh* it's too early to leave **4** to, in order to; *rinn mi sin airson faighinn a-mach dè...* I did that to find out what... **5** ■ **airson gu bheil** because

aiseag /ashek/ *an t-* (*gen* aiseig, *pl* aiseagan) ferry; ferry crossing ♦ **aiseag-charbad** car-ferry

aisean /ashən/ *an* (*gen* aisne, *pl* aisnean) rib

aiseirigh /ashehree/ *an* (*pl* aiseirighean) resurrection; resurgence

Àisia /ahshee-ə/ Asia

Àisianach /ahshee-ənəK/ Asian

aisling /ashling/ *an* (*gen* aislinge, *pl* aislingean) dream

aiste[1] /ash-chə/ *an* (*pl* aistidhean) essay

aiste[2] /ash-chə/ *prep pron from* **à** *for* **i** (*her*; *it*); *leig i sgreuch aiste* she let out a scream; → **asam**

aistese /ash-chə-shə/ *the emphatic form of* **aiste**[2]

àite /ah-chə/ *an t-* (*pl* àiteachan, àitichean) **1** place; space; area; *cha robh àite suidhe ann* there was nowhere to sit; *thàinig e sa chiad àite* he came in first place; *gabhaidh e àite...* he/it will replace...; *a h-uile àite a...* everywhere (that)...; *bùthan an àite* the local shops; *muinntir an àite* local people

2 *am faigh mi am fear sin na àite?* can I have that one instead?; *nam àite* instead of me; *na h-àite* instead of her; *an àite sin* instead (of that); *an àite a bhith a' dol gu...* instead of going to...

♦ **àite-adhraidh** place of worship; **àite àlachaidh** breeding ground; **àite-amhairc** viewing point; **àite-àraich** nursery ground; **àite-bìdh** restaurant; eatery; dining area; **àite-coise** pedestrian crossing;

àite-còmhnaidh accommodation, place to live; **àite cruinneachaidh** meeting place; **àite-fuirich** place to live; home; residence; accommodation; *chan eil àite-fuirich aca ann* they have nowhere to live; **àite do luchd-turais** tourist destination; **àite-obrach** workplace; *san àite-obrach* in the workplace; **àite-pàircidh** parking place; **àite-seachnaidh** passing place; **àite-stad** stopping place; stop; **àite-suidhe** seating area; **aitechean-suidhe** seating, seats; **àite-tadhail** visitor attraction; **àite-tuineachaidh** settlement

àiteach /ah-chəK/ *an t-* (*gen* àitich) **1** farming; cultivation; *air àiteach* under cultivation **2** *verbal noun of* **àitich**

àiteachas /ah-chəKəs/ *an t-* (*gen* àiteachais) agriculture; *puinnsean àiteachais* agricultural poison

aiteal /achəl/ *an t-* (*gen & pl* aiteil) glimpse

aiteamh /ah-chəv/ *an t-* (*gen* aiteimh) thaw; *tha aiteamh ann* it's thawing

aiteann /achən/ *an t-* (*gen & pl* aitinn) juniper

àiteigin /ah-chehgin/ somewhere; *tiugainn a dh'àitegin eile* let's go somewhere else

aitheamh /a-həv/ *an* (*gen* aitheimh, *pl* aitheamhan) fathom

aithghearr /Yhər/ sudden, abrupt; → **a dh'aithghearr**

aithghearrachd /YhərəKk/: *san aithghearrachd* soon; in the short term; in the near future

aithisg /ahishk/ *an* (*gen* aithisge, *pl* aithisgean) report

àithn (ag àithneadh) /ahn (əg ahnyəG)/ command, order

aithne /anyə/ **1** *'s aithne dhomh...* I know...; *an aithne dhut na Leòdaich?* do you know the Macleods?; *b'aithne dhaibh a chèile bho...* they had known each other since...; *an aithne dhut uèir a chur ri pluga?* do you know how to wire a plug? **2** recognition; *fhuair iad aithne laghail do...* they got legal recognition for...; *tha aithne ga thoirt gum...* it is recognized that... **3** identity; *ar n-aithne Ghàidhlig* our Gaelic identity ♦ **aithne chorporra** corporate identity

aithnich (ag aithneachadh) /anyeeK (əg anyəKəG)/ recognize; *cha do dh'aithnich mi e* I didn't recognize him; *chan aithnich mi an diofar ann* I can't tell the difference; *bu chòir aithneachadh cuideachd gu bheil...* it should also be recognized that...; *...mar as fheàrr a dh'aithnichear e* better known as...

aithnichte /anyeeKchə/ well-known

aithreachas /arəKəs/ *an t-* (*gen* aithreachais) regret; repentance

aithris /arish/ *an* (*gen* aithrise, *pl* aithrisean) report; statement; commentary; *aithris bàrdachd* reciting poetry

aithris (ag aithris) /arish / read out, declaim; relate; report; *tha Iain MacLeòid ag aithris* report by Iain MacLeod; here's a report by Iain MacLeod

àitich /ah-cheeK/ *gen of* **àiteach**

àitich (ag àiteach) /ah-cheeK (əg ah-chəK)/ cultivate; grow

àitichean /ah-chiKən/ *pl of* **àite**

aitinn /achin/ *gen & pl of* **aiteann**

àl /ahl/ *an t-* (*gen & pl* àil) young (*of animal*); litter

àlaich (ag àlachadh) /ahleeK (əg ahləKəG)/ breed

àlainn /ahleen/ lovely, beautiful

Alba /aləpə/ Scotland; *Pàrlamaid na h-Alba* the Scottish Parliament ♦ **Alba Chruthachail** Creative Scotland; **Alba Nuadh** Nova Scotia; *às Albainn Nuaidh* from Nova Scotia

Albais /aləpish/ +*len adj* Scots (*language*)

Albannach /aləpənəK/ **1** Scottish **2** *an t-* (*gen & pl* Albannaich) Scot

alcol /alkol/ *an t-* (*gen* alcoil) alcohol

allaban: *air allaban* /ehr aləpan/ wandering

allaidh /alee/ wild

Allmhaigh /aləvY/ Alloway

allt /alt/ *an t-* (*gen & pl* uillt) stream, burn (*Scots*)

altair /altər/ *an* (*gen* altarach, *pl* altairean) altar

altraim (ag altram) /altrəm (əg altrəm)/ foster; nurse; *altram-cloinne* child-rearing, bringing up children

a'm = **agam**; *bha fhios a'm* I knew

àm /ōwm/ *an t-* (*gen* ama, *pl* amannan) time; *àm sam bith* whenever; *ràinig sinn dìreach na àm* we got there just in time; *aig an àm sin* then, at that time; *aig an àm-sa* at the present moment; *bho àm gu àm* from time to time; *na cheart àm* right on time; *san àm a tha an làthair* for the time being; *bidh amannan ann nuair...* there will be times when...; *aig amannan* at times; *thairis air àm na Nollaige* over the Christmas period ♦ **àm dìnnearach** dinner time; **àm ri teachd** future; **àm-stad** break(time); *aig àm-stad* at break

am[1] /əm/ the[5]; *am fear* the man

am[2] /əm/ **1** their[6]; *còmhla ri am mnathan* with their wives **2** (*translates as 'they' in passives*) *chaidh am murt* they were murdered

am[3] /əm/ them[7]; *dh'fheuch mi ri am fosgladh* I tried to open them

am[4] /əm/ in[8]; *am meadhan Ghlaschu* in the centre of Glasgow

am[5] /əm/ (*introduces a question*) *am faod mi...?* may I...?; *am pòs i...?* will she marry...?

a-mach /ə-maK/ **1** out, outside; exit (*as sign*); *choimhead mi a-mach air an uinneig* I looked out of the window; *chan eil mi airson dol a-mach ort* I don't want to fall out with you; *och, a-mach leat!* och, away you go!; *a-mach 's a-steach às a' phrìosan* in and out of prison

2 *a-mach às, a-mach à* out of; *25 a-mach à 30* 25 out of 30; *tha e, a-mach às na h-eileanan gu lèir...* it is, out of all the islands...; *airson na siathamh bliadhna a-mach à...* for the sixth year out of...

3 *bho seo a-mach* from here on, from now on

---

5 same as **an**[1] when coming before b,f,m,p
6 same as **an**[4] when coming before b,f,m,p
7 same as **an**[4] when coming before b,f,m,p
8 a contraction of **ann am**

amadan

4 bi a-mach air be on about; talk about; *am fear air an robh e a-mach* the one he was talking about

amadan /amədən/ *an t-* (*gen & pl* amadain) idiot, fool; *amadain a tha thu ann!* you idiot!

amaideach /amijəK/ idiotic, foolish

a-màireach /ə-mahrəK/ tomorrow

△ **amais air (ag amas air)** /amish ehr (əg aməs ehr)/ aim at, focus on; *a bheil e ag amas air eòin bheaga?* does it target small birds?; *tha, tha e ag amas orra* it targets them

amalach /aməlƏK/ complicated

amalaich (ag amalachadh) /aməleeK (əg aməlƏkəG)/ integrate; amalgamate

amalaichte /aməleeKchə/ integrated; amalgamated

amannan /amənən/ *pl of* **àm**

amar /amər/ *an t-* (*gen* amair, *pl* amaran) basin; pool; bath

♦ **amar-ionnlaid** washbasin; **amar-snàimh** swimming pool

amas /aməs/ *an t-* (*gen* amais, *pl* amasan) aim, objective

ambaileans /ambalans/ *an* (*pl* ambaileansan) ambulance

♦ **ambaileans-adhair** air ambulance

am-bliadhna /əm-blee-ənə/ this year

a-measg /ə-mesk/ among; *tha am banca a-measg seachd a...* the bank is one of among seven that...

Ameireaga /amerəgə/ America

Ameireaganach /amerəgənəK/ (*an t-, gen & pl* Ameireaganaich) American

amh /af/ raw

amhach /avəK/ *an* (*gen* amhaiche, *pl* amhaichean) throat; neck

a-mhàin /ə-vahn/ only; *chan e a-mhàin gu bheil e eadar-dhealaichte, tha e neònach* it's not only different, it's weird; *cha b'e sin a-mhàin* it wasn't only that, not only that; *an seo a-mhàin* exclusive (*in news report*) ■ **ach a-mhàin** except; *ach a-mhàin airson...* but only for..., except for...

àmhainn /ahveen/ *an* (*gen* àmhainne, *pl* àmhainnean) oven

amharas *an t-* (*gen & pl* amharais) suspicion; *tha amharas agamsa gun...* I suspect that...; *tha amharas ann gu bheil...* it is suspected that...; *daoine fo amharas* suspects

amharasach /avərəsəK/ suspicious

amharc /a-vurk/ *an t-* (*gen* amhairc) **1** *san amharc* prospective; *ionad ùr san amharc faisg air...* new centre proposed near...; *obair-lannsa san amharc* planned *or* upcoming operation **2** observation; *dòighean amhairc* ways of observing; *cha deach amharc orra a' gabhail compàirt ann an...* they were not seen *or* observed to participate in...

àmhghar /ahvGar/ *an t-* (*gen* àmhghair, *pl* àmhghairean) adversity; affliction; *àmhghairean na beatha* the tribulations of life

amhran /ōwran/ *an t-* (*gen & pl* amhrain) song

am measg /əm mesk/ among

am...seo /əm...shŏ/ this; *am frids seo* this fridge

a-muigh /ə-moo-ih/ out, outside; *tha e a-muigh sa ghàrradh* he's out in the garden; *taic bhon taobh a-muigh* outside *or* external help; *a-muigh no a-mach* absolutely; *cha ghabhadh e gnothach a-muigh no mach ri...* he absolutely wasn't having anything to do with...

an[1] /ən/ **1** the; *an duine* the person; *an t-òran* the song **2** per; *£50 an duine* £50 per person **3** (*used with some placenames or country names, uppr or lower case*) *An Gearasdan* Fort William; *an Eadailt* Italy **4** (*used with illnesses*) *an t-siataig* sciatica

an[2] /ən/ of the (*with some masculine nouns*) *an earraich* of the spring

an[3] /ən/ **1** their; *an athair* their father **2** (*translates as 'they' in passives*) *cha deach an leantainn* they weren't followed

an[4] /ən/ them; *chan urrainn dhomh an tuigsinn* I can't understand them

an[5] /ən/ in[9]; *an Glaschu* in Glasgow

---

9 a contraction of **ann an**

an

an[6] /ən/ (*introduces a question*) ***an dèanadh tu mo chuideachadh?*** would you help me?

-an[1] /ən/ -s (*in years*); ***tha e na 70an*** he's in his 70s; ***anns na 1970an*** in the 1970s

-an[2] (*forms a diminutive*) ***clag, clagan*** a bell, a little bell; ***beinn, beinnean*** a mountain, a little mountain

anabarrach /anəbarəK/ extremely; ***tha sinn anabarrach toilichte*** we are absolutely delighted

ana-blasta /anə-blastə/ tasteless

ana-caitheamh /anə-kehəv/ *an t-* (*gen* ana-caitheimh) waste; ***ana-caitheamh air airgead*** a waste of money, squandering money

ana-ceartas /anə-kyarshtəs/ *an t-* (*gen* ana-ceartais, *pl* ana-ceartasan) injustice

ana-cothrom /anə-korom/ *an t-* (*gen* ana-cothroim, *pl* ana-cothroman) disadvantage; ***teaghlaichean a tha air ana-cothrom*** disadvantaged families

an aghaidh /ən əGee/ against; versus; ***tha iad an aghaidh a' bheachd*** they're against the idea; ***Alba an aghaidh Sasainn*** Scotland against England

anail /a-nal/ *an* (*gen* analach, *pl* anailean) breath; rest; ***leigidh sinn anail an seo*** we'll take a rest here; ***chùm i a h-anail*** she held her breath; ***cha b'urrainn dhomh m'anail a tharraing*** I couldn't breathe; ***bha anail na uchd*** he was out of breath; ***bha a h-anail na h-uchd*** she was out of breath; ***theab a h-anail stad*** her heart nearly stopped

anailis /anilish/ *an* (*gen* anailise, *pl* anailisean) analysis

anailiseach /analishəK/ analytic(al)

a-nall /ə-nõwl/ over, across; ***a'tighinn a-nall ro fhaisg air...*** coming over too close to...

anam *an t-* (*gen* anama, *pl* anman) soul

anann /anən/ *an t-* (*gen & pl* anainn) pineapple

an ann? /ən õwn/ → **ann**[3]

anart /anarsht/ *an t-* (*gen* anairt) linen

an-àirde /ən-ahrshjə/ up; ***na crainn a chur an-àirde*** to put the masts up; *tha i air a h-inntinn a dhèanamh an-àirde* she made her mind up

an-asgaidh /ən-askee/ free

an ath /ən ah/ next; *an ath sheachdain* the next week, the following week; *an ath-sheachdain* next week; *an ath-bhliadhna* next year; *buannaichidh sinn an ath-thuras* we'll win next time

an-còmhnaidh /ən-kawnee/ always; *tha e an-còmhnaidh a' briseadh* it keeps on breaking

an dèidh /ən jay/ **1** after; *nam dhèidh* after me; *nar dèidh* after us; *deich mionaidean an dèidh trì* ten past three **2** (*with a verbal noun*) *an dèidh dha/dhi aideachadh...* after he/she confessed..., after confessing... **3** (*used to express perfect and pluperfect tenses*) *tha mi an dèidh...* +*verbal noun* I have...; *bha mi an dèidh...* +*verbal noun* I had...; *an rannsachaidh a tha sinn an dèidh a bhith a' dèanamh* the research that we have been doing

an-diugh /ən-joo/ today; *san là an-diugh* these days

an do /ən doh/ **1** (*to form questions in the past tense*) *an do phòs i...?* did she marry...? **2** (*relative use*) *cuideigin ris an do choinnich mi* someone I met

an-dràsta /ən-drahsta/ now; *an-dràsta 's a-rithist* now and again, now and then; *bha e ann an-dràsta* he was here just now; *chan ann an-dràsta* not just now; *cleachdadh an-dràsta* current practice

an e? /ən yeh/ (*used to ask questions in the following type of construction*) *an e Muile a th' ann?* is that Mull?; *an e Albannach a th' annad?* are you Scottish?

an-earar /ən-yehrər/ the day after tomorrow

an-fhois /an-osh/ *an* (*gen an-*fhoise) unease; unrest

an-fhoiseil /an-oshel/ uneasy; restless

an-iochdmhor /an-iKkvər/ cruel

a-nis, a-niste /ə-nish(tə)/ now

anman *pl of* **anam**

anmoch /anəmoK/ late; *tuilleadh 's anmoch* too late; *chaidil* *ann*

i tuilleadh 's anmoch she overslept; *nas anmoiche* later (in the day)

ann¹ /ōwn/ there; *tha...ann* there is/there are...; *a bheil... ann?* is there/are there...?; *a bheil thu ann?* are you there?; *tha, tha mi ann* yes, I'm here; *chan eil e ann* he's not there/here; *chan eil...ann* there isn't/there aren't...; *chan eil uisge ann* there's no water; *ciamar a gheibh mi ann?* how do I get there? ■ *...ann no às* ...or not; *speachan ann no speachan às* wasps or no wasps

ann² /ōwn/: *'s e gèam math a th'ann* it's a good game; *'s mise a bh'ann* it was me; *'s e tidsear a bh'ann* he was a teacher

ann³ /ōwn/ **1**[10] *'s ann à Glaschu a tha mi* I'm from Glasgow; *'s ann bu mhiosa a bha an aimsir a' fàs* the weather was getting worse; *is ann agam a tha fios air...* and don't I just know...! **2** (*in negatives*) *chan ann treun a tha mi idir* I'm not brave at all; *chan ann ro Dhimàirt* not before Tuesday **3** (*in questions*) *an ann craicte a tha thu?* are you mad!; *an ann le Anna a tha seo?* is this Anna's? **4** (*with* **nach**) *nach ann a tha e nas fheàrr mar sin?* isn't it better like that?

annad /ənət/ *prep pron from* **ann²** *for* **thu** (*you*); *an e tidsear a th'annad?* are you a teacher?; *an e tidsear a bh'annad?* did you use to be a teacher?

annadsa /ənətsə/ *the emphatic form of* **annad**

annaibh /əniv/ *prep pron from* **ann²** *for* **sibh** (*you*); *an e dotair a th'annaibh?* are you a doctor?

annaibhse /ənivshə/ *the emphatic form of* **annaibh**

annainn /ənin/ *prep pron from* **ann²** *for* **sinn** (*we*); *'s e saighdearan a bh'annainn* we were soldiers

annainne /əninyə/ *the emphatic form of* **annainn**

ann am /ōwn əm/ **1** in a[11]; *ann am bùth* in a shop **2** *ann am Malaig* in Mallaig; *ann am Breatainn* in Britain; *ann am Barraigh* on Barra

---

10 With **is** or **'s** this enables a change in word order so as to shift the emphasis to the start of a sentence.

11 same as **ann an** when coming before b,f,m,p

ann an /ōwn ən/ **1** in a; *ann an taigh-bìdh* in a restaurant **2** *ann an Alba* in Scotland; *ann an 1999* in 1999; *ann an Leòdhas* on Lewis

annam /anəm/ *prep pron from* **ann²** *for* **mi** (*I*); *'s e dotair a th' annam* I'm a doctor; *chan e dotair a th' annam* I'm not a doctor; *'s e tidsear a bh' annam* I used to be a teacher

annamsa /anəmsə/ *the emphatic form of* **annam**

annas /ōwnəs/ *an t-* (*gen* annais, *pl* annasan) novelty; *tha e math air an annas* it makes a nice change

annasach /anəsəK/ unusual, strange

anns /ōwns/: *naoi anns gach deich* nine out of every ten, nine in every ten

anns a' /ōwns ə/ **1** in the; *anns a' chàr* in the car; *anns a' ghàrradh* in the garden **2** *anns a' Chuimrigh* in Wales

anns an /ōwns ən/ **1** in the; *anns an taigh-bìdh* in the restaurant **2** *anns an Fhraing* in France

annsa /ōwnsə/ *comp & supl of* **ionmhainn**

annsan /ōwnsən/ *the emphatic form of* **ann²**; *cha robh feum sam bith annsan* he was no use at all

annta /antə/ *prep pron from* **ann²** *for* **iad** (*they*); *'s e croitearan a bh' annta* they were crofters; *nas misneachaile annta fhèin* more confident in themselves

anntasan /antəsən/ *the emphatic form of* **annta**

a-nochd /ə-noKk/ tonight

an seo /ən shŏ/ here

an...seo /ən....shŏ/ this; *an turas seo* this time

an sin /ən shin/ there

an...sin /ən...shin/ that; *an duine sin* that man

an siud /ən shit/ over there

antaidh /antee/ *an* (*pl* antaidhean) auntie

antibiotaig /antee-bYawtag/ *an* (*gen* antibiotaige, *pl* antibiotaigean) antibiotic

a-nuas /ə-noo-əz/ down; *thig a-nuas!* get down!

an...ud /ən ət/ that; *an t-eilean ud* that island (over there)

an-uiridh /ən-ooree/ last year

a-null

a-null /ə-nool/ over, across; ***a-null 's a-null*** to and fro; back and forth; ***a-null thairis*** abroad, overseas

ao- /ur-/ *a negative prefix*; un-, dis- etc

ao-coltach /ur-koltəK/ dissimilar, different

aodach /urdəK/ *an t-* (*gen* aodaich) clothes; material, cloth
 ♦ **aodach-dìona** protective clothing; **aodach-nighe** washing; **aodach-oidhche** nightdress; night clothes

aodann /urdən/ *an t-* (*gen* aodainn, *pl* aodainnean) face

aoibhneas /urv-nəs/ *an t-* (*gen* aoibhneis) joy

aoidionach /urjee-ənəK/ leaky; *tha e aoidionach* it leaks

aoigh /ur-ee/ *an t-* (*pl* aoighean) guest

aoigheachd /ur-yəKk/ *an* hospitality

aois /ursh/ *an* (*gen* aoise, *pl* aoisean) age; ***dè an aois a tha e?*** what age is he?, how old is he?; ***tha i còig bliadhna a dh'aois*** she's five years of age; ***fon aois cheadaichte*** under age; ***aig ur n-aois*** at your age; ***aig aois 75*** at the age of 75

aoiseachadh /urshəKəG/ *an t-* (*gen* aoiseachaidh) ageing

aomadh /urməG/ *an t-* (*gen* aomaidh, *pl* aomaidhean) inclination; ***air aomadh don taobh eadar-nàiseanta*** internationally orientated

aon[1] /urn/ +*len* one; ***aon mu seach*** one by one; ***cha robh a h-aon againn ag iarraidh gearan*** neither of us wanted to complain; ***chan eil a h-aon air fhàgail*** there are none left; ***sin an t-aon fhear a th' agam*** that's the only one I have; ***chan eil sin aon chuid buntainneach no inntinneach*** that's neither relevant nor interesting; ***an aon thagraiche*** the only applicant

aon[2]: ***an aon...*** /ən urn/ +*len* the same...; ***an aon rud a-rithist, tapadh leat*** the same again, please; ***chaidh sinn dhan aon sgoil*** we went to the same school; ***an aon aois rium/riut*** the same age as me/you; ***gheibh iad freagairt air an aon là*** they'll get a same-day reply

aonach /urnəK/ *an t-* (*gen* aonaich, *pl* aonaichean) moor, moorland

aona-chànanach /urnə-Kahnənək/ monolingual

aonachd /urnəKk/ *an* unity
aonad /urnət/ *an t-* (*gen* aonaid, *pl* aonadan) unit
aonadh /urnəG/ *an t-* (*gen* aonaidh, *pl* aonaidhean) union
 ♦ **aonadh-ciùird** trade union; **Aonadh Eòrpach** European Union; **aonadh malairt** trade union
aona-ghnothach /urnə-Grŏ-əK/: *a dh'aona-ghnothach* deliberately; *cha do rinn mi a dh'aona-ghnothach e* I didn't mean to do it
aona-ghuthach /urnə-Goo-əK/ unanimous; *gu h-aona-ghuthach* unanimously
aonar /urnər/: *tha e na aonar a-nis* he's on his own now, he's alone now; *tha mi an seo nam aonar* I'm here by myself; *a bheil thu nad aonar?* are you on your own?
aonarach /urnərəK/ lonely
aonarachd /urnərəKk/ *an* loneliness
aonaran /urnərən/ *an t-* (*gen* aonarain, *pl* aonaranan) hermit; loner; *nam aonaran* all on my own
aonaranach /urnə-ranəK/ lonely
aonaranachd /urnə-ranəKk/ *an* loneliness
aon deug /urn jee-əg/ eleven
aon-ghnèitheach /urn-Gray-əK/ same-sex; homogeneous
aon-neach /urn-nyaK/: *ceòl aon-neach* solo (*instrumental*); *òran aon-neach* solo (*sung*)
aonranach /urnranəK/ lonely
aonrachadh /urnrəKəG/ *an t-* isolation
aonranachd /urnranəKk/ *an* loneliness
aonta /urntə/ *an t-* (*gen* aontaidh, *pl* aontaidhean) agreement; *thàinig iad gu aonta le...* they reached an agreement with...; *Brexit gun aonta* no-deal Brexit ♦ **aonta malairt** trade agreement; **Aonta Rìoghail** Royal Assent
aontaich (ag aontachadh) /urnteeK (əg urntəKəG)/ agree; approve; *chan eil mi ag aontachadh* I don't agree
aosd /urst/ old, ancient
aosmhor /ursvohr/ ancient; *Alba Aosmhor* Historic Scotland
aosta /urstə/ old; *sluagh a' fàs aosta* an ageing population

aotraman /urtrəman/ *an t-* (*gen* aotramain, *pl* aotramanan) bladder
aotrom /urtrəm/ light; trivial
aotromaich (ag aotromachadh) /urtromeeK (əg urtrəməKəG)/ lighten
aparan /aparan/ *an t-* (*gen* aparain, *pl* aparanan) apron
app *an* (*pl* appaichean) app
apracot /aprakot/ *an t-* (*gen* apracoit, *pl* apracotan) apricot
ar 1 our; *ar n-ìomhaigh* our image 2 *chan urrainn dhaibh ar tuigsinn* they can't understand us 3 (*translates as 'we' in passives*) *chaidh ar leantainn* we were followed
-ar (*with verbs, a future passive ending*) ... *gun caillear cothrom* ...that a chance will be missed; *cha mholar...* ...is not recommended
àrach[1] /ahrəK/ *an t-* (*gen* àraich) raising, rearing; upbringing; *far a d'fhuair mi àrach* where I was brought up; *gnìomhachas àrach a' bhradain* salmon breeding business
àrach[2] /ahrəK/ *an* (*gen* àraich, *pl* àraichean) battlefield
àrachas /ahrəKəs/ *an t-* (*gen* àrachais) insurance; *tha sinn fo àrachas* we're insured
àraich (ag àrach) /ahreeK (əg ahrəK)/ raise, rear; nurture
àraid /ahrij/ particular; peculiar; *gu h-àraid* in particular; especially
àraidh /ahree/ = **àraid**
àrainn /ah-rin/ *an* (*gen* àrainne, *pl* àrainnean) area; habitat
Arainn /ar-een/ Arran
àrainneachd /ahrinyəKk/ *an* (*pl* àrainneachdan) environment; *a' dìon na h-àrainneachd* protecting the environment
àrainneachdail /ahrinyəKkal/ environmental
aramach, ar-a-mach /arəməK/ *an t-* rebellion, uprising
♦ *aramach nan Seumasach* the Jacobite rising
aran /arən/ *an t-* (*gen* arain) bread ♦ **aran-coirce** oatcake; **aran-cridhe** gingerbread; **aran-cruithneachd** wholemeal bread; **aran donn** brown bread; **aran geal** white bread; **aran-milis** shortbread
a-raoir /ə-rur/ last night

arbhar /arəvər/ *an t-* (*gen* arbhair) corn

àrc /ahrk/ *an* (*gen* àirce, *pl* àrcan) cork; *cho tioram ri àrc* as dry as a bone

Arcaibh /arkiv/ Orkney

àrc-eòlach /ahrk-yawləK/ archaeological

àrc-eòlaiche /ahrk-yawleeKə/ *an t-* (*pl* àrc-eòlaichean) archaeologist

àrc-eòlas /ahrk-yawləs/ *an t-* (*gen* àrc-eòlais) archaeology

àrd /ahrsht/ **1** high; tall; *air an làr àrd* on the top floor; *gu h-àrd* up above; *tha thu nas àirde na d' athair* you're taller than your dad; *'s e an duine às àirde anns an dreuchd* he's the highest-ranking *or* top man in the profession; *bidh sin gu math àrd nan cuimhne* that will be pretty high up in their memories; *an àireamh as àirde riamh* the highest ever number, the record number

2 loud; *tha an ceòl ro àrd* the music's too loud

♦ **àrd-amas** *an t-* ambition; **àrd-amasach** ambitious; **àrd-bhall** *an t-* senior member; **àrd-chàileachd** *an* high quality; **àrd-choinneamh** *an* summit (meeting), top-level meeting; **àrd-chomhairleach** *an t-* senior advisor; **Àrd-Chonstabal** *an t-* Chief Constable; **Àrd-Chùirt** *an* High Court; **àrd-dhèanadach** high-performing; **àrd-dhotair** *an t-* senior doctor; **àrd-inbheil** high-quality; **ard-ìre** *an* top level; high standard; *aig àrd-ìre ann am poilitigs* at the forefront of politics; **Ard-ìre** Higher (*exam*); *Matamataig àrd-ìre* Higher Maths; **Àrd-ìre Adhartach** *an* Advanced Higher; **àrd-ìreach** high-level; high-quality; **àrd-nurs** *an t-* senior nurse; **Àrd-Oifigeir** *an t-* chief executive; **àrd-oifis** *an* head office; **àrd-phearsa** *an t-* senior person, top person; **àrd-sgioba stiùiridh** *an* senior management team; **àrd-sheanadh** *an t-* general assembly (*of church*); **Àrd-Shuperintendent** *an t-* Chief Superintendent; **àrd-stiùiriche** *an t-* CEO; **àrd-ùrlar** *an t-* stage, platform

àrdachadh /ahr-dəKəG/ *an t-* (*gen* àrdachaidh, *pl* àrdachaidhean) increase, rise; *sin àrdachadh 12%* that is an increase of 12%

àrdaich (ag àrdachadh)

àrdaich (ag àrdachadh) /ahrdeeK (əg ahr-dəKəG)/ increase, raise, put up

àrdaichear /ardeeKehr/ *an t-* (*gen* àrdaicheir, *pl* àrdaichearan) lift ♦ **àrdaichear sgìthidh** ski lift

àrdanach /ahrdənəK/ arrogant, superior (*attitude*)

Ardaoin: *oidhche Ardaoin* /ə-iKə ahrdurn/ Thursday night

Àrd-Ruigh: *An t-Àrd-Ruigh* /ən tahrtree/ Airdrie

a rèir /ə rayr/ → **rèir**

a-rèist(e) /ə-raysh-ch(ə)/ then, in that case; *dè a-rèist a th'ann?* what is it then?

argamaid /arəgəmij/ *an* (*gen* argamaide, *pl* argamaidean) argument

argamaidich (ag argamaid) /arəgəmijeeK (əg arəgəmij)/ argue

a-riamh /ə-ree-əv/ never; ever; *cha d'fhuair i os a chionn a-riamh* she never got over it; *tha e mar a bha e a-riamh* it's the same as ever; *tha e nas fheàrr na bha e a-riamh* it's better than ever; *an robh thu ann an...a-riamh?* have you ever been to...?

a-rithist /ə-reesh-ch/ again

arm /aram/ *an t-* (*gen & pl* airm) army

armachd /araməKk/ *an* arms, weapons; armour

armaichte /arameeKchə/ armed

arrachd /aroKk/ *an* (*pl* arrachdan) runt

ars, arsa said, says (*in reported speech*)

àrsaidh /ahrsee/ ancient; antique; *anns an t-saoghal àrsaidh* in the ancient world

artaigil /'article'/ *an t-* (*pl* artaigilean) article (*in paper etc*)

às[1] /ahs/ from; out of; *co às a tha thu?* where are you from?; *greas ort às!* hurry up and get out of there!

às[2] /ahs/ *prep pron from* **à** *for* **e** (*him*; *it*); *thàinig uisge às* water came out of it; *leig e sgreuch às* he let out a scream → **asam**

as[1] /əs/ (*forms the superlative of adjectives*; '*most*', '*-est*') *an leabaidh as cofhurtaile* the most comfortable bed

as[2] /əs/ in the; *as t-fhoghar* in the autumn

às aonais /ahs ur-nish/ without

asad /asət/ *prep pron from* **à** *for* **thu** (*you*); *tha sinn moiteil asad* we're proud of you; → **asam**

asadsa /asətsə/ *the emphatic form of* **asad**

asaibh /asiv/ *prep pron from* **à** *for* **sibh** (*you*); *tha sinn buidheach asaibh* we're grateful to you; → **asam**

asaibhse /asivshə/ *the emphatic form of* **asaibh**

asainn /asin/ *prep pron from* **à** *for* **sinn** (*us*); *bha sin air tòrr a thoirt asainn* that had taken a lot out of us; → **asam**

asainne /asinyə/ *the emphatic form of* **asainn**

asal *an t-* (*gen* asail, *pl* asalan) ass, donkey ♦ **asal-stiallach** zebra

asam /asəm/ *prep pron from* **à** *for* **mi** (*me*)

Here is a range of uses of one of the prepositional pronouns from **à**. The examples are based on the first person prepositional pronoun **asam**.

thug an dotair fuil asam the doctor took blood from me
thug iad mo char asam they played a trick on me
bha sin air tòrr a thoirt asam that had taken a lot out of me
nach eil sibh buidheach asam? aren't you grateful to me?
tha iad moiteil asam they're proud of me
leig mi sgreuch asam I let out a scream

In many cases other prepositional pronouns from **à** could be substituted for **asam**, where the sense allows, by changing the pronouns. For example:

thug an dotair fuil aiste the doctor took blood from her
thug iad do char asad they played a trick on you
tha sinn buidheach asta we're grateful to them

asamsa /asəmsə/ *the emphatic form of* **asam**
às-bhathar /as-vahər/ *an t-* (*gen* às-bhathair) export
às dèidh /ahs jay/ **1** after; *às do dhèidh* after you; *às mo dhèidh* after me; *bha i ag èigheachd às a dhèidh* she was shouting after him; *deich mionaidean às dèidh a dhà* ten past two **2** (*with a verbal noun*) *às dèidh dhi/dha tuiteam* after she/he fell; *às dèidh dhaibh eòlas a chur air a chèile* after they got to know each other **3** (*in forming perfect and pluperfect tenses*) *tha mi às dèidh +verbal noun* I have...; *bha mi às dèidh +verbal noun* I had...
asgaidh /askee/ *an* (*gen* asgaidhe, *pl* asgaidhean) gift, present
asgair /askər/ *an t-* (*pl* asgairean) apostrophe
às-mhalairt /ahs-valərsht/ *an* export
às-mhalairteach /ahs-valarshtƏK/ exporting
às-mhalairtear /ahs-valarshtər/ *an t-* (*pl* às-mhalairtearean) exporter
asna /asnə/ *an* (*pl* asnaichean) rib
aspàrag *an* (*gen* aspàraige) asparagus
às-san /ahs-sən/ *the emphatic form of* **às**²
asta /astə/ *prep pron from* **à** *for* **iad** (*them*); *cha tàinig boinne asta* not a drop came out of them; → **asam**
a-staigh /ə-stə-ee/ in; inside; indoors; *chan eil e a-staigh an-diugh* he's not in today
astar /astər/ *an t-* (*gen & pl* astair) **1** distance; journey; *air astar* in the distance; *ionnsachadh aig astar* distance learning; *thèid an rannsachadh a chumail aig astar* the enquiry will be held remotely; *'s e astar mòr a th'ann* it's a long way; *às dèidh an astair fhada* after the long journey; *tadhal àlainn bho astar* a beautiful long-range goal; *astar sòisealta* social distance **2** speed; *tha mòran a' dràibheadh aig astar ro luath* many people are driving too fast *or* speeding
astarachadh /astərəKəG/ *an t-* (*gen* astarachaidh): *astarachadh sòisealta* social distancing
astasan /astəsən/ *the emphatic form of* **asta**

a-steach /ə-shtyaK/ in, inside, indoors; entrance (*as sign*); ***a-steach an-asgaidh*** admission free; ***a-steach dha*** into

Astràilia /əstrahlee-ə/ Australia

Astràilianach /əstrahlee-ənəK/ (*an t-*, *gen & pl* Astràilianaich) Australian

at /at/ *an t-* (*pl* atan) swelling; ***air at*** swollen

àth /ah/ *an t-* (*pl* àthan) ford

ath- /ah/ re-; → **an ath**

athair /a-hər/ *an t-* (*gen* athar, *pl* athraichean) father; ***m'athair*** my father ♦ **athair-cèile** father-in-law

athais /ahish/ *an* leisure; ***dèan air d'athais e*** do it at your leisure

ath-aithris (ag ath-aithris) /ah-arish/ repeat

atharrachadh /ah-ərəKəG/ *an t-* (*gen* atharrachaidh, *pl* atharrachaidhean) change; amendment; ***tha atharrachadh mòr eadar...*** there's a big difference between...
♦ **atharrachadh gnàth-shìde** climate change

atharraich (ag atharrachadh) /ahəreeK (əg ah-ərəKəG)/ change; ***tha e ag atharrachadh*** it varies

atharrachail /a-hərəKal/ changing

atharrais /a-hərish/ *an* imitation; take-off; ***nì e deagh atharrais air...*** he does a good take-off of...

ath-bheothachadh /ah-vyaw-əKəG/ *an t-* (*gen* ath-bheothachaidh) revival; revitalization; resurgence; renaissance

ath-bhranndadh /ah-vrōwndəG/ *an t-* (*gen* ath-bhranndaidh) rebranding

ath-bhreithneachadh /ah-vrenyəKəG/ *an t-* (*gen* ath-bhreithneachaidh, *pl* ath-bhreithneachaidhean) review

ath-chraoladh /ah-KrurləG/ *an t-* (*gen* ath-chraolaidh, *pl* ath-chraolaidhean) repeat, re-broadcast

ath-chuairtich (ag ath-chuartachadh) /ah-Koo-ərsh-cheeK (əg ah-Koo-ərshtəKəG)/ recycle

ath-chuartachadh /ah-Koo-ərshtəKəG/ *an t-* (*gen* ath-chuartachaidh) recycling

ath-chuinge

ath-chuinge /ah-Kingəl/ *an* (*pl* ath-chuingean) petition

ath-dhealbhachadh /ah-jeləvəKəG/ *an t-* (*gen* ath-dealbhachaidh) redesign; restructuring

ath-dhèan (ag ath-dhèanamh) /ah-yee-an (əg ah-yee-anəv)/ redo; *thàinig air bliadhna sgoile ath-dhèanamh* he had to repeat a year at school

ath-dhìol (ag ath-dhìoladh) /ah-yee-əl (əg ah-yee-ələG)/ repay

ath-fhiadhachadh /ah-ee-əKəG/ *an t-* (*gen* ath-fhiadhachaidh) rewilding

ath-ghoirid /ah-Gərij/ *an* (*pl* ath-ghoiridean) short cut

ath-leasachadh /ah-lesəKəG/ *an t-* (*gen* ath-leasachaidh, *pl* ath-leasachaidhean) redevelopment; reform; *an t-Ath-Leasachadh* the Reformation; *ath-leasachadh fearainn* land reform

ath-leughadh /ah-layvəG/ *an t-* (*gen* ath-leughaidh) revision

ath-nuadhachadh /ah-noo-əKəG/ *an t-* (*gen* ath-nuadhachaidh) renewal; regeneration

ath-nuadhachail /ah-noo-əKil/ renewable; *sgeama ath-nuadhachail* renewables project

athraichean /areeKen/ *pl of* **athair**

ath-reic: *air ath-reic* /ehr ah-rehKk/ secondhand

ath-sgileadh /ah-skeeləG/ *an t-* reskilling

ath-sgrùdadh /ah-skrootəG/ *an t-* (*gen* ath-sgrùdaidh, *pl* ath-sgrùdaidhean) review

ath-stèidhich (ag ath-stèidheachadh) /ah-stay-eeK (əg ah-stay-əKəG)/ re-establish

ath-thagradh /ah-haKrəG/ *an t-* (*gen* ath-thagraidh, *pl* ath-thagraidhean) appeal (*legal*); *tha i air ath-thagradh a chall* she lost her appeal; *britheamhan ath-thagraidh* appeal judges

ath-thuras: *an ath-thuras* /ən ah-hoorəs/ next time

ath-tog (ag ath-thogail) /ah-tohk (əg ah-hohkal)/ rebuild

b' = **bu** *before a vowel*
bà /bah/ cows, cattle, *gen & pl of* **bò**
bac /baKk/ *am* (*gen* baca, *pl* bacan) hollow; peatbank; *aig bac m'iosgaid* at the back of my knee
bacach /baKkəK/ lame, crippled
bacadh /baKkəG/ *am* (*gen* bacaidh, *pl* bacaidhean) obstacle; block; restriction; *tha bacadh san rathad* the road is blocked; *chuir sin bacadh air daoine gus gnìomhachasan a thòiseachadh* that hindered people in starting businesses; *bacaidhean a' choròna-bhìorais* the coronavirus restrictions; *aon uair agus gun tèid na bacaidhean a thogail* once the restrictions are lifted ♦ **bacadh-biastaig** insect repellent
bacalta /bakaltə/ baked
bad /bat/ *am* (*gen* baid, *pl* badan) **1** place, patch; *dè am bad dhen eilean?* what part of the island? **2** tuft; bunch; *badan fuilt* tufts of hair; *bad fhlùraichean* a bunch of flowers **3** *bad aodaich* item of clothing **4** thicket ■ *anns a' bhad, sa bhad* straightaway, at once, on the spot
badan /batən/ *am* (*gen & pl* badain) nappy
badeigin /batigin/ somewhere
baga /bakə/ *am* (*gen* baga, *pl* bagaichean) bag ♦ **baga-cadail** sleeping bag; **baga-droma** rucksack; **baga-làimhe** handbag; **baga-sgoile** schoolbag, satchel
bagair (a' bagairt) /bakər (ə bakərsht)/ threaten
bagairt /bakərsht/ *a' bh-* (*pl* bagairtean) threat
bagairteach /bakərsh-chəK/ threatening
bagarrach /bakərəK/ threatening
bàgh /bahG/ *am* (*gen* bàigh, *pl* bàghan) bay

Bàgh a' Chaisteil

Bàgh a' Chaisteil /bahG ə Kash-chel/ Castlebay
baid /baj/ *gen of* **bad**
bàidh /bY/ *a' bh-* (*gen* bàidhe) kindness
bàidheil /bYyel/ kind; kindly
baidhg /'bike'/ *am* (*pl* baidhgichean) bike
baidhsagal /'bicycle'/ *am* (*gen* baidhsagail, *pl* baidhsagalan) bicycle
baidse /baj-shə/ *a' bh-* (*pl* baidsean) badge
baile /balə/ *am* (*pl* bailtean) town; village; *anns a' bhaile* in town; *chaidh sinn dhan bhaile* we went into town ♦ **baile mòr** city; town; big city; *am baile mòr na Gàidhealtachd* the capital of the Highlands
Baile a' Chaolais /balə ə Kurlish/ Ballachulish
Baile an Loch /balə ən loK/ Balloch (*Inverness*)
Baile Àtha Cliath /bal ah klee-ə/ Dublin
Baile Chè /balə Kay/ Keith
Baile Chloichridh /balə KloyKree/ Pitlochry
Baile Dhubhthaich /balə GooweeK/ Tain
Baile Dhùn Lèibhe /balə Goon layvə/ Livingston
Baile Eilidh /balə aylee/ Helensburgh
Baile Mhoireil /balə vorehl/ Balmoral
Baile na h-Eaglaise /balə nə hekleh-shə/ Kirkwall
Baile na h-Ùige /balə nə hoo-igə/ Wigtown
Baile nam Feusgan /balə nəm fee-əskan/ Musselburgh
baileat /'ballot'/ *am* (*gen* baileit, *pl* baileatan) ballot; *tha iad a' dol a chumail baileat* they're going to hold a ballot ♦ **baileat air stailc** strike ballot
bailiùn /baloon/ *am* (*gen* bailiùin, *pl* bailiùnaichean) balloon
bailtean /balchən/ *pl of* **baile**
bainbh /benəv/ *gen & pl of* **banbh**
bainne /ban-yə/ *am* milk
bainnse /bYnshə/ *gen of* **banais**
bainnsean /bYnshən/ *pl of* **banais**
bàird /bahrsht/ *gen & pl of* **bàrd**
bàirneach /bahrnəK/ *a' bh-* (*gen & pl* bàirnich) limpet

bàis /bahsh/ *gen of* **bàs**
baist (a' baisteadh) /baschch (ə bash-chəG)/ baptise
Baisteach /bash-chəK/ (*am*, *gen & pl* Baistich) Baptist
baisteadh /bash-chəG/ *am* (*gen* baistidh, *pl* baistidhean) baptism
baiteal /bachəl/ *am* (*gen* baiteil, *pl* baitealan) battle
balach /baləK/ *am* (*gen & pl* balaich) boy; *a bhalaich!* oh boy!, wow!; *dè tha thu ag iarraidh, a bhalaich?* what do you want, chum?
balaiste /balish-chə/ *a' bh-* ballast
balbh /baləv/ **1** quiet; silent **2** dumb
balgaire /baləgirə/ *am* (*pl* balgairean) fox; rogue
balgam /baləkəm/ *am* (*gen* balgaim, *pl* balgaman) sip; swig; *an gabh thu balgam?* would you like a drop/cuppa *etc*?
balgan-buachair /baləgən-boo-əKər/ *am* (*gen & pl* balgain-buachair) mushroom
balganta /baləgəntə/ fizzy
ball[1] /ba-əl/ *am* (*gen & pl* buill) member; *...a tha na bhall do dh'Inbhir Nis...* who is the member for Inverness; *ball den phoball* a member of the public; *buill a' chluba* club members ♦ **Ball-Pàrlamaid** member of Parliament
ball[2]: *air ball* /ehr ba-əl/ immediately
ball[3] /ba-əl/ *am* (*gen & pl* buill) ball ♦ **ball-airm** weapon; **ball-coise** football; **ball-sneachda** snowball
bàlla /bahlə/ *am* (*pl* bàllaichean) ball
balla /balə/ *am* (*pl* ballachan) wall ♦ **balla mara** sea wall
ballrachd /balrəKk/ *a' bh-* membership
bàn /bahn/ **1** pale; blonde; fair-haired **2** vacant; *seòmar bàn* spare room; *50 dreuchd a tha bàn an-dràsta* 50 positions that are currently vacant; *coithionalan a tha bàn* congregations that do not have a minister ♦ **bàn-ruadh** strawberry blonde
ban *gen pl of* **bean**; *iomain nam ban* women's shinty
ban-, bana- /ban-, banə-/ *a' bh-* (*a prefix for 'woman' or 'female'*):
 ♦ **ban-Albannach** Scotswoman; **bana-bhuidseach**

witch; **bana-charaid** friend; **bana-chleasaiche** actress; **bana-chliamhainn** daughter-in-law; **bana-ghaisgeach** heroine; **bana-mhanaidsear** manageress; **Bana-mhorair A** Lady A; **bana-phìobaire** (female/girl) piper; **bana-phrionnsa** princess; **bana-Shasannach** Englishwoman; **ban-Èireannach** Irishwoman; **ban-ogha** granddaughter; **ban-phoileas** policewoman

banachdach /banəK-kəK/ *a' bh-* (*gen & pl* banachdaich) vaccination; vaccine

banais /banish/ *a' bh-* (*gen* bainnse, *pl* bainnsean) wedding

banana *am* (*pl* bananathan) banana

banbh /banav/ *am* (*gen & pl* bainbh) **1** fallow land **2** pig

banca *am* (*pl* bancaichean) bank ♦ **banca bhotal** bottle bank; **banca-bìdh** food bank

bancair *am* (*pl* bancairean) banker

bann /bōwn/ *am* (*gen* bainne, *pl* bannan) band; strip; bond ♦ **bann-làimhe** bracelet; **bann lastaig** elastic band; **bann-leathann** broadband; **bann-loidhne** strapline; **bann lota** dressing (*for cut*); **bann shneachda** band of snow

banntrach /bōwntrəK/ *a' bh-* (*gen* banntraich, *pl* banntraichean) widow; widower

banrìgh /banree/ *a' bh-* (*gen* banrìghe, *pl* banrìghean) queen

bàr *am* (*gen* bàir, *pl* bàraichean) bar (*also in music*); ***anns a' bhàr*** in the bar

bara /barə/ *am* (*pl* barachan) barrow

barail /barel/ *a' bh-* (*gen* baraile, *pl* barailean) opinion; ***tha deagh choltas air a' bharail sin*** that sounds a good idea

baraille /barilyə/ *am* (*pl* baraillean) barrel

barantachadh /barantəKəG/ *am* (*gen* barantachaidh, *pl* barantachaidhean) accreditation

barantas /barəntəs/ *am* (*gen* barantais, *pl* barantasan) warrant, guarantee; ***barantas airson a chur an greim*** arrest warrant ♦ **barantas càileachd** quality assurance

bàrd /bahrsht/ *am* (*gen & pl* bàird) poet

bàrdachd /barshtəKk/ *a' bh-* poetry
bàrdail /bahrshtal/ poetic
bargan /barəgan/ *am* (*gen & pl* bargain) bargain
barganachadh /barəgənəKəG/ *am* (*gen* barganachaidh) bargaining
bàrr *am* (*gen* barra, *pl* barran) **1** top; tip; cream; *tha i a' toirt bàrr air bàrr a' chlas air fad* she's top of the class; *thàinig rudeigin am bàrr* something has come up; *thàinig e am bàrr gun...* it has come to light that..., it has emerged that...; *thug am prògram bàrr...* the programme made revelations about...; *cha mhòr gum faic e bàrr a shròine* he could barely see the end of his nose **2** crop; *a bharrachd air bàrr eile* in addition to other crops ♦ **bàrr-suim** maximum
barrachd /barəKk/ **1** more; *beagan a bharrachd?* a little more?; *mòran a bharrachd* a lot more; *rud beag a bharrachd* a little more; *barrachd air...* more than...; *a bharrachd air seo* in addition to this, on top of this; *a bharrachd air seo cha robh...* other than this there wasn't...; *barrachd agus aon turas* more than once; *an e cosgais a bharrachd a tha sin?* is that an extra cost?; *latha a bharrachd* an extra day; *ann an cunnart a bharrachd* in greater danger, at greater risk; *cha robh ise toilichte leis a bharrachd* she wasn't happy with it either

   2 *a' bharrachd*: *rinn mi e leis a' bharrachd* I did it with the best of intentions, I meant well
barraichte /bareeKchə/ super, excellent
Barraigh /barY/ Barra
barrail /baral/ superior, excellent
barrall /barəl/ *am* (*gen* barraill, *pl* barraillean) shoelace
barrantas /barəntəs/ = **barantas**
bàs /bahs/ *am* (*gen* bàis, *pl* bàsan) death; *chaidh a chur gu bàs* he was put to death
bas *a' bh-* (*gen* boise, *pl* basan, boisean) palm; *na mo bhois* in the palm of my hand; *am faigh mi cupa cofaidh air mo*

bhois? can I have a coffee to go?

bàsaich (a' bàsachadh) /bahseeK (ə bahsəKəG)/ die; die down

basgaid /baskij/ *a' bh-* (*gen* basgaide, *pl* basgaidean) basket
 ♦ **basgaid-truilleis** wastepaper basket

bàsmhor /bahs-vər/ fatal; mortal; *tubaist bhàsmhor* a fatal accident

bàta /bahtə/ *am* (*pl* bàtaichean) boat ♦ **bàta-aigeil** submarine; **bàt'-aiseig** ferry; **bàta-faire** patrol boat; **bàta giomaich** lobster boat; **bàt'-iasgaich** fishing boat; **bàta-motar** motorboat; **bàta-ràmh** rowing boat; **bàta-slaodaidh** tug; **bàta-smùid** steamer, steamboat; **bàta-teasairgainn** lifeboat

bata /batə/ *am* (*pl* bataichean) stick

bataraidh /bataree/ *am* (*pl* bataraidhean) battery

bàth (a' bàthadh) /bah (ə bahəG)/ drown

bàthach /bah-əK/ *am* (*gen* bàthaich, *pl* bàthaichean) cowshed, byre

bathais /bahesh/ *a' bh-* (*pl* bathaisean) forehead; cheek, nerve

bathaiseach /bahishəK/ cheeky

bathar /bahər/ *am* (*gen* bathair) product; goods, merchandise
 ♦ **bathar-bog** software

bàthte /bah-chə/ flooded; drowned

beachd /byaKk/ *am* (*gen* beachda, *pl* beachdan) **1** idea; opinion; *dè do bheachd air?* what do you think about it?; *deagh bheachd!* good idea!; *dh'atharraich mi mo bheachd* I've changed my mind; *nad bheachd-sa* in your opinion; *nam bheachd-sa* in my opinion; *bha iad dhen bheachd gun...* they were of the opinion that...; *tha mise den bheachd gum...* I take the view that...; *tha sinn am beachd gu bheil...* we believe that...; *chan eil e air beachd a thoirt* he has not commented, he has not expressed an opinion

2 intention; *tha a' chompanaidh am beachd a dhol an sàs ann an...* it is the company's intention to get involved in...

beachdachadh /byaKkə-KəG/ *am* (*gen* beachdachaidh) thought; *nì mi beachdachadh air* I'll think it over, I'll give it some thought

beachdaich (a' beachdachadh) /byaKkeeK (ə byaKkə-KəG)/ discuss, consider

beachdail /beKkal/ discerning, observant

beachd-smuain /beKk-smoo-an/ *a' bh-* (*pl* beachd-smuaintean) idea

beag /behk/ **1** little, small; short; *beag air bheag* little by little, gradually; *glè bheag de shneachda* very little snow; *a bheil sin na thrioblaid? – chan eil a bheag* is that a problem? – no, not in the slightest; *bu bheag an t-iongnadh* small wonder; *cha bheag sin de...a th' air a bhith* there has been no little..., there has been considerable... **2** ■ *'s beag orm...* I hate...; *'s beag orm / oirre e* I/she can't stand him **3** ■ *'s beag agam* I don't think much of...; *bu bheag aice iad* she didn't think much of them; *'s beag a bha dh'fhios aige* little did he know

beagan /behkən/ a little; *beagan a-mhàin* only a few; *beagan deighe* a little ice; *beagan làithean* a few days; *anns na beagan sheachdainean mu dheireadh* in the past few weeks; *ann am beagan bhliadhnaichean* in a few years; *am faigh mi beagan?* can I have some?; *beagan leanna / chriospan* some beer/crisps; *tha sin beagan ro dhaor* that's a bit too expensive; *beagan 's £1m, beagan agus £1m* a little over £1m

beag-charboin /behk-Karboyn/ low-carbon

beag-chuid /behk-Kooj/ *a' bh-* (*pl* beag-chodaichean) minority

beairt /byarsht/ *a' bh-* (*gen* beairte, *pl* beairtean) machine; loom
   ♦ **beairt-dhìridh** chairlift

beairteach /byarshtəK/ rich

beairteas /byarsh-chəs/ *am* (*gen* beairteis) riches, wealth

Bealach: *Am Bealach* /əm byaloK/ Balloch (*on Loch Lomond*)

bealach /byaləK/ *am* (*gen & pl* bealaich) pass; detour; *bealach a' bhàta* the ship's gangplank

Bealadair /byalətar/ Ballater
bean /ben/ *a' bh-* (*gen* mnà, *pl* mnathan) wife ♦ **bean na bainnse** the bride; **bean-chràbhaidh** nun, holy sister; **bean-dìon** patron saint; **bean-uasal** lady
△ **bean do (a' beantainn do)** /ben doh (ə benteen doh)/ touch; *na bean dha* don't touch it
△ **bean ri (a' beantainn ri)** /ben ree (ə benteen ree)/ meddle with; *bhean e ris na figearan* he fiddled the figures
beannachadh /byanəKəG/ *am* (*gen* beannachaidh, *pl* beannachaidhean) blessing; greeting
beannachd /byanəKk/ *a' bh-* (*pl* beannachdan) blessing; *beannachd leat/leibh* goodbye; *fàg beannachd le* say goodbye to; see off; *beannachdan Gàidhlig mar "feasgar math"* Gaelic greetings like "feasgar math"; *mo bheannachd ort!* well done!, congratulations!; *beannachdan na Samhna/Càisge* Happy Halloween/Easter; *(leis na) beannachdan* (with) best wishes
beannaichte /byaneeKchə/ holy; blessed
beannag /byōwnak/ *a' bh-* (*gen* beannaige, *pl* beannagan) scarf (*for head*)
Beanncharaidh /byōwnəKəree/ Banchory
beantainn: *a' beantainn* /ə benteen/ *verbal noun of* **bean do/ri**
beanntair /byōwntər/ *am* (*pl* beanntairean) mountaineer
beanntan /byōwntən/ *pl of* **beinn**
Bearaig /berehk/ Berwick-upon-Tweed
Bearaig a Tuath /berehk ə too-ə/ North Berwick
beàrn /byahrn/ *a' bh-* (*gen* beàirn, *pl* beàrnan) space, gap; *beàrn mhòr ann am buidseat* a big hole in the budget
Beàrnaraigh /byahrnər-Y/ Berneray
beàrr (a' bearradh) /byahr (ə byarəG)/ shave
◊ **beàrr dheth** shave off
bearradair /byarədər/ *am* (*pl* bearradairean) shaver
♦ **bearradair ìnean** nail clippers
beart /byarsht/ *a' bh-* (*gen* beairte, *pl* beairtean) machine; loom
beartach /byarshtəK/ rich, wealthy

beartaich (a' beartachadh) /byarshteeK (ə byarshtəKəG)/
   1 enrich **2** harness (*horse*)
beartas /byarshtəs/ *am* (*gen* beartais) riches, wealth
Δ**beat air (a' beatadh air)** /bet ehr (ə betəG ehr)/: *chan eil beatadh orra* there's no beating them, there's no-one better than them
beatha /beh-hə/ *a' bh-* (*pl* beathannan) life; *tha iasgair air a bheatha a chall* a fisherman lost his life; *'s e do bheatha* you're welcome, not at all
beathach /beh-əK/ *am* (*gen* beathaich, *pl* beathaichean) animal, beast; *beathaichean mara* sea animals, sea creatures
beathrach /berəK/ *gen of* **beithir**
beathraichean /bereeKən/ *pl of* **beithir**
bèicear /bayKkər/ *am* (*gen* bèiceir, *pl* bèicearan) baker
bèileag /behlyak/ *a' bh-* (*gen* bèileige, *pl* bèileagan) lip
Beilge /behlgə/ *gen of* **A' Bheilg**
Beilgeach /behlgəK/ (*am*, *gen* & *pl* Beilgich) Belgian
bèin /bayn/ *gen & pl of* **bian**
being /beng/ *a' bh-* (*gen* beinge, *pl* beingean) bench
beinn /beh-in/ *a' bh-* (*gen* beinne, *pl* beanntan) mountain, hill; *anns na beanntan* in the mountains
Beinn na Faoghla /beh-in nə vələ/ Benbecula
Beinn nam Fadhla /beh-in nə vurlə/ Benbecula
Beinn Nibheis /beh-in nivehsh/ Ben Nevis
beir* (a' breith) /behr (ə breh)/[12] bear, give birth to; lay (*egg*); *agus beiridh i mac, agus bheir thu Iosa mar ainm air* and she shall bring forth a son, and thou shalt call his name Jesus
Δ**beir air** catch; catch up; overtake, get by; *seall, beir air seo!* here, catch!; *nuair a rug i orm ag òl...* when she caught me drinking...; *beiridh mi ort* I'll catch you up; *beiridh mi air an ath bhus* I'll catch the next bus; *na beir air càr air lùb* don't overtake on a bend; *mus beir a' Bhliadhn' Ùr air*

---

12 The form **bheir**, as well as belonging to **beir**, is also the future positive of **thoir**.

bèiste

before New Year

bèiste /baysh-chə/ *gen of* **biast**
beithe /beh-hə/ *a' bh-* birch
beithir /beh-hir/ *a' bh-* (*gen* beathrach, *pl* beathraichean) bolt of lightning; thunderbolt; *beithir à Nèamh* a (lightning) bolt from Heaven
beò /byaw/ **1** alive; *cha tig mi beò air £30 san t-seachdain!* I can't live *or* survive on £30 a week!; *bha daoine a' tighinn beò an seo* people were surviving *or* living here; *na daoine a thàinig beò tron chogadh* those who lived through the war; *thàinig an sgioba aige beò* his team came to life *or* came alive; *thàinig an t-einnsean beò* the engine sprang to life; *gun aithne aice air duine beò* with her not knowing a living soul; *ann an tìr nam beò* in the land of the living

2 live; *rugbaidh beò* live rugby; *eadar-theangachadh beò* live translation

♦ **beò-ghlacadh** *am* obsession; *tha i air a beò-ghlacadh leotha* she's obsessed with them
beòshlaint /byaw-hlahnch/ *a' bh-* living, livelihood
beòthail /byaw-hal/ lively, full of life
beòthaman /byaw-həmən/ *am* (*gen & pl* beòthamain) vitamin
beuc (a' beucadh, a' beucail) /behk (ə behkəG, ə behkal)/ roar; bellow
beucail /behkal/ *a' bh-* (*pl* beucailean) roaring; bellowing
beud /bayt/ *am* harm; *bu mhòr am beud* more's the pity
beul /bee-al/ *am* (*gen & pl* beòil) **1** mouth; *beul fodha* face down; *ceistean beòil* oral questions; *eadar am beul 's an t-sròn* right to my/his/her face **2** edge; *làn gus a' bheul* full to the brim ♦ **beul-aithris** *a' bh-* folklore; oral tradition; **beul na h-oidhche** nightfall; **beul a' phuirt** harbour mouth
beulach /bee-ələK/ smooth-talking
beulaibh → **air beulaibh**
Beul Feirste /behl fehrschə/ Belfast

Beurla /bayrlə/ *a' Bh-* English (*language*); *sa Bheurla* in English ♦ **Beurla-Ghallta** Scots (*language*)

beus /bays/ *am* (*gen* beusa, *pl* beusan) bass ♦ **beus-dùbailte** double-bass; **beus-iuchair** bass clef

b' fheàrr /byahr/: *na b'fheàrr* better; *a b'fheàrr* best; *b' fheàrr leam...* I'd rather..., I'd prefer...; *b'fheàrr leam nach robh* I'd rather not; *b'fheàrr leam gun robh* I wish I was/it was

bha /va/ **1** (*past pos of* **bi**) was; were; *nuair a bha mi òg* when I was young; *nuair a bha sinn òg* when we were young **2** (*used in forming a pluperfect*) *bha mi air dà phinnt òl* I had drunk two pints

bhana /vanə/ *am* (*pl* bhanaichean) van ♦ **bhana-campachaidh** camper van; **bhana a' phuist** mail van

bhandalachd /vandələKk/ *a'* vandalism

bh' ann, bh' annad *etc* → **ann²**, **annad** *etc*

bhàs /vahs/ *am* (*pl* bhàsaichean) vase

Bhatarsaigh /vatərsY/ Vatersay

bhathar /vah-ər/ *a past tense of* **bi**; *nuair a bhathar a' cleachdadh na Beurla* when English was being used

bhathas /vah-əs/ *a past tense of* **bi**; *nuair a bhathas a' feuchainn ri...* when trying to...; *bhathas a' cleachdadh mònadh* peat was (being) used

bheat /'vet/ *am* (*pl* bheataichean) vet

bheil¹: *a bheil...?* /ə vel/ (*to ask a question*) am...?; is...?; are...?[13]

bheil² /vel/: *an t-aonta tro bheil daoine...* the agreement according to which people...; *tha an cùmhnant seo, anns a bheil luach £2m...* this contract, which is worth £2m, is...

bheilear /vehlər/ *present continuous form of* **bi**; *dhearbh i gu bheilear a' cur ghoireasan air dòigh* she confirmed that facilities are being put in hand

Bheilg: *a' Bheilg* /ə vehleg/ (*gen* na Beilge) Belgium

bheir /vehr/ *fut pos of* **thoir**; *bheir mi leam dhachaigh e* I'll

---

13 The **a** can be omitted in speech.

bring him home; I'll take him home; *dè cho fada 's a bheir e?* how long will it take?

bheirear /vehrər/ **1** *fut pass of* **beir**; *gach mac a bheirear* every son that is born **2** *fut pass of* **thoir**; *thuirt i gu bheil an taic a bheirear do...* she said that the support that will be given to...

bhi: *cha bhi* /ka vee/ **1** *fut neg of* **bi**; *cha bhi i fada a-nis* she won't be long now **2** (*to describe something that happens, or does not happen, regularly*) *cha bhi mi ag òl* I don't drink

Bhictorianach /viktoree-ənək/ Victorian

bhideo, bhidio /'video'/ *am* (*pl* bhideothan, bhidiothan) video

Bhiet-Nam /'Vietnam'/ Vietnam

bhig /veek/ ~ **beag**

bh' innte → **innte**

bhiodh /viG/ **1** would be; *bhiodh sin math* that would be good **2** *bhiodh e air bàsachadh* he would have died; *bhiodh i air mo mharbhadh* she'd have killed me

bhìoras /veerəs/ *am* (*gen* bhìorais, *pl* bhìorasan) virus

bhiortail /virshtal/ virtual

bhios /vis/ *rel fut of* **bi**; *cuin a bhios e deiseil?* when will it be finished?; *ciamar a bhios fios agam* how will I know?

bhìosa /'visa'/ *a' bh-* (*pl* bhìosathan) visa

bhith: *a bhith* /ə vee/ **1** to be; *dh'iarr mi air a bhith sàmhach* I asked him to be quiet; *feuchaidh mi ri bhith ann* I'll try to be there **2** *tha sibh air a bhith...* you have been...; *bha e air a bhith na shuidhe* he had been sitting; *'s e pròiseas gu math sìmplidh a th' air a bhith ann* it has been a very simple process

bhitheas /vee-əs/ *rel fut of* **bi**; *biodh sin mar a bhitheas* be that as it may, all the same

bhithinn /vee-in/: *cha bhithinn-sa an seo an-diugh* I wouldn't be here today

bho[1] /voh/ +*len* **1** from; *bho Dhùn Bhlàthain gu Dùn Èideann* from Dunblane to Edinburgh; *bho àm gu àm* from time to time **2** after; *ginealach bho ghinealach*

bho² /voh/ since, because; *tha faisg air 25 bliadhna bho bha iad a' ruith...* it's nearly 25 years since they ran...; *bho nach do chùir mi crìoch air* since I didn't finish it

bho chionn /voh Kyoon/ since; for; ago; *bho chionn seachdain* a week ago; *tha mi a' dèanamh seo bho chionn faisg air 30 bliadhna* I've been doing this for nearly 30 years; *bho chionn ghoirid* a little while ago; *gu bho chionn glè ghoirid* until very recently

bhodka /'vodka'/ *am* (*pl* bhodkathan) vodka

bhoill! /voyl/ well!

bhon /vohn/ = bho an; *bhon EU* from the EU

bhon (a) /vohn (ə)/ since; *bhon a bha e a' fàs anmoch* since it was getting late; *bhon a ràinig sinn* since we arrived; *bhon t-seachdain sa chaidh* since last week

bhòn-dè: *a' bhòn-dè* /ə vawn-jay/ the day before yesterday

bhòn-uiridh: *a' bhòn-uiridh* /ə vawn-ooree/ the year before last

bhos /vos/ over here

bhòt /vawt/ *a' bh-* (*pl* bhòtaichean) vote

bhòt (a' bhòtadh) /vawt (ə vawtəG)/ vote

Bh-ph /ven-fawstə/ Mrs; *a' Bh-ph NicLeòid* Mrs Macleod

bhreac-òtraich: *a' bhreac-òtraich* /ə vrehKk-awtreeK/ chickenpox

Bhreatann /vrehtan/: *a' Bhreatann Bheag* Britanny; *a' Bhreatann Mhòr* Great Britain

bhuaibh /voo-iv/ *prep pron from* **bho** *for* **sibh** (*you*); *an ann bhuaibh a tha seo?* is this from you?

bhuaibhse /voo-ivshə/ *the emphatic form of* **bhuaibh**

bhuainn /voo-in/ *prep pron from* **bho** *for* **sinn** (*us*); *tha iad air an t-airgead a thoirt bhuainn* they've taken the money away from us

bhuainne /voo-inyə/ *the emphatic form of* **bhuainn**; *'s ann bhuainne a tha e* this is from us

bhuaipe /voo-ehpə/ *prep pron from* **bho** *for* **i** (*her; it*); *prèasant*

bhuaipe a present from her; *tha i air dol bhuaipe bhon uair sin* she hasn't been the same since

bhuaipese /voo-ehpəshə/ *the emphatic form of* **bhuaipe**

bhuaithe /voo-Y-yə/ *prep pron from* **bho** *for* **e** (*him; it*); **1** *prèasant bhuaithe* a present from him **2** *chan fhaca mi i bhuaithe sin* I haven't seen her since

bhuaithesan /voo-Y-yəsən/ *the emphatic form of* **bhuaithe**

bhuam /voo-əm/ *prep pron from* **bho** *for* **mi** (*me*); *cha ghabhadh e sgillinn bhuam* he wouldn't take a penny from me

bhuamsa /voo-əmsə/ *the emphatic form of* **bhuam**; *'s ann bhuamsa a tha seo* this is from me

bhuapa /voo-əpə/ *prep pron from* **bho** *for* **iad** (*them*); *cha chuala mi bhuapa a-rithist* I didn't hear from them again

bhuapasan /voo-əpəsən/ *the emphatic form of* **bhuapa**

Bh-uas /ven-oo-əsəl/ Ms; *a' Bh-uas NicLeòid* Ms Macleod

bhuat /voo-ət/ *prep pron from* **bho** *for* **thu** (*you*); *an ann bhuat a tha seo?* is this from you?

bhuatsa /voo-ətsə/ *the emphatic form of* **bhuat**

bhuig /vook/ ~ **bog**

bhur /voor/ your

bi* /bee/ **1** be (*imperative*); *na bi fadalach* don't be late; *na bi a' caoineadh* don't cry **2** *fut interr of* **bi**; *am bi esan ann?* will he be there?; *fuirichidh mi gus am bi thu deiseil* I'll wait until you're ready; *mus bi teaghlach aca* before they have a family

△**bi a-mach air** be on about, talk about; *cò air a bha i a-mach?* who was she on about?; *bha i a-mach oirre* she was on about her

biadh /bee-əG/ *am* (*gen* bìdh, bidhe) food; meal; *chaidh sinn gu biadh* we ate out; we went out to eat; *gabh do bhiadh agus falbhaidh sinn* eat up and we'll go; *aig biadh còmhla* having a meal together ♦ **biadh-lann** canteen, dining hall; **biadh-sgoile** school meals

bian /bee-an/ *am* (*gen & pl* bèin) hide; fur

biast /bee-əst/ *a' bh-* (*gen* bèiste, *pl* biastan) beast

biastag /bee-əstəg/ *a' bh-* (*gen* biastaige, *pl* biastagan) insect
bid (a' bìdeadh) /beej (ə beejəG)/ bite
bideag /beejak/ *a' bh-* (*gen* bìdeige, *pl* bìdeagan) bit, scrap
bidh /bee/ **1** *fut pos of* **bi**; *bidh mi dìreach a' coimhead* I'll just watch **2** (*used to refer to something that happens, or doesn't happen regularly in the present*) *bidh e ag eacarsaich san diom* he works out at the gym
bìdh, bidhe /bee, bee-yə/ *gen of* **biadh**
bidse /bitchə/ *a' bh-* (*pl* bidseachan) bitch; *a bhidse!* son of a bitch!, shit!; *taigh na bidse!* damn it!
bìg /beek/: *na leig bìg às* don't make a sound
big /beek/ **1** ~ **beag 2** *na big* the wee ones
bile[1] /beelə/ *a' bh-* (*pl* bilean) lip; rim; *thuit am bilean* their mouths dropped open
bile[2] /beelə/ *a' bh-* (*pl* bilean) bill ♦ **Bile nan Eilean** The Islands Bill
bileag /beelak/ *a' bh-* (*gen* bileig, *pl* bileagan) label; leaflet, handout ♦ **bileagan bhòtaidh** voting forms, voting slips
bilearach-mara /bilərəK-marə/ *am* (*gen* bilearaich-mhara) seagrass
billean /bilyən/ *am* (*gen* billein, *pl* billeanan) billion
binn[1] /been/ *a' bh-* (*gen* binne, *pl* binnean) sentence; *chaidh a' bhinn a thoirt seachad…* sentence was passed…; *thèid binn a chur orra a-màireach* they'll be sentenced tomorrow; *fhuair e binn prìosain 18 mìosan* he got an 18 month prison sentence ♦ **binn-bhàis** death sentence; *chuir iad binn-bhàis air/oirre* they sentenced him/her to death
binn[2] /been/ sweet, gentle
Bìoball /beepal/ *am* (*gen & pl* Bìobaill) Bible
bìobhair /'beaver'/ *am* (*pl* bìobhairean) beaver
biod /bit/ *am* (*pl* biodan) bit (*for horse, in computing*)
bìodach /beedəK/ tiny; *beag bìodach* tiny little
biodag /bidak/ *a' bh-* (*gen* biodaig, *pl* biodagan) dagger
biodh /biG/ **1** would be; *am biodh tu toilichte?* would you be happy?; *mar gum biodh* as it were; *mar gum biodh*

rudeigin ceàrr as if something were wrong; ***mura biodh gun robh an drochaid sin ann*** if it hadn't been for that bridge; ***biodh sin mar a bhitheas*** be that as it may, that may be; ***biodh solas ann*** let there be light **2** *na biodh eagal ort roimhe* don't be afraid of him; ***biodh crathadh-làimhe againn air*** let's shake on it

bìog /beek/ *a' bh-* (*gen* bìoga, *pl* bìogan) squeak; chirp; *gun bhìog* without a peep

bìog (a' bìogail) /beek (ə beekal)/ squeak

biomaid /bimij/ we would be[14]; *'s dòcha gum biomaid na b' fheàrr...* maybe we'd be better...

biona /binə/ *am* (*pl* bionaichean) bin ♦ **biona an ath-chuairteachaidh** recycling bin; **biona an sgudail** rubbish bin

bior /bir/ *am* (*gen* biora, *pl* bioran) point; pin; spit; *chaidh i na bior reòta* she froze; *air bhioran* excited; keyed-up; agitated; *bha mi air bhioran ag iarraidh a dhol air a' choimpiutair* I was desperate to get on the computer ♦ **bior-fighe** knitting needle

biorach /birəK/ sharp; pointed; *facal biorach* a sharp word

bioran-bile /birən-beelə/ *am* lipstick (*holder*)

biortail /birshtal/ virtual

bith /bee/ *a' bh-* **1** existence, being; *ann am bith* in existence; *chan eil iad ann am bith* they don't exist; *...gun tèid e à bith* ...that it will go out of existence; ...that it faces extinction; *chaidh na h-eòin seo à bith* these birds became extinct **2** ■ *sam bith* at all; *chan eil dad sam bith agam* I don't have any at all; *rud sam bith* anything (at all) ♦ **bith-beò** livelihood; **bith-eòlas** biology; **bith-eòlasach** biological; **bith-iomadachd** bio-diversity; **bith-thèarainteachd** bio-security

bitheadh /bee-əG/ **1** would be; *bhiodh a-màireach ceart gu leòr dhomh – bhitheadh agus dhòmhsa* tomorrow

---

14 The Gaelic verb here includes the pronoun.

would be fine for me – it would be for me too; *agus carson nach bitheadh?* and why wouldn't it be?; *mura bitheadh a' chabhag* had it not been for the rush **2** *biodh sin mar a bhitheadh* be that as it may

bitheaman /bee-haman/ *am* (*gen* &*pl* bitheamain) vitamin

bitheanta /beehəntə/ common; frequent

bitheantas /beehəntəs/ *am* (*gen* bitheantais) frequency; *sa bhitheantas* normally, as a rule

bithidh /bee-ee/ *fut of* **bi** (*a stressed form*); *am bi thu ann? – bithidh* will you be there? – I will, yes

bithinn /bee-in/ I would be; *nam bithinn* if I were; *nam bithinn air a bhith ann* if I had been there

biùro /'bureau'/ *am* (*pl* biùrothan) bureau ♦ **Biùro Comhairleachaidh a' Phobaill** Citizens Advice Bureau

blàiths /blYs/ *gen of* **blàths**

blàr /blahr/ *am* (*gen* blàir, *pl* blàran) battlefield; battle; plain; *air a' bhlàr a-muigh* in the open countryside; *cur-seachadan air a' bhlàr a-muigh* outdoor activities; *faighinn a-mach dhan bhlàr a-muigh* getting out into the big wide world ♦ **Blàr Bhreatainn** the Battle of Britain

Blàr Dubh /blahr doo/ Muir of Ord

blas *am* (*gen* blais, *pl* blasan) taste; flavour; accent; *ghabh mi blas a' chrogain dheth* I've gone off him; *a' bruidhinn le blas Glaschu* speaking with a Glasgow accent ♦ **blas-cainnte** accent

blasad /blasət/ *am* (*gen* blasaid, *pl* blasadan) taste; *seiseanan blasad cànain* language taster sessions

blasta /blastə/ tasty; *fìor bhlasta* delicious

blàth[1] /blah/ *am* (*gen* blàith, *pl* blàthan) bloom; flower; *fo bhlàth* in bloom ♦ **blàth-fhleasg** wreath

blàth[2] /blah/ warm

blàthachadh /blah-əKəG/ *am* (*gen* blàthachaidh) warming; *le blàthachadh deoch air* with him being just a little tipsy ♦ **blàthachadh na cruinne** global warming

blàthaich (a' blàthachadh) /blah-eeK (əg blah-əKəG)/ warm;

heat; **taighean a bha doirbh a bhlàthachadh** houses that were hard to heat

blàths /blahs/ *am* (*gen* blàiths) warmth; heat

bleideag /blehjak/ *a' bh-* (*gen* bleideig, *pl* bleideagan) flake
♦ **bleideagan sneachda** snowflakes

bleigeard /blekarsht/ *am* (*gen* bleigeird, *pl* bleigeardan) scoundrel, villain

bleith (a' bleith) /bleh/ grind

bliadhna /blee-ənə/ *a' bh-* (*pl* bliadhnaichean) year; **suas ann am bliadhnaichean** getting on, of advanced years
♦ **bliadhna ionmhais** financial year; **bliadhna-leum** leap year; **Bliadhn' Ùr** New Year; **air a' Bhliadhn' Ùr** at New Year; **Bliadhna Mhath Ùr!**, **Bliadhna Ùr Mhath!** Happy New Year!, a Good New Year!

bliadhnail /blee-ənəl/ yearly, annual

blobhsa /blōw-sə/ *a' bh-* (*pl* blobhsaichean) blouse

bloga /blokə/ *am* (*pl* blogaichean) blog

bloigh /bloy/ *a' bh-* (*gen* bloighe, *pl* bloighean) fragment, part; fraction

BnG, BnaG (=**Bòrd na Gàidhlig**) *am* Gaelic Language Board

bò /boh/ *a' bh-* (*gen* & *pl* bà) cow ♦ **bò Ghàidhealach** Highland cow

boban /bopan/ *am* (*gen* bobain, *pl* bobanan) **1** daddy **2** bobbin

bobhla /bōwlə/ *am* (*pl* bobhlaichean) bowl

bobhstair /bōwstər/ *am* (*pl* bobhstairean) mattress

boc (a' bocadaich) /boKk (ə boKk-ədeeK)/ skip; prance; flutter

bòcan /bawkan/ *am* (*gen* & *pl* bòcain) ghost

bochd /boKk/ **1** poor; **à sgìrean bochda** from poor *or* deprived areas; **an nighean bhochd!** the poor girl!; **a nighean bhochd!** you poor girl! **2** poorly, ill; **bha mi bochd a' smaoineachadh mu dheidhinn** I felt ill thinking about it **3 's bochd sin** that's a shame; **'s bochd an gnothach e!** it's such a shame!; **'s bochd sin dhòmhsa!** just my luck! **4 na bochd** the poor

bochdainn /boKkin/ *a' bh-* (*gen* bochdainne) poverty; ***ann am bochdainn connaidh*** in fuel poverty

bocsa = **bogsa**

Bòd /bawd/ (*gen* Bòid) Bute

bod /bod/ *am* (*gen & pl* boid) penis

bodach /bodəK/ *am* (*gen & pl* bodaich) **1** old man, old boy **2** willie ♦ **bodach-ròcais** scarecrow; **bodach-sneachda** snowman

bodha /boh-ə/ *am* (*pl* bodhachan) reef, submerged rock

bodhaig /boh-ik/ *a' bh-* (*gen* bodhaige, *pl* bodhaigean) body

bodhar /boh-ər/ deaf

bodraig (a' bodraigeadh) /bodrig (ə bodrigəG)/ bother

bog /bohk/ **1** soft; damp; boggy; ***bog fliuch*** soaking wet **2** *air bhog* afloat; ***far an robh am bàta air bhog*** where the ship was lying; ***cuiridh iad iomairt air bhog*** they are launching a campaign, they are getting a campaign off the ground

bog (a' bogadh) /bohk (ə bohkəG)/ steep, soak; immerse

bogadh /bohkəG/ *am* (*gen* bogaidh) immersion; ***bliadhna bhogaidh sa Ghàidhlig*** a Gaelic immersion year

bogha /boh-ə/ *am* (*pl* boghachan) **1** bow; curve; bulge **2** reef, submerged rock ♦ **bogha-frois(e)** rainbow; **bogha-uisge** rainbow

boglach /bogləK/ *a' bh-* (*gen* boglaiche, *pl* boglaichean) bog; **boglaichean** wetlands, boglands

bogsa /boksə/ *am* (*pl* bogsaichean) box; ***bogsa mhaidsichean*** a box of matches ♦ **bogsa-ciùil** accordion; **bogsa-fòn** phonebox; **bogsa-litrichean** letterbox; **bogsa-luchd** container; **bogsa-puist** postbox; **bogsa uinneige** window box

Bòid /bawj/ *gen of* **Bòd**

boid /boj/ *gen & pl of* **bod**

bòidhchead /boyKət/ *a' bh-* (*gen* bòidhcheid) beauty

bòidheach /boy-yəK/ pretty; beautiful

boil /bol/ *a' bh-* (*gen* boile) frenzy; ***bha i air bhoil*** she was in a proper state, she was up to high doh (*Scots*)

boilear /boylər/ *am* (*pl* boilearan) boiler
boillsgeadh /bə-ilshkəG/ *am* (*gen* boillsgidh) flashing; gleam; *boillsgeadh dòchais* a glimmer of hope
boinne /bonyuh/ *am* (*pl* boinnean) drop
boinneag /bonyak/ *a' bh-* (*gen* boinneige, *pl* boinneagan) wee drop
boireann /boran/ female; feminine
boireannach /borənəK/ *am* (*gen & pl* boireannaich) woman
bois /bosh/ → **bas**
boise /boshə/ *gen of* **bas**
boisean /boshan/ *alternative pl of* **bas**
boiteag /bochak/ *a' bh-* (*gen* boiteig, *pl* boiteagan) worm; *ghoideadh am fear ud a' bhoiteag bhon chirc dhall* that man'd steal a worm from a blind chicken
bòla = **bobhla**
boladh /boləG/ *am* (*gen* bolaidh, *pl* bolaidhean) smell
bolgan /boləgən/ *am* (*gen & pl* bolgain) bulb
bolta /boltə/ *am* (*pl* boltaichean) bolt
boma /bomə/ *am* (*pl* bomaichean) bomb
bomair /bomər/ *am* (*pl* bomairean) bomber ♦ **bomair fèin-mhairbhteach** suicide bomber
bonaid /bonij/ *a' bh-* (*gen* bonaide, *pl* bonaidean) bonnet; cap ♦ **bonaid bhileach** baseball cap
bonn /bə-oon/ *am* (*gen & pl* buinn) **1** bottom; sole (*of foot*); *aig a' bhonn* at the bottom; *aig bonn na beinne* at the bottom of the hill; *san dàrna àite bhon bhonn sa lìog* second bottom in the league; *cuir air bhonn* set up, initiate; *chuir iad fo bhonn e gun…* they kept it hidden *or* secret that…; *iarrtasan a thig air làrach nam bonn* requests that are made on the spot, spontaneous requests **2** coin; medal ♦ **bonn boise** tip; **bonn-dubh** heel
bonnach /bonəK/ *am* (*gen & pl* bonnaich) cake, bannock
bonnag /bonak/ *a' bh-* (*gen* bonnaige, *pl* bonnagan) (small) cake
borb /borəb/ fierce, savage; barbaric; *tha i cho borb ris a' chloinn* she's so cruel to the children

borbair /borəbar/ *am* (*pl* borbairean) barber

bòrd /bawrsht/ *am* (*gen* & *pl* bùird) table; board; *rach air bòrd* go on board, go aboard ♦ **bòrd-bìdh** dining table; **bòrd-cùlaibh** port side; *taobh a' bhùird-chùlaibh* to port; **bòrd-dubh** blackboard; **Bòrd na Gàidhlig** the Gaelic Language Board; **bòrd-geal** whiteboard; **bòrd-slàinte** health board; **bòrd-sneachda** snowboard; **bòrd-stiùiridh** board (of directors)

bòrdadh /bawrshdəG/ *am* (*gen* bòrdaidh) boarding ♦ **bòrdadh-sneachda** snowboarding

botal /'bottle'/ *am* (*gen* & *pl* botail) bottle ♦ **botal-teth** hotwater bottle

bòtann /bawtan/ *am* (*gen* bòtainn, *pl* bòtannan) (Wellington) boot

bothag /bŏ-hak/ *a' bh-* (*gen* bothaige, *pl* bothagan) hut; bothie

bothan /bŏ-han/ *am* (*gen* & *pl* bothain) hut; cottage; dugout (*sport*)

BPA (=Ball Pàrlamaid na h-Alba) /'BPA'/ *am* MSP (=Member of the Scottish Parliament) ♦ **BPA roinneil** regional MSP; **BPA sgìreil** constituency MSP

brà /brah/ *a' bh-* (*pl* bràthan) quern

bra *am* (*pl* brathan) bra

bracaist /braKkisht/ *a' bh-* (*gen* bracaiste, *pl* bracaistean) breakfast

brach (a' brachadh) /braK (ə braKəG)/ ferment

bradan /bratən/ *am* (*gen* & *pl* bradain) salmon

bradhag /brah-ak/ *a' bh-* (*gen* bradhaig, *pl* bradhagan) tantrum; *ghabh e bradhag* he threw a tantrum

brag /brak/ *an* (*gen* braig, *pl* bragan) bang; *tha brag nan caman ri chluinntinn* the crack of the shinty sticks can be heard

brag (a' bragail) /brak (ə brakal)/ bang, thump

braidhm /brYm/ = **braim**

bràigh /brY/ *am* (*gen* bràghad, *pl* bràigheachan) top, top end; brae, upland; chest

Bràigh Mhàrr

Bràigh Mhàrr /brY vahr/ Braemar

braim /brYm/ *am* (*gen* brama, *pl* bramannan) fart; *an do leig thu braim?* did you fart?

bràiste /brahsh-chə/ *a' bh-* (*pl* bràistean) brooch

bràithrean /brYren/ *pl of* **bràthair**

bramadaich /bramədeeK/ *a' bh-* farting

bràmair /brah-mər/ *am* (*pl* bràmairean) boyfriend; girlfriend

brannd /brōwnd/ *am* (*pl* branndaichean) brand

branndadh /brōwndəG/ *am* (*gen* branndaidh) branding

branndaidh /brōwndee/ *a' bh-* (*pl* branndaidhean) brandy

braon /brurn/ *am* (*gen & pl* braoin) drop

brat *am* (*gen* brata, *pl* bratan) mat; rug; covering ♦ **brat-gnùise** face covering; *brat-gnùise meadaigeach* medical face mask; **brat luchaig** mouse mat; **brat-ùrlair** carpet

bratach /bratəK/ *a' bh-* (*gen* brataich, *pl* brataichean) flag; banner; *fo bhratach na h-Achd* under the umbrella of the Act

bràth: *gu bràth* /goo brah/ for ever; *cha dìochuimnich mi an là sin gu bràth tuilleadh* I'll never ever forget that day

brath /bra/ *am* (*gen* bratha, *pl* brathan) **1** message; notice; *chuir iad brath SOS a-mach* they sent out an SOS; *cuir brath gu...* contact...; *airson brath a chur chun a' chluba gun...* to notify the club that...; *fhuair e brath nach biodh e comasach dha...* he was informed *or* he got word that it would not be possible for him...; *brath sgrìobhte* written statement

  2 *cò aige a tha brath càit an tèid cùisean?* who knows where things are going?

  3 *a' gabhail brath air* taking advantage of; *brath feiseil* sexual abuse; *a' gabhail brath feiseil air...* sexually abusing...

  ♦ **brath-èiginn** emergency call, alarm; **brath-gutha** voicemail; *dh'fhàg mi brath-gutha* I left a voicemail; **brath-naidheachd** press release, press statement

brath (a' brath) /bra/ **1** betray **2** *cha robh iad a' brath air...*

breithnich (a' breithneachadh)

they had no intention of...
bràthair /brah-hər/ *am* (*pl* bràithrean) brother ♦ **bràthair-cèile** brother-in-law
bràthan /brah-han/ *pl of* **brà**
brathan /brahan/ *pl of* **bra**
breab /brep/ *am* (*gen* breaba, *pl* breaban) kick; *thug e breab dhan doras* he kicked the door ♦ **breab-peanais** penalty kick; **breab saor** free kick
breab (a' breabadh) /brep (ə brepəG)/ kick
breabadair /brep-ədər/ *am* (*pl* breabadairean) **1** weaver **2** daddy-long-legs
breabadaireachd /brepə-dərəKk/ *a'bh-* weaving
breabail /brepal/ *a'bh-* (*gen* breabaile) kicking
breac /breKk/ *am* (*gen & pl* bric) trout
breacan /breKkən/ *am* (*gen* breacain, *pl* breacanan) tartan; plaid ♦ **breacan-seunaidh** freckles
brèagha /bree-yə/ beautiful, lovely; fine
Breatamach /bret-əmaK/ Brexit
Breatann /breh-tən/ (*gen* Breatainn, Breatainne) Britain
Breatannach /breh-tanəK/ **1** British **2** *am* (*gen & pl* Breatannaich) Briton, Brit
Breichin /breKin/ Brechin
brèid /brayj/ *am* (*gen* brèide, *pl* brèidean) patch
brèig /brayg/ *a'bh-* (*gen* brèige, *pl* brèigichean) brake
brèige /braygə/ *gen of* **breug**
breisleach /brehshləK/ *a'bh-* (*gen* breislich) confusion; delirium
breith¹ /breh/ *a'bh-* birth; *àm breith nan uan* lambing time
breith² /breh/ *a'bh-* (*pl* breithean) judgement; verdict
breith air: *a' breith air* /ə breh ehr/ *verbal noun of* **beir air**
breithneachadh /brenyəKəG/ *am* (*gen* breithneachaidh) judging; reasoning, critical thinking ♦ **breithneachadh litreachais** literary criticism
breithnich (a' breithneachadh) /brenyeeK (ə brenyəKəG)/ judge; adjudicate; assess

breòite

breòite /bryawchə/ frail
breug /bree-ak/ *a' bh-* (*gen* brèige, *pl* breugan) lie (*untruth*); *an do dh'inns thu breug dhomh?* did you lie to me?
breugach /bree-əgəK/ false, lying
breugaire /bree-akirə/ *am* (*pl* breugairean) liar
breun /brayn/ foul, putrid
Brfhàgail /brahkal/ Brexit
briathar /bree-ə-hər/ *am* (*gen* briathair, *pl* briathran) term, word; *briathran* words; *briathran dòchasach* optimistic words *or* statement
briathrachas /bree-ərəKəs/ *am* (*gen* briathrachais, *pl* briathrachasan) terminology; vocabulary
bric /breeKk/ *gen* & *pl of* **breac**
brìgh /bree/ *a' bh-* essence; significance, meaning
brìghmhor /breevor/ meaningful
briod (a' briodadh) /breed (ə breedəG)/ breed
briog (a' briogadh) /brik (ə brikəG)/ click; *briogaibh an seo* click here
△ **briog air** click on
briogadh /brikəG/ *am* injection, jag (*Scots*); click ♦ **briogadh dùbailte** double click
briogais /brikish/ *a' bh-* (*pl* briogaisean) trousers ♦ **briogais ghoirid** shorts; **briogais-shnàimh** (swimming) trunks; **briogais-spòrs** joggers, joggy bottoms
briosgaid /briskij/ *a' bh-* (*gen* briosgaide, *pl* briosgaidean) biscuit ♦ **briosgaid theòclaid** chocolate biscuit
bris (a' briseadh) /breesh (ə breeshəG)/ break; break down; *bhris sibhse an lagh* you broke the law; *bhris an làrach-lìn aca* their website went down; *às dèidh dhan dealanach a bhriseadh* after it had been knocked out by lightning
◊ **bris a-steach** break in; *chaidh briseadh a-steach dha taigh a-raoir* the house was broken into last night; *chaidh briseadh a-steach orra* they were broken into
◊ **bris sìos** break down

briseadh /breeshəG/ *am* (*gen* brisidh, *pl* brisidhean) breaking; break; fracture; breach; bankruptcy ♦ **briseadh dàta** data breach; **briseadh-dùil** disappointment, let-down; *tha sin na bhriseadh-dùil* that's disappointing; **briseadh na sìthe** breach of the peace

brisg /brishk/ fragile

brist (a' bristeadh) /breesh-ch (ə breesh-chəG)/ = **bris (a' briseadh)**

briste /breesh-chə/ broken; out of order, not working; bankrupt; *ann an guth briste* falteringly

bristeal /breeshtyal/ *am* (*gen* bristeil) china

brith: *ge brith* /geh bree/: *ge brith dè chanas sibh* whatever you say; *ge brith càit an robh e* wherever it was

britheamh /bree-həv/ *am* (*gen* britheimh, *pl* britheamhan) judge

brobhsair /'browser'/ *am* (*pl* brobhsairean) browser

broc /broKk/ *am* (*gen* & *pl* bruic) badger

brochan /brŏKan/ *am* (*gen* brochain) porridge; *tha mo cheann na bhrochan* my head's in a muddle, my head's mince (*Scots*)

brod /brot/ the best; *brod na...* an excellent...

bròg /brawk/ *a' bh-* (*gen* bròige, *pl* bròganan) shoe; boot; *thoir a' bhròg do* give the boot to; *fhuair mi a' bhròg* I got the sack ♦ **brògan-cleasachd** trainers; **brògan coiseachd** walking shoes; **brògan sreap** climbing boots

broilleach /brol-yəK/ *am* (*gen* broillich, *pl* broillichean) breast; chest; bust

bròinean /brawn-yan/: *a bhròinein bhochd!* you poor soul![15]

broinn /brə-in/ *a' bh-* inside; *am broinn an taighe* inside the house; *na bhroinn* (on the) inside; *seiseanan cànain am broinn na buidhne* in-house language sessions; *dh'ith mi làn mo bhroinn* I ate my fill

bromail /bromal/ *a' bh-* farting

---

15 only referring to males

bròn

bròn /brawn/ *am* (*gen* bròin) sadness, sorrow
brònach /brawnəK/ sad
brònag /brawnak/ *a' bh-* (*gen* brònaige, *pl* brònagan) poor soul
bronn /brōwn/ *gen of* **brù**
bronnach /bronəK/ well-fed; fat-bellied
brosnachadh /brosnəKəG/ *am* (*gen* brosnachaidh) encouragement; stimulus; ***brosnachadh mòr dhan eaconomaidh*** a big boost for the economy
brosnachail /brosnəKal/ inspiring; encouraging
brosnaich (a' brosnachadh) /brosneeK (ə brosnəKəG)/ encourage; ***tha iad gam brosnachadh a...*** they are being encouraged to...
brot *am* (*gen* brota, *pl* brotan) soup
brù /broo/ *a' bh-* (*gen* bronn, *pl* brùthan) belly
bruach /broo-əK/ *a' bh-* (*gen* bruaich, *pl* bruaichean) bank; ***air bruaichean na h-aibhne*** on the river banks
Bruach Chluaidh /broo-əK Kloo-wY/ Clydebank
bruadair (a' bruadar) /broo-ətehr (ə broo-ətər)/ dream
bruadar /broo-ətər/ *am* (*gen* bruadair, *pl* bruadaran) dream
brùchd (a' brùchdadh) /brooKk (ə brooKkəG)/ burst out; belch
bruchlag /brooKlak/ *a' bh-* (*gen* bruchlaige, *pl* bruchlagan) hovel
bruic /broo-iKk/ *gen* & *pl of* **broc**
bruich /broo-iK/ cooked; boiled
bruich (a' bruich) /broo-iK/ boil
brùid /brooj/ *a' bh-* (*gen* brùide, *pl* brùidean) brute
bruid /brooj/: ***chaidh a chumail am bruid*** he was kidnapped; he was held in captivity
brùideil /broojel/ brutal
bruidhinn /brooyin/ *a' bh-* talk; talking
bruidhinn (a' bruidhinn) /brooyin/ speak, talk; ***am faod mi bruidhinn ri...?*** can I speak to...?; ***cò air a tha thu bruidhinn?*** who are you talking about?; ***a' bruidhinn*** speaking (*on phone*)
bruidhneach /brə-inyəK/ talkative

bruis /broosh/ *a' bh-* (*gen* bruise, *pl* bruisean) brush; ***thalla is cagainn bruis!***[16] get stuffed! ♦ **bruis-fhalt** hairbrush; **bruis-fhiaclan** toothbrush

brunndail /broondal/ *a' bh-* mumbling; grunting

Brùra /broorə/ Brora

brùth (a' bruthadh) /broo (ə broo-həG)/ push, shove; press; ***brùth ri chèile*** press together; ***brùth an seo*** tap here

◊ **brùth a-steach** intrude

bruthach /broo-əK/ *a' bh-* (*gen* bruthaich, *pl* bruthaichean) slope; bank; hill (*on road*) ♦ **bruthach-gainmhich** sandbank

bruthadh /broo-həG/ *am* (*gen* bruthaidh) pressure; ***bha mi air mo bhruthadh gu...*** I was being pressed to... ♦ **bruthadh àrd** high pressure; **bruthadh fala** blood pressure; **bruthadh ìosal** low pressure

bruthainneach /broo-hinyəK/ humid

brùthan /broo-ən/ *pl of* **brù**

bu /boo/ **1** (*a past tense for 'to be'*) ***bu mhise a' chiad neach*** I was first; ***am b'ise a bh'ann? – cha b'ì*** was it her? – no not her; ***cha b'e sin na dh'iarr mi*** that wasn't what I asked for; ***b'iadsan a ràinig mu dheireadh*** they were last to arrive; ***b'e oidhche shoirbheachail a bh'innte*** it was a successful night

2 (*in forming a conditional of 'to be'*) ***am bu toil leat deoch?*** would you like a drink?; ***bu mhath leam...*** I would like to...; ***cha bu mhath leam coiseachd ann*** I wouldn't like to walk there; ***bu chòir dhut barrachd eacarsaich a dhèanamh*** you should get more exercise

3 *cha bu chòir dhut fanaid orra* you shouldn't laugh at them

4 (*in comparatives and superlatives with a past tense verb*) ***bha iad na bu thoilichte*** they were happier; ***bu mhiosa*** worse/the worst; ***an clàr a bu shoirbheachail*** their most

---

16 Literally, go chew a brush!

successful album

buachaille /boo-əKilyə/ *am* (*pl* buachaillean) herdsman
buachar /boo-əKər/ *am* (*gen* buachair) cowdung; cowpat
buadhaiche /boo-əGeeKə/ *am* (*pl* buadhaichean) winner; champion
buadhail /boo-əGal/ successful; victorious
buadhair /boo-əGər/ *am* (*pl* buadhairean) adjective
buaidh /boo-Y/ *a' bh-* (*gen* buaidhe, *pl* buaidhean) influence; impact; win, victory; *fo bhuaidh na dibhe* under the influence of alcohol; *thug an galar buaidh air...* the disease affected...; *mar a tha sin a' toirt buaidh air seirbheisean aiseig* how this is affecting ferry services; *buaidh 5-0 an aghaidh...* a 5-0 win against...
buail (a' bualadh) /boo-al (ə boo-ələG)/ hit; *bha an smuain ga bhualadh gu bheil...* the thought struck him that...; *bhuail an clag* the bell rang *or* went
Δ **buail air** bump into, knock into; hit, strike; affect; *bha an galar air bualadh air tuathanasan èisg* the disease had hit fish farms; *cha do bhuail sin orm* that didn't occur to me; *nuair a bhuail e air dè bha air tachairt* when he realized what had happened
Δ **buail ann** collide with, hit; *nuair a bhuail carbad innte* when a vehicle hit her
buaile /boo-ələ/ *a' bh-* (*pl* buailtean) cattle-pen
buailteach /boo-əltəK/ liable (to), inclined (to)
buain (a' buain) /boo-in/ harvest; *buain na mònadh* peat cutting
buair (a' buaireadh) /boo-ər (ə boo-ərəG)/ trouble; worry
buaireadh /boo-ərəG/ *am* (*gen* buairidh, *pl* buairidhean) **1** disruption; disturbance; trouble; *air am buaireadh* troubled; worried **2** temptation; *na leig ann am buaireadh sinn* lead us not into temptation
bualadh: *a' bualadh* /ə boo-ələG/ *verbal noun of* **buail**
buan /boo-ən/ durable, (long-)lasting; *am bi an cànan buan?* will the language last?; *tha iad ag iarraidh freagairt*

bhuan they want a definitive answer

buannachd /boo-ənəG/ *a' bh-* (*pl* buannachdan) advantage, benefit; *dh'fhaodadh iad a bhith nam buannachd do ghnìomhachasan* they could benefit businesses

buannachdail /boo-ənəKkal/ beneficial

buannaich (a' buannachadh) /boo-ə-aneeK (ə boo-ənəKəG)/ win; reach; *an tadhal a bhuannaich an geama* the winning goal; *bhuannaich sinn dhachaigh* we reached home

buannaiche /boo-əneeKə/ *am* (*pl* buannaichean) winner
♦ **buannaiche duais** prize-winner

buc (a' bucadh) /booKk (ə booKkəG)/ book, reserve

bucaid /booKkij/ *a' bh-* (*gen* bucaide, *pl* bucaidean) bucket

bucas /booKkəs/ *am* (*gen & pl* bucais) box

bu chòir /boo Kawr/: *bu chòir dhut / dhaibh feuchainn* you/they should try; *cha bu chòir do dhadaidh...* Dad shouldn't...

buiceil /bə-ikel/ *a' bh-* (*gen* buiceile) leaping about, frisking

buidhe /booyə/ **1** yellow **2** *is buidhe dhut* you're lucky; *nach buidhe dhòmhsa!* it's my lucky day!; *is buidhe le bochd beagan* every little helps

buidheach /booyəK/ grateful; *tha mi buidheach!* I'm full (up)!

buidheann /booyən/ *am* (*gen* buidhne, buidhinn, *pl* buidhnean) group; body; company; organization ♦ **buidheann-cluiche** playgroup; **buidheann coidse** coach party; **Buidheann Fànais** Space Agency; **buidheann fianais** protest group; **buidheann-iomairt** task force; campaign group; **buidheann-obrach** working group; **buidheann pàrant is pàiste** parent and toddler group; **buidheann poblach** public body; **buidheann stiùiridh** steering group; **buidheann-strì** pressure group; **buidheann taigheadais** housing association

buidhinn (a' buidhinn) /booyin/ win

buidseach /boochəK/ *am* (*gen* buidsich, *pl* buidsichean) wizard *buidseachd*

buidseachd /boochəKk/ *a' bh-* wizardry; witchcraft; ***chuir e buidseachd orm*** he put me under a spell

bùidsear /boochehr/ *am* (*gen* bùidseir, *pl* bùidsearan) butcher

buidseat /'budget'/ *am* (*gen* buidseit, *pl* buidseatan) budget

buidsidh /bəjshee/ *am* (*pl* buidsidhean) budgie

buige /bookyə/: ***nas/as buige*** *comp & supl of* **bog**

buigneag /bəgnak/ *a' bh-* (*gen* buigneige, *pl* buigneagan) softie

buil /bool/ *a' bh-* (*gen* buile, *pl* builean) effect; consequence; outcome; ***buil bhòt*** outcome *or* result of the vote; ***builean ionnsachaidh*** learning outcomes; ***thoir gu buil*** carry out, implement; ***tha iad fo chunnart gun a bhith a' toirt an comais gu buil*** they are at risk of not achieving their full potential

buileach /booləK/ **1** quite, completely; ***chan eil sinn buileach deiseil*** we're not quite ready; ***seadh, chan e buileach Pall Mall a th' ann*** ok, it's no Pall Mall, it's not exactly Pall Mall **2** ***agus nas cudromaiche buileach*** and far more importantly; ***nas fheàrr buileach*** far better; ***agus a' còrdadh buileach rithe…*** and really enjoying it…; ***na cabhaig buileach*** in a tearing hurry

builgean /booləgen/ *am* (*gen* builgein, *pl* builgeanan) bubble

buill /boo-il/ *gen & pl of* **ball**[1] & [3]

buille /boolyə/ *a' bh-* (*pl* buillean) **1** blow; ***tha seo na bhuille don choimhearsnachd*** this is a blow to the community; ***seo a' bhuille mu dheireadh*** this is the final blow; this is the last straw; ***buille air thuaiream*** a wild guess, a shot in the dark; ***buillean de shùilean*** exchanging glances **2** beat (*in music*); emphasis ♦ **buille bàis** death blow; killer blow; **buille-sùla** glimpse

buin /boon/ *gen & pl of* **bun**

△ **buin do (a' buntainn do)** /boon doh (ə boontin doh)/ belong to; be related to; ***…gur e rudeigin a bhuineas do…*** …that it is something that belongs to…; ***buinidh Calum do Bharraigh*** Calum is a native Barra man; ***an t-eilean dham buin Calum*** the island to which Calum belongs; ***lus a bhuineas*** *do dh'Alba* a plant which is native to Scotland

△ **buin ri (a' buntainn ri)** /boon ree (ə boontin ree)/ associate with, relate to; *tha Gàidhlig a' buntainn ri...* Gaelic is involved in..., Gaelic is relevant to...; *pàipearan a tha a' buntainn ris/riutha* papers relating to it/them

buinn /boo-in/ *gen & pl of* **bonn**

buinneach: *a' bhuinneach* /ə voonyəK/ (*gen* na buinnich) diarrhoea

buinneagan Bruisealach /boon-yəgən brooshələK/ *na* Brussels sprouts

buinteanas /boontənəs/ *am* (*gen* buinteanais) connection, relationship

buirb /boorəb/ ~ **borb**

bùird /boorshj/ *gen & pl of* **bòrd**

bùirn /boorn/ *gen of* **bùrn**

buis /boosh/ *gen of* **bus²**

bùith /boo-i/ *gen of* **bùth**

bùithean, bùithtean /boo-yən, boochən/ *pls of* **bùth**

bumailear /bəmələr/ *am* (*gen* bumaileir, *pl* bumailearan) idiot

bun /boon/ *am* (*gen* buin, *pl* bunan) bottom; mouth (*of river*); origin; *o bhun gu bàrr* from top to bottom; *bun a bh'ann* as it turned out

bun- /boon/ basic; elementary ♦ **bun-àm** *am* standard time; **bun-chomas** *am* core capability; **bun-dealain** *am* socket, power point; **bun-fheallsanachd** *a' bh-* ethos; **bun-os-cionn** upside-down; **bun-reachd** *a' bh-* constitution; **bun-sgoil** *a' bh-* primary school; **bun-stèidh** *a' bh-* base; **bun-stèidh de thàlant** talent base; **bun-stèisean** *am* base station; **bun-structar** *am* infrastructure

bunait /boonatch/ *a' bh-* base, foundation

bunaiteach /boonichəK/ basic, fundamental; *bunaiteach airson...* fundamental to...

bunc /'bunk'/ *am* (*pl* buncaichean) bunk

buntainn /boontin/ → **buin do**

buntainneach /boontanyəK/ relevant

buntanas /boontənəs/ *am* (*gen* buntanais) relevance; relationship

buntàta /boontahtə/ *am* potato(es)[17] ♦ **buntàta àmhainne** jacket potato; **buntàta bacalta** baked potato; **buntàta pronn** mashed potatoes; **buntàta ròsta** roast potatoes

bùrach /boorəK/ *am* (*gen* bùraich) mess, right state

burgaid /boorigij/: **burgaid de stòbha** a hulking great stove

burgar *am* (*gen* burgair, *pl* burgaran) burger

bùrn /'boorn/ *am* (*gen* bùirn) water[18]

burraidh /booree/ *am* (*pl* burraidhean) yob, ned (*Scots*); bully

burraidheachd /booree-yəKk/ *a' bh-* bullying; *...gun deach burraidheachd a dhèanamh orra* ...that they had been bullied

burralaich /boorəleeK/ *a' bh-* howling

bus[1] /'bus'/ *am* (*pl* busaichean) bus ♦ **bus a' phuirt-adhair** airport bus

bus[2] /boos/ *am* (*gen* buis, *pl* busan) pouting mouth, pout; puckered-up lips; snout; *sguir dhed bhus!* stop sulking!; *tha bus air* he's sulking, he's in a huff

bùt /boot/ *am* (*gen* bùta, *pl* bùtaichean) boot (*of car*)

butan = **putan**

bùth /boo/ *am* (*gen* bùtha, bùith, *pl* bùthan, bùithean, bùithtean) shop[19]; *tha agam ri dhol dha na bùthan* I've got to go to the shops ♦ **bùth a' bhèiceir** baker's; **bùth-borbair** barber's; **bùth carthannais** charity shop; **bùth a' cheimigeir** chemist's, pharmacy; **bùth an fheòladair** butcher's; **bùth an fhradhairciche** optician's; **bùth-leabhraichean** bookshop; **bùth-nighe** launderette; **bùth-obrach** workshop; **bùth an tioram-ghlanadair** dry-cleaner's

buthaid /boo-hij/ *a' bh-* (*gen* buthaide, *pl* buthaidean) puffin

---

17 The Gaelic **buntàta** is both singular and plural.
18 Scots has shifted the meaning slightly.
19 a word of many plurals

C c

cà? /kah/ (*short for* càite) where?; ***cà'il...?*** where's...?
cab /kap/ *an* (*gen & pl* caib) gob; ***dùin do chab!*** shut it!, shut your face!
cabadaich /kapəteeK/ *a' ch-* chattering; blether; chatting; ***thug sinn greis a' cabadaich*** we had a good blether
cabag /kapak/ *a' ch-*: ***'s e cabag a th'innte*** she's a wee blether, she's a bit gabby
cabaire /kapirə/ *an* (*pl* cabairean) telltale
càball /kahbəl/ *an* (*gen* càbaill, *pl* càballan) cable ♦ **càball leudachaidh** extension cable; **càball-mara** underwater cable
cabar /kapər/ *an* (*gen & pl* cabair) antler; caber; rafter; ***cabair fhiadh-ruadha*** red deer's antlers
cabhadh = **cathadh**
cabhag /kavak/ *a' ch-* (*gen* cabhaige) hurry, haste; ***tha cabhag orm*** I'm in a hurry; ***an dèan thu seo ann an cabhag?*** please do this urgently; ***dèan cabhag, tha sinn fadalach*** hurry, we're late; ***bha ceud cabhag orm*** I was in a tearing hurry
cabhagach /kavəgəK/ hurried, hasty
cabhsair /kōwsər/ *an* (*pl* cabhsairean) paving; pavement ♦ **cabhsair-sràide** pavement
cabhlach /kōwləK/ *an* (*gen* cabhlaich, *pl* cabhlaichean) navy; fleet ♦ **Cabhlach Marsantach** Merchant Navy; **Cabhlach Rìoghail** Royal Navy
cac /kaKk/ *an* (*gen* caca) crap, shit; excrement; ***cac!*** shit!; ***cac a' choin!, cac eich!*** shit!, bloody hell!
cac (a' cac) /kaKk/ crap; defecate
càch /kahK/ (*gen* càich) (the) others; ***taic a thoirt do chàch*** to

cadal

cadal /katəl/ *an* (*gen* cadail) sleep; ***cha tig an cadal orm*** I can't sleep; ***chaidh iad nan cadal*** they went to sleep; ***tha e na chadal fhathast*** he's still asleep

cadalach /katələK/ sleepy

cafaidh /kafee/ *an* (*pl* cafaidhean) café; ***aig a' chafaidh*** at the café ♦ **cafaidh Eadar-lìn** Internet café

cagainn (a' cagnadh) /kakin (ə kagnəG)/ chew

cagair (a' cagarsaich) /kagir (ə kagərseeK)/ whisper

caib /kep/ *gen & pl of* **cab**

caibideil /kapijel/ *an* (*gen* caibideil, *pl* caibideilean) chapter

caibineat /'cabinet'/ *an* (*gen* caibineit, *pl* caibineatan) cabinet ♦ **caibineat dùbhlanach** shadow cabinet

càich /kYK/ *gen of* **càch**

caidheag /'kayak'/ *a' ch-* (*gen* caidheige, *pl* caidheagan) kayak

caidreachas /kaj-rəKəs/ *an* (*gen* caidreachais, *pl* caidreachasan) association, federation; alliance ♦ **Caidreachas na Croitearachd** the Crofting Federation

càil[1] /kahl/ *a' ch-* (*gen* càile, *pl* càiltean) taste; appetite; desire; ***chaill mi càil mo bhìdh*** I've lost my appetite

càil[2] /kahl/ anything; ***cha tuirt duine càil*** nobody said anything; ***a h-uile càil*** everything, the whole lot; ***chan eil càil às ùr*** nothing new; ***cha do thachair càil*** nothing happened; ***cha robh càil a dhùil aige gun...*** there was no way he was expecting that...

càileachd /kahləKk/ *a' ch-* quality

caileag /kalak/ *a' ch-* (*gen* caileige, *pl* caileagan) girl

càilear /kahlər/ pleasant

caill (a' call) /kYl (ə kōwl)/ lose; miss; ***chaill sinn am bus*** we missed the bus; ***12 neach a chaill am beatha*** 12 people who lost their lives

◊ **caill a-mach** lose out

cailleach /kal-yək/ *a' ch-* (*gen* cailliche, *pl* cailleachan) old woman ♦ **cailleach-oidhche** owl

Cailleannach /kalyənəK/ Caledonian

caillte /kYIchə/ lost

cailtean /kalchən/ *pl of* **cail**[1]

càin /kahn/ *a' ch-* (*gen* càine, *pl* càintean) fine; **càin leth-cheud** *not* a £50 fine

càin (a' càineadh) /kahn (ə kahnyəG)/ criticize; slag off

cainb /kanəb/ *a' ch-* (*gen* cainbe) cannabis; hemp

càineadh /kahnyəG/ *an* (*gen* càinidh, *pl* càinidhean) criticism; **càineadh air...** criticism of...; **tha i air càineadh làidir a dhèanamh air...** she has been strongly critical of...; **às dèidh dhan chomhairle càineadh fhaighinn** after the council had come in for some criticism

Cainèidianach /kanaydee-ənəK/ (*an*, *gen* & *pl* Cainèidianaich) Canadian

cainnt /kYncht/ *a' ch-* (*gen* cainnte, *pl* cainntean) language; speech; way of speaking

càintean /kahnchən/ *pl of* **càin**

caiptean /kapten/ *an* (*gen* caiptein, *pl* caipteanan) captain

càir /kahr/ *gen of* **càr**

Cair Chaladain /kar Kaladehn/ Kirkcaldy

Cair Cheann Tulaich /kar Kyōwn tooleeK/ Kirkintilloch

càirdeach /kahrjəK/ related; **a bheil thu càirdeach dhaibh?** are you related to them?

càirdean /kahrsh-jən/ **1** *pl of* **caraid 2** relatives

càirdeas /kahrsh-jes/ *an* (*gen* càirdeis) friendship; relationship; **bu chòir dhuibh a' bhith a' cumail a' chàirdeis** you should remember your kith and kin; you ought to keep your friendship going

càirdeil /kahrjel/ friendly

càirean /kahren/ *an* (*gen* càirein, *pl* càireinean) gum

càirich (a' càradh) /kahreeK (ə kahrəG)/ **1** repair, fix, mend; **an urrainn dhut a chàradh?** can you fix it? **2** place, lay

cairt[1] /karsht/ *a' ch-* (*gen* cartach, *pl* cairtean) card; charter; **am faod mi pàigheadh le cairt?** can I pay by card? ♦ **cairt-bhòrd** cardboard; **cairt bhuidhe** yellow card; **cairt co-là-breith** birthday card; **cairt creideis** credit card; **Cairt**

cairt

Eòrpach European Charter; **cairt-fhiachan** debit card; **cairt-gnothaich** business card; **cairt-phuist** postcard; **cairt SIM** SIM card

cairt² /karsht/ *a' ch-* (*gen* cartach, *pl* cairtean) cart ♦ **cairt-sgudail** skip

cairteal /karshtal/ *an* (*gen* cairteil, *pl* cairtealan) quarter; *cairteal na h-uarach* a quarter of an hour; *tha e cairteal gu còig* it's a quarter to five; *cairtealan* quarters

càis /kahsh/ *gen of* **càs**

càise /kahshə/ *an* (*pl* càisean) cheese

Càisg /kahshk/ *a' ch-* (*gen* Càisge) Easter

caisg /kahshk/ *gen of* **casg**

caismeachd /kashməKk/ *a' ch-* (*pl* caismeachdan) march

caisteal /kash-chel/ *an* (*gen* caisteil, *pl* caistealan) castle ♦ **an Caisteal Nuadh** Newcastle

càit? /kahch/ where?; *càit a bheil...?* where is...?

cait /kehch/ *gen & pl of* **cat**

caiteachas /kehchəKəs/ *an* (*gen* caiteachais) expenditure

caith (a' caitheamh) /keh (ə kehəv)/ **1** waste; spend; wear (out); *tha thu a' caitheamh d'ùine* you're wasting your time **2** throw, fling; *chaith i i fhèin air an leabaidh* she threw herself on the bed; *a' caitheamh dhorsan fosgailte* flinging the doors open; *a' caitheamh na slait-iasgaich* casting a line

caitheamh-beatha /kehəv-beh-hə/ *an* way of life

caithris /karish/ *a' ch-* wake (*after funeral*)

caithte /kehchə/ used; *seann phacaid chaithte chriospaichean* an old thrown-away crisps packet; *uisge-caithte* waste water

Caitligeach /katleegəK/ (*an*, *gen & pl* Caitligich) Catholic

càl /kahl/ *an* (*gen & pl* càil) cabbage; kale ♦ **càl-colaig** cauliflower

cala /kalə/ *an* (*gen* calaidh, *pl* calaidhean) harbour

calg /kalag/ *an* (*gen & pl* cuilg) prickle; bristle; hair (*of an animal*)

calg-dhìreach /kalag-yeerəK/ directly; *chaidh seo calg-dhìreach an aghaidh...* this was diametrically opposed to..., this was in stark contrast to...

call /kōwl/ *an* (*gen* calla) loss; defeat; damage; *chaidh sinn air chall* we got lost; *'s e call ùine a th'ann* it's a waste of time; *tha iad a' dèanamh call air...* they are making a loss on...; they are causing damage to...; *dh'fhaodadh sin call a dhèanamh air gnìomhachas na turasachd* that might do damage to the tourist industry

call: *a' call* /ə kōwl/ *verbal noun of* **caill**

calltainn /kaltin/ *an* (*gen* calltainne) hazel

calma sturdy; stout

calman /kaləman/ *an* (*gen* calmain, *pl* calmanan) pigeon

calpa[1] /kaləpə/ *an* (*pl* calpannan) calf (*of leg*)

calpa[2] /kaləpə/ *an* capital (*finance*); *calpa daonna* human capital

cam /kōwm/ bent; curved; crooked

camag /kamag/ *a' ch-* (*gen* camaig, *pl* camagan) curl; bracket
  ♦ **camagan ceàrnach** square brackets; **camagan uilneach** angle brackets

camagach /kamagəK/ curly

camalagach /kamalagəK/ curly

caman *an* (*gen* camain, *pl* camain, camanan) **1** shinty stick **2** quaver

camanachd /kamanəKk/ *a' ch-* shinty

camara *an* (*pl* camarathan) camera ♦ **camara astar coitcheann** average speed camera

camas /kamas/ *an* (*gen* camais, *pl* camasan) bay, cove
  ♦ **camas-rathaid** lay-by

camhanach /kavənəK/ *a' ch-* (*gen* camhanaich) dawn

campa /kōwmpə/ *an* (*pl* campaichean) camp

campachadh /kōwmpəKəG/ *an* (*gen* campachaidh) camping

campaich (a' campachadh) /kōwmpeeK (ə kōwmpəKəG)/ camp

campas /'campus'/ *an* (*gen* campais, *pl* campasan) campus

can (a' cantainn, a' cantail) /kan (ə kanten, kanel)/ say[20]; *an canadh tu sin a-rithist?* could you say that again?; *an can thu sin a-rithist?* will you say that again?; *ciamar a chanas tu... sa Ghàidhlig?* how do you say...in Gaelic?; *na can rium...* don't say..., don't tell me...; *canar gu bheil e math dhut* they say it's good for you, it's said to be good for you; *chan eil iad air a bhith a' cantainn rinn ciamar...* they haven't been telling us how...; *chanainnsa gu bheil...* I would say that...; *ris an canar...* known as...

cana /kanə/ *an* (*pl* canaichean) can; *cana leanna* a can of beer

Canada Canada

canaidh /kanee/ *fut pos of* **can**; *'s e James a th' air ach canaidh sinne Seumas ris* his name's James but we call him Seumas

canàl /kanahl/ *an* (*gen* canàil, *pl* canàlan) canal ♦ **Canàl Cailleannach** Caledonian Canal

cànan /kahnən/ *an* (*gen & pl* cànain) language; *leasan cànain* language lesson ♦ **cànan màthaireil** mother tongue; **cànan-sanais** sign language

cànanach /kahnənəK/ linguistic

Chananaich: *A' Chananaich* /ə KananeeK/ Fortrose

caoch /kurk/ *an* (*gen* caoich) rage, madness; *bha mi a' gabhail a'chaoich* I was getting mad

caochail (a' caochladh) /kurKal (ə kurKləG)/ **1** die; pass away; *chaochail e na dèidh sin* he died afterwards **2** change

caochladh /kurKləG/ *an* (*gen* caochlaidh, *pl* caochlaidhean) change; variety; *ann an caochladh dhòighean* in a variety of ways

caochlaideach /kurKlijəK/ changeable; volatile

caogad /kurkət/ fifty

caoidh (a' caoidh) /kur-ee/ grieve, mourn

caoil /kurl/ *gen & pl of* **caol**[1]

caoimhneas = **coibhneas**

---

[20] This is a verb without a past tense. **Thuirt** can be used for 'said'.

caoin (a' caoineadh) /kən (ə kən-yəG)/ cry, weep; *na bi a' caoineadh* don't cry; *thòisich iad air caoineadh* they started crying

caoin-shuarach /kurn-hoo-ərəK/ apathetic, indifferent

caol[1] /kurl/ *an* (*gen* & *pl* caoil) strait(s), sound ♦ **Caol Arcach** Pentland Firth; **Caol Muile** Sound of Mull

caol[2] /kurl/ narrow; thin; *tha 3 uairean ga ruith caran caol* 3 o'clock is a bit tight ♦ **caol-dùirn** *an* wrist; **caol-shràid** *a' ch-* lane; alleyway; **caol-theàrnadh** *an* narrow escape

caolas /kurləs/ *an* (*gen* caolais, *pl* caolasan) channel, straits ♦ **Caolas Chrombaidh** Cromarty Firth; **Caolas na Frainge** the English Channel; **Caolas Scapa** Scapa Flow

caomh /kurv/ **1** *is caomh leam...* I like...; *bu chaomh leatha...* she liked...; *cha chaomh le Steve...* Steve doesn't like... **2** *mo mhàthair chaomh* my dear mother

caomhain (a' caomhnadh) /kurvin (ə kurnəG)/ save; *caomhain lùth* save energy, economize on energy

caomhalachd /kurvələKk/ *a' ch-* tenderness, kindness

caora /kurə/ *a' ch-* (*gen* caorach, *pl* caoraich) sheep; ewe

caorann /kur-rən/ *an* (*gen* & *pl* caorainn) rowan

caothach /kur-əK/ *an* (*gen* caothaich) rage, fury; *tha an caothach tioram air Mike* Mike is absolutely furious

capall /kapəl/ *an* (*gen* & *pl* capaill) horse; mare ♦ **capall-coille** capercaillie

càr *an* (*gen* càir, *pl* càraichean) car; *anns a' chàr* by car; *dràibhear a' chàir* the driver of the car ♦ **càr fèin-obrachail** automatic

car[1] *an* (*gen* cuir, *pl* caran) **1** turn, twist; *bha car eile sa ghnothach ge-tà* there was another twist to the story however; *a' cur nan car* rolling *or* tumbling about; *bha mo stamag a' cur nan caran* my stomach was churning; *chuir mi car de mo chuid aodaich a-rithist* I gave my clothes another spin; *car de...* a sort of...

2 *aig a' char as lugha* at least, as a minimum; *27 bliadhna aig a' char as giorra* a minimum of 27 years; *aig* *car*

a' char as anmoiche at the latest

3 *tha car aig a' bhainne* the milk's gone off

4 trick; *thug e an car asam* he tricked me; *tha iongnadh orm gun tugadh do char asad* I'm surprised you fell for it

5 *cuir car de* capsize; overturn; *nuair a chuir i car* when she capsized

6 job; *car ri dhèanamh* a job to be done

♦ **car a' mhuiltein** somersault

car² quite; *'s e caileag car cùiseach a th'innte* she's quite a serious girl

car³ for; *car bliadhna* for a year

carabhan /'caravan/ *an* (*gen* carabhain, *pl* carabhanaichean) caravan

carach /karəK/ sly, crafty

càradh /kahrəG/ *an* (*gen* càraidh) **1** condition; repairing **2** *a' càradh* verbal noun of **càirich**

caradh /karəG/ *an* (*gen* caraidh, *pl* caraidhean) weir; fish weir

carago /karago/ *an* (*pl* caragothan) cargo

caraich (a' carachadh) /kareeK (ə karəKəG)/ move, budge

càraid /kahrej/ *a' ch-* (*gen* càraide, *pl* càraidean) pair; *càraid...* a couple of...; *càraid uan* twin lambs

caraid /karij/ *an* (*pl* càirdean) friend; *tha e na charaid dhaibh* he's a friend of theirs; *càirdean is caraidean* friends and relatives; *A charaid chòir* Dear Sir; Dear Madam ♦ **caraid-sgoile** schoolfriend; **caraid-taighe** flatmate; housemate

caran¹ /karan/ quite, a bit, rather; *tha e caran brònach* it's sort of sad

caran² /karan/ *pl of* **car¹**

carbad /karəpət/ *an* (*gen* carbaid, *pl* carbadan) vehicle

♦ **carbad airm** army vehicle; **carbad-eiridinn** ambulance; **carbad-giùlain** people carrier; **carbad ioma-adhbhair** MPV; **carbad-leanaibh** pushchair; **carbad-smàlaidh** fire engine; **carbad-tiodhlacaidh** hearse

carbon *an* (*gen* carboin) carbon ♦ **carbon dà-ogsaid** carbon dioxide

càrn *an* (*gen* & *pl* cùirn) cairn; heap
carragh /karəG/ *a' ch-* (*gen* carraigh, *pl* carraighean) pillar
  ♦ **carragh-chuimhne** monument, memorial
carraig /karik/ *a' ch-* (*gen* carraige, *pl* carraigean) crag, rock
carson? /karson/ why?; why not?
cartach /karshtəK/ *gen of* **cairt¹** & ²
carthannas /karənəs/ *an* (*gen* carthannais, *pl* carthannasan) charity
càs /kahs/ *an* (*gen* càis, *pl* càsan) crisis; predicament
cas¹ /kas/ *a' ch-* (*gen* coise, *pl* casan) leg; foot; *de chois, air chois* on foot; *chan eil e air a chois fhathast* he's not up yet; *fuirich air chois anmoch* stay up late; *gus an club a chur air ais air an casan* so as to put the club back on its feet; *cha chuirinn mo chas ann* I wouldn't set foot there; *cha tèid do chas!* you're not going anywhere! ♦ **cas-aghaidh** front leg, foreleg; **cas-deiridh** hind leg
cas² /kas/ steep
casad /kasət/ *an* (*gen* casaid, *pl* casadan) cough; *rinn e casad* he coughed
casadaich /kasadeeK/ *a' ch-* coughing
casaid /kasej/ *a' ch-* (*gen* casaide, *pl* casaidean) complaint; charge; *dh'inns na Poilis gun deach casaidean a chur às leth triùir* the police said that charges had been brought against three people; *bha e fo chasaid muirt* he was charged with murder; *fireannach fo 25 casaid* man charged on 25 counts
casg /kask/ *an* (*gen* caisg) stop; prevention; ban; *chuir iad casg air...* they put a ban on..., they called for a halt to...; *thog am britheamh casg air...* the judge lifted the ban on... ♦ **casg astair** speed limit; **casg-breith** abortion; **casg-siubhail** travel ban
casgadh /kasgəG/ *an* (*gen* casgaidh) prevention
casgan-gin /kasgan-gin/ *an* (*gen* casgain-ghin, *pl* casganan-gin) condom
cat *an* (*gen* & *pl* cait) cat ♦ **cat fiadhaich** wildcat

cath

cath /ka/ *an* (*gen* catha, *pl* cathan) battle

cathadh /ka-həG/ *an* (*gen* cathaidh, *pl* cathaidhean) drift, snowdrift

cathaich (a' cathachadh) /ka-heeK (ə ka-həKəG)/ fight; battle; *a' cathachadh ri claon-bhàidh* combatting prejudice

cathair /ka-hir/ *a' ch-* (*gen* cathrach, *pl* cathraichean) **1** chair **2** city ♦ **cathair àrd** high chair; **cathair-bhaile** city; **cathair-chuibhle** wheelchair; **cathair-eaglais** cathedral; **cathair-làimhe** armchair

cathan /ka-han/ *an* (*gen & pl* cathain) barnacle goose

catharra /ka-hərə/ civic; civil

cathrach /karoK/ *gen of* **cathair**

cathraiche /kareeKə/ *an* (*pl* cathraichean) chair (*of committee etc*); *cathraiche na buidhne* group chair(man)

cathraichean /kareeKən/ *pl of* **cathair** & **cathraiche**

cathrannas = **carthannas**

cè /kyay/ *a' ch-* (*gen* cèithe, *pl* cèithean) cream ♦ **cè-grèine** sun cream

ceabain /keban/ *an* (*gen* ceabain, *pl* ceabainean) cabin

cead /keht/ *an* (*pl* ceadan) licence; permit; permission; *thug iad cead seachad* they gave permission; *tha cead a-niste a' Ghàidhlig a chleachdadh* use of Gaelic is now permitted; *deuchainnean gun chead* unauthorized testing ♦ **cead-dealbhachaidh** planning permission; **cead-dràibhidh** driving licence; **cead-planaidh** planning permission; **cead-siubhail** passport

ceadaich (a' ceadachadh) /kehteeK (ə kehtəKəG)/ allow, permit; *ceadaich dhomh* allow me; *chaidh barrantas airson a chur an greim a cheadachadh* an arrest warrant was issued

ceadaichte /keteeK-chə/ permitted, allowed; legal

ceala-deug /kyelə-jee-əg/ *a' ch-* fortnight

cealgach /kyaləgəK/ deceitful

ceall /kyal/ *an* (*gen* cille, *pl* ceallan) cell (*monk's, in prison*)

cealla /kyalə/ *an* (*pl* ceallan) cell (*biological*)
ceallafan /kyaləfan/ *an* (*gen* ceallafain) cellophane
Cealsaidh /kelsee/ Kelso
ceangail (a' ceangal) /kyeh-al (ə kyeh-əl)/ connect, link; tie; do up (*jacket, buttons*); *tha e a' ceangal an A82 ri...* it links the A82 to...; *tha mi ceangailte ris an taigh fad an latha* I'm tied to the house all day; *dè a tha gan ceangal?* what's the connection between them?
ceangal /kyeh-əl/ *an* (*gen* ceangail, *pl* ceanglaichean) relationship; connection; *tha deagh cheanglaichean aige* he has good connections, he's well connected; *ceangal teaghlaich* a family connection; *ceanglaichean didseatach* digital connectivity ♦ **ceangal-bhidio** video link; **ceangal-rathad** link road; **ceangal sgithidh** clip (*ski*)
ceann /kyōwn/ *an* (*gen & pl* cinn) **1** head; lid; top; *tha a cheann goirt* he has a headache; *bhuail iad an ceann a chèile* they crashed head-on; *tha mi ag obair air mo cheann fhìn* I work for myself, I'm freelance; *daoine a tha ag obair air an ceann fhèin* the self-employed; *thog a' chùis ceann* the matter came up; *ceann na sgoile* the head(teacher); *aig àrd a cinn/chinn* at the top of her/his voice ■ **aig ceann, air ceann** at the head of, in charge of; *air ceann an airm* at the head of the army

2 end; *cuin a thig e gu ceann?* when does it end?; *ceann na teirme* the end of term; *aig a' cheann thall* eventually, in the end; in the long run; *aig a' cheann thall, thàinig oirnn fuireach aig an taigh* we ended up staying at home; *tha e aig a' cheann thall* it's through there; *a h-uile ceann mionaid* every single minute

3 end, part; *ann an ceann a tuath Shasainn* in the north of England; *ceann a tuath na Hearadh* north Harris; *ann an ceann a tuath a' bhaile* in the north of the city, in the northern part of the city; *Ceann a Deas na h-Alba* the South of Scotland

4 ■ **an ceann** after; *an ceann dà bhliadhna* after two

Ceann a' Ghiùthsaich

years, in two years; ***an ceann greis*** after a while; ***an ceann ùine bhig*** after a little while

5 ***nuair a bha mi an ceann mo chosnaidh*** when I was working

♦ **ceann-bàla** ball-point (pen); **ceann-bliadhna** birthday; anniversary; **ceann-cinnidh** clan chief; **ceann-daoraich** hangover; **ceann-fàth** cause; purpose; goal; **ceann-iùil** leader; ***ceann-iùil na cruinne*** the global leader; **ceann-là** deadline; **ceann-là amais** target date; **ceann-latha** date; deadline; **ceann-naidheachd** headline; **ceann-peileig** felt-tip; **ceann-rathaid** junction; **ceann-sgoile** head teacher; **ceann-stàite** head of state; **ceann-suidhe** president; **ceann-teagaisg** subject; **ceann-tìre** headland; **ceann-toisich** bow (*of boat*); front end; **ceann-turais**: ***tha e air falbh air ceann-turais*** he's away on business; **ceann-uidhe** destination

Ceann a' Ghiùthsaich /kyōwn ə yooseeK/ Kingussie

Ceann Loch Chille Chiarain /kyōwn loK Keel-yə Kee-ərehn/ Campbeltown

Ceann Loch Gilb /kyōwn loK giləp/ Lochgilphead

Ceann Lois /kyōwn losh/ Kinloss

Ceann Phàdraig /kyōwn fahdrehk/ Peterhead

ceannach /kyannəK/ *an* (*gen* ceannaich) buying, purchase; ***bidh ceannach agad air*** you're asking for trouble, you'll pay for it

ceannachd /kyanəKk/ *a' ch-* buying; trade

ceannaich (a' ceannach) /kyaneeK (ə kyannəK)/ buy

ceannaiche /kyaneeKə/ *an* (*pl* ceannaichean) buyer

ceannairc /kyanaRkk/ *a' ch-* (*gen* ceannairce) terrorism

ceannairceach /kyanaRkəK/ *an* (*gen & pl* ceannaircich) terrorist

ceannairceachd /kyanarkəKk/ *a' ch-* terrorism

ceannard /kyanərt/ *an* (*gen* ceannaird, *pl* ceannardan) head; leader; chief; chief executive, CEO; ***ceannard na sgioba*** the team leader; ***ceannard an SNP*** the SNP leader

ceannardas /kyanərtəs/ *an* (*gen* ceannardais) leadership

ceannas /kyanəs/ *an* (*gen* ceannais) rule; leadership; *ceannas an lagha* the rule of law; *laigsean a thaobh ceannais* weaknesses in respect of leadership

ceap /kyep/ *an* (*gen* cip, *pl* ceapan) stump, block; lump of turf; cape; cap

ceap (a' ceapadh) /kyep (ə kyepəG)/ catch; intercept

ceapaire /kehpərə/ *an* (*pl* ceapairean) sandwich; *ceapaire hama/càise* a ham/cheese sandwich

cearb /kerəp/ *a' ch-* (*gen* cirbe, *pl* cearban) fault, defect

cearban /kerəpən/ *an* (*gen* cearbain, *pl* cearbanan) shark; basking shark ♦ **cearban-grèine** basking shark

cearc /kyark/ *a' ch-* (*gen* circe, *pl* cearcan) hen; chicken ♦ **cearc-fhraoich** grouse

cearcall /kyarkal/ *an* (*gen* & *pl* cearcaill) circle; cycle; hoop ♦ **cearcall-beatha** life cycle; **cearcall cloiche** stone circle; **cearcall-rathaid** roundabout

ceàrd /kyahrd/ *an* (*gen* ceàird, *pl* ceàrdan) craftsman, smith; tinker

ceàrdach /kyahrdəK/ *a' ch-* (*gen* ceàrdaich, *pl* ceàrdaichean) craftshop; smithy

ceàrn /kyahrn/ *an* (*gen* ceàrnaidh, *pl* ceàrnaidhean) area; *ceàrnaidhean eile de dh'Alba* others areas *or* parts of Scotland; *daoine bho gach ceàrnaidh den t-saoghal* people from all parts of the world

ceàrnag /kyahrnak/ *a' ch-* (*gen* ceàrnaig, *pl* ceàrnagan) square; *Ceàrnag Sheòrais* George Square

ceàrnagach /kyarnəgəK/ square; *dà mheatair cheàrnagach* two square metres

ceàrr /kyahr/ wrong; left; *dè tha ceàrr?* what's wrong?; *dè tha ceàrr air sin?* what's wrong with that?; *dè tha ceàrr ort/orra?* what's wrong with you/them?; *tha thu ceàrr* you're wrong

cearrag /kyarak/ *a' ch-* (*gen* cearraig) left hand; *tha mi air a' chearraig* I'm left-handed

ceart

ceart /kyarsht/ **1** right; correct; *ceart ma-thà* ok then, all right then; *ceart!* right!; *chan eil sin ceart* that's not fair; *cuir ceart* put right; *'son seo a chur ceart* to sort this out, to put this right; *dìreach ceart* exact; *tha sin ceart gu leòr dhòmhsa* that's fine by me; *chan eil e ceart no iomchaidh* it's not right or proper; *bracaist cheart* a proper breakfast

  2 same, very; *aig a' cheart àm* at the same time; at that very moment

  3 *gaol ceart* true love

  4 ■ **a cheart cho...** just as...; *tha e a cheart cho cosgail ri...* it's just as expensive as...

  ♦ **ceart-chèarnach** right-angled; **ceart gu poiltigeach** politically correct

ceartair: *an ceartair* /ən kyarshtar/ later, in a minute

ceartas /kyarshtəs/ *an* (*gen* ceartais) justice; *le ceartas* strictly speaking ♦ **ceartas catharra** civil justice; **ceartas eucoireach** criminal justice

ceartuair: *an ceartuair* /ən kyarshtar/ in a minute

ceas /kehs/ *an* (*gen* ceasa, *pl* ceasaichean) case, suitcase

ceasnaich (a' ceasnachadh) /kesneeK (ə kesnəKəG)/ question

ceathrad /kerət/ forty

ceathramh /kerəv/ **1** fourth **2** *an* (*gen* ceathraimh, *pl* ceathramhan) quarter; haunch

ceathrar /kerər/ four (people)

cèic /kayKk/ *a' ch-* (*gen* cèice, *pl* cèicean) cake; *itheadh iad cèic* let them eat cake

cèidse /kayjshə/ *a' ch-* (*pl* cèidsichean) cage

cèile /kaylə/ *an* (*pl* cèilean) **1** spouse; partner **2** *mo bhràthair-cèile* my brother-in-law

cèiliche /kayleeKə/ *an* (*pl* cèilichean) visitor

cèilidh /kaylee/ *a' ch-* (*gen* cèilidhe, *pl* cèilidhean) **1** ceilidh **2** visit[21]; *bidh sinn a' cèilidh air* we'll be visiting him

---

21 The original Gaelic meaning of **cèilidh** is just 'visit'.

♦ **cèilidh-chadail** sleepover
cèill /kayl/ *dat of* **ciall**
cèille /kaylə/ *gen of* **ciall**
Ceilteach /kehl-chəK/ **1** Celtic **2** *an* (*gen & pl* Ceiltich) Celt; *na Ceiltich* the Celts
Ceiltis /kehltish/ *a' ch-* Celtic (*language studies*)
ceimigeachd /kemigoKk/ *a' ch-* chemistry
ceimigear /kemigər/ *an* (*gen* ceimigeir, *pl* ceimigearan) chemist
cèin /kayn/ foreign; remote; *luchd-obrach cèin* foreign workers; *conaltradh cèin* remote communications
ceirean /kehren/ *an* (*gen* ceirein, *pl* ceireanan) plaster, stookie (*Scots*)
ceirsle /kehrshlə/ *a' ch-* (*pl* ceirslean) ball of wool
cèis /kaysh/ *a' ch-* (*gen* cèise, *pl* cèisean) envelope; frame
ceist /kehsht/ *a' ch-* (*gen* ceiste, *pl* ceistean) question; *am faod mi ceist a chur ort?* can I ask you a question?; *tha ceist fhathast mu...* there still remains a question as to...; *tha ceist ann an obraich e* it's questionable whether it will work; *ceist nan ceistean* the big question ♦ **Ceistean a' Phrìomh-mhinisteir** First Minister's questions
ceisteachan /kehsh-chəKan/ *an* (*gen & pl* ceisteachain) quiz; questionnaire
Cèitean: *an Cèitean* /ən kay-chen/ (*gen* a' Chèitein) May
ceithir /keh-hir/ four
ceithir fichead /keh-hir feeKet/ eighty (*in the older counting system*); *ceithir fichead 's a deich* ninety
ceò /kyaw/ *an* mist; fog; smoke; *a bheil thu ag iarraidh ceò?* do you fancy a smoke?
ceòl /kyawl/ *an* (*gen* ciùil) music; *chaidh an ceòl air feadh na fidhle* everything went belly up; all hell broke loose
♦ **ceòl-beag** popular Highland music for dancing or marching; **ceòl clasaigeach** classical music; **ceòl-mòr** pibroch, classical Highland music
ceòthach /kyaw-əK/ misty; foggy
ceòthachd /kyaw-əKk/ *a' ch-* mistiness; fogginess

ceud

ceud[22] /kee-ət/ *an* (*pl* ceudan) hundred; ***deich às a' cheud*** 10 percent; ***ceud taing*** many thanks

ceudad /kee-ədət/ *an* (*gen* ceudaid, *pl* ceudadan) percentage

ceudameatair /kee-ətəmehtər/ *an* (*pl* ceudameatairean) centimetre

ceudfath /kee-ətfah/ *a' ch-* (*pl* ceudfathan) sense, faculty; ***na ceudfathan*** the senses

ceudna /kee-ətnə/ same; ***mar an ceudna*** likewise

ceum /kaym/ *an* (*gen* ceuma, *pl* ceuman, ceumannan) **1** step; ***cha chùm iad ceum riut*** they can't keep up with you; ***bho b'urrainn dhi ceum a thoirt*** since she was able to walk; ***...a thug oirre a ceum a chall*** ...which made her miss her footing; ***ceum air adhart*** a step forward; ***'s e ceum mòr air aghaidh a th'ann*** it's a big step forward; ***tha sinn sa chiad cheum*** we're at the early stages, this is the first step for us; ***...gu bheil iad air ceumannan a ghabhail...*** ...that they have taken steps...

   2 degree; ***cùrsaichean ceuma spèisealta*** specialist degree courses; ***ceum ceithir bliadhna*** a four-year degree

   3 path

   ♦ **ceum Celsius** centigrade; **ceum-oilthighe** university degree; **ceum rothaireachd** cycle path

ceumnachadh /kaymnəKəG/ *an* (*gen* ceumnachaidh) graduation; ***aig ìre cheumnachaidh*** at graduate level

ceumnaich (a' ceumnachadh) /kaymneek (ə kaymnəKəG)/ graduate

ceumnaiche /kaymneeKə/ *an* (*pl* ceumnaichean) graduate

cha /Ka/ (*used to form negatives*) ***cha robh mi...*** I wasn't...; ***cha do phòs e i*** he didn't marry her; ***cò? – cha mhì*** who? – not me; ***an do phòs e i? – cha do phòs*** did he marry her? – no, he didn't; ***am bi thu air ais gu luath? – cha bhi*** will you be back soon – no, I won't

chaidh /KY/ **1** *past pos of* **rach**; ***chaidh iad air ais an-dè*** they

---

22 Careful speakers lenite multiples of **ceud** up to **còig cheud**.

went back yesterday **2** *an t-seachdain sa chaidh* last week; *air a' mhìos a chaidh* last month **3** (*to make a verb passive in the past tense positive*) *chaidh a gluasad gu ospadal ann an Glaschu* she was transferred to a hospital in Glasgow; *chaidh an taigh a sgrios* the house was destroyed

cha mhòr /Ka vawr/ **1** almost; *cha mhòr na h-aon seòrsa...* almost the same sort of...; *cha mhòr nach do stad mo chridhe* my heart just about stopped beating **2** hardly; *cha mhòr gun creideadh e a chluasan* he could hardly believe his ears

chan[1] /Kan/ (*used to form negatives*) *chan àbhaist dha bhith mar seo* he's not normally like this; *chan e tidsear a th' innte* she's not a teacher; *chan òl mi...* I won't drink...

chan[2] /Kan/ *fut neg of* **can**; *cha chan mi seo ach aon turas* I'll only say this once

chanas /Kanəs/ *rel fut of* **can**; *ciamar a chanas tu sin?* how do you say that?

chan eil /Kan yel/ **1** (*used to form a negative of the verb for 'to be'*) *chan eil mi sgìth* I'm not tired; *chan eil i deiseil* she's not ready; *a bheil i deiseil? – chan eil* is she ready? – no; *dè an aois a tha e? – chan eil ach trì miosan* how old is he? – just three months **2** *chan eil cù againn* we don't have a dog; *chan eil cù aca – chan eil no againne* they don't have a dog – neither do we

chaoidh → **a-chaoidh**

cheana /Kyenə/ before; already

chèile /Kaylə/ **1** each other; *chan eil an dà dhath a' tighinn do chèile* the two colours don't go with each other; *chan eil mi fhìn is e fhèin a' tighinn ri chèile* he and I don't get on with each other; *tha iad uile coltach ri chèile* they all look the same as each other; *ro fhaisg air a chèile* too close to each other, too close together; *chaidh an càr aca agus Ford Fiesta na chèile* their car collided with a Ford Fiesta **2** *thoir às a chèile* dismantle, take down; *tha an t-oidhirp air tuiteam às a chèile* the attempt has fallen flat *or* has come to nothing

chì /Kì/ 1 *fut pos of* **faic**; *chì sinn* we'll see 2 *rel fut of* **faic**; *cuin a chì sinn...?* when will we see...?

chiad: *a' chiad* /ə Kee-ət/ the first; *a' chiad shràid* the first street

Chiadain: *oidhche Chiadain* /ə-iKə Kee-ətan/ Wednesday night

chitheadh /Kee-əG/ *conditional of* **faic**; *chitheadh i bruadaran* she would have dreams

chithear /Kee-ər/ *fut pass of* **faic**; *chithear tuilleadh mun sgioba...* more about the team can be seen...

chithinn /Kee-in/ (*conditional of* **faic**) I would see; I could see

cho /Koh/ 1 as; so; *tha e cho furasta* it's so easy; *tha i cho math air a' phiàna* she's such a good pianist

2 ■ *cho...ri...* as...as...; *chan eil e cho furasta (ri) sin* it's not as easy as that, it's not that easy; *cho mòr riut / riutha* as big as you/them; *cho faisg ri faisg* as close as you can get; *cho toilichte ri toilichte* as happy as anything, as happy as happy can be

3 ■ *cho...agus..., cho...is...* as...as...; *cho luath 's as urrainn dhut* as quickly as you can; *ruith e/mi cho luath 's a bh' aige/agam* he/I ran as fast as he/I could; *cho...'s a ghabhas* as...as possible

4 how; *air sgàth cho sgapte agus a tha an roinn-phàrlamaid* because of how spread-out the constituency is; *ceistean mu cho èifeachdach...* questions about how effective...

choireigin = **choreigin**

chon /Kon/ *gen pl of* **cù**

choreigin: *air choreigin* /ehr Korehgin/ or other; *gu ìre air choreigin* in one way or (an)other

Chrìon-Làraich: *A' Chrìon-Làraich* /ə Kree-ənlahreeK/ Crianlarich

chuala /Koo-ələ/ *past pos & neg of* **cluinn**; *chuala iad sinn* they heard us; *cha chuala mi dè thuirt e* I didn't hear what he said; *cha chualas bhuapa bhon uair sin* they haven't been

Chuimrigh: *a' Chuimrigh* /ə Koomree/ Wales
Chuimris: *a' Chuimris* /ə Koomrish/ Welsh (*language*)
chun /Koon/ to; towards; *thàinig e chun an dorais* he came to the door
chunna[23] /Koonə/: *chunna tu...?* did you see...?
chunnaic /Koonik/ *past pos of* **faic**; *duine sam bith a chunnaic an tubaist* anybody who saw the accident
ciad /kee-at/ first[24] ♦ **ciad-fhuasgladh** *an* first aid
ciall /kee-əl/ *a' ch-* (*gen* cèille, *pl* ciallan) sense; meaning; *bheil thu às do chiall?* are you out of your mind?; *thuirt i nach robh ciall eaconamach ann* she said it didn't make economic sense; *thuirt mi nach robh e a' dèanamh ciall* I said it didn't make sense; *tha na prìsean gun chiall* the prices are insane ■ **cuir an cèill** express; *cothrom an draghan a chur an cèill* an opportunity to express their concerns
ciallach /kee-ələK/ sensible; meaningful; *bha mise den bheachd gum biodh e na bu chiallaiche...* I thought it would make more sense...
ciallaich (a' ciallachadh) /kee-əleeK (ə kee-əlaKəG)/ mean
ciamar /kyimmər/ how; *ciamar a tha sibh?* how do you do?; *ciamar a tha thu?* how are you?
cia mheud? /kih vee-ət/ how many?[25]; *cia mheud duine?* how many people?
cian /kee-an/: *o chian nan cian* from time immemorial
cianail /kee-ənəl/ **1** sad **2** *cianail fada* really long; *cianail èibhinn* bloody funny; *bha sin cianail fhèin goirt* that hurt like hell; *tha siud cianail fhèin math!* that's bloody good!; *chaidh cianail math leis an...* the...went tremendously well
ciar /kee-ər/ dark

---

23 a short form of **chunnaic**
24 Nowadays this is nearly always **a' chiad**.
25 The Gaelic is followed by a noun in the singular.

ciar (a' ciaradh)

ciar (a' ciaradh) /kee-ər (ə kee-ərəG)/ darken
ciaradh /kee-ərəG/ *an* (*gen* ciaraidh) twilight
ciatach /kee-ətəK/ pleasant
ciche /keeKə/ *gen of* **cìoch**
cidhe /keeyə/ *an* (*pl* cidheachan) quay; jetty, pier
cidsin /'kitchen'/ *an* (*pl* cidsinean) kitchen
cileagram /kiləgram/ *an* (*pl* cileagraman) kilo
cilemeatair /kiləmehtər/ *an* (*pl* cilemeatairean) kilometre
cill /keel/ *a' ch-* (*gen* cille, *pl* cillean, cilltean) cell; hermit's cell; church
Cill Rìmhinn /keel reeveen/ St Andrews; *bho Oilthigh Chill Rìmhinn* from St Andrews University
cille /keelə/ *gen of* **ceall** & **cill**
Cille Bhrìghde an Ear /kil-yə breejə ən yehr/ East Kilbride
Cille Chuimein /kil-yə Koomehn/ Fort Augustus
Cille Chuithbeirt /kil-yə Koobehrsht/ Kirkcudbright
Cille Mheàrnaig /kil-yə vyahrnek/ Kilmarnock
cinn /keen/ *gen* & *pl of* **ceann**
cinneadh /keenyəG/ *an* (*gen* cinnidh, *pl* cinnidhean) **1** race; people; clan; *muinntir cinnidh Albàinianach* ethnic Albanians **2** surname
cinneas /keenyəs/ *an* (*gen* cinneis) growth
cinne-daonna /keenyə-durnə/ *an* mankind; humanity
cinnidheach /keeneeyəK/ ethnic
cinnt /keench/ *a' ch-* (*gen* cinnte) certainty; *le cinnt* certainly; for sure; *chan urrainn dhaibh a ràdh le cinnt nach...* they can't tell for sure that...not...
cinnteach /keenchəK/ certain, sure; accurate; *'s cinnteach gu bheil cuimhn' agad?* surely you remember; *'s cinnteach nach leams' e* it's definitely not mine; *a bheil sin ceart? – 's cinnteach nach eil* is that right? – definitely not; *a bheil sin ceart? – tha, gu cinnteach* is that right? – definitely; *an dèan thu cinnteach?* will you make sure?, will you check?; *gu cinnteach!* sure!; *rinn mi cinnteach* I've checked; *tha mi cinnteach às* I'm sure (about it)

cinntich (a' cinnteachadh) /keencheeK (ə keenchəKəG)/ ensure

Cinn Tìre /keen cheerə/ Kintyre

cìobair /keepər/ *an* (*pl* cìobairean) shepherd

cìoch /kee-əK/ *a' ch-* (*gen* cìche, *pl* cìochan) breast

ciod /kit/ what

cion /kyin/ *an* lack; shortage ♦ **cion-airgid** money problems; **cion-cosnaidh** unemployment; **cion luchd-obrach** staff shortage; workforce shortage

cionn: *os cionn* /os kyoon/ **1** over, above; *tha e os cionn dà fhichead* he's over 40; *an galar seo a tha os ar cionn* this disease which is upon us **2** in charge of; *...a tha os cionn na h-obrach* ...who heads up the operation **3** ■ **a chionn** because; *a chionn 's gu bheil e ro fhadalach, a chionn tha e ro fhadalach* because it's too late **4** → **bho chionn**

cionta /kyintə/ *an* (*pl* ciontan) guilt; foul (*in sport*)

ciontach /kyintəK/ guilty

ciorramach /kyirəməK/ disabled

cip /keep/ *gen of* **ceap**

cìr /keer/ *a' ch-* (*gen* cìre, *pl* cìrean) comb

cìr (a' cìreadh) /keer (ə keerəG)/ comb

cirbe /kirəpə/ *gen of* **cearb**

circe /kirkə/ *gen of* **cearc**

cìrean /keerən/ *an* (*gen* & *pl* cìrein) comb (*of hen*), crest; *cìrean na tuile* the tip of the iceberg

cìs /keesh/ *a' ch-* (*gen* cìse, *pl* cìsean) tax; charge ♦ **cìs-bathair** excise duty; **cìs na comhairle** council tax; **cìsean drochaid an Eilein Sgitheanaich** Skye Bridge tolls; **cìsean paircidh** parking charges; **cìs an teachd-a-steach** income tax; **cìs telebhisein** television licence fee; **cìs turasachd** tourist tax

ciste /kish-chə/ *a' ch-* (*pl* cisteachan) chest; coffin; cist (*in archaeology*) ♦ **ciste-laighe** coffin

ciudha /kyoo-ə/ *a' ch-* (*pl* ciudhaichean) queue; *dèan ciudha* queue up

ciùil

ciùil /kyool/ *gen of* **ceol**
ciùin /kyoon/ calm, peaceful; gentle
ciùineas /kyoonyəs/ *an* (*gen* ciùineis) calm
ciùinich (a' ciùineachadh) /kyooneeK (ə kyoonyəKəG)/ calm down
ciùird = **ceàrd**
ciùrr (a' ciùrradh) /kyoor (ə kyoorəG)/ hurt
clach /klaK/ *a' ch-* (*gen* cloiche, *pl* clachan) stone (*also weight*); ball; *clachan!* balls!, bollocks! ♦ **clach-ghainmhich** sandstone; **clachan meallain** hail, hailstones; **clach-mheallain** hailstone; **clach-mhìle** milestone; *a' ruighinn clach-mhìle* reaching a milestone
clachair /klaKər/ *an* (*pl* clachairean) stonemason
clachan /klaKən/ *an* (*gen* & *pl* clachain) **1** village **2** *the plural of* **clach** *above*
cladach /kladəK/ *an* (*gen* cladaich, *pl* cladaichean) seaside; coast, shore; *uisgeachan cladaich* coastal *or* inshore waters
cladh /kləG/ *an* (*gen* claidh, cladha, *pl* cladhan) cemetery; burial ground; churchyard
clag /klak/ *an* (*gen* & *pl* cluig, *pl* clagan) bell
claidheamh /klY-yəv/ *an* (*gen* claidheimh, *pl* claidhnean) sword
claigeann /klakən/ *an* (*gen* claiginn, *pl* claignean) skull; bowl (*of pipe*); *aig àird a chlaiginn* at the top of his voice; *tha £100 a bharrachd mum chlaigeann* I'm saddled with an extra £100, I have an extra £100 to think about
clàimhean /klY-ən/ *an* (*gen* clàimhein, *pl* clàimheanan) latch, (door)bolt
clàirc /klahrk/ *gen of* **clàrc**
clàirneid /klarnej/ *a' ch-* (*pl* clàirneidean) clarinet
clais /klash/ *a' ch-* (*gen* claise, *pl* claisean) ditch; channel; trench; furrow
claisneachd /klashnəKk/ *a' ch-* hearing
clamhan /klavan/ *an* (*gen* clamhain, *pl* clamhanan) **1** buzzard; kite **2** fool

clasaigeach

clann /klōwn/ *a' ch-* (*gen* cloinne) **1** children **2** clan[26] ♦ **clann-nighean** girls; **clann sgoile** school children
claoidhte /klurchə/ exhausted
claon /klurn/ **1** slanting **2** deviant, perverse
claon-bhàidh /klurn-vY/ *a' ch-* (*pl* claon-bhàidhean) prejudice, bias
clàr /klahr/ *an* (*gen* clàir, *pl* clàran) table (*of figures*); register (*of names*); record, album (*of music*); schedule; map; menu; *an clàr an aodainn* right in the face

   ♦ **clàr àireimh** number plate; **clàr-ama** timetable, schedule; **clàr a' bhàis** the death certificate; **clàr-bìdh** menu; **clàr cruaidh** hard drive; **clàr-cùise** case reference; **clàr-euchdan** record (*in sport etc*); **clàr-fòn** phone records; **clàr-fuaime** audio; **clàr-gnothaich** agenda; **Clàran Nàiseanta na h-Alba** Scottish National Records; **clàr-obrach** work schedule; **clàr-oideachaidh** syllabus, curriculum; **clàr-ola** oil platform; **clàr-phrògraman** programme, schedule; progamme guide; **clàr Suirbhidh Òrdanais** Ordnance Survey chart

clàradh /klahrəG/ *an* (*gen* clàraidh, *pl* clàraidhean) recording
clàraich (a' clàradh, a' clàrachadh) /klahreeK (ə klahrəG, ə klahrəKəG)/ record; register; enrol
◊ **clàraich a-mach** log off
◊ **clàraich a-steach** log on, log in; check in
clàrc /klahrk/ *an* (*gen* clàirc, *pl* clàrcan) clerk ♦ **clàrc baile** town clerk
clàrsach /klahrsəK/ *a' ch-* (*gen* clàrsaich, *pl* clàrsaichean) harp
clàs /klahs/ *an* (*gen* clàsa, *pl* clàsaichean) clause
clas *an* (*pl* clasaichean) class ♦ **clas dùbailte** double period; **clas-oidhche** evening class; **clasrum** classroom; **clas tòiseachaidh** beginner's class
clasaigeach /klasigəK/ classical

---

26 In this sense the Gaelic *clann* is generally only used before an actual clan name, as in **Clann Mhic a' Phearsain** Clan MacPherson.

cleachd (a' cleachdadh) /kleKk (ə kleKkəG)/ use; *a bheil peann agad a chleachdas mi?* have you got a pen I can use?

cleachdte: *cleachdte ri* /kleKk-chə ree/ used to; *chan eil mi cleachdte ris an t-seòrsa dol-às seo* I'm not used to this sort of behaviour; *chan fhàs mi cleachdte ris* I can't get used to it

cleachdadh /kleKkəG/ *an* (*gen* cleachdaidh, *pl* cleachdaidhean) use; custom; practice; *cleachdadh na Gàidhlig* the use of Gaelic

cleamhna /klyōwnə/ *gen of* **cliamhainn**

cleamhnan /klyōwnən/ *pl of* **cliamhainn**

cleas[1] /kles/ like; *cleas feadhainn eile* like several others

cleas[2] /kles/ *an* (*gen* cleasa, *pl* cleasan) play; activity; trick; *cleasan san t-seòmar-chluiche* playroom activities; *bha iad a' dèanamh cleas air...* they were playing a trick on...
 ♦ **cleas-cainnte** play on words, pun

cleasachd /klesəKk/ *a' ch-* playing; acting

cleasaiche /kleseeKə/ *an* (*pl* cleasaichean) actor, player

clèibh /klayv/ *gen & pl* **of cliabh**

clèir /klayr/ *a' ch-* (*gen* clèire, *pl* clèirean) clergy; presbytery

clèireach /klayrəK/ *an* (*gen & pl* clèirich) clergyman, cleric; clerk; Presbyterian ♦ **clèireach banca** bank clerk

cleith (a' cleith) /kleh/ hide, conceal; *chan eil dad againn / aca ri chleith* we/they have nothing to hide

clèithe /klay-ə/ *gen of* **cliath**

cleòc /klyawk/ *an* (*gen* cleòca, *pl* cleòcan) cloak

clì /klee/ left, lefthand; *air an làimh chlì* on the left, on the lefthand side ♦ **clì-làmhach** left-handed

cliabh /klee-əv/ *an* (*gen & pl* clèibh) basket; pot; creel; chest (*of body*) ♦ **cliabh-ghiomach** lobster pot

cliamhainn /klee-əvin/ *an* (*gen* cleamhna, *pl* cleamhnan) son-in-law

cliath /klee-ə/ *a' ch-* (*gen* clèithe, *pl* cliathan) grid; grating; grate; harrow ♦ **cliath-chruidh** cattle grid; **cliath-dhuilleag** spreadsheet

cliathach, cliathaich /klee-əK, klee-ə-eeK/ *a' ch-* (*gen* cliathaich, *pl* cliathaichean) side; *cliathaich beinne* mountainside, hillside; *air cliathaich a tuath Bheinn Nibheis* on the northern face of Ben Nevis

cliobach /klipəK/ awkward; *teoba a tha caran cliobach* a fiddly sort of job

clionaig /klinak/ *a' ch-* (*pl* clionaigean) clinic

clionaigeach /klineegəK/ clinical

cliop /klip/ *an* haircut

clis /kleesh/ agile; quick ♦ **na Fir Chlis** the Northern Lights

clisg (a' clisgeadh) /kleeshk (ə kleeshkəG)/ jump ♦ **clisg-phuing** *a' ch-* exclamation mark

clisgeadh /kleeshkəG/ *an* (*gen* clisgidh, *pl* clisgidhean) fright; *thug thu clisgeadh orm* you gave me a fright, you made me jump

cliù /klyoo/ *an* reputation; fame; *far an do choisinn e cliù airson...* where he became famous for...

cliùiteach /klyoochəK/ famous

clò¹ /klaw/ *an* (*gen* clòtha, *pl* clòthan) cloth ♦ **Clò Hearach** Harris Tweed; **clò mòr** tweed

clò² /klaw/ *an* (*gen* clòtha, *pl* clòthan) print; *stuthan ann an clò* printed materials ♦ **clò eadailteach** italics; **clò ròmanach** roman; **clò trom** bold

clobhd /klōwt/ *an* (*gen* clobhda, *pl* clobhdan) cloth, rag

clobhsa /klōw-sə/ *an* (*pl* clobhsaichean) close (*of tenement*)

clò-bhuail (a' clò-bhualadh) /klaw-voo-əl (ə klaw-voo-ələG)/ print

clò-bhualadair /klaw-voo-ələdər/ *an* (*pl* clò-bhualadairean) printer

cloc /kloKk/ *an* (*pl* clocan) clock

clogad /klokət/ *an* (*gen* clogaid, *pl* clogadan) helmet

clogaid /klokij/ *a' ch-* (*gen* clogaide, *pl* clogaidean) helmet ♦ **clogaid-dìona** crash helmet; hard hat

cloiche /kloyKə/ *gen of* **clach**

clòimh

clòimh /kloy/ *a' ch-* (*gen* clòimhe) wool ♦ **clòimh-chotain** cotton wool
cloinne /kloyn-yə/ *gen of* **clann**
clos /klos/ *an* silence; *chuir sin clos air a bheul* that shut him up
clòth (a' clòthadh) /klaw (ə klaw-əG)/ calm down
cluaineas /kloo-anəs/ *an* (*gen* cluaineis) retirement; *air chluaineas* retired
cluaran /kloo-ərən/ *an* (*gen* cluarain, *pl* cluaranan, cluarain) thistle
cluas /kloo-əs/ *a' ch-* (*gen* cluaise, *pl* cluasan) ear; handle; *tha greim cluaise air* he has earache; *cha b' urrainn do Alasdair a chluasan a chreidsinn* Alasdair couldn't believe his ears
cluasag /kloo-əsak/ *a' ch-* (*gen* cluasaige, *pl* cluasagan) pillow
club *an* (*pl* clubaichean) club ♦ **club dèidh-sgoile** after-school club
cluich /klə-iK/ *a' ch-* (*gen* cluiche, *pl* cluichean) play (*sport, theatre*); game; *casg air cluiche air an t-Sàbaid* a ban on playing on a Sunday; *cluichean singilte nam ban* ladies' singles; *cluichean singilte nam fear* men's singles
cluich (a' cluich) /klə-iK/ play
cluicheadair /klə-iKədər/ *an* (*pl* cluicheadairean) player ♦ **cluicheadairean aghaidh** forwards; **cluicheadairean dìon** defenders; **cluicheadair DVD** DVD player
cluidse /kləjə/ *a' ch-* (*pl* cluidsean) clutch (*of car*)
cluig /klook/ *gen & pl of* **clag**
cluinn* (a' cluinntinn) /klə-in (ə klə-inchin)/ hear; *cha chluinn mi* I can't hear; *cluinnear mòran mu...* a lot is heard about...
clup = **cliop**
cnag /krak/ *a' ch-* (*gen* cnaige, *pl* cnagan) bang; *rinn e cnag le mheòirean* he clicked his fingers; *cnag na cùise* the crux of the matter; *'s e cnag na cùise nach do rinn iad gu leòr* the bottom line is they didn't do enough

cnàimh /knev/ *an* (*gen* cnàmha, *pl* cnàmhan) bone; **cnàmhan bheathaichean** animal bones ♦ **cnàimh-droma** backbone, spine

cnàimhneach /krahvnyəK/ *an* (*gen & pl* cnàimhnich) skeleton

cnàmhach /krahvəK/ bony

cnap /krap/ *an* (*gen* cnaip, *pl* cnapan) block; knob; lump; *thuit i air an leabaidh na cnap* she collapsed on the bed in a heap; *thigeadh e oirre na chnap* it would come over her all at once ♦ **cnap-bròige** heel (*of shoe*); **cnap-gaoithe** gust of wind, squall; **cnap-starra** stumbling block, obstacle

cnatan /kratən/ *an* (*gen & pl* cnatain) cold; *tha an cnatan orm / oirre* I've/she's got a cold ♦ **cnatan mòr** flu

cneasta /krestə/: *rud nach eil idir cneasta* something that's quite uncanny *or* weird

cneutag /kree-ətak/ *a' ch-* (*gen* cneutaige, *pl* cneutagan) ball (*tennis, golf etc*) ♦ **cneutag teanais** tennis ball

cnò /kraw/ *a' ch-* (*gen* cnòtha, *pl* cnòthan) nut ♦ **cnò-thalmhainn** peanut

cnoc /kroKk/ *an* (*gen & pl* cnuic) hill

cnocaireachd /krokirəKk/ *a' ch-* hill walking

cnocan /kroKkan/ *an* (*gen* cnocain, *pl* cnocanan, cnocain) small hill, hillock

cò? /koh/ **1** who?; *cò leis a bheil seo?* who does this belong to?; *cò leis a tha seo?* whose is this?; *cò aig a tha fhios cuin...?* who knows when...?; *cò thuige a chuireas mi fios?* who do I contact? **2** which; *cò am fear / an tè?* which one?; *cò an trèan?* which train? **3** ■ *cò às* where from; *dh'fhaighnich mi dha cò às a bha e* I asked him where he was from

co-aois /koh-ursh/ *an* (*pl* co-aoisean) contemporary, peer

co-aonta /koh-urntə/ *an* (*gen* co-aontaidh, *pl* co-aontaidhean) consensus

cobhair /koh-ər/ *a' ch-* (*gen* cobhrach) help, assistance; *a' dèanamh cobhair air dithis shreapadairean* coming to the aid of two climbers, rescuing two climbers *cobhan*

cobhan /koh-ən/ *an* (*gen* cobhain, *pl* cobhanan) cash register, till

co-bhann /koh-vōwn/ *a' ch-* (*gen* co-bhoinn, *pl* co-bhannan) collaboration

co-bhanntachd /koh-vōwntəKk/ *a' ch-* (*pl* co-bhanntachdan) consortium; coalition; ***ann an co-bhanntachd le...*** in partnership with...

co-bhonn *an* (*gen* co-bhuinn) partnership; ***ann an co-bhonn ri...*** in partnership with...

co-bhrath /koh-vra/ *an* (*pl* co-bhrathan) joint statement

còc /'coke'/ *an* coke

còcaire /kawKkirə/ *an* (*pl* còcairean) cook

còcaireachd /kawKkirəKk/ *a' ch-* cooking

cochall /koKəl/ *an* (*gen* & *pl* cochaill) skin; husk; hood; ***cha mhòr nach deach mi à cochall mo chridhe*** I just about jumped out of my skin

co-cheangal /koh-Kyeh-əl/ *an* (*gen* co-cheangail, *pl* co-cheanglaichean) connection, link; ***an co-cheangal ri...*** in connection with...

co-cheangailte /koh-Kyeh-əlchə/ connected (**ri** with)

co-chluicheadair /koh-Klə-iKədər/ *an* (*pl* co-chluicheadairean) partner (*in games*)

co-chomann /koh-Komən/ *an* (*gen* & *pl* co-chomainn) co-operative

co-chomhairle /koh-Kŏ-ərlə/ *a' ch-* (*pl* co-chomhairlean) consultation; ***co-chomhairle air*** consultation on

co-chomhairleachadh /koh-Kŏ-ərləKəG/ *an* (*gen* co-chomhairleachaidh, *pl* co-chomhairleachaidhean) consultation

co-chonaltradh /koh-KonəltrəG/ *an* (*gen* co-chonaltraidh, *pl* co-chonaltraidhean) consultation; ***ann an co-chonaltradh ri*** in consultation with

co-choslachadh /koh-KosləKəG/ *an* (*gen* co-choslachaidh, *pl* co-choslachaidhean) assimilation

co-chruinneachadh /koh-Krəeen-yəKəG/ *an* (*gen* cochruinneachaidh, *pl* co-chruinneachaidhean) assembly

còd /kawd/ *an* (*pl* còdan) code ♦ **Còd a' Bhlàir** the Country Code; **còd-inntrigidh** access code; **còd-puist** postcode

codach /kodəK/ *gen of* **cuid**²

codaichean /kodeeKən/ *pl of* **cuid**²

co-dhiù¹ /koh-yoo/ anyway; *co-dhiù no co-dheth* anyway; *co-dhiù 20* at least 20

co-dhiù² /koh-yoo/ whether; *chan eil fhios agam co-dhiù an còrd e ris* I don't know whether he'll like it

co-dhùin (a' co-dhùnadh) /koh-yoon (ə koh-GoonəG)/ decide; conclude

co-dhùnadh /koh-GoonəG/ *an* (*gen* co-dhùnaidh, *pl* co-dhùnaidhean) decision; conclusion; *thàinig sinn dhan cho-dhùnadh nach...* we have come to the conclusion that... not...; *co-dhùnaidhean* decision-making

cofaidh /'coffee'/ *an* (*pl* cofaidhean) coffee ♦ **cofaidh dubh** black coffee; **cofaidh Èireannach** Irish coffee; **cofaidh geal** white coffee

co-fhacal /koh-aKkəl/ *an* (*gen* co-fhacail, *pl* co-fhaclan) synonym

co-fhaireachadh /ko-arəKəG/ *an* (*gen* co-fhaireachaidh) sympathy; *co-fhaireachadh do* or *ri...* sympathy for...

co-fhaireachdainn /koh-arəKkin/ *a' ch-* (*gen* co-fhaireachdainn, *pl* co-fhaireachdainnean) sympathy

co-fharpais /koh-arpish/ *a' ch-* (*gen* co-fharpaise, *pl* co-fharpaisean) competition; tournament; *tha co-fharpais ga cumail gus...* a competition is being held to...

co-fhreagrach /koh-rekrəK/ responsive; corresponding

cofhurtachd /kŏ-ərshtəKk/ *a' ch-* comfort; *tha e a' toirt cofhurtachd dhaibh* it's a comfort for them, it's comforting for them

cofhurtaich (a' cofhurtachadh) /kŏ-ərsht (ə kŏ-ərshtəKəG)/ comfort

cofhurtail /kŏ-ərshtal/ comfortable

cog (a' cogadh) /kok (ə kogəG)/ war; fight; *pàrantan a bha cogadh*

a' cogadh parents who were fighting
cogadh /kogəG/ *an* (*gen* cogaidh, *pl* cogaidhean) war
♦ **cogadh catharra** civil war; **cogadh malairt** trade war; **an Cogadh Mòr** the Great War, WWI
cogais /kokish/ *a' ch-* (*gen* cogaise, *pl* cogaisean) conscience
co-ghnìomhair /koh-Gree-əvər/ *an* (*pl* co-ghnìomhairean) adverb
coibhneas /kə-inyəs/ *an* (*gen* coibhneis) kindness
coibhneil /kə-inyel/ kind
coidse /kotchə/ *a' ch-* (*pl* coidseachan) coach
còig /koh-ik/ five; *còig àrd!* high five!
còigeamh /koh-ikəv/ fifth
còignear /koh-iknər/ five (people)
coigreach /koh-igrəK/ *an* (*gen & pl* coigrich) stranger; foreigner
coileach /koləK/ *an* (*gen & pl* coilich) cock, cockerel
còilean /koh-lən/ *an* (*pl* còileanan) colon
coilean (a' coileanadh) /kolən (ə kolənəG)/ fulfil; achieve; *...a tha a'coileanadh fheuman* ...which meets needs
coileanadh /kolənəG/ *an* (*gen* coileanaidh) achievement; attainment
coileanta /koləntə/ complete; perfect; *dealbh coileanta* a full picture
coilear /'collar'/ *an* (*gen* coileir, *pl* coilearan) collar
coill: *fon choill* /fon Kə-il/ outlawed
coille /koyl-yə/ *a' ch-* (*pl* coilltean) wood; forest; *seann choille giuthais dhùthchasach* ancient native pine forest
coilltearachd /kəlchurəKk/ *a' ch-* forestry; *Coilltearachd agus Fearann na h-Alba* Forestry and Land Scotland
coimearsalta /komehrsəltə/ commercial
coimeas /komes/ *an* (*gen* coimeis) comparison; *an coimeas ri* in comparison with, compared with; *an coimeas ris an turas mu dheireadh* compared with last time; *airson coimeas a dhèanamh* for comparison
coimeirsealta /komehrshəltə/ commercial
coimheach /koy-yəK/ strange, unknown; foreign

coimhead (a' coimhead) /koy-yet/ look; watch; *choimhead i a-mach air an uinneig* she looked out of the window; *tha e a' coimhead fuar* it looks cold

△ **coimhead air** watch; *bha e a' coimhead air an telebhisean* he was watching TV; *a bheil thu a' coimhead orm?* are you looking at me?

△ **coimhead air adhart ri** look forward to; *tha mi a' coimhead air adhart ris* I'm looking forward to it

◊ **coimhead às dèidh** look after; *tha cuideigin a' coimhead às a dèidh/dhèidh* someone is looking after her/him

△ **coimhead ri** look at

△ **coimhead sìos air** look down on

◊ **coimhead suas** look up

△ **coimhead suas ri** look up to, respect

◊ **coimhead timcheall** look around

coimhearsnach /koy-yərsnəK/ *an (gen & pl* coimhearsnaich) neighbour

coimhearsnachd /koy-yərsnəKk/ *a' ch-* (*pl* coimhearsnachdan) community, neighbourhood; *coimhearsnachdan eilanach* island communities

coimisean /'commission'/ *an (gen* coimisein, *pl* coimiseanan) commission ♦ **Coimisean a' Chùraim** the Care Commission; **Coimisean na Croitearachd** the Crofting Commission; **Coimisean Inbhean na h-Alba** the Standards Commission for Scotland

coimpiutair /'computer'/ *an (pl* coimpiutairean) computer ♦ **coimpiutair air deasg** desktop; **coimpiutair-uchd** laptop

coimpiutaireachd /kompyootarəKk/ *a' ch-* computing

coin /kon/ *gen & pl of* **cù**

coineanach /konənəK/ *an (gen & pl* coineanaich) rabbit

coingeis /kə-ingish/: *tha mi coingeis* I don't mind

coinneal /kon-yel/ *a' ch-* (*gen* coinnle, *pl* coinnlean) candle

coinneamh /kənyəv/ *a' ch-* (*gen* coinneimh, *pl* coinneamhan) meeting; *tha i aig coinneamh* she's in a meeting; *aig*

coinnich ri (a' coinneachadh ri)

a' choinneimh bhliadhnail aca at their annual general meeting

■ **mu choinneamh** opposite; for; *tha iad a' fuireach mar coinneimh* they live opposite us; *£1,000 mu choinneamh gach taigh* £1,000 for each house; *airgead a bharrachd mu choinneamh dhuilgheadasan...* more money to cope with diffculties...; *adhartas mu choinneamh a' phrògraim* progress (as measured) against the programme

♦ **coinneamh bòrd-stiùiridh** board meeting

Δ**coinnich ri (a' coinneachadh ri)** /konyeeK ree (ə konyəKəG ree)/ meet; *toilichte coinneachadh ribh* pleased to meet you; *a' coinneachadh ri dùilean* meeting expectations

coinnle /koynlə/ *gen of* **coinneal**

coinnlean /koynlən/ *pl of* **coinneal**

co-ionnan /koh-inən/ equal; *bha iad co-ionnan le tadhal fìor mhàth* they drew level with a beauty of a goal; *thug iad an sgòr co-ionnan a-rithist aig 2-2* they levelled the score again at 2 all

co-ionnanachd /koh-inənəKk/ *a' ch-* equality

coip /koyp/ *gen of* **cop**

còir[1] /kawr/ nice; kind; *A Bh-ph Brown chòir* Dear Mrs Brown; *A charaid chòir* Dear Sir; Dear Madam

còir[2] /kawr/ *a' ch-* (*gen* còire, còrach, *pl* còraichean) **1** right; *còraichean daonna* human rights; *còraichean a' chinne-daonna* human rights; *42% den fheadhainn aig a bheil còir bhòtadh* 42% of those entitled to vote; *nan còir fhèin* in their own right; *na rach thar na còrach* don't go over the top; *mar bu chòir* properly; *mar bu chòir, tha sinn moiteil à...* we are rightly proud of...; *tuilleadh 's a chòir* too much; *mar as còir* as is right; properly; *aithne mar as còir* due recognition

2 *bu chòir dhomh / dhut a dhol ann* I/you ought to go there, I/you should go there; *tha còir agam / agad a dhol ann* I/you ought to go there, I/you should go there; *bha*

còir aca a bhith air sin a chur ceart they should have put that right; *bha còir aige fosgladh* it should have opened; *an latha a bha còir aig an Rìoghachd Aonaichte an EU fhàgail* the day the UK was supposed to leave the EU; *bha còir aige nochdadh aig cùirt* he was due to appear in court

coir[3] /kor/ *gen of* **cor**

coirce /korkə/ *an* oats

coire[1] /korə/ *an* (*pl* coireachan) **1** kettle **2** corrie

coire[2] /korə/ *a' ch-* blame; fault; *'s e a choire-san a bh'ann* it was his fault, he was the one to blame

coireach /korəK/ *an* (*gen* & *pl* coirich) **1** guilty party, culprit **2** *cò as coireach?* whose fault is it?; *chan e mise as coireach* it's not my fault; *cò as coireach don bhùrach seo?* who's to blame for this mess?; *is tus' a bu choireach* it was your fault, you're to blame; *coireach ri* responsible for; to blame for **3** *sin as coireach gu bheil thu a' cluich iomain* that's why you play shinty

Coiria /koree-ə/ Korea ♦ **Coiria a Deas** South Korea; **Coiria a Tuath** North Korea

cois /kosh/: *an cois* beside; along with; *cois a' chladaich* beside the shore; *an cois a' chead-dhealbhachaidh* along with the planning permission; *duilgheadasan an cois an sgeama* problems (associated) with the scheme; *thig fortan an cois…* …brings good luck; *faidhle na chois* file attached; *tha dealbh na cois* a photo is enclosed; *thig nam chois!* heel!

coise /koshə/ *gen of* **cas**

coisich (a' coiseachd) /kosheeK (ə koshəKk)/ walk

coisiche /kosheeKə/ *an* (*pl* coisichean) walker; pedestrian
♦ **coisiche monaidh** hill walker

còisir /kawshir/ *a' ch-* (*gen* còisire, *pl* còisirean) choir

coisinn (a' cosnadh) /koshin (ə kosnəG)/ earn; win; *…gus earbsa a chosnadh às ùr* …to regain the trust; *san àm ri teachd, nuair a choisneadh i gu leòr* in future, when she would have earned enough

coitcheann /koch-Kən/ **1** general; standard; universal; collective; *gu coitcheann* generally **2** *an* (*gen* coitchinn) common grazing

coitcheannas /koch-Kənəs/: *anns a' choitcheannas* in general

coithional /kohinəl/ *an* (*gen* coithionail, *pl* coithionalan) congregation

coitich (a' coiteachadh) /kocheeK (ə kochəKəG)/ urge; lobby

co-labhairt /koh-lavərsht/ *a' ch-* (*pl* co-labhairtean) conference

co-là-breith /koh-lah-breh/ *an* (*pl* co-làithean-breith) birthday

cola-deug /kolə-jee-əg/ *a' ch-* fortnight

colag /kolak/ *a' ch-* (*gen* colaig, *pl* colagan) cauliflower

colaiste /kolish-chə/ *a' ch-* (*pl* colaistean) college

colann /kohlin/ *a' ch-* (*gen* colainn, *pl* colainnean) body

colbh /koləv/ *an* (*gen & pl* cuilbh) column

Colbhasa /koloo-əsə/ Colonsay

Colla /kolə/ Coll

colonaidh /'colony'/ *a' ch-* (*pl* colonaidhean) colony

coltach /koltəK/ **1** similar; like; *cò ris a tha e coltach?* what's he/it like?; *fear/tè coltach ri seo* one like this; *tha sin cho coltach ris/rithe!* that's just like him/her!, that's typical of him/her! **2** *tha e coltach gun...* it seems that..., it's likely that...

Δ **coltaich ri (a' coltachadh ri)** /kolteeK ree (ə koltəKəG ree)/ compare with, liken to; *ga coltachadh rium* likening her to me; *ga choltachadh rium* likening him to me

coltas /koltəs/ *an* (*gen* coltais) appearance; likeness; *tha an aon choltas orra dhòmhsa* they look the same to me; *tha coltas sgìos ort* you look tired; *tha deagh choltas air a' bharail sin* that sounds a good idea; *ged a bha coltas ann gun...* although it seemed that..., although it looked like...; *tha h-uile coltas gun...* it certainly seems that...

co-luadar /koh-loo-ədər/ *an* (*pl* co-luadaran) engagement; *a' dèanamh co-luadar ri luchd-teagaisg* engaging with teachers; *co-luadar poblach* public consultation

com /kōwm/ *an* (*gen & pl* cuim) body; torso
còma /kawmə/ *an* coma
coma /kohmə/ **1** indifferent

   2 *dè bu toigh leat? – tha mi coma* which would you like? – I don't mind; *tha mi ceart coma* I couldn't care less; *mar gum biodh e coma* as though it was all the same to him; *bidh cuid coma gu bheil...* some people will not be bothered that...; *bhithinn car coma ged a dh'innseadh* I wouldn't mind saying

   3 ■ **coma le**: *coma leam mu...* I don't care about...; *coma leam dheth* I can't be bothered with it; *coma leat / leibh* never mind; *coma leat / leibh no co-dhiù...* at any rate...

   4 ■ **coma ach**: *bha i coma ach a bhith a' snàmh* all she wanted to do was go swimming

   5 *ged a bha mi coma sin a ràdh rithe* although I was reluctant to tell her that, although I didn't care to tell her that

   6 ■ **coma de**: *tha i coma dheth* she doesn't care for him; *tha e coma dhen bhiadh seo* he doesn't much go for this food; *tha mi coma dheth!* I can't be bothered with him / it!

   ♦ **coma co-dhiù**: *tha iad a' fàs beagan coma co-dhiù* they're getting a bit too blasé; *tha mi coma co-dhiù* I really don't care, I couldn't care less; *beachdan coma co-dhiù* attitudes of complete indifference

comadaidh /'comedy'/ *an* (*pl* comadaidhean) comedy
comaig /komek/ *an* (*pl* comaigean) comedian
comain /kohmen/: *tha mi gu mòr nad chomain* I'm very grateful to you; *bhiomaid fada nur comain* we would be much obliged to you
comann /kohmən/ *an* (*gen & pl* comainn) society, association

   ♦ **Comann nam Fineachan Gàidhealach** the Highland Clan Society; **Comann nam Pàrant Phort Rìgh** the Portree Parents' Association; **Comann Uisge-Bheatha na**

comar

h-Alba the Scotch Whisky Association

comar /kohmər/ *an* (*gen* comair, *pl* comaran) confluence

comas /kohməs/ *an* (*gen* comais, *pl* comasan) ability; possibility; *comasan Gàidhlig* abilities in Gaelic; *...airson comas a thoirt dhaibh...* ...in order to enable them...; *chan eil comas gàire aige* he has no sense of humour ♦ **comas-labhairt** fluency; oral proficiency; power of speech

comasach /kohməsəK/ **1** able, capable; *tha iad nas comasaiche nuair a tha iad a' bruidhinn na Gàidhlig* they are more capable when they speak Gaelic; *thuirt e nach eil e comasach innse cuin...* he said that he wasn't able to say when... **2** possible; *chan eil e comasach dhuinn a bhith an làthair* it's not possible for us to attend; *bidh e comasach do chroitearan...* it will be possible for crofters to...; *mar a tha comasach* where possible; *rinn sin comasach...* that facilitated..., that made...possible

comasachadh /kohməsəKəG/ *an* (*gen* comasachaidh) enabling; empowerment; *comasachadh sòisealta* social empowerment

comasachd /kohməsəKk/ *a' ch-* (*pl* comasachdan) capability

comataidh /komitee/ *a' ch-* (*pl* comataidhean) committee

còmh' → **còmhla¹**

comhachag /koh-əKak/ *a' ch-* (*gen* comhachaig, *pl* comhachagan) owl ♦ **comhachag-bhàn** barn owl; **comhachag-chluasach** short-eared owl

comhair /koh-ar/: *fa chomhair* opposite; in front of; *fa chomhair an t-saoghail mhòir* to the whole world, in the eyes of the whole world; *thuit i an comhair a cùil* she fell over backwards; *thuit e an comhair a chinn* he fell headfirst *or* headlong

comhairle /kŏ-ərlə/ *a' ch-* (*pl* comhairlean) advice, tip; council; *facal comhairle* a word of advice ♦ **comhairle a' bhaile** city council; **Comhairle na Gàidhealtachd** the Highland Council

comhairleach /kŏ-ərləK/ *an* (*gen & pl* comhairlich) advisor

co-mheasgte

Δ**comhairlich do (a' comhairleachadh do)** /kŏ-ərleeK doh (ə kŏ-ərləKəG doh)/ advise; *bha e a' comhairleachadh dhomh gun ithe* he was advising me not to eat it

comhairliche /kŏ-ərləleeKə/ *an (pl* comhairlichean) councillor

comharra /kŏ-wərə/ *an (pl* comharran) mark; point; sign; symptom; *gu bheil seo na chomharra air...* that this was a sign of...; *comharran sam bith den tinneas* any signs of the illness, any symptoms ♦ **comharra "aig"** at sign; **comharran-cainnt** quote marks, inverted commas; **comharra ceiste** question mark; **comharra clisgidh** exclamation mark; **comharran còmhraidh** quote marks; **comharra-malairt** trademark; **comharra pas** pass mark; **comharra-tìm** time signature

comharradh /kŏ-wərəG/ *an (gen* comharraidh, *pl* comharraidhean) sign; symbol; mark (*in exam etc*) ♦ **comharradh-ceiste** question mark; **comharradh inbhe** status symbol; **comharraidhean-labhairt** speech marks, quote marks

comharraich (a' comharrachadh) /kŏ-wəreeK (ə kŏ-wərəKəG)/ mark; *a' comharrachadh soirbheachas* celebrating success; *gus an ceann-là cudromach seo a chomharrachadh* to commemorate this important date

comhart /kŏ-hərt/ *an (gen* comhairt, *pl* comhartan) bark

comhartaich /kŏ-hərteeK/ *a' ch-* barking

còmhdach /kawdəK/ *an (gen* còmhdaich, *pl* còmhdaichean) cover ♦ **còmhdach-aghaidh** face covering; **còmhdach plàsta** plaster (cast)

còmhdaich (a' còmhdach(adh)) /kawdeeK (ə kawdəK(əG))/ cover; *chaidh an còmhdach le mòine* they were covered *or* enveloped in peat

còmhdhail /kawGal/ *a' ch-* (*gen* còmhdhalach) **1** transport **2** congress ♦ **Còmhdhail Alba** Transport Scotland; **còmhdhail phoblach** public transport

co-mheas /koh-ves/ *an (pl* co-mheasan) ratio

co-mheasgte /koh-vesgchə/ combined

còmhla

còmhla[1] /kawlə/ **1** together; *tha sinn còmhla* we're together; *tha sinn uile còmhla an seo* we're all in this together **2** ■ **còmhla ri** with; *còmhla rium* with me; *tha e a' fuireach còmhla ri sheanmhair* he lives with his Gran; he's staying with his Gran; *thòisich e còmhla ris a' chompanaidh ann an...* he started with *or* joined the company in...

còmhla[2] /kawlə/ *an* (*pl* còmhlachan) door ♦ **còmhlachan stoirme** storm doors

còmhlan /kawlan/ *an* (*gen & pl* còmhlain) party, group; band ♦ **còmhlan-ciùil** band; **còmhlan dannsa** dance troupe; **còmhlan pìoba** pipe band; **còmhlan pìobaireachd** pipe band; **còmhlan-ròc** rock band

còmhnadh /kawnəG/ *an* (*gen* còmhnaidh) help, assistance

còmhnaich (a' còmhnaidh) /kawneeK (ə kawnee)/ live, dwell; *le trì seachdainean a' còmhnaidh ann an Uibhist a Deas* with a three-week period of living on South Uist

còmhnaidh[1] /kawnee/ *a' ch-* dwelling, living

còmhnaidh[2]: *an còmhnaidh* /ən kawnee/ always

còmhnard /kawnarsht/ flat

còmhradh /kawraG/ *an* (*gen* còmhraidh, *pl* còmhraidhean) conversation, talk; dialogue; *còmhraidhean mu...* talks about...; *tha còmhraidhean air a bhith ann* talks have been held, there have been talks; *tha iad fhathast ann an còmhraidhean* they're still in talks

còmhraideach /kawrijəK/ chatty, talkative

compàirt /kom-pahrsh/ *a' ch-* **1** interest; participation; *tha iad a' gabhail compàirt ann an...* they take part in..., they participate in... **2** accompaniment

compàirtiche /kom-pahrsh-cheeKə/ *an* (*pl* compàirtichean) partner; participant

compàirteachadh /kom-pahrshtəKəG/ *an* (*gen* compàirteachaidh) participation

compàirteachas /kompahrsh-chəKəs/ *an* (*gen* compàirteachais) partnership; participation; *ann am compàirteachas le...*

co-òrdaich (a' co-òrdachadh)

in partnership with...; *ionnsachadh tro chompàirteachas gnìomhach* learning through active participation

companach /kōwmpənəK/ *an* (*gen & pl* companaich) partner

companaidh /kəmpənee/ *a' ch-* (*pl* companaidhean) company, business ♦ **companaidh bathair** freight company; **companaidh deasachaidh** (film) production company; **companaidh mhòr-bhùithtean** wholesaler; **companaidh riochdachaidh** production company

còmhstri /kawstree/ *a' ch-* (*gen* còmhstrithe, *pl* còmhstrithean) conflict; struggle

conacag /konakag/ *a' ch-* (*gen* conacaige, *pl* conacagan) horn

conaltradh /konəltrəG/ *an* (*gen* conaltraidh, *pl* conaltraidhean) communication; *a' cleachdadh na Gàidhlig ann an conaltraidhean* using Gaelic to communicate

conasg /konəsk/ *an* (*gen* conaisg) gorse, whin (*Scots*)

concrait /'concrete'/ *an* concrete

conn /kōwn/ *an* (*gen* cuinn) sense; *balach gun chonn* a stupid boy, a boy with no sense

connadh /kōwnəG/ *an* (*gen* connaidh, *pl* connaidhean) fuel ♦ **connadh fosail** fossil fuel

connlach /kōwnləK/ *a' ch-* (*gen* connlaich) straw

connrag /kōwnrak/ *a' ch-* (*gen* connraig, *pl* connragan) consonant

conn-riaghailt /kōwn-ree-əlch/ *an +len adj* (*gen* riaghailte, *pl* riaghailtean) regulation

connspaid /kōwnspij/ *a' ch-* (*gen* connspaide, *pl* connspaidean) controversy

connspaideach /kōwnspajəK/ controversial, sensitive; contentious

consairt /'concert'/ *an* (*pl* consartan) concert

co-obrachadh /koh-ohprəKəG/ *an* (*gen* co-obrachaidh, *pl* co-obrachaidhean) collaboration

co-ogha /koh-oh-ə/ *an* (*pl* co-oghachan) cousin; *tha sinn sna h-oghaichean* we're cousins

co-òrdaich (a' co-òrdachadh) /koh-awrdeeK (ə koh-awrdəKəG)/ coordinate

117

co-òrdanachadh

co-òrdanachadh /koh-awrdənəKəG/ *an* (*gen* co-òrdanachaidh) coordination

co-òrdanaich (a' co-òrdanachadh) /koh-awrdəneeK (ə koh-awrdənəKəG)/ coordinate

cop /kop/ *an* (*gen* coip) froth, foam

copaidh /kopee/ *a' ch-* (*pl* copaidhean) copy ♦ **copaidh-dìon** backup-copy

copaig (a' copaigeadh) /kopig (ə kopeegəG)/ copy; *na bi copaigeadh!* don't copy!; *copaig is cuir ann* copy and paste

copan *an* (*gen* copain, *pl* copanan) cup

cor *an* (*gen* coir, *pl* cuir) condition, state; *cor an iasgaich às dèidh Brexit* the position as regards fishing post Brexit; *deagh chor* well-being; *air a h-uile cor* at all costs; *cor mhic an duine* the human condition ♦ **cor-beatha** standard of living; quality of life

còrd (a' còrdadh) /kawrd (ə kawrdəG)/: *chòrd am biadh rium / riutha* I/they enjoyed the meal; *tha marcachd a' còrdadh rium* I enjoy riding; *chan eil sin a' còrdadh ris* he doesn't like that, he doesn't go for that; *...a' còrdadh gu mòr ri luchd-siubhail* ...is very popular with travellers

còrdadh /kawrdəG/ *an* (*gen* còrdaidh, *pl* còrdaidhean) agreement; *tha còrdadh againn ma-thà* we have a deal; *tha iad air còrdadh* they've made (it) up

co-rèite /koh-raychə/ *a' ch-* compromise; agreement; *ann an co-rèite le* in accordance with

co-roinn /koh-royn/ *a' ch-* (*gen* co-roinne, *pl* co-roinnean) proportion; share; *gabh co-roinn de* have a share of

co-roinneadh /koh-roynyəG/ *an* (*gen* co-roinnidh) sharing; distributing

co-roinneil /koh-roynyel/ proportional

co-roinnte /koh-roynchə/ shared

coròna-bhìoras /–veerəs/ *an* (*gen* còrona-bhìorais) coronavirus

corp *an* (*gen* & *pl* cuirp) body; corpse; *corp ga lorg ann am Moireibh* body found in Moray

corpas /korpəs/ *an* (*gen* corpais, *pl* corpasan) corpus

corporra /korpərə/ bodily, physical; corporate

còrr /kawr/ **1** ■ *còrr agus*, *còrr is* more than; *bha còrr is ceud duine ann* there were more than 100 people there **2** ■ *an còrr*: *chan eil an còrr cheistean againn* we have no more questions; *chan eil an còrr agam* I haven't got any more; *na can an còrr* say no more; enough said **3** ■ *an còrr* the rest; *air feadh a' chòrr dhen dùthaich* across the rest of the country **4** ■ *a chòrr* over, to spare; *tha dhà a chòrr againn* we have two to spare, we have two over **5** odd; *àireamh chòrr* odd number ♦ *còrr-ùine* overtime

corra /korə/ a couple of, a few; occasional, the odd; *corra uair* on the odd occasion

corra-biod: *air corra-biod* /ehr korə-bit/ on tiptoe

corra-chòsag /korə-Kawsak/ *a' ch-* (*gen* corra-chòsaig, *pl* corrachan-còsag) earwig, slater (*Scots*)

corra-ghritheach /korə-Gree-yəK/ *a' ch-* (*gen* corra-grithich, *pl* corrachan-gritheach) heron

corran /korran/ *an* (*gen & pl* corrain) crescent; sickle; spit of land

còsach /kawsəK/ hollow

cosg (a' cosg) /kosk/ **1** spend **2** cost; *dè tha e a' cosg?* what does it cost?

cosgail /koskal/ costly, expensive

cosgais /koskish/ *a' ch-* (*gen* cosgaise, *pl* cosgaisean) cost

co-sgrìobhadh /koh-skreevəG/ *an* (*gen* co-sgrìobaidh) correspondence

co-sgrìobhaiche /koh-skreeveeKə/ *an* (*pl* co-sgrìobhaichean) correspondent

cosnadh /kosnəG/ *an* (*gen* cosnaidh) **1** employment, work; job; *fois air a deagh chosnadh* a well-earned rest; *gun chosnadh* unemployed; *co-labhairt mu chothroman cosnaidh a chruthachadh* a conference about creating job opportunities; *tha iad a' cumail cosnadh ri 520 duine* they employ 520 people **2** *verbal noun of* **coisinn**

cosnaiche /kosneeKə/ *an* (*pl* cosnaichean) employee
costa *an* (*pl* costachan) coast; *aig a' chosta* at the coast
cot *a' ch-* (*gen* cota, *pl* cotaichean) cot
còta /kawtə/ *an* (*pl* còtaichean) coat ♦ **còta-froise** raincoat; **còta-mòr** overcoat; **còta uachdair** overcoat
cotan /kotan/ *an* (*gen* cotain) cotton
cothaich (a' cothachadh) /ko-eeK (ə ko-əKəG)/ obtain
Δ**cothaich ri** cope with; *cha b' urrainn dhomh cothachadh riutha* I couldn't cope with them
co-thaobhadh /koh-hurvəG/ *an* (*gen* co-thaobhaidh) alignment
co-theacsa /koh-heksə/ *an* (*pl* co-theacsaichean) context; *anns a' cho-theacsa sin* in that context
cothrom[1] /korom/ *an* (*gen* cothruim, *pl* cothroman)
 1 opportunity, chance; *chan eil cothrom aca* they don't have a chance; *cothroman trèanaidh* training opportunities; *cothroman-obrach* work opportunities; *cothroman co-ionannachd* equal opportunities; *cha robh cothrom agam air* I couldn't do anything about it
 2 access; *cothrom air an Eadar-lìon* Internet access; *cothrom air fearann* access to land
 3 *tha e ann an deagh chothrom* he's in good shape ♦ **cothrom na Fèinne** fairness, level playing field
cothrom[2] /korom/ even; *àireamh chothrom* an even number
cothromach /korəməK/ fair, sporting; well-off; *Alba nas cothromaiche* a fairer Scotland; *chan eil am màl cothromach ri staid an taighe* the rent isn't in line with the state of the house
cothromaich (a' cothromachadh) /koromeeK (ə koroməKəG)/ balance
co-thuigse /koh-hikshə/ *a' ch-* understanding
cràbhach /krahvəK/ religious, pious
cràbhadh /krahvəG/ *an* (*gen* cràbhaidh) piety
cràdh /krah/ *an* (*gen* cràidh) pain

cràic /krahk/: ***cràic de dh'fhalt*** a mop of hair

craic /krak/ *an* craic (*Scots*); ***bha deagh chraic ann*** it was good craic, we had a good laugh

craiceann /kraKkən/ *an* (*gen* craicinn, *pl* craicnean) skin; ***sa chraiceann*** in person, in the flesh

craicte /kraKk-chə/ mad, crazy

crann /krōwn/ *an* (*gen & pl* crainn) mast; tower (*of wind turbine*)
  ♦ **crann-gaoithe** wind turbine; **crann-ola 1** oil rig **2** olive tree; **crann-treabhaidh** plough

crannchar /kranəKər/ *an* (*gen* crannchuir, *pl* crannacharan) destiny

crannchur /kranəKər/ *an* (*gen* crannchuir, *pl* crannchuran) lottery ♦ **Crannchur Nàiseanta** National Lottery

craobh /krurv/ *a' ch-* (*gen* craoibhe, *pl* craobhan) tree
  ♦ **craobh-bheithe** birch tree; **craobh-ghiuthais** fir tree; **craobh (na) Nollaige** Christmas tree

Craoibh /krə-eev/ Crieff

craol (a' craoladh) /krurl (ə krurləG)/ broadcast

craoladair /krurlədər/ *an* (*pl* craoladairean) broadcaster

craoladh /krurləG/ *an* (*gen* craolaidh, *pl* craolaidhean) broadcast; broadcasting

craos /krurs/ *an* (*gen* craois, *pl* craosan) big mouth; jaws (*of animal*)

crath (a' crathadh) /kra (ə kra-həG)/ shake; ***chrath i a guailnean*** she shrugged her shoulders

crathadh /kra-həG/ *an* (*gen* crathaidh, *pl* crathaidhean) shock; shake; ***fhuair i crathadh a bha cianail*** she got a terrible shock; ***an crathadh as motha air an t-siostam*** the biggest shake-up to the system; ***obair airson crathadh a thoirt air seirbheisean*** work to shake up the services, work to revitalize the services; ***nuair a chaidh crathadh beag a thoirt air a' chaibineat*** when there was a minor cabinet reshuffle ♦ **crathadh-làimhe** handshake; ***biodh crathadh-làimhe againn air*** let's shake (hands) on it

creach /kr-yeK/ *a' ch-* (*gen* creiche) plunder; prey; *ò mo chreach (sa thàinig)!* oh good heavens!, bloody hell![27]; *ag èigheachd nan creach* screaming blue murder

creachann /kreKən/ *an* (*gen* creachainn, *pl* creachannan) scallop

crèadh = **criadh**

creag /krehk/ *a' ch-* (*gen* creige, *pl* creagan) rock; crag ♦ **creag-eòlaiche** *an* geologist

creamh /kref/ *an* (*gen* creamha) garlic

creathal /kreh-əl/ *a' ch-* (*gen* creathail, *pl* creithlean) cradle

creic (a' creic) /krehKk/ sell; *agus 500 dhiubh gan creic* with 500 of them being sold

creid (a' creidsinn) /krehj (ə krehj-shin)/ believe; *cha chreid mi gu bheil* I don't think so; *cha chreid mi nach do rinn thu mearachd* I think you've made a mistake[28]; *cha chreid mi nach eil* I think so; *tha mi gad chreidsinn* I believe you; *chan eil mi ga chreidsinn!* I don't believe it!; *cò chreideadh e?* who'd believe it?, would you credit it?; *thoireamaid a chreidsinn* let's pretend, let's make believe; *thoir A a chreidsinn air B* make B believe A; *creid e no fàg* believe it or not

creideamh /krehjəv/ *an* (*gen* creideimh, *pl* creideamhan) religion, belief

creideas /krehjəsh/ *an* (*gen* creideis, *pl* creideasan) 1 credit 2 faith ♦ **Creideas Coitcheann** Universal Credit

creidmheach /krehj-vəK/ 1 religious 2 *an* (*gen* & *pl* creidmhich) believer

creidsinn /krehj-shin/ *an* believing; *verbal noun of* **creid**

creige /krehkə/ *gen of* **creag**

creubhaidh /kree-əvee/ delicate

criadh /kree-əG/ *a' ch-* (*gen* criadha) clay

cridhe /kree-ə/ *an* (*pl* cridheachan) heart; *cùm do chridhe ri*

---

27 a fairly mild expression in Gaelic and not offensive
28 double negatives in Gaelic in this and the following example

dòchas don't give up hope; **còmhla ri gaol a' chridhe** with the love of his life; **companach cridhe** a good close friend ♦ **cridhe-briste** heartbroken

crìoch /kree-əK/ *a' ch-* (*gen* crìche, *pl* crìochan) border; end; **cuir crìoch air** finish off; **cuan gun chrìoch** endless ocean; **nuair a thig an cùmhnant gu crìch** when the contract comes to an end; **crìochan cusbainn** customs borders; **Na Crìochan** The (Scottish) Borders

crìochnaich (a' crìochnachadh) /kree-əKneeK (ə kree-əKnəKəG)/ complete, finish

criomag /krimak/ *a' ch-* (*gen* criomaige, *pl* criomagan) bit; crumb

crìon /kree-ən/ tiny; **duine beag crìon** an insignificant wee man

crìon (a' crìonadh) /kree-ən (ə kree-ənəG)/ drop, decline; fade; wither

crìonadh /kree-ənəG/ *an* (*gen* crìonaidh) drop, decline; fading; withering ♦ **crìonadh sluaigh** population loss, population decline

crios /kris/ *an* (*gen* criosa, *pl* criosan) belt ♦ **crios-sàbhailteachd** seat belt; **crios-suidheachain** seat belt

Crìosd /kree-əst/ Christ

Crìosdaidh /kree-əstee/ (*an*, *pl* Crìosdaidhean) Christian

Crìosdaidheachd /kree-əstee-əKk/ *a' ch-* Christianity

Crìosdail /kreestel/ Christian

criosp /krisp/ *an* (*pl* criospan) crisp

Crìost /kree-əst/ Christ

crith /kree/ *a' ch-* (*gen* crithe, *pl* crithean) shiver; tremble; **bha e air chrith** he was shaking; **le crith na làmhan dh'fheuch e...** his hands were shaking as he tried...; **le crith na guth / ghuth** with her/his voice shaking; **rud a chuir crith tron chluba** something that shook the club ♦ **crith-thalmhainn** earthquake; **tha seo air a bhith na chrith-thalmhainn do...** this has been a very major blow to...

critheann /kree-ən/ *an* (*gen & pl* crithinn) aspen

criubh = **criutha**

criutha /kryoo-ə/ *an* (*pl* criuthaichean) crew; ***criutha nam maor-cladaich*** the coastguard crew

crò /kraw/ *an* (*gen* cròtha, *pl* cròthan, cròithean) pen, fold, enclosure

cròch /krawK/ *an* (*gen* cròich) saffron

croch (a' crochadh) /kroK (ə kroKəG)/ hang

△ **croch air** depend on; ***seach a bhith an crochadh air...*** instead of being dependent on...

◊ **croch a-mach** hang out; ***a' crochadh a-mach às na h-uinneagan*** hanging out the windows

◊ **croch suas** hang up

crochaichte /kroKeeKchə/ hanging, suspended

crochte /kroKchə/ hanging, suspended

crodh /kroh/ *an* (*gen* cruidh) cows, cattle ♦ **crodh Gàidhealach** Highland cattle

cròg /krawg/ *a' ch-* (*gen* cròige, *pl* crògan) hand; paw

crogan /krokan/ *an* (*gen* crogain, *pl* croganan) jar

cròileagan /krawləgən/ *an* (*gen* & *pl* cròileagain) playgroup

crois /krosh/ *a' ch-* (*gen* croise, *pl* croisean) **1** cross **2** trouble; nuisance; ***ò crois!*** oh bother!, oh flip!, what a pain! ♦ **a' Chrois Dhearg** the Red Cross; **crois-rathaid** crossroads; **crois-rèile** level crossing

croiseil /kroshel/ awkward, tricky

croit /kroch/ *a' ch-* (*gen* croite, *pl* croitean) **1** croft **2** hump; ***bha croit air leis an fhuachd*** he was bent double with the cold

croitear /krochər/ *an* (*gen* croiteir, *pl* croitearan) crofter

croitearachd /krochərəKk/ *a' ch-* crofting

croitse /kroch-shə/ *a' ch-* (*pl* croitseachan) crutch

crom bent, crooked

cromag /kromak/ *a' ch-* (*gen* cromaig, *pl* cromagan) comma

Cromba Cromarty

cron *an* (*gen* croin) harm; ***rudan a tha a' dèanamh cron air...*** things that are harmful to..., things that are detrimental to...

cronaich (a' cronachadh) /kroneeK (ə kronəKəG)/ tell off, scold
crònan /krawnan/ *an* (*gen* crònain) purring
cros (a' crosadh) /kros (ə krosəG)/ cross; forbid, proscribe
crosta irritable
crotach /krotəK/ hump-backed
cruach /kroo-əK/ *a' ch-* (*gen* cruaiche, *pl* cruachan) stack; hill
cruachann /kroo-aKən/ *a' ch-* (*gen* cruachainn, *pl* cruaichnean) hip
cruadal /kroo-ətəl/ *an* (*gen* cruadail) hardship; hardness
cruaidh /kroo-Y/ hard; solid; loud; strict; harsh; rough; *tha e cho cruaidh ri creig* he's as hard as nails ♦ **cruaidh-chàs** *an* hardship; **cruaidh-fheum** *an* desperate need, crying need; *tha cruaidh-fheum air...* there's a desperate *or* crying need for...
crùb (a' crùbadh) /kroop (ə kroopəG)/ crouch; stoop; crawl
crùbag /kroopak/ *a' ch-* (*gen* crùbaige, *pl* crùbagan) crab
crùban /kroopan/ *an* (*gen* crùbain) crouching position; *na chrùban* crouched
crudha /kroo-ə/ *an* (*gen* cruidhe, *pl* cruidhean) horseshoe
cruidh /krə-ee/ *gen of* **crodh**
crùin /kroon/ *gen of* **crùn**
cruinn /krə-in/ **1** round, circular; plump; well-rounded; shapely **2** assembled, gathered together; *thàinig iad cruinn* they met, they came together ♦ **cruinn-eòlas** *an* geography; **cruinn-leum** *an* standing jump
cruinne /krə-inyə/ *an* globe; world; *an Cruinne* the Earth; *blàthachadh na Cruinne* global warming; *eaconamaidh na cruinne* the global economy; *lìonraidhean na cruinne* global networks; *Cupa na Cruinne* the World Cup
cruinneachadh /krə-in-yəKəG/ *an* (*gen* cruinneachaidh, *pl* cruinneachaidhean) gathering, get-together; collection; *cruinneachaidhean teaghlaich* family gatherings
cruinneil /krə-inyel/ global

cruinnich (a' cruinneachadh)

cruinnich (a' cruinneachadh) /krə-inyeeK (ə krə-in-yəKəG)/ get together; collect, assemble; *chuir iad romhpa fhèin £40,000 a chruinneachadh* they decided to raise £40k themselves

Cruithneach /krə-inyəK/ **1** Pictish **2** *an* (*gen* & *pl* Cruithnich) Pict; *na Cruithnich* the Picts

cruìn /kroon/ *an* (*gen* crùin, *pl* crùintean) crown

cruth /kroo/ *an* (*gen* crutha, *pl* cruthan) shape, form; format; *a' toirt cruth air* giving shape to, shaping; *ann an cruth dealanach* in electronic format; *cruth na tìre* the lie of the land; the nature of the territory

cruthachail /kroo-əKal/ creative

cruthachas /kroo-əKəs/ *an* (*gen* cruthachais) creativity

cruthaich (a' cruthachadh) /kroo-eeK (ə kroo-əKəG)/ create; produce; *a' cruthachadh dealain* generating electricity

cruthaidhear /kroo-eer/ *an* (*gen* cruthaidir, *pl* cruthaidearan) creator

cruth-atharrachadh /kroo-ahərəKəG/ *an* (*gen* cruth-atharrachaidh, *pl* cruth-atharrachaidhean) transformation

cruth-atharraich (a' cruth-atharrachadh) /kroo-ahəreeK (ə kroo-ahərəKəG)/ transform

cù /koo/ *an* (*gen* & *pl* coin) dog; *cho sgìth ris a' chù* dog-tired; *chan eil dragh a' choin agam mu...* I don't give a monkey's about... ♦ **cù-chaorach** sheepdog

cuach /koo-əK/ *a' ch-* (*gen* cuaiche, *pl* cuachan) quaich (*Scots*), drinking bowl

cuagach /koo-əgəK/ lame; misshapen; halting

cuairt /koo-ərsht/ *a' ch-* (*gen* cuairte, *pl* cuairtean) **1** trip; stroll; walk; *chaidh sinn cuairt anns a' mhonadh* we went for a walk in the hills **2** *a bheil e mun cuairt?* is he about? **3** round (*in competition*); *tha sinn sna cuairtean mu dheireadh* we're in the finals **4** cycle; *a' chuairt as àirde aig an inneal-nigheadaireachd* the washing machine's fastest cycle ♦ **cuairt-bheatha** life-cycle; **cuairt-dheireannach** final; **cuairt-litir** newsletter; **cuairt-**

sgoile school trip

cuairtich (a' cuairteachadh) /koo-ərsh-chiK (ə koo-ərsh-chəKəG)/ circle; encircle, enclose

cuala /koo-ələ/ *past interr of* **cluinn**; *an cuala thu mi?* did you hear me?

cuan /koo-ən/ *an (gen* cuain, *pl* cuantan*)* ocean ♦ **Cuan Barrach** Little Minch; **cuan-eòlas** oceanography; **Cuan Innseanach** Indian Ocean; **Cuan Sèimh** Pacific (Ocean); **Cuan Sgìth** Little Minch; **Cuan Siar** Atlantic (Ocean); **Cuan a Tuath** North Sea; *clàr-ola sa Chuan a Tuath* a North Sea oil rig

cuaraidh /kwaree/ *an (pl* cuaraidhean*)* quarry

cuaran /koo-ərən/ *an (gen* cuarain, *pl* cuarain, cuaranan*)* sandal

cuarantain /'quarantine'/ *an* quarantine; *fo chuarantain* in quarantine, quarantined

cuartaich (a' cuartachadh) /koo-ərshteeK (ə koo-ərshtə-KəG)/ surround; *air a chuartachadh le craobhan* surrounded by trees

cùbhrachd /koorəKk/ *a' ch-* *(pl* cùbhrachdan*)* perfume

cùbhraidh /koo-ree/ fragrant

cucair /'cooker'/ *an (pl* cucairean*)* cooker

cudaig /kootek/ *a' ch-* *(gen* cudaige, *pl* cudaigean*)* coalfish

cudromach /koodrəməK/ important; *cothroman cudromach* major opportunities

cudromachd /koodrəməKk/ *a' ch-* importance; seriousness

cugallach /koogələK/ unsteady, wobbly; shaky; unreliable; fragile

cuibheas /kə-yəs/ *an (gen* cuibheis, *pl* cuibheasan*)* average

cuibheasach /kə-yəsəK/ average

cuibhle /kə-ilə/ *a' ch-* *(pl* cuibhlichean*)* wheel; *chaidh a' chuibhle mun cuairt* the wheel has come full circle ♦ **cuibhle-chàiridh** spare wheel; **cuibhle an fhortain** the wheel of fortune; **cuibhle-stiùiridh** steering wheel

cuibhreann /kə-irən/ *an (gen* cuibhrinn, *pl* cuibhreannan*)* part, portion; proportion; allowance *cuibhrig*

cuibhrig /koo-ivrik/ *a' ch-* (*pl* cuibhrigean) cover ♦ **cuibhrig-cluasaig** pillowcase; **cuibhrig-leapa** duvet, downie (*Scots*)

cuid¹ /kooj/ **1** some; *cuid dhe na daoine* some of the people; *ann an cuid de dh'àiteachan* in some places **2** ■ **an dà chuid** both; *an dà chuid do dhaoine a...agus...* both for people who...and...; *san dà chuid Gàidhlig agus Beurla* in both Gaelic and English

cuid² /kooj/ *a' ch-* (*gen* codach, *pl* codaichean) **1** part, share; *tha a' chuid mhòr aca a-nis ag obair* most of them are now working; *a' chuid as motha dhen sin* most of that, the biggest part of that; *a' chuid bu motha dhen tìde* most of the time; *còigeamh/ochdamh cuid* a fifth/an eighth

2 (*sometimes used with possessives*) *tha mi airson mo chuid Gàidhlig a leasachadh* I want to improve my Gaelic; *tha sinn taingeil dhi airson a cuid dealais* we are grateful to her for her commitment; *airson a chuid ghaisgeachd* for his bravery; *bha mi na mo chuid aodaich aig 6* I was dressed by 6

cuideachadh /koojəKəG/ *an* (*gen* cuideachaidh) help; *mòran taing airson do chuideachaidh* many thanks for your help; *cuideachadh mòr don t-sòisealtas Albannach* a major contribution to Scottish society

cuideachail /koojəKel/ helpful

cuideachd¹ /koojəKk/ also, too, as well

cuideachd² /koojəKk/ *a' ch-* company; *nam chuideachd* in my company

cuideachdail /koojəKal/ sociable; *bha e cuideachdail* he was good company

cuideam /koojam/ *an* (*gen* cuideim, *pl* cuideaman) weight; emphasis; *chaill e cuideam* he lost weight; *cuir cuideam air, leig cuideam air* put the emphasis on; *tha sin a' cur cuideim air na comhairlichean* that is putting pressure on the councillors; *fo chuideam* under pressure; *bha cuideam nas motha orm* there was more pressure on me ♦ **cuideam-ceadaichte** quota, permitted weight

cuideigin /koojehgin/ somebody, someone

cuidhteas /kə-ichəs/ *an* (*gen* cuidhteis, *pl* cuidhteasan)
1 receipt **2** *chan fhaigh mi cuidhteas an casad seo* I can't get rid of this cough; *fhuair sinn cuidhteas an trioblaid* we got rid of the problem

cuidich (a' cuideachadh) /koojeeK (ə koojəKəG)/ help; *cuidich mi!* help!; *an urrainn dhut mo chuideachadh?* can you help me?

cuidiche /koojeeKə/ *an* (*pl* cuidichean) assistant ♦ **cuidiche-bùtha** shop assistant

cùil[1] /kool/ *a' ch-* (*gen* cùile, *pl* cùiltean) corner; *sa h-uile cùil* in every nook and cranny

cùil[2] /kool/ *gen of* **cùl**

cuilbh /koolǝv/ *gen & pl of* **colbh**

cuileag /koolak/ *a' ch-* (*gen* cuileig, *pl* cuileagan) fly

cuilean /koolen/ *an* (*gen* cuilein, *pl* cuileanan) puppy

cuileann /koolən/ *an* (*gen* cuilinn) holly

cuilg /koolig/ *gen & pl of* **calg**

Cùil Lodair /koo loder/ Culloden

cùiltean /koolchən/ *pl of* **cùil**

Cuiltheann: *An Cuiltheann* /ən kool-yən/ The Cuillins

cuim /koo-im/ *gen & pl of* **com**

cuimhne /kə-inyə/ *a' ch-* memory; *a bheil cuimhne agad?* do you remember?; *chan eil cuimhne agam* I don't remember, I forget; *chan eil cuimhne agam air sin* I don't remember that; *nach eil cuimhn' agad orm?* don't you remember me?; *thuirt e nach robh cuimhne aige air...* he said he didn't remember...; *tha cuimhne aig mo mhàthair a bhith a' dol...* my mother remembers going...; *tha deagh chuimhne aige* he has a good memory; *thàinig e uile air ais nam chuimhne* it all came back to me; *tha iad airson cur an cuimhne dhaoine gu bheil...* they want to remind people that...; *mus tèid an t-eòlas a th'aig daoine à cuimhne* before what people know is lost from memory; *mas math mo chuimhne* if my memory serves me right

cuimhneachadh /kə-inyəKəG/ *an* (*gen* cuimhneachaidh, *pl* cuimhneachaidhean) remembering; commemoration; remembrance; memorial; *gàradh cuimhneachaidh* memorial garden, garden of remembrance

cuimhneachan /kə-inyəKən/ *an* (*gen & pl* cuimhneachain) memorial; memory; memento; souvenir; *mar chuimhneachan air* in memory of; as a memorial to; *cuimhneachain mhath* good memories

cuimhnich (a' cuimhneachadh) /kə-ineeK (ə kə-inyəKəG)/ remember; *cuimhnich gun toir thu air ais e!* remember to bring it back!

cuimir /kə-imər/ neat, trim

Cuimreach /koomrəK/ **1** Welsh **2** *an* (*gen & pl* Cuimrich) Welshman; *na Cuimrich* the Welsh

cuimseach /kə-imshəK/ **1** accurate, precise; *no gus a bhith nas cuimsiche...* or to be more accurate... **2** moderate; *cuimseach ùr* fairly new; recent

cuin, cuine /koon, koonyə/ when; *cuin a thig e?* when is he coming?; *chan eil fhios agam cuin a thachair e* I don't know when it happened

cuing /kə-eeng/ *a' ch-* (*gen* cuinge, *pl* cuingean) **1** asthma **2** yoke

cuinge /kə-ingə/: *nas / as cuinge comp & supl of* **cumhang**

cuingealachd /kə-ingələK/ *a' ch-* (*pl* cuingealachdan) constraint; constriction

cuingealaichte /kə-ingəleeKchə/ restricted; limited; *tha dusan mìos gu math cuingealaichte mar ùine airson...* twelve months is a very limited time for...

cuinneag /koonyak/ *a' ch-* (*gen* cuinneig, *pl* cuinneagan) bucket

cuinnean /koonyən/ *an* (*gen* cuinnein, *pl* cuinneanan) nostril

cuinnlean = **cuinnean**

cuir /koor/ *gen of* **car**[1]; *pl of* **cor**

cuir (a' cur) /koor (ə koor)/ **1** put; *cuir an dealbh air facebook* put the picture on facebook; *...airgead a chur ri...* ...to put money into...; *an cuir thu Beurla air seo dhomh?* can you translate *or* put that into English for me? **2** send; *an cuir*

thu thugam e? will you send it to me? **3** sow, plant; ***craobh a chuir m'athair*** a tree my father planted

◊ cuir air¹ turn on, switch on; ***nuair a chuir mi air an TBh*** when I turned on the TV

∆ cuir air² **1** put on; wear; ***chuir i oirre an còta aice*** she put her coat on; ***dè chuireas mi orm?*** what shall I wear? **2** bother; ***tha rudeigin a' cur oirre*** there's something bothering her; ***dè tha cur ort/oirre?*** what's the matter with you/her? **3** make, cause to be; ***tha e a' cur bròn/fearg orm*** it makes me sad/angry; ***…gu bheil seo a' cur cosgais mhòr air/oirre*** …that this is costing him/her a lot; ***bhiodh sin a' cur teagamh a bharrachd orm*** that would make me more doubtful; ***bhiodh sin a' cur uallach a bharrachd orm*** that would cause me more worry

◊ cuir air ais put back; send back, return; ***an do chuir thu na gleocan air ais?*** did you put the clocks back?

◊ cuir air falbh put away; send off

◊ cuir a-mach **1** throw up, vomit; ***tha e air cur a-mach*** he's been sick **2** send out, emit; ***cuir a-mach brath SOS*** send out an SOS **3** put out (*to tender*)

◊ cuir an aghaidh oppose, object to; ***tha iad ag ràdh gun cuir iadsan an aghaidh dùnadh*** they said that they will oppose the closure; ***bha e am measg na chuir an aghaidh a' phlana*** he was amongst those opposing the plan

◊ cuir an àird put up (*poster etc*)

◊ cuir às put out (*fire*); ***dè bha gan cur às am beachd?*** what made them change their minds?; ***a' cur às a corp mu dheidhinn…*** moaning *or* griping about…

∆ cuir às do abolish; do away with; kill, put down; delete; ***chuir a' choròna-bhìoras às dhan chruinneachadh àbhaisteach*** the coronavirus put paid to the usual gathering; ***tha sin air cur às do dhòchas airson…*** that has dashed any hopes for…

◊ cuir às leth accuse; ***casaid a tha mòran a' cur às a leth*** a charge many have made, something that many have alleged

cuir a-staigh airson

◊ **cuir a-staigh airson** put in for, go in for
◊ **cuir a-steach** put in; send in, submit; input, enter (*data*)
◊ **cuir a-steach airson** apply for, put in for (*job*)
△ **cuir bho** get rid of; *chuir e an dreuchd bhuaithe* he stepped down; *chuir iad an armachd bhuapa* they laid down their arms; *goireasan airson sgudal a chur bhuapa* facilities for disposing of rubbish
△ **cuir de** take off; *chuir i dhith a h-aodach* she took off her clothes
◊ **cuir dheth** put off, turn off; set off (*alarm*); cancel; postpone; *chuir sin dheth mi bho bhith a' dol ann* that put me off going; *tha an fhèis air a cur dheth* the festival has been cancelled *or* is off
◊ **cuir fodha** sink; cause to go under
◊ **cuir fòn air ais** call back, phone back
△ **cuir fòn air ais gu** call back, phone back; *cuiridh mi fòn air ais thugad* I'll call you back
△ **cuir mu** put around; put on; *cuir do chòta umad!* put your coat on!
◊ **cuir mu seach** put aside, set aside
△ **cuir ri** add to; *tha iad airson cur ris an tuigse a...* they want to add to *or* increase the level of understanding that...; *chuir iad ris an eaconomaidh* they contributed to the economy
◊ **cuir ri chèile** put together
△ **cuir ro** decide; *an do chuir sibh romhaibh sin a dhèanamh?* did you decide to do that?
◊ **cuir seachad** spend (*time*)
◊ **cuir sìos** put down; lay
△ **cuir sìos air** run down, put down, knock
◊ **cuir suas** put up; *cuir suas do làmh* put your hand up
△ **cuir suas ri** put up with
△ **cuir tro** send through; *chuir e gaoir tromham* it sent a shiver through me
◊ **cuir troimhe** put through; *chuir iad am bile troimhe* they put the bill through

cuireadh /koorəG/ *an* (*gen* cuiridh, *pl* cuiridhean) invitation; *tapadh leat airson a' chuiridh* thanks for the invitation; *thug sinn cuireadh dha...* we invited...

cuirm /koorəm/ *a' ch-* (*gen* cuirme, *pl* cuirmean) celebration; concert; ceremony; **cuirmean Oidhche Challainn** New Year celebrations *or* festivities ♦ **cuirm-cheumnachaidh** graduation ceremony; **cuirm-chiùil** concert; **cuirm-chnuic** picnic; **cuirm nan duaisean** prize-giving ceremony; **cuirm fosglaidh** opening ceremony

cùirn /koorn/ *gen & pl of* **càrn**

cuirp /koorp/ *gen & pl of* **corp**

cùirt /koorsht/ *a' ch-* (*gen* cùirte, *pl* cùirtean) court; *tha e sa chùirt Diluain* he'll be in court on Monday ♦ **cùirtean catharra** civil courts; **cùirtean eucorach** criminal courts; **Cùirt nam Maor-Ceartais** Magistrates Court; **cùirtean sìobhalta** civil courts; **Cùirt an t-Siorraidh, Cùirt an t-Siorraim** Sheriff Court; **cùirt teanais** tennis court

cùirteach /koorshjəK/ legal, judicial

cùirtear /koorshjər/ *an* (*gen* cùirteir, *pl* cùirtearan) curtain

cùis /koosh/ *a' ch-* (*gen* cùise, *pl* cùisean) matter; case; *tha iad a' rannsachadh na cùise* they are looking into the matter; *thog e a' chùis* he took the matter up; *ciamar a tha cùisean?* how's things?; *mar a tha cùisean* as things stand; *nì rud sam bith a' chùis* anything will do (the job); *rinn sin a' chùis dhaibh* that did the job for them; *rinn iad a' chùis air Caley Thistle 1-0* they beat Caley Thistle 1-0
  ♦ **cùis-bhùirt** laughing-stock; **cùis-eagail** terror, terrifying phenomenon; **cùis-èiginn** emergency; **cùis-ghnìomhchais** business case; **cùis-lagha** court case; legal proceedings; **cùis-mhulaid** tragedy; **cùis-nàire** disgrace; *abair cùis-nàire!* what a terrible state of affairs!

cùiseach /kooshəK/ serious (*sort of person*)

cuiseag /kooshak/ *a' ch-* (*gen* cuiseige, *pl* cuiseagan) reed

cuisean /kooshən/ *an* (*gen* cuisein, *pl* cuiseanan) cushion

cuisle

cuisle /kooshlə/ *a' ch-* (*pl* cuislean) vein; pulse
cuithe /kəyə/ *a' ch-* (*pl* cuithean) snowdrift
cùl /kool/ *an* (*gen* cùil, *pl* cùiltean) back; *aig a' chùl* at the back; *a' tilgeil a fuilt gu a cùl* tossing her hair back; *cuir cùl ri* abandon, give up; leave; turn his/her back on; *gu a chùl* through and through, completely; *'s e Gàidheal gu a cùl a th'innte* she's a Gael through and through

■ *air cùl...* behind...; *air cùl a h-inntinn* at the back of her mind; *a' chompanaidh air cùl an leasachaidh* the company behind the development; *air cùl na Bliadhn' Ùire* after New Year, at the back of New Year

♦ **cùl-cinn** common grazing; **cùl-taic 1** support; props **2** supporter; champion

cùlaibh /kooliv/ *an* back; *air cùlaibh* behind; *air mo/do chùlaibh* behind me/you; *chuir iad an cùlaibh ri...* they turned their backs on...

culaidh- /koolee-/ *a' ch-* (*gen* culaidhe-, *pl* culaidhean-) object of... ♦ **culaidh-atharrachaidh** force for change; **culaidh-mheallaidh**: *rinn iad culaidh-mheallaidh dhìom* they took me for a ride; **culaidh-uamhais** object of terror

cularan /kooləran/ *an* (*gen* cularain, *pl* cularanan) cucumber
cultar /kooltər/ *an* (*gen* cultair, *pl* cultaran) culture
cultarach /kooltərəK/ cultural
cùm (a' cumail) /koom (ə koomal)/ hold; keep; *cùm agad e* you keep it; *cùm agad fhèin e* keep it to yourself; *am faod mi a chumail?* can I keep it?; *chaidh sreath choinneamhan a chumail* a series of meetings was held; *chùm mi a' dol* I kept going, I kept on ♦ **Cùm Alba Àlainn** Keep Scotland Beautiful

△ **cùm air** keep on, continue; *cùm ort!* keep going!; keep at it!
◊ **cùm air ais** hold back; *tha e a' cumail clann air ais* it's holding children back
◊ **cùm a-mach** maintain, claim; make out; *tha cuid a' cumail a-mach gur...* some people are maintaining that...

△ **cùm ri 1** keep up (with); *tha e doirbh le cuid de na sgoilearan cumail ris* some students are finding it hard to keep up **2** supply; *dealan a chumail ri...* supply electricity to...

◊ **cùm suas** keep up; maintain; sustain

cumadair, cumadair-ciùil /koomədər (-kyool)/ *an* (*pl* cumadairean) composer

cumadh /koomǝG/ *an* (*gen* cumaidh, *pl* cumaidhean) shape; figure (*of person*); *ann an cumadh rionnaig* star-shaped

cumanta /koomǝntǝ/ ordinary, common

cumantas /koomǝntǝs/: *sa chumantas* generally, ordinarily

cumha[1] /koo-ǝ/ *an* (*pl* cumhachan, cumhaichean) condition; *cumhaichean a' chùmhnaint* the conditions of the contract; *air cumha* on condition, provided

cumha[2] /koo-ǝ/ *a' ch-* (*pl* cumhachan) lament

cumhachd /koo-ǝKk/ *a' ch-* (*pl* cumhachdan) power, energy; *cumhachdan a bharrachd do chomhairlean eileanach* additional powers for island councils; *cumhachdan èiginneach* emergency powers; *cumhachd ath-nuadhachail* renewable energy; *èifeachdas cumhachd* energy efficiency

cumhachdach /koo-ǝKkǝK/ powerful; mighty

cumhang /koowang/ narrow

cùmhnadh /koonǝG/ *an* (*gen* cùmhnaidh, *pl* cùmhnaidhean) saving; *airson airgead a chùmhnadh* in order to save money; *dèan cùmhnadh air na boglaichean* preserve the wetlands

cùmhnant /koonant/ *an* (*gen* cùmhnaint, *pl* cùmhnantan) contract; condition; *fo chùmhnant gum...* under *or* on the condition that...

cunbhalach /koonǝvǝlǝK/ consistent; regular

cungaidh /koongee/ *a' ch-* (*pl* cungaidhean) medicine; medicament

cungaidh-leighis /koongee-lay-ish/ *a' ch-* (*pl* cungaidhean-leighis) medicine

cunnart

cunnart /koonərsht/ *an* (*gen* cunnairt, *pl* cunnartan) danger, hazard; *ann an cunnart* in danger; *tha e ann an cunnart bho...* it is at risk from...; *ann an cunnart am beatha* in a life-threatening condition; *fo chunnart* at risk

cunnartach /koonərshteK/ dangerous

cùnnradair /koonrədər/ *an* (*pl* cùnnradairean) contractor

cunntachail /koontəKal/ accountable; *cumail cunntachail* holding to account

cunntair /koontar/ *an* (*pl* cunntairean) counter; bar

cunntas /koontəs/ *an* (*gen* cunntais, *pl* cunntasan) bill; record, account; census; counting; *am faigh mi an cunntas?* could I have the bill?; *an do chùm thu cunntas air na geamaichean?* did you keep a record of the games?; *an toir thu dhuinn an cunntas às ùr mu seo?* can you bring us up-to-date on this? ♦ **cunntas banca** bank account; **cunntasan ionmhais** financial accounts; **cunntas-sluaigh** census, population count

cunntasachd /koontəsəKk/ *a' ch-* accountancy; accounting; *companaidh cunntasachd* firm of accountants

cunntasair /koontəsar/ *an* (*pl* cunntasairean) accountant

cuntair = **cunntair**

cupa /koopə/ *an* (*pl* cupannan) cup; *cupa cofaidh* a cup of coffee ♦ **Cupa na h-Alba** the Scottish Cup; **Cupa na Cruinne** the World Cup

cupal /koopəl/ *an* (*gen* cupail, *pl* cupalan) couple

cur /koor/ *an* (*gen* cuir) putting; sending; planting ♦ **cur an aghaidh** opposing, opposition; **cur a-mach** output; *a' cur a-mach de mhethane* methane emissions; **cur-an-gnìomh** implementation, putting into effect; **cur às (do)** abolition (of); **cur a-steach** input; **cur na mara** seasickness; *bha cur na mara orm* I was seasick; *bidh cur na mara orm* I get seasick

cùram /koorəm/ *an* (*gen* cùraim, *pl* cùraman) care; responsibility; *gabh cùram de* care for, look after; *tha cùram agam dhutsa* I am responsible for you; *bagairt* *a' chlann aca a chur ann an cùram* a threat to put their children in care ♦ **cùram-cloinne** child care

cùramach /koorəməK/ responsible; careful, canny

currac /koorak/ *an* (*gen* curraic, *pl* curraicean) cap

curracag /koorəkək/ *a' ch-* (*gen* curracaig, *pl* curracagan) lapwing

curran /kooran/ *an* (*gen & pl* currain) carrot

curraicealam /kərikələm/ *an* (*gen* curraicealaim, *pl* curraicealaman) curriculum ♦ **Curraicealam airson Sàr-mhaitheis** Curriculum for Excellence (*Scots*)

cùrsa /koorsə/ *an* (*pl* cùrsaichean) course ♦ **cùrsa-beatha** career; **cùrsa bogaidh** immersion course; **cùrsa cànain** language course; **cùrsa-mara** ocean cruise

cur-seachad /koor-shaKət/ *an* (*pl* cur-seachadan) pastime; hobby; activity

cùrtairean /koorshtarən/ *na* curtains

cus /koos/ too much; too many; *dh'ith mi cus* I ate too much; *tha sin cus!* that's too much!, that does it!; *...nach eil an sgeama gu cus feuma do...* ...that the scheme is not much use to...; *cha robh i cus ro eòlach air...* she didn't know... that well

cusbainn /koospin/ *a' ch-* Customs

cuspair /koospər/ *an* (*pl* cuspairean) subject, topic

cuthach /koo-əK/ *an* (*gen* cuthaich) fury, rage; madness

cuthag /koo-ak/ *a' ch-* (*gen* cuthaige, *pl* cuthagan) cuckoo

D d

d'¹ (*abbr of* **do** '*your*' *before a vowel or vowel sound*) *d' aodach* your clothes; *d'fhalt* /dalt/ your hair

d'² (*abbr of* **do** *in forming past tense interrogative and past negative before a vowel or vowel sound*) *an d'òl thu...?* did you drink...?; *an d'fhuair thu...?* did you get...?; *cha d'fhuair mi...* I didn't get...

dà /dah/ **1** two[29] **2** *an dà* both; *gabhaidh mi an dà thicead* I'll take both tickets; *an dà chuid* both ♦ **dà-chànanach** bilingual; **dà-chànanas** *an* bilingualism; **dà dheug** twelve; **dà fhichead** forty (*in the older counting system*); **dà-phuing** *an +len adj* colon; **dà reug** twelve o'clock; **dà shealladh** *an* second sight; *tha an dà shealladh aice* she has the second sight

dachaidh = **dachaigh**

dachaigh /daKee/ *an +len adj* (*pl* dachaighean, dachannan) home; *chaidh sinn dhachaigh* we went home

♦ **dachaigh-cùraim** care home; **dachaigh-motair** motorhome

dad /dat/ **1** anything; something; *a bheil dad agad airson...?* have you got anything for...?; *an tuirt thu rudeigin? – cha tuirt mi dad* did you say something? – no, nothing **2** *a bheil e ann an staid dad nas fheàrr?* has its condition improved at all?; *chan urrainn dhuinn a bhith dad nas soilleire* we can't be any clearer; *cha robh dad dheth!* not a bit of it!

dadaidh /dadee/ *an* (*pl* dadaidhean) daddy, dad; *a dhadaidh!* dad!

---

29 **Dà** is followed by a noun in the singular and lenites it.

dàibh (a' dàibheadh) /dYv (ə dYvəG)/ dive

dàibhear /dYvər/ *an* (*gen* dàibheir, *pl* dàibhearan) diver

dàil[1] /dahl/ *an* +*len adj* (*gen* dàlach, *pl* dàlaichean) delay; ***gun an tuilleadh dàil*** without further delay

dàil[2]: ***an dàil*** /ən dahl/ against; ***tha sinn a' dol an dàil nan...*** we are tackling the..., we are working against the...

dail /dal/ *an* +*len adj* (*gen* dalach, *pl* dailthean) field, meadow; dale

dàimh /dYv/ *an* (*pl* dàimhean) relationship; ***dàimhean pearsanta*** personal relationships ♦ **dàimhean poblach** public relations, PR

dàin /dahn/ *gen & pl of* **dàn**[1] & [2]

daingead! /dan-get/ bloody hell!

daingeann /dangən/ firm; solid

daingit! /dan-git/ damn!

daingneach /dang-nəK/ *an* +*len adj* (*gen* daingnich, *pl* daingnichean) castle, fortress

daingnich (a' daingneachadh) /dangyeeK (ə dangyəKəG)/ fortify; confirm; reinforce

daithead /'dieť/ *an* (*gen* daitheid, *pl* daitheadan) diet; ***tha mi air daithead*** I'm on a diet

dàlach /dahləK/ *gen of* **dàil**[1]

dalach /daləK/ *gen of* **dail**

dàlaichean /dahlehKən/ *pl of* **dàil**[1]

dall /dōwl/ blind ♦ **dall-bhrat** blindfold

dall (a' dalladh) /dōwl (ə daləG)/ blind; deceive; ***bha iad air an dalladh, bha iad gan dalladh*** they were blind drunk

dàm /dōwm/ *an* (*gen* dàim, *pl* dàmaichean) dam

damaiste /damish-chə/ *an* damage

damh /daf/ *an* (*gen & pl* daimh) stag; ox

Dàmhair: ***an Dàmhair*** /ən dahvir/ October

damhan-allaidh /davan-alee/ *an* (*gen & pl* damhain-allaidh) spider

dàn[1] /dahn/ *an* (*gen & pl* dàin) poem

dàn[2] /dahn/ *an* (*gen & pl* dàin) fate, destiny; ***dè tha an dàn don***

sgioba? what fate awaits the team?; *tha e an dàn dha a faicinn a-rithist* he is destined to see her again

dàna /dahnə/ bold

danarra /danərə/ stubborn

Danmhairg: *an Danmhairg* /ən danəvark/ Denmark

Danmhairgeach /danəvargəK/ **1** Danish **2** *an* (*gen & pl* Danmhairgich) Dane

danns (a' dannsadh) /dōwns (ə dōwnsə/ dance; *am bu toil leat dannsadh?* would you like to dance?

dannsa /dōwnsa/ *an* (*pl* dannsaichean) dance

dannsadh /dōwnsəG/ *an* (*gen* dannsaidh) dancing ♦ **dannsadh Gàidhealach** Highland dancing

dannsair /dōwnsər/ *an* (*pl* dannsairean) dancer

daobhaidh /durvee/ stubborn

daoimean /durmen/ *an* (*gen* daoimein, *pl* daoimeanan) diamond

daoine /durn-yə/ *na* men; people; *pl of* **duine**

daonna /durnə/ human

daonnachdan /durnəKkən/: *na daonnachdan* the humanities

daonnan /durnən/ always, constantly

daor /dur/ dear, expensive

daorach /durəK/ *an* +*len adj* (*gen* daoraich) drunkenness; *bha an daorach oirre* she was drunk; *chuir e an daorach orra* he got them drunk

dar (= **do** + **ar**) to/for our

dara /darə/ second; *an dara h-uair* the second time; sometimes

darach /darəK/ *an* (*gen & pl* daraich) oak

da-rìribh /da-reeriv/ **1** really **2** *tha mi an da-rìribh* I'm serious, I'm for real; *ann an da-rìribh* in reality

dàrna /dahrnə/ **1** second; *a h-uile dàrna mionaid* every other minute; *rud aig an dàrna ìre* a second-rate thing **2** *chan eil ach an dàrna leth dhiubh* only half of them; *an dàrna leth de na dh'fheumas iad* half of what they need; *chaidh planaichean a chur an dàrna taobh* the plans have been put to one side, the plans have been put on hold; *air*

dealaich (a' dealachadh)

an dàrna taobh on the one hand 3 ■ *an dàrna cuid... no..., an dàrna rud...no...* either...or... ♦ **an Dàrna Cogadh** the Second World War

dàta /dahtə/ *an* data

dath /dah/ *an* (*gen* datha, *pl* dathan) colour; *dè an dath a th' air...?* what colour is...?

dathach /dah-həK/ coloured; colourful

dathte /dachə/ coloured; colourful

dè /jay/ **1** what?; *chan eil fios agam dè nì mi* I don't know what to do; *dè na tha e?* how much is it?; *dè tha sin?* what is that? **2** *dè?* which?; *dè an trèan?* what train?; which train? **3** *dè cho... 's a...* how...?; *dè cho fad às 's a tha e?* how far away is it?; *dè cho èifeachdach 's a tha e?* how effective is it? **4** *dè mar?* how?; *dè mar a chuireas mi e?* how shall I put it?; *dè mar a tha sibh?* how are you?

de /jeh/ **1** of; *dealbh-camara de...* a photo of...; *mòran de na daoine* a lot of the people **2** off

deach /jaK/ **1** *past interr & neg of* **rach 2** (*used to form a passive in the past tense*) *cha deach dràibhear a' chàir eile a ghoirteachadh* the driver of the other car wasn't hurt

deadh /jay-əG/ = **deigheadh**; *nuair a dheadh tu...* when you went...

deagh[30] /joh/ good; *deagh bheachd!* good idea!; *nach do chuir iad ri deagh-ruigh na...* that they have not contributed to the best interests of...; *bha e ann an deagh chuideachd* he was in good company

deaghadh /jayəG/ (*regional variant of conditional* **rachadh**) would go

dealachadh /jaləKəG/ *an* (*gen* dealachaidh, *pl* dealachaidhean) separation

dealaich (a' dealachadh) /jaleeK (ə jaləKəG)/ separate; part; split up; *tha mi fhìn 's mo chèile air dealachadh* we're separated; *an latha a dhealaich iad* the day they went

---

30 **Deagh** comes before its noun and lenites it.

dealaich ri

their separate ways
△**dealaich ri** part from; finish with; *dhealaich i ris* she finished with him
dealaichte /yaleeKchə/ separate
dealain /jalan/ electric
dealan /jalən/ *an* (*gen* dealain) electricity
dealanach[1] /jalənəK/ electric; electronic
dealanach[2] /jalənəK/ *an* (*gen* dealanaich) lightning; *às dèidh dha dealanaich a bhristeadh* after being damaged by lightning; *mar an dealanaich* like lightning
dealanair /jalənər/ *an* (*gen* dealanaire, *pl* dealanairean) electrician
dealan-dè /jalən-jay/ *an* (*gen* dealain-dè, *pl* dealanan-dè) butterfly
dealanta /jaləntə/ electronic
dealas /jaləs/ *an* (*gen* dealais) commitment, eagerness
dealasach /jaləsəK/ eager, enthusiastic
dealbh /jeləv/ *an* (*gen* deilbh, *pl* dealbhan) picture; painting
  ♦ **dealbh-camara** photo(graph); **dealbh-chluich** play; **dealbh saideil** satellite image
dealbh (a' dealbhadh) /jeləv (ə jeləvəG)/ shape; design; *a' dealbhadh an t-saoghail timcheall oirnn* shaping the world around us
dealbhachadh /jeləvəKəG/ *an* (*gen* dealbhachaidh) design; planning; *comataidh dealbhachaidh* planning committee; *co-dhùnaidhean dealbhachaidh* planning decisions
dealbhadair /jeləv-ədər/ *an* (*pl* dealbhadairean) photographer; artist
dealbhadh /jeləvəG/ *an* (*gen* dealbhaidh) design; planning; shaping ♦ **dealbhadh shiostaman** system design
dealbhaich (a' dealbhachadh) /jeləveeK (ə jeləvəKəG)/ design
dealbhaiche /jeləveeKə/ *an* (*pl* dealbhaichean) designer
  ♦ **dealbhaiche bathar-bog** software designer; **dealbhaiche grafaigeach** graphic designer

deàlrach /jahlrəK/ shiny

deàlraich (a' deàlradh) /jahlreeK (ə jahlrəG)/ shine

dealt /jalt/ *an* (*gen* dealta) dew

deamhnaidh /jōwnee/ devilish; ***an cù deamhnaidh ud*** that fiendish dog

deamocrasaidh /'democracy'/ *an* (*pl* deamocrasaidhean) democracy; ***tha sin a' dol an aghaidh deamocrasaidh*** that is undemocratic

deamografach /demohgrafəK/ demographic

deamocratach /demokratəK/ **1** democratic **2** *an* (*gen* & *pl* deamocrataich) democrat

dèan* (a' dèanamh) /jee-an (ə jee-anəv)/ do; make; make up (*story, excuse*); ***'s esan a rinn e*** he did it, it was him; ***an dèan thu e?*** will you do it?; ***cha dèan seo a' chùis idir!*** this won't do at all!; ***ciamar a nithear e?*** how do you do it?; ***cò leis a bheil e dèanta?*** who's it made by?; ***dè a nithear?*** what can one do?; ***rinn mi leam fhìn e*** I made it myself

△ **dèan air** make for, go towards; ***an uair sin rinn mi air Clichy*** then I headed for Clichy

◊ **dèan airson** make to; ***bha sinn a' dèanamh airson falbh*** we were making to leave

◊ **dèan a-mach** make out; ***carson a tha iad a' dèanamh a-mach gu bheil...?*** why are they making out that...?

◊ **dèan an-àirde** make up

◊ **dèan às** make off

△ **dèan às le** make off with; ***rinn iad às leotha*** they made off with them

△ **dèan de** make of; ***chan eil fios aige dè nì e dhìom/dhìot*** he doesn't know what to make of me/you

◊ **dèan dheth** reach, make it to; ***dèan dheth gun...*** take it that..., suppose that...; ***tha mi a' dèanamh dheth gur e...*** I think it's..., I suppose it's...

◊ **dèan suas** make up; ***rinn i suas a h-inntinn a...*** she made up her mind to...

△ **dèan suas ri** go out with; ***tha iad a' dèanamh suas ri***

chèile they are going out with each other

dèanadas /jee-ənədəs/ *an* (*gen* dèanadais) performance; *na dùthchannan aig a bheil an dèanadas as fheàrr* the best-performing countries

deann /jōwn/: *ruith e na dheann* he sprinted

deanntag /jōwntak/ *an +len adj* (*gen* deanntaige, *pl* deanntagan) (stinging) nettle

dèanta /jee-əntə/ made

dearbh /jerəv/ **1** very, very same; same; *'s tusa an dearbh dhuine a bha mi a' lorg* you're the very person I was looking for; *aig an dearbh àm* at the same time; *air an dearbh chuspair* on the same subject **2** *gu dearbh(a)* definitely; *tha gu dearbh, tapadh leat* (yes) please, thanks

dearbh (a' dearbhadh) /jerəv (ə jerəvəG)/ prove; test; confirm; *dhearbh iad nach bi an fhèis a' dol air adhart* they confirmed that the festival would not be going ahead; *20 cùis dhearbhte* 20 confirmed cases

dearbhadh /jerəvəG/ *an* (*gen* dearbhaidh, *pl* dearbhaidhean) proof; test; confirmation; *cuir dearbhadh air* look over, check over; *thèid dearbhadh a chur air seo* this will be tested ♦ **dearbhadh litreachaidh** spelling test

dearbh-aithne /jerəv-anyə/ *an +len adj* identity ♦ **dearbh-aithne chorporra** corporate identity

dearc /jehrk/ *an +len adj* (*pl* dearcan) berry ♦ **dearc-fìona** grape; **dearc-ola** olive

dearc (a' dearcadh) /jerKk (ə jerKkəG)/ catch sight of

dearg /jereg/ red; *tha an dearg chuthach air* he's absolutely furious

◊ **dearg air (a' deargadh air)** /jerəg ehr (ə jerəgəG ehr)/ manage to; *cha dheargx e air a dhol…* he can't manage to go…; *cha deargadh i air fhosgladh* she couldn't get it open; *cha dearg mi (air)* I can't manage it

deargad /jerəgət/ *an +len adj* (*gen* deargaid, *pl* deargadan) flea

deargann /jerəgan/ *an* (*gen* deargainn, *pl* deargannan) flea

dearmad /jerəmət/ *an* (*gen* dearmaid, *pl* dearmadan) omission;

cha do rinn e dearmad air... he didn't omit to...
dearmaid (a' dearmad) /jerəmij (ə jerəmət)/ omit, neglect
deàrrsach /jahrsəK/ shiny
deàrrsaich (a' deàrrsadh) /jahrseeK (ə jahrsəG)/ shine
deas /jehs/ **1** south; *deas air a' chrìch* south of the border **2** righthand; *air taobh deas an rathaid* on the righthand side of the road
deasaich (a' deasachadh) /jeseeK (ə jesəKəG)/ prepare; edit
deasaiche /jeseeKə/ *an (pl* deasaichean) editor
deasbad /jesbət/ *an (gen* deasbaid, *pl* deasbadan) debate, discussion; *tuilleadh deasbaid a dhèanamh air...* further discussions to be had about...
deas-bhriathrach /jehs-vree-ərəK/ eloquent
deasg /desk/ *an (pl* deasgan) desk
deas-ghnàth /jehs-Grah/ *an (gen* deas-ghnàith, *pl* deas-ghnàthan) rite, ceremony
deatamach /jetəməK/ vital, essential
deic /deKk/ *an +len adj (gen* deice, *pl* deiceannan) deck
deich /jehK/ ten ♦ *deich air fhichead (older counting system)* thirty
deichead /jehKət/ *an (gen* deicheid, *pl* deicheadan) decade; *thar nan deicheadan* over the decades
deicheamh /jehKəv/ tenth
deichnear /jehKnər/ ten (people)
dèideadh /jayjəG/ *an (gen* dèididh, *pl* dèidhidhean) toothache; *tha an dèideadh orm / air* I've/he's got toothache
dèideag /jayjak/ *an +len adj* (dèideig, *pl* dèideagan) toy
dèidheil air /jay-el ehr/ fond of, keen on; *tha e dèidheil air spòrs* he's keen on sport; *tha mi gu math dèidheil air* I like it quite a lot
deigh /jə-ee/ *an +len adj (gen* deighe) ice
deigheadh /jeh-əG/ = **rachadh**; *bha iad air aontachadh gun deigheadh iad a-mach gu...* they had agreed that they would go out to...
deilbh /jeliv/ *gen & pl of* **dealbh**

dèilig le (a' dèiligeadh le)

△ **dèilig le (a' dèiligeadh le)** /jaylig leh (ə jayligəG leh)/ deal with
△ **dèilig ri (a' dèiligeadh ri)** /jaylig ree (ə jayligəG ree)/ deal with; *...gu bheil daoine a' dèiligeadh ri chèile le spèis ...* that people treat each other with respect; *a' dèiligeadh ri neo-ionannachd* tackling inequality; *tha iad a' dèiligeadh mar cheannairc ri ionnsaigh* they are treating the attack as terrorism

deimhinn /jehveen/ definite; *gu deimhinne!* definitely!

deimhinnte /jehvinchə/ definitive; *bha iad deimhinnte às* they were absolutely clear *or* certain about it

deireadh /jehrəG/ *an* (*gen* deiridh, *pl* deiridhean) end; *ro dheireadh a' Mhàirt* before the end of March; *aig deireadh na h-Ògmhios* at the end of June; *aig deireadh an là* at the end of the day; *air dheireadh* behind schedule; *tha m'obair a' dol air dheireadh orm* I'm getting behind with my work ■ *mu dheireadh* last; *an turas mu dheireadh* the last time; *b'esan a ràinig mu dheireadh* he was last to arrive; *mu dheireadh thall!* at last!; *ràinig iad mu dheireadh* in the end they did come ♦ **deireadh-sheachdain** weekend; *aig an deireadh-sheachdain* at the weekend

deireannach /jehrənəK/ final

deiridh /jehree/ rear; hind

deise /jehshə/ *an* +*len adj* (*pl* deiseachan) suit ♦ **deise-fhliuch** wetsuit; **deise-sgoile** school uniform; **deise-shnàimh** swimming costume; **deise-spòrs** jogging suit, tracksuit

deisealaich (a' deisealachadh) /jeh-shəleeK (ə jeh-shələKəG)/ get ready, prepare

deiseil /jeh-shel/ finished; ready; *cuin a bhios e deiseil?* when does it finish?; *deiseil 's deònach* ready and willing

deisinn /jehsheen/ shock; *tha deisinn air fhathast* he's still in shock

deit /'date'/ *an* +*len adj* (*gen* deite, *pl* deitean) date (*fruit and time*)

dem (= **de** + **mo**) of my

den (= **de** + **an**) of the; *pàirt den phròiseact* part of the project

deò /jaw/: *deò gaoithe* a breath of wind

deoch /joK/ *an +len adj* (*gen* dibhe, *pl* deochannan) drink; *tha an deoch orra* they're drunk; *a' dol chon na deoch* taking to drink; *trioblaidean dibhe* alcohol problems ♦ **deoch lag** soft drink; **deoch làidir** (strong) drink, alcohol

deògh = **deagh**

deòin /jawn/ *an* (*gen* deòine) willingness; *cha do rinn mi dham dheòin e* I didn't do it on purpose; *a dheòin no dh'aindeoin* whether intentionally or not; *a dheòin Dia* God willing

deòir /jawr/ *pl of* **deur**

deònach /jawnəK/ willing; up for it; *cò tha deònach?* any volunteers?

deuchainn /jee-əKin/ *an +len adj* (*gen* deuchainne, *pl* deuchainnean) exam; trial; test; check; *...gun deach deuchainn a dhèanamh air grunn luchd-obrach eile* ...that several other staff members had been tested ♦ **deuchainn às-mhalairt** export check; **deuchainn fhaclan** vocabulary test; **deuchainn-lann** laboratory

deugaire /jee-əgirə/ *an* (*pl* deugairean) teenager

deur /jee-ər/ *an* (*gen & pl* deòir) tear; drop

dh'... /G.../ **1** (*forms the past tense of verbs beginning with a vowel or vowel sound*) *dh'òl mi* I drank; *dh'fhalbh mi* /Galav/ I left; *cha do dh'fhalbh mi* I didn't leave **2** (*forms the relative future tense of verbs beginning with a vowel or vowel sound*) *dh'òlas mi* I'll drink; *dh'fhalbhas mi* /Galas/ I'll leave

dhà /Gah/ two[31]

dha[1] /Ga/ to; into; for; *dha taigh-dealbh* to a cinema; *'s ann dha do mhàthair a tha sin* that's for your mother

dha[2] /Ga/ **1** *prep pron from* **do** *for* **e** (*he, him; it*); for him/it; to him/it; *an toir thu dha e?* will you give it to him?; *tha i na caraid dha* she's a friend of his **2** *an dèidh dha a' bheinn*

---

[31] This lenited form is used when saying the number as in 'the three-digit code is 237' **a dhà, a trì, a seachd**

dhachaigh

a shreap after he had climbed the mountain; *air dha faighinn air ais dhachaigh* on his return home; → **dhut**

dhachaigh /GaKee/ home; *choisich i dhachaigh* she walked home

dhaibh /GYv/ **1** *prep pron from* **do** *for* **iad** (*they, them*); for them; to them; *an toir thu dhaibh iad seo?* will you give these to them?; *chan eil e cudromach dhaibh* it's not important to them; *bhuannaich sin an geama dhaibh* that won the game for them; *chan urrainn dhaibh...* they can't... **2** *às dèidh dhaibh crìochnachadh anns an treas àite* after they finished in third place; → **dhut**

dhaibhsan /GYvsən/ *the emphatic form of* **dhaibh**

dh'aindeoin: *a dh'aindeoin* /ə Gan-yən/ in spite of; *a dh'aindeoin 's nach eil dùil agam ri tòrr* although I'm not expecting very much

dh'aithghearr: *a dh'aithghearr* /ə GYhər/ soon

dham /Gam/ = **dha¹** + **mo**

dhan /Gan/ = **dha¹** + **an**; *dhan taigh aige* to his place; *leum e dhan uisge* he jumped into the water

dh'aona-ghnothach: *a dh'aona-ghnothach* /ə Gurnə-Grö-əK/ deliberately

dha-rìribh /Ga-reeriv/ **1** really; *tha mi toilichte dha-rìribh* I'm really happy; *dha-rìribh?* really? **2** real; *tha e leamh dha-rìribh* it's a real pain; *'s e boireannach dha-rìribh a bh' innte!* she was some woman!

dhàsan /Gahsən/ *the emphatic form of* **dha²**

dhè /yay/ *gen of* **dia**

dhe /yeh/ → **de**

dhed /yeht/ = **dhe** + **do**

dheidhinn /yay-in/ *variant conditional of* **rach**; would go; *dheidhinn còmhla riut* I'd go with you

dhem /yem/ = **dhe** + **mo**

dhen /yen/ **1** (= **dhe** + **an**) of the; *a' chiad latha dhen Mhàrt* the first of March **2** off the; *càit an tionndaidh sinn dhen rathad?* where do we turn off the road?

dheth¹ /yeh/ off; *'s ann a dh'fhalbh e dheth* it just came off; *10 sa cheud dheth* 10 per cent off; *bu toil leam latha a ghabhail dheth* I'd like to take a day off; *nas fheàrr dheth* better off; *as miosa dheth* the worst off; *dhòmhsa dheth* to my mind, as I see it

dheth² /yeh/ *prep pron from* **de** *for* **e** (*he, him, it*); of him/it; off him/it

> Here is a range of uses of one of the prepositional pronouns from **de**. The examples are based on the first person singular prepositional pronoun **dheth**.
>
> *air gach taobh dheth* on each side of him/it
> *bha e a' dol dheth fhèin le...* he was beside himself with...
> *chuir e dheth aodach* he took off his clothes
>
> In many cases other prepositional pronouns from **de** could be substituted for **dheth**, where the sense allows, by changing the pronouns. For example:
>
> *air gach taobh dhìom* on each side of me
> *bha sinn gus a dhol dhinn fhìn le...* we were beside ourselves with...
> *chuir mi dhìom m'aodach* I took off my clothes

dhethsan /yehsən/ *the emphatic form of* **dheth²**

dh'fhaodadh /GurdəG/: *dh'fhaodadh tu bhith ceart* you might be right; *dh'fhaodadh gun tèid 30 cosnadh a chruthachadh* it is possible that 30 jobs may be created

dh'fhaoidte /Gurjə/ maybe, perhaps; *dh'fhaoidte gum bi an t-uisge ann* perhaps it will rain; *dh'fhaoidte gun do dh'fhalbh e* he might have gone; *ma dh'fhaoidte* perhaps

dhi /yee/ **1** *prep pron from* **do** *for* **i** (*she, her; it*); for her/it; to her/it; *thug mi dhi e* I gave it to her; *tha e na charaid dhi* he's a friend of hers **2** *an dèidh dhi Beinn Nibheis a*

dhibh

shreap after she had climbed Ben Nevis; ***air dhi faighinn air ais dhachaigh*** on her return home; → **dhut**

dhibh /yiv/ *prep pron from* **de** *for* **sibh** (*you*); of you; off you; → **dheth²**

dhibhse /yivshə/ *the emphatic form of* **dhibh**

dhinn /yeen/ *prep pron from* **de** *for* **sinn** (*we, us*); of us; off us; ***air gach taobh dhinn*** on each side of us; ***thug sinn dhinn ar brògan*** we took off our shoes; → **dheth²**

dhinne /yeenyə/ *the emphatic form of* **dhinn**

dhìom /yeem/ *prep pron from* **de** *for* **mi** (*I, me*); of me; off me

dhìomsa /yeemsə/ *the emphatic form of* **dhìom**

dhìot /yeet/ *prep pron from* **de** *for* **thu** (*you*); of you; off you; ***air gach taobh dhìot*** on either side of you; ***cuir dhìot d' aodach*** take your clothes off; → **dheth²**

dhìotsa /yeetsə/ *the emphatic form of* **dhìot**

dhìse /yeeshə/ *the emphatic form of* **dhi** & **dhith**

dhìth: *a dhìth* /ə yee/ → **dìth**

dhith /yee/ *prep pron from* **de** *for* **i** (*she, her*); of her/it; off her/it; ***air gach taobh dhith*** on each side of her/it; ***thàinig a bròg dhith*** her shoe came off; → **dheth²**

dhiubh /yoo/ *prep pron from* **de** *for* **iad** (*they, them*); of them; off them; ***na dhà dhiubh*** both of them; ***tha grunn dhiubh ann*** there are several of them; ***cha do chuir iad an ad dhiubh*** they didn't take off their hats; → **dheth²**

dhiubhsan /yoosən/ *the emphatic form of* **dhiubh**

dhomh /Gŏ/ **1** *prep pron from* **do** *for* **mi** (*I, me*); for me; to me; ***an eadar-theangaich thu sin dhomh?*** would you translate that for me?; ***an toireadh tu dhomh e?*** would you give that to me?; ***chan urrainn dhomh…*** I can't…; ***tha e na charaid dhomh*** he's a friend of mine **2** ***an dèidh dhomh a cheartachadh*** after I corrected it; ***air dhomh sin a ràdh*** that said; → **dhut**

dhòmhsa[32] /Gawsə/ *the emphatic form of* **dhomh**; *tha sin*

---

32 The form **dhomhsa** without the stràc will also be found.

ceart gu leòr dhòmhsa that's ok by me; *dìreach rud beag dhòmhsa* just a little bit for me; *thoir sin dhòmhsa!* give that to me!; *'s ann dhòmhsa a tha e* that's for me; *dhòmhsa dheth* for me, to my mind

dhuibh /Gə-iv/ *prep pron from* **do** *for* **sibh** (*you*); for you; to you; *'s ann dhuibh a tha seo* this is for you; *a bheil e na charaid dhuibh?* is he a friend of yours?; *seallaidh mi dhuibh* I'll show you; *an urrainn dhuibh...?* can you...?; *bu chòir dhuibh...* you should...; → **dhut**

dhuibhse /Gə-ivshə/ *the emphatic form of* **dhuibh**

dhuinn /Gə-in/ **1** *prep pron from* **do** *for* **sinn** (*we, us*); for us; to us; *an toireadh tu dhuinn e?* will you give it to us?; *chan urrainn dhuinn...* we can't...; *chaidh innse dhuinn...* we were told... **2** *an dèidh dhuinn...* after we...; → **dhut**

dhuinne /Gə-inyə/ *the emphatic form of* **dhuinn**; *'s ann dhuinne a tha e* that's for us

dhut /Goot/ **1** *prep pron from* **do** *for* **thu** (*you*); for you; to you; **2** *an dèidh dhut a dhèanamh* after you did it

Here is a range of uses of one of the prepositional pronouns from **do**. The examples are based on the second person singular prepositional pronoun **dhut**.

> *seo prèasant dhut* here's a present for you
> *bheir mi dhut e* I'll give it to you
> *a bheil e na charaid dhut?* is he a friend of yours?
> *an urrainn dhut...?* can you...?
> *an aithne dhut...?* do you know...?
> *ciamar a tha a' dol dhut?* how are you getting on?
> *a bheil sin ceart gu leòr dhut?* is that ok by you?
> *bu chòir dhut...* you should...
> *chan eil càil agam ri shealltainn dhut* I have nothing to show you   ☞

> *innsidh mi dhut* I'll tell you; *chaidh innse dhut...* you were told...
>
> *nach do dh'inns iad dhut?* didn't they didn't tell you?
>
> In many cases other prepositional pronouns from **do** could be substituted for **dhut**, where the sense allows, by changing the pronouns. For example:
>
> *bu chòir dhomh...* I should...
>
> *an robh i na caraid dhaibh?* was she a friend of theirs?
>
> *chan aithne dha...* he doesn't know...

dhutsa /Gootsə/ *the emphatic form of* **dhut**

Dia, dia /jee-ə/ *an* (*gen* dhè, *pl* diathan) God, god; *Dia leat!* bless you!; *taing do Dhia!* thank God!

diabhal /jee-all *an* (*gen & pl* diabhail) devil; *càit an diabhal an robh e!* where the hell was it!

diadhaidh /jee-ə-ee/ religious, pious

diadhaireachd /jee-əGirəKk/ *an +len adj* theology; divinity

dian /jee-an/ eager; intense; intensive ♦ **dian-thogradh** *an* ambition

Diardaoin /jee-arshturn/ *an* Thursday

diathad /jee-əhət/ *an +len adj* (*gen* diathaid, *pl* diathadan) lunch; meal ♦ **diathadan sgoile** school meals

di-beathte /jee-bechə/: *tha thu di-beathte* you're welcome, my pleasure

dibhe /jeevə/ *gen of* **deoch**

dibhearsan /jiversən/ *an* (*gen* dibhearsain) entertainment

dibhearsaineach /jiversənəK/ entertaining

dìcheall /jeeK-yal/ *an* (*gen* dìchill) effort, hard work; *feumaidh tu dhol chun a' bharrachd dìchill* you must make more of an effort; *tha iad a' gealltainn an dìcheall a dhèanamh* they promise to do their utmost

dìcheallach /jeeK-yaləK/ hard-working, industrious

dì-choimiseanadh /jee-KomishənəG/ *an* (*gen* dì-choimiseanaidh) decommissioning; ***dì-choimiseanadh niuclasach*** nuclear decommissioning

Diciadain /jeekee-ətan/ *an* Wednesday

dìdeag /jeejəg/ *an +len adj* (*gen* dìdeige, *pl* dìdeagan) quick look, peep; ***am faigh mi dìdeag?*** can I have a wee look?

Didòmhnaich /jeedawneeK/ *an* Sunday ♦ **Didòmhnaich na Càisge** Easter Sunday

didsiteach /dij-shitəK/ digital

dì-fiosrachadh /jeefisrəKəG/ *an* (*gen* dì-fiosrachaidh) disinformation

dìg /jeek/ *an +len adj* (*gen* dìge, *pl* dìgean) ditch

dì-ghànraich (a' dì-ghànrachadh) /jee-GahnreeK (ə jee-GahnrəKəG)/ disinfect

Dihaoine /jeehurn-yə/ *an* Friday

dìle /jeelə/ *an +len adj* deluge; ***tha dìle ann*** it's pouring ♦ **dìle-bhàite** downpour; ***tha an dìle-bhàit ann*** it's chucking it down; **an Dìle Ruadh** Noah's Flood

dìleab /jeeləb/ *an +len adj* (*gen* dìleib, *pl* dìleaban) legacy

dileag /jeelak/ *an +len adj* (*gen* dileige, *pl* dileagan) drop; pee; ***dileag uisge-bheatha*** a drop of whisky; ***rinn e dileag*** he did a pee

dìleas /jeeles/ faithful, loyal

dìlse /jeelshə/: *nas/as* **dìlse** *comp & supl of* **dìleas**

dìlseach /jeelshəK/ *an* (*gen & pl* dìlsich) loyal person; ***dachaigh nan dìlseach*** the home of the faithful

dìlseachd /jeelshəK/ *an +len adj* loyalty

Diluain /jiloo-ən/ *an* Monday ♦ **Diluain na Càisge** Easter Monday

Dimàirt /jeemarsht/ *an* Tuesday

dìmeas /jeemes/ *an* (*gen* dìmeis) contempt, disrespect; ***rinn iad dìmeas air*** they treated him/it with contempt

dìneasair /jeenəsər/ *an* (*pl* dìneasairean) dinosaur

dinichean /jeeneeKən/ *na* jeans ♦ **dinichean gorm** blue jeans

dinn (a' dinneadh) /jeen (ə jeen-yəG)/ squeeze in

dìnnear

dìnnear /jeen-yər/ *an* +*len adj* (*gen* dìnneir, *pl* dìnnearan) dinner
dìobhairt (a' dìobhairt) /jeevarsht/ vomit
dìochuimhnich (a' dìochneachadh, a' dìochuimhneachadh) /jee-əKniK (ə jee-əK-nəKəG, ə jee-əK-nəKəG)/ forget; *na can rium gun do dhìochuimhnich thu!* don't tell me you forgot!; *na dìochuimhnich* don't forget
diofar /jifər/ *an* (*gen* diofair, *pl* diofaran) **1** difference **2** *aig diofar ìrean* at various levels, at different levels; *ann an diofar àitichean* in various locations; *do 30 diofar bhuidheann* to 30 different groups; *chan eil e gu diofar* it doesn't matter, it makes no difference; *chan eil e gu diofar dhòmhsa* it's all the same to me; *dè 'n diofar?* what does it matter?, so what?
diofrach /jifrəK/ different
diofraichte /jifreeKchə/ different
diog /jik/ *an* +*len adj* (*pl* diogan) second; *fuirich diog!* wait a second!; *anns na diogan mu dheireadh* in the final seconds
diogail (a' diogladh) /jigal (ə jigləG)/ tickle
dìoghaltas /jee-əltəs/ *an* (*gen* dìoghaltais) revenge; *mar dhìoghaltas airson...* as revenge for...
dìogan /jeegan/ *an* (*gen* dìogain, *pl* dìoganan) thistle
dìoghrasach /jee-ərəsəK/: *dìoghrasach a thaobh...* committed to...
dìol /jee-əl/ *an* **1** vengeance, revenge; *rinn iad dìol orra* they retaliated with a vengeance, they got their own back on them **2** treatment; *droch dhìol* abuse, maltreatment; *rinn i dìol cho sgreataidh orm* she treated me so horribly
dìol (a' dìoladh) /jee-əl (ə jee-ələG)/ pay; repay
dìoladh /jee-ələG/ *an* (*gen* dìolaidh, *pl* dìolaidhean) **1** compensation, payment; remuneration; *bha e a' dìoladh orra* it came back to bite them **2** serve, service (*in tennis*)
 ♦ **dìoladh-fiach** retribution
dìol-dèirce /jeel-jayrKkə/ *an* (*pl* dìolachan-dèirce) poor wretch

dìollaid /jee-əlij/ *an* +*len adj* (*gen* dìollaide, *pl* dìollaidean) saddle

diom /'gym'/ *an* gym

diomb /joomb/ *an* displeasure; **chuir sin diomb air...** that displeased...

diombach /jimbəK/ put out, annoyed

dìomhain /jee-əvin/ idle

dìomhair /jee-əvər/ secret; confidential; mysterious; **tha seo gu math dìomhair** this is a secret

dìomhaireachd /jee-əvirəKk/ *an* +*len adj* (*pl* dìomhaireachdan) secrecy; confidentiality; mystery ♦ **dìomhaireachd euslaintich** patient confidentiality

dìon /jee-ən/ *an* (*gen* dìona) protection; defence; **dìon do bhìobhairean** protection of beavers; **fo dhìon facail-faire** password-protected; **chuir iad dìon air a' bheachd gur...** they defended the view that... ♦ **dìon chloinne** child protection; **dìon dàta** data protection

dìon (a' dìon) /jee-ən/ protect; defend; **gus obraichean a dhìon** in order to safeguard jobs

dìonach /jee-ənəK/ waterproof; watertight

dìorras /jee-ərəs/ *an* (*gen* dìorrais) enthusiasm, passion; vehemence; tenacity

dìosal /'diesel'/ *an* (*gen* dìosail) diesel

dìosg (a' dìosgail) /jeeshk (ə jeesgal)/ squeak

dìosgo /'disco'/ *an* disco

dìreach /jeerəK/ **1** direct; straight; **a bheil e a' dol ann gu dìreach?** does it go direct?; **rach gu dìreach air adhart** go straight on; **seas dìreach!** stand up straight! **2** just; **dìreach an sin** just there; **dìreach beagan** just a little; **sin e dìreach** that's just right; exactly; **abair latha brèagha – dìreach** what a lovely day – aye, that it is

dìreadh /jeerəK/ *an* (*gen* dìridh) ascent, climbing

dìrich (a' dìreachadh) /jeereeK (ə jeerəKəG)/ straighten

dìrich (a' dìreadh) /jeereeK (ə jeerəK)/ climb

Disathairne /jisahərnə/ *an* Saturday

dìt (a' dìteadh) /jeech (ə jeechəG)/ sentence, convict; condemn

dìteadh /jeechəG/ *an* (*gen* dìtidh) sentencing; conviction; condemning; *an dèidh mar a chaidh a dhìteadh de...* after he was convicted of...

dìth /jee/ *an* (*gen* dìthe) **1** lack, want ♦ **dìth-cnàmhaidh** indigestion; **dìth-mhisneachadh** lack of confidence

   2 ■ *a dhìth* missing; *tha...a dhìth* there is a...missing; *fear a chaidh a dhìth Oidhche na Bliadhn' Ùire* a man who went missing on New Year's Eve; *tha aon duine a dhìth oirnn* we're one man short

   3 ■ *a dhìth* needed; *tha fois a dhìth orm* I need a rest; *na puingean a bha a dhìth* the points that were needed; *tha tuilleadh aiseagan a dhìth* more ferries are needed; *...nach robh càil a-riamh a dhìth orra / oirre* ...that they/she had never lacked for anything; *mar a tha a dhìth* as required

dìthean /jee-ən/ *an* (*gen* dìthein, *pl* dìtheanan) flower

dithis /jee-ish/ *an +len adj* (*pl* dithisean) two (people); *tha an dithis aca glè mhòr aig a chèile* the two of them get on very well; *an dithis nighean aca* their two daughters; *ag obair nan dithisean* working in pairs *or* twos

dìtidh /jeechee/ *gen* of **dìteadh**

diù /joo/: *gun diù a chur innte* without caring about her; *chan eil diù a' choin agam mu dheidhinn...* I don't give a monkey's about...

diugh /joo/: *bhon diugh a-mach* from today onwards

diùid /jooj/ shy

diùlt (a' diùltadh) /joolt (ə jooltəG)/ refuse; *chaidh an tagradh a dhiùltadh* the request was turned down; *dhiùlt iad bhìosa dha* they refused him a visa

Diùra /joora/ Jura

diùraidh /ˈjury'/ *an* (*pl* diùraidhean) jury

Diùranais /joorənish/ Durness

Diùrasach /joorəsəK/ Jurassic

dleastanas /dlestənəs/ *an* (*gen* dleastanais, *pl* dleastanasan) duty; *tha a' chùirt air a bhith fo dhleastanas reachdail...*

the court has had a statutory duty...

dlighe /dleeyə/ *an* +*len adj* (*pl* dlighean) right, title ♦ **dlighe-sgrìobhaidh** copyright

dligheach /dleeyəK/ valid

dlùth /dloo/ close; *dlùth air, dlùth ri* close to; *...nas dlùithe le sgoiltean na sgìre* ...more closely with local schools; *tha a' chlann a' gabhail compàirt gu dlùth* the children are intensely engaged ♦ **dlùth-cheangal** *an* close connection; close contact; **dlùth-choille** *an* +*len adj* jungle; **dlùth-chùram** *an* intensive care; *fo dhlùth-chùram* in intensive care; **dlùth leughadh** *an* close reading

dlùthaich (a' dlùthachadh) /dloo-eeK (ə dloo-əKəG)/ approach

△ **dlùthaich air** approach, come near to

do[1] /doh/ +*len* to; for; *fàilte do Mhuile* welcome to Mull; *thug mi do Ghraham e* I gave it to Graham; *tha sin fhathast fìor do gu leòr aca* this is still true for many of them

do[2] /doh/ +*len* **1** your (*if using* **thu** *the familiar word for 'you'*); *do bhràthair* your brother **2** *chan urrainn dhaibh do thuigsinn* they can't understand you **3** (*in passives*) *an deach do leantainn?* were you followed?

do[3] /doh/ *a negative prefix*; un-, in-, im- etc ♦ **do-dhèanta** impossible, not feasible

dòbhran /doh-ran/ *an* (*gen & pl* dòbhrain) otter ♦ **dòbhran-donn** otter

doca *an* (*pl* docannan) dock ♦ **doca tioram** dry-dock

dòcha: *'s dòcha* /sdawKə/ probably; *'s dòcha gur ann leatha a tha iad* they're probably hers

dochainn (a' dochann) /doKin (ə doKan)/ injure; harm

dochann /doKan/ *an* (*gen* dochainn, *pl* dochannan) injury; harm; *...gun robh e ri dochann nan aghaidh* ...that he was harming them

dòchas /dawKəs/ *an* (*gen* dòchais, *pl* dòchasan) hope; *tha mi an dòchas gu...* I hope that...; *tha mi an dòchas gu*

dòchasach

bheil I hope so; *tha mi an dòchas nach eil* I hope not; *tha dòchas ann gu bheil...* it is hoped that...; *chan eil cus dòchais aig a' Chaidreachas gun...* the Federation is not overly hopeful that...

dòchasach /dawKəsəK/ hopeful; optimistic

do-chreidsinn /doh-Krehj-shin/ incredible, amazing

do-chreidsinneach /doh-Krehj-shinəK/ unbelievable, incredible

do-dhèanta /doh-yee-əntə/ impossible

dòigh /doy/ *an +len adj* (*gen* dòighe, *pl* dòighean) **1** way; method; *dèan air an dòigh seo e* do it this way; *ann an dòigh* in a way; *tha e math ann an aon dòigh* it's a good thing in one way; *an dòigh sam bi...* the way in which..., how...; *...gum bi an là sgoile air dhòigh gus...* ...that the school day will be organized in such a way that...; *an urrainn dhut pàigheadh air a shon? – chan eil dòigh air thalamh!* can you pay for it? – no way!; *chan eil air dhòigh sam bith* not in the least; *chan eil dà dhòigh air* there are no two ways about it

2 ■ *air dòigh*: *'s e...a bha a' cur air dòigh na h-aithisg* it was...who put the report in hand *or* who set up the report; *chuir iad barrachd sheòlaidhean air dòigh* they put on more sailings; *cùm a' chompanaidh air dòigh* keep the company in good shape

3 ■ *air mo etc dhòigh*: *tha i air a dòigh* she's pleased; *bha e air a dhòigh glan a faicinn* he was absolutely delighted to see her

♦ **dòigh-bheatha** lifestyle; way of life; **dòigh-obrach** procedure, modus operandi

dòigheil /doy-yel/ proper; right; fine; lovely; *gu dòigheil* properly; *tha mi gu dòigheil* I'm fine

doile /dolə/ *an +len adj* (*pl* doilichean, doilean) doll

doileag /dolak/ *an +len adj* (*gen* doileige, *pl* doileagan) doll

doille-fhaclan /dolyə-aKKlən/ *an +len adj* dyslexia

doilleir /dəlyir/ dim, murky

doimhne[1]: *an doimhne* /ən doyn-nə/ the deep, the depths
doimhne[2] /doyn-yə/: *nas / as doimhne* comp & supl of **domhainn**
doimhneachd /doynəKk/ *an +len adj* depth
doirbh /dirəv/ difficult, hard
doire /dorə/ *an +len adj* (*pl* doireachan) copse, grove
dòirneag /dawrnak/ *an +len adj* (*gen* dòirneige, *pl* dòirneagan) pebble
dòirt (a' dòrtadh) /dawrsh-ch (ə dawrshtəG)/ pour; *bha dòrtadh uisge ann* it was pouring with rain
dòis /dohsh/ *gen of* **dòs**
dois /dosh/ *gen of* **dos**
dol: *a' dol* /ə dol/ *verbal noun of* **rach**; *càit a bheil thu a' dol?* where are you going?; *cuir ceòl gu dol* put some music on; *dè tha dol an seo?* what's going on here?; *chuir e an t-einnsean gu dol* he started up the engine ♦ **dol air adhart** *an* carry-on; **dol a-mach** *an* **1** behaviour; attitude; *tha mi searbh sgìth dhen dol a-mach aige* I'm fed-up with his attitude; *duine sam bith a chunnaic dol a-mach amharasach* anybody who saw suspicious goings-on **2** *sa chiad dol a-mach* in the first place; **dol-às** *an* behaviour; *an seòrsa dol-às seo* this sort of behaviour; *thuirt e nach robh dol-às aige* he said he couldn't get out of it; **dol fodha na grèine** sunset; **dol-seachad**: *san dol seachad* in passing
dolaidh /dolee/: *chaidh e a dholaidh* it went to waste
dolar /'dollar'/ *an* (*gen* dolair, *pl* dolaran) dollar
dòlas /dawləs/ *an* (*gen* dòlais, *pl* dòlasan) devil; *an dòlas de... ud* that damned...; *fhuair mi mo dhòlas bho...* I got a bollocking *or* telling off from...
domhainn /doh-ween/ deep
domhan /doh-ən/ *an* (*gen* domhain) universe
Dòmhnaich: *oidhche Dhòmhnaich* /ə-iKə GawneeK/ Sunday night
don = **do** + **an**; *dh'fhalbh i don bhùth* she's gone to the

shop; ***chaidh e don oilthigh*** he went to university

dona /donəl/ bad; ***na bi dona*** don't be naughty

donas /donəs/ *an* (*gen* donais) evil; ***An Donas*** the Devil; ***bha an donas boireannaich ud a' gearan a-rithist*** that pest of a woman was complaining again; ***fhuair mi mo dhonas bho...*** I got a bollocking from...; ***rinn i mar an donas airson...*** she hurried like mad to...

donn /də-oon/ brown

donnalaich (a' donnalaich) /dohnəleeK/ howl

dòrainn /daw-reen/ *an* +*len adj* (*gen* dòrainne, *pl* dòrainnean) torment

doras /dorəs/ *an* (*gen* dorais, *pl* dorsan) door; ***làn gu doras*** full to bursting ♦ **doras-aghaidh** front door; **doras a-mach** exit; **doras a-steach** entrance; **doras-cùil** back door

dorcha /doroKə/ dark

dorchadas /dorəKədəs/ *an* (*gen* dorchadais) darkness

dòrlach /dawrləK/ *an* (*gen & pl* dòrlaich) handful

dòrn /dawrn/ *an* (*gen & pl* dùirn) fist; ***le feadan na dhòrn*** clutching a chanter

dorra /dorə/: ***nas/as dorra*** *comp & supl of* **doirbh** & **duilich**

dorsair /dorsər/ *an* (*pl* dorsairean) porter; janitor

dòs /daws/ *an* (*gen* dòis, *pl* dòsan) dose

dos *an* (*gen* dois, *pl* dosan) drone (*of bagpipes*)

dotag /dotak/ *an* +*len adj* (*gen* dotaige, *pl* dotagan) dot

dotair /dotər/ *an* (*pl* dotairean) doctor ♦ **dotair teaghlaich** GP, family doctor

dotaireachd /dotərəKk/ *an* (*pl* dotaireachdan) **1** doctorate **2** doctoring; ***thug e a-mach dreuchd dotaireachd*** he became a doctor **3** curing

dòtaman /dotəman/ *an* (*gen* dòtamain, *pl* dòtamanan) (spinning) top

drabasta /drapəstə/ obscene, lewd; dirty; ***gun tug e ionnsaighean drabasta air cloinn*** that he sexually abused children; ***dol a-mach drabasta*** indecent behaviour; sexual misconduct

drabastach /drapəstəK/ obscene
drabastachd /drapəstəKk/ *an +len adj* obscenity; *...gun dh'fhulaing iad drabastachd* ...that they had suffered sexual abuse
dragh /drəG/ *an (gen* dragha, *pl* draghan, draghannan*)* bother, trouble; concern, worry; *dragh a' choin!* too bad!; *cha robh e na dhragh* it was no trouble; *tha dragh air pàrantan gu bheil...* parents are concerned that...; *an cuireadh e dragh ort nam falbhainn an-dràsta?* do you mind if I leave now?; *bheil dad a' cur dragh ort?* is something bothering you?; *tha e a' cur beagan dragh orm* it worries me a wee bit; *gun dragh sam bith* no problem at all; *duilich airson a bhith nam dhragh* sorry to be a nuisance; *tha an dragh sin ann* there is that concern; *thog iad dragh gun...* they raised the concern that ...; *na gabh dragh!* don't worry!, dinna fash! (*Scots*)
dragh (a' draghadh) /drəG (ə drəGəG)/ drag; *dhragh e i a-mach às a càr* he dragged her out of her car
draghail /drəGəl/ worrying
dràibh (a' dràibheadh) /drYv (ə drYvəG)/ drive
dràibheadh /drYvəG/ *an (gen* dràibhidh*)* driving
dràibhear /drYvər/ *an (gen* dràibheir, *pl* dràibhearan*)* driver
 ♦ **dràibhear bus** bus driver; **dràibhear foghlamach** learner driver; **dràibhear làraidh** lorry driver; **dràibhear-tagsaidh** taxi-driver
dram *an (gen* drama, *pl* dramannan*)* dram
dràma /drahmə/ *an (pl* dràmathan*)* drama; *prògraman dràma* drama programmes
drama /dramə/ *an (gen* drama, *pl* dramaichean*)* dram; *a bheil sannt agad air drama?* fancy a dram?; *ghabh e drama* he had a dram
drathair /drah-ir/ *an (pl* drathairean*)* drawer
drathais /drah-ish/ *an +len adj* pants, underpants
dreach /dreK/ *an (gen* dreacha, *pl* dreachan*)* appearance; figure; form; *'s e dreach bòidheach a th'ann, an ìomhaigh*

dreachd

seo it's a beautiful figure, this statue

dreachd /dreKk/ *an +len adj (pl* dreachdan*)* draft; *dreachd buidseit* draft budget; *dreachd de phlana* draft (of a) plan
♦ *dreachd-dhealbh* blueprint, draft

dreallag /dr-yaləg/ *an (gen* dreallaige, *pl* dreallagan*)* swing

dream /drōwm/ *an (pl* dreamannan*)* people; kindred

drèana /drehnə/ *an +len adj (pl* drèanaichean*)* drain

drèanadh /drehnəG/ *an (gen* drèanaidh*)* drainage; draining

dreasa /dresə/ *an +len adj (pl* dreasaichean*)* dress

dreasadh /dresəG/ *an* dressing; *bha iad air an dreasadh* they were all dressed up

dreidseadh /drej-shəG/ *an (gen* dreidsidh*)* dredging

drèin /drayn/ *an +len adj (gen* drèine, *pl* drèinean*)* scowl; grimace

dreiseag = **treiseag**

dreuchd /dree-əKk/ *an +len adj (pl* dreuchdan*)* profession; post, job, position; career; *airson daoine a thàladh chun na dreuchd* to attract people to the profession; *bho fhuair mi dreuchd nam chathraiche* since I took up my position as chair; *...gun deach dreuchdan ùra a chruthachadh ...* that new jobs were created

dreuchdail /dree-əKkal/ professional

driamlach /dree-əmləK/ *an (gen* driamlaich, *pl* driamlaichean*)* hand line

drilseach /drilshəK/ glittering, shining

drip /dreep/ *an +len adj* bustle

dripeil /dreepel/ busy

dris /dreesh/ *an +len adj (gen* drise, *pl* drisean*)* bramble; thorn

driùchd /dr-yooKk/ *an* dew

dròbh /drohv/ *an (gen* dròibh, *pl* dròbhan*)* drove; *dròbh chloinne* droves of children; *thàinig luchd-turais nan dròbhan* tourists came in their droves

droch[33] /droK/ bad; rough; *droch chàileachd* poor quality;

---

[33] **Droch** comes before its noun and lenites it.

droch mhuir rough seas; *droch shìde* bad weather; *fianais air an fhìor dhroch bhuaidh* evidence of the very negative impact; *droch ghoirteachadh* badly injured; *chaidh fireannach a dhroch ghoirteachadh* a man was badly injured; *rinn esan an droch bheart* it was him that did the evil deed ♦ **droch-bheul** *an* verbal abuse; **droch-dhìol** *an* abuse; *droch-dhìol chloinne* child abuse; *droch-dhìol feiseil* sexual abuse; **droch-dhìolach** abusive; **droch-nàdarrach** bad-tempered, ill-natured

drochaid /droKij/ *an +len adj* (*gen* drochaide, *pl* drochaidean) bridge ♦ **drochaid-rèile** railway bridge; railway viaduct

droga /drog-ə/ *an +len adj* (*pl* drogaichean) drug

dròibh /droyv/ *gen of* **dròbh**

droigheann /droy-ən/ *an* (*gen & pl* droighinn) thorn

droil /drol/ frustrating; *tha e gam chur droil* it's so frustrating; *bha sinn a' dol droil* we were getting frantic

droma /drohmə/ *gen of* **druim**

dromannan /drohmənən/ *pl of* **druim**

dròn /drohn/ *an* (*gen* dròin, *pl* drònaichean) drone

druga /drəgə/ *an +len adj* (*pl* drugaichean) drug

drùid /drooj/ *an +len adj* (*gen* drùide) dregs, sediment

druid /drooj/ *an +len adj* (*gen* druide, *pl* druidean) starling

druid (a' druideadh) /drooj (ə droojəG)/ shut, close

Δ**drùidh air (a' drùidheadh air)** /droo-i ehr (ə drooyəG ehr)/
  1 impress; *tha e air drùidheadh orm* it impressed me
  2 drench, soak

drùidheadh /drooyəG/ *an* (*gen* drùidhidh) **1** impression
  2 soaking, drenching; *thèid drùidheadh orm* I'm going to get drenched

drùidhteach /droochəK/ impressive

druim /drə-im/ *an* (*gen* droma, *pl* dromannan) back (*of body*); roof; ridge; keel; *thuit iad far druim* they fell off a ridge

Druim na Drochaid /drə-im na droKij/ Drumnadrochit

druma /droomə/ *an +len adj* (*pl* drumaichean) drum

drumair /droomər/ *an* (*pl* drumairean) drummer

drumaireachd

drumaireachd /droomərəKk/ *an +len adj* drumming

druthag /droo-ək/ *an +len adj* (*gen* druthaig, *pl* druthagan) drop; *cha ghabh ach druthag, tapadh leat* just a drop thanks

Dtr (=dotair) Dr

duain /doo-in/ *gen & pl of* **duan**

duais /doo-ish/ *an +len adj* (*gen* duaise, *pl* duaisean) prize; award; wages; *Duais Roghainn an t-Sluaigh* The People's Choice Award; *duais an uilc* the wages of sin

dual /doo-əl/: *ged a bu dual do gu leòr aca* although it was usual *or* customary for many of them

dualach /doo-ələK/ bushy (*hair*)

dualchainnt /doo-əlKYncht/ *an +len adj* (*gen* dualchainnte, *pl* dualchainntean) dialect

dualchas *an* (*gen* dualchais) heritage; **thèid dualchas an aghaidh nan creag** heritage will out ♦ **Dualchas Nàdair na h-Alba** Scottish Natural Heritage

dualtach /doo-əltəK/ likely; *tha iad dualtach cead fhaighinn* they are likely to get permission

duan /doo-an/ *an* (*gen & pl* duain) poem; *duan nach cluinnear ro thric* something which isn't heard that often; *tha an aon duan aige an-còmhnaidh* he's always going on about the same thing

dùbailte /doopal-chə/ double

dubh /doo/ **1** black; dark; *tha e dubh le daoine* it's crowded; *dubh aig a' ghrian* brown, sun-tanned; *bha an sgoil dubh dhàsan* he couldn't stand school **2** *an* (*gen* duibh, *pl* dubhan) crotchet ♦ **dubh dorcha** pitch black; **dubh-ghorm** dark blue

◊ **dubh às** (**a' dubhadh às**) /doo ahs (ə doo-əG ahs)/ delete

dubhach /doo-əK/ sad

dubhag /doo-ak/ *an +len adj* (*gen* dubhaige, *pl* dubhagan) kidney

dubhan /doo-an/ *an* (*gen & pl* dubhain) hook (*fishing*)

dubhar /doo-ər/ *an* (*gen* dubhair) shade; *fon dubhar* in the shade ♦ **dubhar-sùla** eye shadow

Dùbhlachd: *an Dùbhlachd* /ən dooloKk/ December

dùbhlan /doolan/ *an* (*gen & pl* dùbhlain) challenge; *an dùbhlan seo a choileanadh* to meet this challenge

dùbhlanach /doolənəK/ **1** challenging **2** opposition; *luchd-poileataigs dùbhlanach* opposition politicians; *caibineat dùbhlanach* shadow cabinet

dùblachadh /dooblaKəG/ *an* doubling; duplication

dùblaich (a' dùblachadh) /doobleeK (ə doobləKəG)/ double

dùil /dool/ *an +len adj* (*gen* dùile, *pl* dùilean) **1** expectation; *cha robh dùil againn gun...* we weren't expecting to...; *tha dùil gu bheil seo...* it is expected that this...; *tha dùil aice ri leanabh* she's expecting; *cha robhar an dùil ri sin* that was unexpected; *bha làn dùil aice a bhith...* she was fully expecting to be...; *...ris nach robh dùil aice/aige* ...that she/he wasn't expecting; *nas tràithe na bha dùil* earlier than expected; *gun dùil* unexpectedly

2 *bha mi 'n dùil gun...* I thought...; *bha mi an dùil gun robh i na b'òige na sin* I thought she was younger than that; *agus an dùil an robh...* wondering whether...; *duine sam bith a tha an dùil a dhol...* anyone who is intending to go...; *bha dùil gun robh an coròna-bhìoras air neach a...* it was thought that a person who...had the coronavirus

duilghe /doolyə/ *nas/as duilghe comp & supl of* **duilich**

duilgheadas /doolyətəs/ *an* (*gen* duilgheadais, *pl* duilgheadasan) difficulty, problem; *choinnich an soitheach duilgheadasan* the ship got into difficulties

duilich /dooleeK/ **1** difficult, hard; unfortunate **2** *tha mi duilich* (I'm) sorry; *tha mi duilich a ràdh gu bheil...* I'm sorry to say that...

duilleag /doolyak/ *an +len adj* (*gen* duilleige, *pl* duilleagan) leaf; page; sheet (*of paper*) ♦ **duilleag-dhachaigh** home page; **duilleag-lìn** web page

dùin /doon/ *gen & pl of* **dùn**

dùin (a' dùnadh) /doon (ə doonəG)/ close, shut; *cuin a* *dùin a-mach*

dhùineas sibh? when do you shut?; **cuin a bhios sibh a' dùnadh?** when do you close?; **dùin do bheul!** shut up!, shut your mouth!

◊ **dùin a-mach** shut out, exclude

duine /doon-yə/ *an* (*pl* daoine) **1** man; person; **duine bàidheil** a likeable sort of person; **cia mheud duine?** how many people? **2** husband; **an duine agam/aice** my/her husband[34] **3** somebody; anybody; **duine sam bith a...** anybody who...; **a bheil duine an seo?** is somebody *or* anybody here?; **an robh duine ann? – cha robh duine** was there anybody there? – no, nobody **4** ■ **an duine** each; **le clogaid an duine** each with a helmet ♦ **duine-cloinne** child

dùinte /doonchə/ closed, shut

duirche /dərəKə/: *nas/as duirche comp & supl of* **dorcha**

dùird /doorsht/ *gen of* **dùrd**

dùirn /doorn/ *gen & pl of* **dòrn**

duiseal /dooshel/ *an +len adj* (*gen* duiseil, *pl* duisealan) flute

dùisg (a' dùsgadh) /dooshk (ə doosgəG)/ wake up; revive, stimulate

Duitseach /doochshəK/ **1** Dutch **2** *an* (*gen & pl* Duitsich) Dutchman

dùmhail /doowal/ crowded; dense, thick

dùmhlaich (a' dùmhlachadh) /doo-leeK (ə dooləKəG)/ thicken

dùn /doon/ *an* (*gen & pl* dùin) fort; castle; (rounded) hill; heap

Dùn Bàrr /doon bahr/ Dunbar

Dùn Bhlàthain /doon vlah-hehn/ Dunblane

Dùn Breatann /doon bretən/ Dumbarton

Dùn Chailleann /doon Kalən/ Dunkeld

Dùn Dè /doon jay/ Dundee

Dùn Èideann /doon ayjən/ Edinburgh

Dùn Omhain /doon ohwehn/ Dunoon

---

34 This is an exception to the use of **mo** 'my'/**a** 'her' etc for family members.

Dùn Phàrlain /doon fahrlehn/ Dunfermline
Dùn Phris /doon freesh/ Dumfries
Dùn Phris is Gall Ghàidhealaibh /doon freesh is gal Geh-ələv/ Dumfries and Galloway
dùnadh: *a' dùnadh* /ə doonəG/ *verbal noun of* **dùin**
dunaidh /doonee/: *b'e latha na dunaidh a bh'ann* it was a complete disaster
dùrachd /doorəKk/ *an +len adj* (*pl* dùrachdan) good will; *deagh dhùrachd* best wishes; *le dùrachd* yours sincerely
dùrachdach /doorəKkəK/ sincere; *gu dùrachdach* sincerely
dùraig (a' dùraigeadh) /doorek (ə dooregəG)/ dare; *thuirt mi nach bu dùraig dhomh sin* I said I was loathe to do that
dùrd /doorsht/ *an* (*gen* dùird): *cha robh e ag ràdh dùrd* he didn't make a peep
dusan /doosan/ *an* (*gen & pl* dusain) dozen
dùsgadh /doosgəG/ *an* (*gen* dùsgaidh) awakening
duslach /dooslaK/ *an* (*gen* duslaich) dust; remains; *duslach mhic-an-duine* human remains
dust /doost/ *an* dust
dùthaich /doo-eeK/ *an +len adj* (*gen* dùthcha, *pl* dùthchannan) country; homeland ♦ **Dùthaich MhicAoidh** Mackay Country, Sutherland; **Dùthchannan Aonaichte** United Nations
dùthcha /dooKə/ *gen of* **dùthaich**
dùthchail /dooKəl/ rural
dùthchanann /dooKənəK/ *pl of* **dùthaich**
dùthchasach /dooKəsəK/ native, indigenous; *dùthchasach dha na h-Eileanan Siar* native to the Western Isles

e /eh/ he; him; it[35]; *am ball? chaill e e* the ball? he lost it; *e fhèin* himself; itself
eacarsaich /eKkərseeK/ *an* (*gen* eacarsaiche, *pl* eacarsaichean) exercise (*physical, in subject*); *bu chòir dhut barrachd eacarsaich a dhèanamh* you should get more exercise
each /eh-aK/ *an t-* (*gen & pl* eich) horse ♦ **each-uisge** kelpie, water-horse
eachdraiche /ehKtreeKə/ *an t-* (*pl* eachdraichean) historian
eachdraidh /yeKtree/ *an* (*gen* eachdraidhe, *pl* eachdraidhean) history; record; *tha eachdraidh làidir aca* they have a strong track record
eachdraidheil /yeKtree-el/ historical; historic
eaconamach /ekonəməK/ economic
eaconamachd /ekonəməKk/ *an* economics
eaconamaidh /l'economy'l/ *an* (*pl* eaconamaidhean) economy
eaconamair /ekonəmər/ *an t-* (*pl* eaconamairean) economist
eaconamas /ekonəməs/ *an t-* (*gen* eaconamais) economics
♦ **eaconamas dachaigh** home economics
Eadailt: *an Eadailt* /ən ehdalch/ Italy
Eadailteach /ehdalchəK/ (*an t-*, *gen & pl* Eadailtich) Italian
Eadailtis /ehdaltish/ *an* Italian (*language*)
eadar /ehtər/ between
eadaraibh /ehtəriv/ *prep pron from* **eadar** *for* **sibh** (*you*); between you
eadarainn /ehtərin/ *prep pron from* **eadar** *for* **sinn** (*us*); *chan eil càil eadarainn* there's nothing between us
eadar-ama: *san eadar-ama* /sən ehtər-amə/ in the meantime

---

35 **E** can mean 'it' when the noun referred to is masculine.

eadar-amail /ehtər-aməl/ interim; transitional; temporary
eadar-chulturach /ehtər-KoolterəK/ intercultural
eadar-chuspaireach /ehtər-KoospərəK/ interdisciplinary
eadar-dhealachadh /ehtər-yaləKəG/ *an t-* (*gen* eadar-dhealachaidh, *pl* eadar-dhealachaidhean) difference; distinction
eadar-dhealaichte /ehtər-yaleeKchə/ different; distinct; ***eadar-dhealaichte bho*** or ***ri...*** different from...
eadar-ghluasad /ehtər-Gloo-əsət/ *an t-* (*gen* eadar-ghluasaid, *pl* eadar-ghluasadan) transition
eadar-lìon /ehtər-lee-ən/ *an t-* (*gen* eadar-lìn) Internet; ***air an eadar-lìon*** on the Internet
eadar-mheadhanach /ehtər-vee-anəK/ intermediate; ***clas eadar-mheadhanach*** intermediate class
eadar-mheasgte /ehtər-vesg-chə/ diverse
eadar-nàiseanta /ehtər-nahshəntə/ international
eadar-nàiseantachadh /ehtər-nahshəntəKəG/ *an t-* (*gen* eadar-nàiseantachaidh) internationalization
eadar-nàiseantaichte /ehtər-nahshənteeKchə/ internationalized
eadar-obair /ehtər-ohpər/ *an* (*gen* eadar-obrach, *pl* eadar-obraichean) interaction
eadar-obrachadh /ehtər-ohprəKəG/ *an t-* (*gen* eadar-obrachaidh, *pl* eadar-obrachaidhean) interaction
eadar-obrachail /ehtər-obrəkal/ interactive
eadar-sholas /ehtər-holəs/ *an t-* (*gen* eadar-sholais) twilight; half-light
eadar-theangachadh /ehtər-hen-gəKəG/ *an t-* (*gen* eadar-theangachaidh, *pl* eadar-theangachaidhean) translation
eadar-theangaich (ag eadar-theangachadh) /ehtər-hen-geeK (əg ehdər-hen-gəKəG)/ translate
eadar-theangaiche /ehdər-hen-geeKə/ *an t-* (*pl* eadar-theangaichean) translator
eadar-theangair /ehtər-hen-gər/ *an t-* (*pl* eadar-theangairean) translator

èadhar

èadhar /eh-ər/ *an* (*gen* èadhair) air; *air an èadhar* on air
eadhon /ehGon/ even; *tha fios eadhon agamsa air sin* even I know that
eadragain: *san eadragain* /sən ehtrəgin/ in the meantime
eadra-lìon /ehtrə-leen/ *an t-* (*gen* eadra-lìn) intranet
eagal /ekəl/ *an t-* (*gen* eagail) fear; *bha an t-eagal orm* I was frightened, I was afraid; *na biodh eagal ort roimhe* don't be frightened of him; *tha eagal orm gu bheil* I'm afraid so; *tha eagal orm nach eil* I'm afraid not; *'s eagal a beatha oirre* scared out of her wits, scared to death; *air eagal 's gu...* for fear that..., in case...
eagalach /ekələK/ **1** frightening; alarming; horrible; *eagalach feagalach* scary **2** *eagalach math* tremendous, terribly good
eagalan /ekələn/ *an t-* chicken, feartie (*Scots*)
eag-chàirdeil /ehk-Kahrjel/ ecofriendly
eaglais /eklish/ *an* (*gen* eaglaise, *pl* eaglaisean) church; *bidh iad a' dol dhan eaglais* they go to church ♦ **Eaglais na h-Alba** the Church of Scotland; **Eaglais Chaitligeach** Catholic Church; **Eaglais Easbaigeach** Episcopal Church; **Eaglais Shaor (Chlèireach)** Free (Presbyterian) Church
Eaglais Bhreac: *An Eaglais Bhreac* /ən eklish vrehk/ Falkirk
eagnaidh /eknee/ subtle
eagrachadh /ekrəKəG/ *an t-* organization
eagraich (ag eagrachadh) /ekreeK (əg ekrəKəG)/ organize
eag-shiostam /ek-histəm/ *an t-* (*gen* eag-shiostaim, *pl* eag-shiostaman) ecosystem
eala /yalə/ *an* (*pl* ealachan) swan
èalaidh (ag èaladh) /ee-əlee (ə ee-ələG)/ creep
ealain /yalan/ *an* (*gen* ealaine, *pl* ealain) art; *na h-ealain* the arts; *eachraidh nan ealain* history of art ♦ **ealain chleasachd** performing arts
ealainiche /yaleneeKə/ *an t-* (*pl* ealainichean) artist
ealamh /yaləv/ quick; ready; *...gum faodar conaltradh a dhèanamh gu h-ealamh sa Ghàidhlig* ...that

ealanta /yalantə/ artistic; brilliant; expert
ealantas /yaləntəs/ *an t-* (*gen* ealantais) artistry; creativity
ealla /yalɛ/: *a' gabhail ealla ri...* watching...; considering...
eallach /yalǝK/ *an t-* (*gen & pl* eallaich) burden
eanchainn /enǝKin/ *an* (*gen* eanchainne, *pl* eanchainnean) brain
eangarra /engǝrǝ/ bad-tempered
ear /yehr/ *an* east; *san taobh an ear* in the east; *shiubhail sinn chun an ear* we travelled east ♦ **ear-dheas** south-east; **Ear-Mheadhanach** Middle East; **ear-thuath** north-east
earb /ehrǝp/ *an* (*gen* earba, *pl* earban) roe deer
earb (ag earbsadh) /ehrǝp (ǝg ehrǝpsǝG)/ entrust
△**earb à** trust in, rely on; *cha do dh'earb e asam* he didn't trust me
earball /erǝbal/ *an t-* (*gen & pl* earbaill) tail
earbsa /erǝpsǝ/ *an* trust, reliance; *tha fios aig Paul gun urrainn dha earbsa a chur ann an...* Paul knows he can rely on...; *nach eil earbsa agad annam?* don't you trust me?
eàrlas /yahrlǝs/ *an t-* (*gen* eàrlais, *pl* eàrlasan) voucher; advance
earrach /yarǝK/ *an t-* (*gen & pl* earraich) spring (*season*); *as t-earrach* in the spring
earradhubh /yarǝGoo/: *san earradhubh* waning
Earra-Ghàidheal /erǝ-Geh-yǝl/ Argyll ♦ **Earra-Ghàidheal is Bòd** Argyll and Bute
earrann /yarǝn/ *an* (*gen* earrainn, *pl* earrannan) **1** section, part; stretch; *air an earrann sin den A9* on that stretch of the A9; *an earrann de thiceadan* the batch of tickets **2** share (*financial*); *tha earrann 10% againn ann am...* we have a 10% holding in...
earranta /yarantǝ/ limited
earras /yarǝs/ *an t-* (*gen* earrais) property; wealth
eàrr-ràdh /yahr-rah/ *an t-* (*gen* eàrr-ràdha, *pl* eàrr-ràdhan) appendix; annex (*to document*)

eàrr-sgrìobhadh /yahr-skreevəG/ *an t-* (*gen* earr-sgrìobhaidh, *pl* earr-sgrìobhaidhean) postscript; *eàrr-sgrìobhadh puist-dhealain* email signature, sign-off

eas[1] /es/ *an t-* (*gen* easa, *pl* easan) waterfall

eas-[2] /es-/ *a negative prefix*; dis-, un-

easag /esək/ *an* (*gen* easaig, *pl* easagan) pheasant

eas-aonta /es-urntə/ *an* (*pl* eas-aontan) disagreement

easbaig /espik/ *an t-* (*gen* easbaige, *pl* easbaigean) bishop

easbaigeach /espikəK/ episcopal

easbhaidh /esvee/ *an* (*gen* easbaidhe, *pl* easbhaidhean) defect, deficiency; lack; flaw; *tha easbhaidh anns a' cho-dhùnadh* the decision is flawed

easbhaidheach /esveeyəK/ defective, deficient; *sgìrean easbhaidheach* deprived areas

eascaraid /eskarij/ *an t-* (*pl* eascairdean) adversary

eas-onarach /es-onərəK/ dishonest

eathar /eh-hər/ *an t-* (*gen* eathair, *pl* eathraichean) (small) boat
  ♦ **eathar luath** speedboat

eatarra, eatorra /ehtorə/ *prep pron from* **eadar** *for* **iad** (*them*); between them

eatorainn /ehtorin/ = **eadarainn**

èibhinn /ayvin/ funny, comical

èiceo-shiostam /eekoh-histəm/ *an t-* (*gen* èiceo-shiostaim, *pl* èiceo-shiostaman) eco-system

eich /ehK/ *gen & pl of* **each**

èideadh /ayjəG/ *an t-* (*gen* èididh) clothes; uniform; *cuiridh mi èideadh ùr orm* I'll just get changed; *air èideadh* dressed; *air an èideadh ann an uaine* dressed in green

èifeachdach /ayfəKk-əK/ effective; efficient

èifeachdas /ayfəKəs/ *an* (*gen* èifeachdais, *pl* èifeachdasan) effectiveness; efficiency

Eige /ehkə/ Eigg

èigh (ag èigheachd) /ayv (əg ayvəKk)/ shout

èighe /ayvə/ *an* shouting

èiginn /aykeen/ *an* (*gen* èiginne, *pl* èiginnean) **1** emergency;

eilean

distress; *bha e ann an èiginn* he was in urgent need, he was an emergency (case); *sreapadair ann an èiginn* a climber in distress; *bha i na h-èiginn* she was in distress; *ann an àm na h-èiginn* when times got hard, in times of need **2** *is èiginn dhuinn...* we have to... **3** *air èiginn* with difficulty, scarcely; *'s ann air èiginn a chì mi...* I can just about see...

èiginneach /ayginyəK/ urgent; emergency; *clàr-ama èiginneach* emergency schedule; *ann an suidheachadh èiginneach* in a state of crisis; *aig ìre èiginneach* at a crisis level

èigneachadh /ayknəKəG/ *an t-* (*gen* èigneachaidh) rape

èignich (ag èigneachadh) /aykneeK (əg ayknəKəG)/ compel, force; rape

eil /yel/: *chan eil Gàidhlig agam* I don't speak Gaelic; *eil fhios...* I wonder...; *thuirt iad mura h-eil e comasach do dhaoine...* they said that if it is not possible for people...

Eilbheis: *an Eilbheis* /ən ehləvesh/ Switzerland

Eilbheiseach /ehləveshəK/ (*an t-*, *gen & pl* Eilbheisich) Swiss

eile /ehlə/ **1** other; *mo bhràthair eile* my other brother; *còmhla ri triùir eile* with three other people; *am measg eile* amongst other things **2** another; *briosgaid eile?* another biscuit?; *feuchamaid latha eile* let's try another day **3** else; *àiteigin eile* somewhere else; *cò eile?* who else?; *cuideigin eile* someone else; *rudeigin eile* something else; *a bheil dad eile agad?* do you have anything else?; *dè eile as aithne dhut?* what else do you know?

eileagtronaigeach /ehlektroneegəK/ electronic

eilean /ehlan/ *an t-* (*gen* eilein, *pl* eileanan) island; *anns an eilean* on the island ♦ **na h-Eileanan A-muigh** the Outer Hebrides; **Eilean Arainn** (Isle of) Arran; **Eilean Dubh** Black Isle; **Eilean Èisdeil** Easdale; **na h-Eileanan Fàrach** the Faroes, the Faroe Islands; **Eilean Ì** Iona; **na h-Eileanan an Iar** the Western Isles; **Eilean Mhanainn** the Isle of Man; **Eilean Rùim** Rum; **Eilean Saoil** (Isle

eileanach

of) Seil; **Eilean Sgitheanach** (Isle of) Skye; *san Eilean Sgitheanach* on (the Isle of) Skye; **na h-Eileanan Tarsainn** the Small Isles

eileanach /ehlanəK/ **1** island; *coimhearsnachdan eileanach* island communities **2** *an t-* (*gen & pl* eileanaich) islander

eilear /ehlər/: *chan eilear air na h-iolairean fhaicinn ach...* the eagles have only been seen...; *chan eilear ach a' lìonadh an fhoirm* you only have to fill in the form

Eilginn /elegin/ Elgin

eimisean /'emission'/ *an t-* (*gen* eimisein, *pl* eimiseanan) emission

einnsean /ehnshən/ *an t-* (*gen* einnsein, *pl* einnseanan) engine
♦ **einnsean for-bhùird** outboard (motor); **einnsean-smàlaidh** fire engine; **einnsean-smùide** steam engine

einnseanair /ehnshənər/ *an t-* (*pl* einnseanairean) engineer

einnseanaireachd /ehnshənərəKk/ *an* engineering

Èiphit: *an Èiphit* /ən ayfich/ Egypt

eireachdail /ehrəKkal/ handsome; nice-looking, fine-looking

eireachdas /ehrəKkəs/ *an t-* (*gen* eireachdais) attractiveness, beauty

Èireannach /ayrənəK/ **1** Irish **2** *an t-* (*gen & pl* Èireannaich) Irishman

èirich (ag èirigh) /ayreeK (əg ayree)/ get up; rise, go up; arise; *dh'èirich ìre an uisge* the water level rose; *tha an àireamh air a bhith a' sìor èirigh* the number has been steadily rising; *cùisean eile a dh'fhaodadh èirigh* other matters that may arise *or* come up

Δ **èirich do** happen to; *dè a dh'èirich dhaibh?* what became of them?

eiridinn /ehrijin/ *an t-* nursing; *carbad-eiridinn* ambulance; *neach-eiridinn* paramedic

èirigh na grèine /ayree nə graynə/ sunrise

èirigheach /ayreeyəK/ rising

Èirinn /ayrin/ Ireland ♦ **Èirinn a Tuath** Northern Ireland

Èirisgeigh /ayrishkY/ Eriskay

eirmseach /ehrəmshəK/ witty
èisg /ayshk/ *gen & pl of* **iasg**
eisimeil: *an eisimeil* /ən ehshimel/ dependent on
eisimeileach /ehshimeləK/ dependent
eisimeileachd /ehshimeləKk/ *an* dependence
eisimpleir /ehshimplər/ *an* (*pl* eisimpleirean) example; *mar eisimpleir* for example
eisir /ehshir/ *an t-* (*pl* eisirean) oyster
èist (ag èisteachd) /aysh-ch (əg aysh-chəKk)/ listen
△ **èist ri** listen to; *na h-èist riuthasan!* don't listen to them!
èisteachd /aysh-chəKk/ *an* (*pl* èisteachdan) hearing; listening; confession (*in church*); *goireasan èisteachd* audio resources
eòin /yawn/ *gen & pl of* **eun**
eòlach /yawləK/ **1** knowledgeable, familiar; *eòlach air* familiar with; *tha i glè eòlach air coimpiutairean* she's very knowledgeable about computers **2** *tha e eòlach orm* he knows me; *a bheil thu eòlach air na Leòdaich?* do you know the Macleods?; *chan eil mi eòlach air matamataigs idir* I don't know anything at all about maths; *tha iad eòlach air a chèile bho chionn fhada* they've known each other for a long time
eòlaiche /yawleeKə/ *an t-* (*pl* eòlaichean) expert; *eòlaichean bhomaichean* bomb disposal experts
eòlas /yawləs/ *an t-* (*gen* eòlais, *pl* eòlasan) **1** knowledge; *fhuair iad eòlas air...* they got to know...; *às dèidh dhaibh eòlas a chur air a chèile* after they got to know each other; *le glè bheag de dh'eòlas air...* not knowing... very well **2** experience; *eòlasan ionnsachaidh chloinn òga* young children's learning experiences; *chuir iad eòlas air raon farsaing...* they got to experience a broad range...
♦ **eòlas-inntinn** psychology; **eòlas-leighis** medicine; **eòlas nam meadhanan** media studies; **eòlas-teagaisg** pedagogy
eòrna /yawrnə/ *an t-* barley
Eòrpa /yawrpə/ Europe

Eòrpach /yawrpəK/ (*an t-*, *gen & pl* Eòrpaich) European

esan /ehsən/ he; him (*the emphatic form*); *cò thuirt sin? – esan* who said that? – him, he did

eu- /eh/ *a negative prefix*; un-, in- *etc*

eucail /aykal/ *an* (*gen* eucalach, *pl* eucailean) illness; complaint

euchd /ayKk/ *an t-* (*pl* euchdan) achievement

eucoir /ehKkor/ *an* (*pl* eucoirean) crime ♦ **eucoirean an aghaidh a' chinne daonna** crimes against humanity; **eucoirean cogaidh** war crimes; **eucoir gràin** hate crime; **eucoirean rathaid** road traffic offences

eu-coltach ri /eh-koltəK ree/ unlike

eucorra /ehkorə/ criminal

eud /ayt/ *an* **1** jealousy **2** zeal

eudach /aydəK/ **1** jealous **2** zealous

eudail /aytal/ *an* (*gen* eudaile, *pl* eudailean) darling, love; *m' eudail* my darling; my dear

eudmhor /aytvohr/ passionate, zealous; *tha sinn eudmhor mu dheidhinn...* we're passionate about...

eu-dòchasach /eh-dawKəsəK/ pessimistic, negative

eu-domhainn /eh-doh-ween/ shallow

eug (ag eugadh) /ayg (əg aygəG)/ die

eugsamhail /ehksaval/ diverse

eugsamhlachd /ehksōwləKk/ *an* diversity, variety

eun /ee-ən/ *an t-* (*gen & pl* eòin) bird ♦ **eun canaraidh** canary; **eun-creachaidh** bird of prey; **eun-seilg** bird of prey

eunlaith[36] /ee-ənlY/ (*gen* eunlaithe) birds

euslainteach /eh-slanchəK/ **1** in poor health **2** *an t-* (*gen & pl* euslaintich) invalid; patient

---

36 This is used without a definite article.

f (=**feasgar**) /fesker/ p.m.; *1f* 1p.m.
faca: *am faca* /faKkə/ *past interr of* **faic**; *am faca tu...?* have you seen...?, did you see...?; *chan fhaca mi...* I haven't seen..., I didn't see...
facal /faKkəl/ *am* (*gen* facail, *pl* faclan) word; saying; *cha tuirt e facal* he didn't say a word; *faclan* words; vocabulary; *tha am facal ag ràdh* (as) the saying goes ♦ **facal-faire** password; **facal-toisich** foreword
fa chomhair /fa Koh-ər/ opposite; *fa chomhair feuman...* to meet the needs of...
faclach /faKkləK/ wordy
faclair /faKklar/ *am* (*pl* faclairean) dictionary
factaraidh /'factory'/ *am* (*pl* factaraidhean) factory
fàd /faht/ *am* (*pl* fàdan) peat, peat block
fad /fat/ **1** *am* (*gen* faide, *pl* fadan) length

 2 for, for all of; *fad bhliadhnaichean* for years; *fad seachd uairean* for (all of) seven hours; *fad an latha* all day (long), the whole day; *tha i air a bhith fad a beatha a' fuireach ann* she has lived there all her life

 3 ■ *air fad* all, the whole; *am baile air fad* the whole village, all the village

 4 *fad agus farsaing* far and wide; *fad às* far, distant; *a bheil e fad às?* is it far?; *dè cho fad às 's a tha e?* how far is it?

 5 *fhad is a* while; *fhad 's a bha iad a' beachdachadh...* while they were discussing...

 ♦ **fad-bheatha** lifelong; **fad-ùine** long-term; *anns an fhad-ùine* in the long term; **fad-ùineach** long-term

fada

fada[37] /fatə/ **1** long (*distance, time*); tall; *cha b' fhada bho* it wasn't long ago; *cha bhi mi fada* I won't be long; *cha b' fhada gus an do thill e* it wasn't long before he was back; *dè cho fada 's a tha thu an seo?* how long have you been here?; *falt fada* long hair; *bu toigh leinn fuireach na b' fhaide* we'd like to stay longer; *tha sinn eòlach air a chèile bho chionn fhada* we've known each other a long time

 2 much, far; very; *tha sin fada ro dhaor* that's far too expensive; *fada bho bhith...* far from being...; *chaidh rudeigin fada ceàrr* something went very wrong

 3 ■ *cho fada 's* as far as; *cho fada 's a 's aithne dhomh* as far as I know; *cho fad is fios dhomh* as far as I know

 4 ■ *cho fada 's* as long as, provided; *cho fad 's a tha iad a' cumail ris na riaghailtean* as long as they stick to the rules

fadachd /fatəKk/ *an fh-* longing; *thuirt iad gun robh fadachd orra...* they said that they were impatient *or* longing to...; *tha e a' gabhail fadachd gus...* he was impatient to...; *tha fadachd oirnn pàirt a ghabhail innte* we're looking forward to taking part in it

fadal /fatəl/ *am* (*gen* fadail) **1** yearning, longing; impatience; *tha fadal orm saorsa fhaotainn uapa* I'm longing to be free of them **2** *tha fadal orm* I'm bored; *bha fadal oirre leis an t-seanchas agam* she was bored with my story; *tha mi a' gabhail fadal* I'm getting fed-up

fadalach /fatələK/ late

fàg (a' fàgail) /fahk (ə fahkal)/ **1** leave; leave behind; *chan eil mòran air fhàgail* there's not a lot left; *nuair a dh'fhàgas Breatainn an EU* when Britain leaves the EU; *fàg e!* leave it!; *tha e a' fàgail a bhean Susan* he leaves (behind) his wife Susan; *fàgaidh mi an turas seo e* I'll leave it this time, I'll make an exception this time; *fàg thusa agamsa e* leave it/him to me

---

37 Sometimes trimmed to **fad**.

faigh* (a' faighinn)

2 make; *...gu robh e ga fàgail lag* ...that it was making her weak; *dè tha gad fhàgail a' falbh?* what makes you leave?; *dh'fhàg e e fhèin ann an cunnart mòr* he put himself in great danger

3 mean; *dh'fhàgadh am plana gur...* the plan would mean that...; *tha sin a' fàgail nach eil cus teansa gum...* this means that there's not too much chance that...; *fàgaidh sin nach bi cead idir aig...* this means that...are definitely not permitted...

△ **fàg air** accuse; *chaidh fàgail air a' Bhòrd nach eil iad...* the Board was accused of not...

fagas: *am fagas* /əm fagəs/ nearby

faic* (a' faicinn) /fYKk (ə fYKkin)/ see; *am faic thu...?* can you see...?; *am faca tu...?* did you see...?, have you seen...?; *bidh mi gad fhaicinn!* see you!; *chan fhaca mi an sin thu* I didn't see you here; *chì mi a-rithist thu ma-thà* I'll see you later then; *chunnaic mi am film sin an-uiridh* I saw that film last year; *uill, chì sinn* hmm, we'll see; *am faod mi...fhaicinn?* may I see...?; *chan fhacas i bhon...* she has not been seen since...; *...faic dè a' bheachd a th'acasan* ...to see what their views are

faiceall /fYKkəl/ *an fh-* (*gen* faicill) caution, care; *a bhith air am faiceall* to take care, to be on their guard

faiceallach /fYKkələK/ cautious, careful

faicsinneach /fYKkshinyəK/ visible; visual

faicsinneachd /fYKkshinyəKk/ *an fh-* visibility

faid, faide /faj, fajə/ *an fh-* length; *20 troigh a dh'fhaid, 20 troigh de dh'fhaid* 20 foot long, 20 foot in length; *tha 1.5 meatair a dh'fhaid sna sgiathan aice* it has a wingspan of 1.5 metres

faidhir /fY-yir/ *an fh-* (*gen* faidhreach, *pl* faidhrichean) (fun-)fair

faidhle /fYlə/ *am* (*pl* faidhlichean) file

faigh* (a' faighinn) /fY (ə fY-yin)/ **1** get; *am faigh mi...?* can I have...?, can I get...?; *am faigh thu ...dhomh?* will you get me a...?; *an d'fhuair thu pàipear dhomh?* did you get me

faigh air adhart

a newspaper?; *gheibh mi pàipear dhut* I'll get a newspaper for you; *am faighinn...?* could I have...?

2 find; *fhuair mi...* I've found a...; *fhuair sinn sinn fhìn ann an...* we found ourselves in..., we ended up in...; *fhuairear gu robh...* it was found that...; *mar a fhuaireadh* as it turned out; *fhuair a' chùirt gum...* the court found *or* ruled that...

3 get, arrive; *nuair a fhuair mi dhachaigh* when I got home

4 get, manage; *cha d' fhuair mi air dealbh a thogail dhi* I didn't get to take a picture of her; *chan fhaigheadh i anail a tharraing* she couldn't manage to breathe

◊ **faigh air adhart** get on; *ciamar a bha iad a' faighinn air adhart?* how were they getting on?

◊ **faigh air ais** get back, have back

◊ **faigh air falbh** get away; *gus faighinn air falbh on uisge* to get out of the rain

◊ **faigh a-mach** find out; *fhuair mi a-mach gu bheil...* I found out that...; *gheibhear a-mach tuilleadh mu na seinneadairean anns na seachdainean a tha romhainn* more will be made known about the singers in the coming weeks

◊ **faigh a-steach** get in (*to building etc*)

◊ **faigh os cionn** get over (*disappointment*); *cha d'fhuair i os a chionn a-riamh* she never got over it

◊ **faigh seachad** get by, get past

∆ **faigh seachad air** get over (*illness etc*); get by, get past

◊ **faigh tarsaing** get across

∆ **faigh thairis air** get over (*fence etc*)

faighnich (a' faighneachd) /fYneeK (ə fYnəKk)/ ask; *dh'fhaighnich mi dha a bheil e ceart gu leòr* I asked him if he was all right; *chan eil agad ach faighneachd dhan tidsear* just ask the teacher; *na faighnich dhìomsa!* don't ask me!; *a' faighneachd dhi fhèin* asking herself, wondering; *chaidh fhaighneachd dha an rachadh e a...*

he was asked if he would go to...

failbheachan /feləvəKən/ *am* (*gen* failbheachain, *pl* failbheachanan) earring

fàil /fahl/ *gen & pl of* **fàl**

fàileadh /fahləG/ *am* (*gen* fàilidh, *pl* fàilidhean) smell; *tha fàileadh dheth* it smells; *tha fàileadh uisge-beatha dheth* it smells of whisky

fàileanta /fahləntə/ smelly

faileas /faləs/ *am* (*gen* faileis, *pl* faileasan) shadow

faileasach /faləsəK/ shadowy

Δ**failich air (a' faileachadh air)** /fahlyeeK ehr (ə fahlyəKəG ehr)/ be too much for

fàillig (a' fàilligeadh) /fahlig (ə fahligəG)/ fail; break down; *às dèidh dhaibh deuchainnean ri taobh an rathaid fhàilligeadh* after failing roadside tests

fàilte /fahlchə/ *an fh-* welcome; reception; *fàilte do Mhuile* welcome to Mull; *ceud mìle fàilte* a hundred thousand welcomes; *chuir iad fàilte air...* they welcomed...; *chaidh fàilte a chur air a' cho-fharpais* the competition was welcomed, the competition was seen as welcome; *bhiodh fàilte romhad* you'd be welcome

fàilteachail /fahlchəKal/ welcoming

fàilteachas /fahlchəKəs/ *am* (*gen* fàilteachais, *pl* fàilteachasan) reception, welcome; hospitality

faing /fank/ *an fh-* (*gen* fainge, *pl* faingean) sheep-pen, fank

fàinne /fahnyə/ *an fh-* (*pl* fàinneachan) ring ♦ **fàinne-gealladh-pòsaidh** engagement ring; **fàinne-phòsta** wedding ring

fàire /fahrə/ *an fh-* horizon; *air fàire* on the horizon, in view; *staing taigheadais air fàire!* housing crisis looms!

faire /farə/ *an fh-* guard; *cùm faire* stand guard, keep watch; *faire, faire!* well, well!

fairge /farəgə/ *an fh-* ocean, sea

faireachdail /farəKkəl/ expressive; *na h-ealain fhaireachdail* the expressive arts *faireachdainn*

faireachdainn /farəKkin/ *an fh-* (*gen* faireachdainne, *pl* faireachdainnean) feeling

fairich (a' faireachdainn) /fareeK (ə farəKkin)/ feel; *ciamar a tha thu a' faireachdainn?* how do you feel?

△**fairtlich air (a' fairtleachadh air)** /fahrsh-chleeK ehr (ə fahrsh-chlKəG ehr)/ be too much for; *dh'fhairtlich an sruth orra* the current was too much for them, the current got the better of them

fàis /fahsh/ *gen of* **fàs**

faisg /fashk/ near, close; *a bheil e faisg air...?* is it close to...?; *càit a bheil an...as fhaisge?* where's the nearest...?; *faisg air an seo* near here; *faisg air 30 bliadhna* nearly 30 years; *bha e nas fhaisge air Sràid Sauchiehall feasgar Disathairne* it was more like Sauchiehall Street on a Saturday night

fàisg (a' fàsgadh) /fahshk (ə fahsgəG)/ squeeze

fàisneachd /fahshnəKk/ *an fh-* (*pl* fàisneachdan) forecast, prediction; prophecy; *fàisneachd air cinneas* growth forecast

fàitheam /fahyəm/ *am* (*gen* fàitheim, *pl* fàitheaman) hem

fàl /fahl/ *am* (*gen* & *pl* fàil) verge, edge

fala /falə/ *gen of* **fuil**

falaisgear /falishgər/ *am* (*gen* falaisgeir, *pl* falaisgearan) heather burning, rotational burning

falbh /falav/ *am* departure; *anns an fhalbh* on departure

falbh (a' falbh) /falav/ **1** go, leave; go away (*of person, pain*); go off (*in football etc*); *cuin a dh'fhalbhas am bàt-aiseig?* when does the ferry leave or go?; *tha e air falbh dhan bhùth* he's gone to the shop; *tha mi a' falbh gu snàmh* I'm going for a swim; *dh'fhalbh iad mar-thà* they've gone, they've left

2 *san àm a dh'fhalbh* in the past; *air a' mhìos a dh'fhalbh* in the previous month, in the past month; *na 10 bliadhna seo a dh'fhalbh* these past 10 years

3 ■ *air falbh* away, off; *air falbh bhon taigh* away from home; *fad' air falbh* far away; *3 air falbh bho 7* 7 minus 3; *...gun robh na h-obraichean aca air falbh* ...that their jobs were gone

△ **falbh à** leave; *dh'fhalbh iad à Port Rìgh* they left Portree; *dh'fhalbh ar neart asainn* our strength deserted us; *dh'fhalbh an dath asta* the colour has come out

◊ **falbh às** move out, leave

△ **falbh de** come off; *dh'fhalbh putan dhem sheacaid* a button's come off my jacket; *dh'fhalbh putan dhith* a button's come off it

◊ **falbh dheth** come off

△ **falbh le 1** go out with, go with; *tha i a' falbh leis* she's in a relationship with him, she's going out with him **2** take, make off with; steal; *iolairean a' falbh le uain* eagles taking *or* seizing lambs; *dh'fhalbh am poileas leis an duine aice* the police took her husband away

falach /faləK/ *am* (*gen* falaich) hiding; *am falach* in hiding; *chan eil càil againn ri chumail am falach* we have nothing to hide

falachan /faləKan/ *am* (*gen* falachain, *pl* falachanan) hiding place

falach-fead /faləK-feht/ *am* hide-and-seek

falaich (a' falach) /faleeK (ə faləK)/ hide; *dh'fhalaich iad fon leabaidh* they hid under the bed

falaichte /faleeKchə/ hidden

falamh /faləv/ empty

fa leth, fa-leth /fa leh/ separate; *'s e cùis fa leth a tha sin* that's a separate matter; *fa leth neo còmhla* separate or combined; *a thaobh gach cùise fa leth* with regard to each individual case; *sgoiltean Gàidhlig fa-leth* standalone Gaelic schools; *dh'iarr sinn orra an cumail fhèin fa-leth* we asked them to keep themselves apart; we asked them to self-isolate; *daoine fa leth* individuals; *tha sinn a' tabhann rudeigin fa leth* we offer something unique

fallain /falin/ healthy

fallas

fallas /faləs/ *am* (*gen* fallais) sweat; ***tha fallas orm*** I'm sweating; ***tha mo làmhan nam fallas*** my hands are sweating

fallasach /faləsəK/ sweaty

fallsa /fōwlsə/ false

falmadair /faləmədər/ *am* (*pl* falmadairean) rudder

falmhaich (a' falmhachadh) /faləveeK (ə faləvəKəG)/ empty

falt *am* (*gen* fuilt) hair

famhair /favir/ *am* (*pl* famhairean) giant

fan (a' fantainn) /fan (ə fantin)/ stay; keep; ***dh'fhanadh sin gu latha eile*** that could keep for another day

◊ **fan air** stay on (*heating etc*)

△ **fan air** stay (on); ***dh'fhan an làrach orm*** the mark stayed there

△ **fanaid air (a' fanaid air)** /fanij ehr/ laugh at, mock; ***cha bu chòir dhut fanaid orra*** you shouldn't laugh at them

fànas /fahnəs/ *am* (*gen* fànais) (outer) space; ***ann am fànas*** in space

fa-near /fa-nyehr/: ***'s e a tha fa-near dhuinn...*** what we have in mind is...; ***chan eil fios agam dè bha fa-near dha/dhi*** I don't know what he/she had in mind; ***thoir fa-near*** note, observe; ***tha e inntinneach toirt fa-near gun...*** it is interesting to note that...; ***tha aithisg a' toirt fa-near gu bheil...*** the report highlights that...; ***bu chòir dhuinn a h-uile beachd a thoir fa-near*** we should take all opinions into account *or* consideration

fann /fōwn/ faint; weak; ***dh'fhairich mi gu fann...*** I sort of felt...

fanntaig (a' fanntaigeadh) /fōwntek (ə fōwntigəG)/ faint

fantainn: ***a' fantainn*** /ə fantin/ *verbal noun of* **fan**

faochadh /furKəG/ *am* (*gen* faochaidh) relief; ***...gur e faochadh mòr a bh' ann dhan fhear bhochd*** ...that it was a great relief for the poor man

faod /furt/ **1** may; ***am faod mi...?*** may I...?, can I...?; ***dè an rud as miosa a dh'fhaodadh tachairt?*** what's the worst thing that could *or* might happen; *dh'fhaodadh sin a bhith ceart* that might be right **2** *chan fhaod tu...* you mustn't...; *chan fhaodar pàirceadh an seo* it's no parking here

faoileag /furlak/ *an fh-* (*gen* faoileig, *pl* faoileagan) seagull

Faoilleach: *am Faoilleach* /əm furl-yəK/ January

faoin /furn/ vain; silly, stupid; *tha i faoin air a shon* she's crazy about him

faoineag /furnyak/ *an fh-* (*gen* faoineige) vanilla

faoineas /furnyəs/ *am* (*gen* faoineis) nonsense

faol /furl/ *am* (*gen & pl* faoil) wolf

faotainn /furtin/[38]: *ri fhaotainn, rim faotainn* available; *bidh e ri fhaotainn airson...* he will be available for...

far[1] where; *sin far an deach mi dhan sgoil* that's where I went to school; *...far an do chaochail e* ...where he died

far[2] off; *far Bharraigh* off Barra; *far costa Ghallaibh* off the Caithness coast; *na leig far do làmhan e!* don't drop it!
♦ **far-cladaich** off-shore; **far-rathad** *am* lay-by

fàradh /fahrəG/ *am* (*gen* fàraidh, *pl* fàraidhean) ladder

faradh /farəG/ *am* (*gen* faraidh, *pl* faraidhean) fare; freight (cost)

far-ainm /far-enəm/ *am* (*pl* far-ainmean) nickname; *b'e...am far-ainm a bh'oirre* she was nicknamed...

faram /farəm/ *am* (*gen* faraim, *pl* faraman) noise

faramach /farəməK/ noisy, loud

fàrdach /fahrdəK/ *an fh-* (*gen* fàrdaich, *pl* fàrdaichean) dwelling, lodgings

Farfar Forfar

farmad /farəmət/ jealousy, envy; *tha farmad aige riutha* he is jealous of them, he envies them

farmadach /farəmətəK/ jealous, envious

farpais /farpish/ *an fh-* (*gen* farpaise, *pl* farpaisean) competition, contest ♦ **farpaisean chon-chaorach** sheepdog trials; **farpais lìog** league tournament

---

38 This is a variant of **faighinn**, the verbal noun of **faigh**.

farpaiseach /farpishəK/ 1 *am* (*gen* & *pl* farpaisich) competitor 2 competitive

farpaiseachd /farpishəKk/ *an fh-* competitiveness

Farrais /farish/ Forres

farsaing = **farsainn**

farsaingeachd /farsing-yəKk/ *an fh-* breadth; extent; *san fharsaingeachd* in general; overall

farsainn /farsing/ broad; wide-ranging; extensive; *agus nas fharsainne na sin* and further afield than that

fàs /fahs/ *am* (*gen* fàis) growth; *fàs san àireamh de dhaoine* growth in the number of people

fàs (a' fàs) /fahs/ 1 become, get; grow; *tha e a' fàs nas soilleire* it's becoming *or* getting clearer; *'s mi tha a' fàs sean* I'm getting on a bit; *a bheil thus a' fàs sgìth?* are you getting tired?; *fàs mòr* grow up 2 grow; *tha iad a' fàs a' bhuntàta aca fhèin* they grow their own potatoes

fàsach /fahsəK/ *am* (*gen* fàsaich, *pl* fàsaichean) desert; wilderness; *bha sinn ann am meadhan fàsaich* we were in the middle of nowhere

fasan /fasən/ *am* (*gen* fasain, *pl* fasanan) fashion; *anns an fhasan, san fhasan* in fashion

fasanta /fasəntə/ fashionable; stylish

fàsgadh: *a' fàsgadh* /ə fahsgəG/ *verbal noun of* **fàisg**

fasgadh /fasgəG/ *am* (*gen* fasgaidh, *pl* fasgaidhean) shelter; *bha e a' caoineadh ann am fasgadh a làmhan* he was crying behind his hands

Faslann /faslən/ Faslane

fastaich (a' fastadh) /fasteeK (ə fastəG)/ hire; employ; appoint

fastaiche /fasteeKə/ *am* (*pl* fastaichean) employer

fastaichte /fasteeKchə/ employed

fàth /fah/ *am* 1 reason, purpose 2 opportunity

fathann /fa-hən/ *am* (*gen* fathainn, *pl* fathannan) rumour

feabhas[1] /fyoh-əs/ superior; *am feabhas blas a th' air* its superior taste

feabhas² /fyoh-əs/ *am* (*gen* feabhais) improvement; *a' cur feabhas air* improving, enhancing; *a' dol am feabhas* getting better; *thàinig feabhas air an t-suidheachadh* the situation improved

feachd /fyaKk/ *am* (*pl* feachdan) army; force ♦ *feachd an adhair* air force; *feachdan armaichte* armed forces; *Feachd Chrìochan Bhreatainn* UK Border Force; *feachd-obrach* workforce

fead /feht/ *an fh-* (*pl* feadan) whistle (*sound*)

feadag /fehtak/ *an fh-* (*gen* feadaige, *pl* feadagan) **1** whistle (*device*) **2** plover ♦ *feadag bhuidhe* golden plover

feadan /fehtan/ *am* (*gen* feadain, *pl* feadanan) chanter; pipe, tube

feadaralach /fedərələK/ federal

feadh: *air feadh* /ehr feh/ throughout; *air feadh na Gàidhealtachd* throughout the Highlands

feadhainn /fyəGin/ **1** some; *am faigh mi feadhainn?* can I have some?; *feadhainn eile* others **2** *dhan fheadhainn aig an robh am feum as motha* to those whose need was greatest; *an fheadhainn as fhaide* the longest ones; *càit a bheil an fheadhainn eile?* where are the others?; *an fheadhainn bheaga* the little ones; *chur e a làmhan air m' fheadhainn-sa* he put his hands on mine

feagal = **eagal**

feagalach /fekələK/ fearful, worried

fealla-dhà /fyalə-Gah/ *an fh-* joke

feallsanach /fyalsənəK/ *am* (*gen & pl* feallsanaich) philosopher

feallsanachail /fyalsənəKal/ philosophical

feallsanachd /fyalsənəKk/ *an fh-* (*pl* feallsanachdan) philosophy

feamainn /fehmin/ *an fh-* (*gen* feamad) seaweed

feannag¹ /fyōwnak/ *an fh-* (*gen* feannaige, *pl* feannagan) crow

feannag² /fyōwnak/ *an fh-* (*gen* feannaige, *pl* feannagan) lazy-bed ♦ *feannag-taomaidh* drainage channel

feansa /fensə/ *an fh-* (*pl* feansaichean) fence

fear

fear /fehr/ *am* (*gen & pl* fir) **1** man; *na fir* the gents, the men's room

2 one (*if the reference is masculine*); *chan e am baidhsagal sin, am fear eile* not that bike, the other one; *am fear dearg* the red one; *chan e am fear sin* it's not that one; *fear dhiubh* one of them; *dè a' phrìs orra am fear?* how much are they each?; *a rèir fear de na pàrantan* according to one of the parents

♦ **fear na bainnse** the bridegroom; **fear-baidhseagail** cyclist; **fear-camara** cameraman; **fear-casaid** prosecutor, prosecution; **fear a' chunntair** barman; **fear-cinnidh** clansman; **fear-ciùird** craftsman; **fear-coiseachd** walker; **fear-dealbh** photographer; **fear-ealain** artist; **fear-fiolm** film-maker; **fear-frithealaidh** waiter; **fear-gairm** convener; **fear-gleidhidh** keeper, goalie; **fear-gnothachais** businessman; **fear-gnothaich** businessman; **fear-labhairt** spokesman; **fear-loiliopop** lollipop man; **fear-naidheachd** journalist; reporter; **fear-ogha** grandson; **fear-pòsaidh** fiancé; **fear-smàlaidh** fireman; **fear-sreap** climber; **fear-tàileisg** chessman; **fear-unndais heileacoptair** helicopter winchman

fearalas /ferələs/ *am* (*gen* fearalais) manliness

fearann /ferən/ *am* (*gen* fearainn) land (*agricultural*); *manaidsearan fearainn* land managers

fearg /ferəg/ *a' fh-* (*gen* feirge) anger; *chuir sin fearg orra / oirre* that made them / her angry

feargach /ferəgəK/ angry

feàrlagan /fyahrləgən/ *am* (*gen & pl* feàrlagain) fieldmouse

fèarna /fyahrnə/ *a' fh-* (*pl* fèarnan) alder

feàrr → **fhèarr**

feart[1] /fyarsht/ *am* (*pl* feartan) feature, characteristic

feart[2] /fyarsht/ *an fh-* (*gen* feairt) attention; *...gun tèid barrachd feairt a ghabhail do...* ...that more attention *or* consideration should be given to...

feasgar /feskər/ *am* (*gen* feasgair, *pl* feasgaran) afternoon;

evening; *feasgar a-màireach* tomorrow afternoon; tomorrow evening; *feasgar math* good evening; *feasgar an-diugh* this afternoon; this evening; *anns an fheasgar* in the afternoon; in the evening

fèathail /fee-əhal/ calm

fèich /fayK/ *gen of* **fiach¹** & **²**

fèidh /fay/ *gen & pl of* **fiadh**

fèileadh /fayləG/ *am* (*gen* fèilidh, *pl* fèilidhean) kilt

fèill /fayl/ *an fh-* (*gen* fèille, *pl* fèilltean) **1** festival; fair; *latha-fèille* public holiday **2** market, sale; demand; *tha fèill mhòr orra seo* these are very popular; *bidh fèill air...* there will be a premium on...

fèillmhor /faylvohr/ popular

fèill-reic /fayl-rehKk/ *an fh-* (*gen* fèille-reic, *pl* fèilltean-reic) sale ♦ **fèill-reic nan uan** lamb market, lamb sale

fèin- /fayn/ self-, auto- ♦ **fèin-aithne** *an fh-* identity, self-identity; **fèin-aonrachadh** *am* isolation; **fèin-eachdraidh** *an fh-* autobiography; **fèin-eachdraidheil** autobiographical; **fèin-eòlas** *am* self-knowledge; **fèin-fhastaichte** self-employed; **fèin-mhisneachail** self-confident; **fèin-mhurt** *am* suicide; **fèin-obrachail** automatic; **fèin-obrachas** *am* automation; **fèin-riaghlach** autonomous, self-governing; **fèin-spèis** *an fh-* self-respect; self-esteem

fèineag /faynak/ *an fh-* (*gen* fèineige, *pl* fèineagan) selfie

fèineil /faynel/ selfish

fèir /fayr/ just; *'s tha sinn fèir an dèidh iarrtas a chur a-steach airson...* and we have just put in a request for...

feir = **far¹** & **²**

feirge /ferəgə/ *gen of* **fearg**

fèis /faysh/ *an fh-* (*gen* fèise, *pl* fèisean) festival ♦ **fèis leabhraichean** book festival

feis(e) /fesh(ə)/ *an fh-* (*gen* feise) sex (*act*); *bha e ri feise ri...* he was having sex with...; *an robh iad ri feise?* did they have sex?

feiseil

feiseil /fehshəl/ sexual

fèith[1] /fayl/ *an fh-* (*gen* fèithe, *pl* fèithean) bog, marsh

fèith[2] /fayl/ *an fh-* (*gen* fèithe, *pl* fèithean) muscle; vein

feith (a' feitheamh) /feh (ə feh-həv)/ wait; wait for

feòcallan /fyawkələn/ *am* (*gen & pl* feòcallain) polecat

feòil /fyawl/ *an fh-* (*gen* feòla) meat; *chuir e feòil air* he has put on weight ♦ **feòil phronn** mince

feòir /fyawr/ *gen of* **feur**

feòladair /fyawlətər/ *am* (*pl* feòladairean) butcher

feòrachail /fyawrəKal/ inquisitive, curious

feòrag /fyawrak/ *an fh-* (*gen* feòraig, *pl* feòragan) squirrel
 ♦ **feòrag ghlas** grey squirrel; **feòrag ruadh** red squirrel

feuch (a' feuchainn) /fee-əK (ə fee-əKin)/ **1** try; *feuchaidh mi ri bhith ann* I'll try to be there; *bu chòir dhomh feuchainn barrachd* I should practise more **2** ■ **feuch** in order to; to see if; *choimhead e feuch dè eile a ghabhas dèanamh* he looked to see what else could be done; *deuchainnean feuch...* tests to see if...; *thòisich rannsachadh feuch a bheil...* enquiries have been started into whether...; *ann an còmhraidhean feuch stailc a sheachnadh* in talks to avoid strike action

feum[1] /faym/ *am* (*gen* feuma, *pl* feuman) **1** need; *tha iad a' cur feum air bancaichean-bìdh* they have a need for food banks; *...air am bi tric feum* ...which are often needed; *bha feum aige oirre* he needed her

2 use; *gus am feum as fheàrr a dhèanamh de...* to make the best use of ...; *oidhirp gus teicneòlas a chur gu feum* an attempt to put technology to use; *ach dè am feum!* oh what's the use!; *gun fheum* useless (*person, advice*); *chan eil feum ann* there's no point

3 good; *rinn na saor-làithean feum dhise* the holidays did her good; *dhèanadh e feum mòr nan...* it would be a big help if...

feum² /faym/ need to, have to[39]; *chan fheum thu pàigheadh fhathast* you don't need to pay yet; *am feum mi...?* do I have to...?, must I...?; *feumaidh mi...* I need a ...; I have to...; *feumaidh tu a dhèanamh* you must do it; *thuirt e gum feumar aire a thoirt dhan...* he said that attention should be paid to..., he said that...should be considered

feumach /faymǝK/ needy; *tha sinn feumach air...* we need..., we're in need of...

feumail /faymal/ useful

feumalachd /faymǝlǝKk/ *an fh-* (*pl* feumalachdan) **1** need; *feumalachdan sònraichte* special needs; *feumalachdan dhaoine eile* other people's needs **2** usefulness

feur /fee-ar/ *am* (*gen* feòir) grass; hay; *air an fheur* on the grass
♦ **feur-tìoraidh** silage

feurach /fee-ǝrǝK/ **1** grassy **2** *am* (*gen* feuraich) grazing

feusag /fee-ǝsak/ *an fh-* (*gen* feusaig, *pl* feusagan) beard

feusgan /fee-ǝskan/ *am* (*gen & pl* feusgain) mussel

fhaca /aKkǝ/ *past neg of* **faic**; *chan fhaca duine sinn* nobody saw us

fhad 's a /atsǝ/ while; *fhad 's a tha am maoineachadh ga chur air dòigh* while the funding is being put in place

fhaic: *chan fhaic* /Kan YKk/ *fut neg of* **faic**; *chan fhaic duine sinn* nobody'll see us

fhaide /ajǝ/: *nas/as fhaide* *comp & supl of* **fada**; *nas fhaide deas* further south

fhaigh: *chan fhaigh* /Kan Y/ *fut neg of* **faigh**; *chan fhaigh am bhana-campachaidh seachad* the camper van won't get past

fhasa /asǝ/: *nas/as fhasa* *comp & supl of* **furasta**

fhathast /hahst/ yet; still; *a bheil e ullamh fhathast? – chan eil fhathast* is it ready yet? – not yet; *tha mi ann fhathast* I'm still here

fheàrr 1 *nas/as fheàrr* /nǝs/ǝs shahr/ *comp & supl of* **math**;

---

39 No past tense for this verb.

rudeigin nas fheàrr na sin something better than that; *na bùthan a b'fheàrr* the best shops
2 *'s fheàrr leam am fear / an tè seo* I prefer this one, I like this one (the) most; *b'fheàrr leam...* /byahr ləm/ I'd prefer a...; *b'fheàrr leam a bhith a' fuireach an seo* I'd prefer to stay here, I'd rather stay here; *dè an spòrs as fheàrr leat?* what's your favourite sport?; *seo fear dhe na h-òrain as fheàrr leam* this song is a favourite of mine; *an rud as fheàrr leam mun obair agam* the thing I like most about my job; *...gur e sin a b'fheàrr leothasan* ...that that was their preferred option

fhèin /hayn/ **1** *thu fhèin* yourself; *iad fhèin* themselves; *dh'fhosgail an doras leis fhèin* the door opened by itself **2** *an...aige fhèin* his own...; *tha iuchair aige fhèin* he has his own key **3** (*as intensifier*); *gu dearbha fhèin* absolutely; *gu dearbha fhèin, chan eil e...* absolutely not, he is not..., no way is he...; *nach eil sin fhèin garbh!* isn't that just tough!; *àlainn fhèin!* really beautiful!; *sin thu fhèin!* you're a star!

fheudar /aytər/ must; *'s fheudar gun do chaill mi e* I must have lost it; *b'fheudar dha / dhi...* he/she had to...; *b' fheudar do heileacoptair...* the helicopter had to...

fhìn /heen/ **1** *mi fhìn* myself; *sinn fhìn* ourselves **2** *an...agam fhìn* my own...; *an...againn fhìn* our own...

Fhionnlann: *an Fhionnlann* /ən yoonlən/ (*gen* na Fionnlainne) Finland

fhiosta: *gun fhiosta* /goon yistə/ without warning; unawares; secretly; *gun fhiosta do dhaoine* without people knowing it; *thachair e gun fhiosta dhaibh* it happened without their knowledge

Fhraing: *an Fhraing* /ən rang/ (*gen* na Fraing) France

fhuair /hoo-ər/ *past of* **faigh**; *fhuair iad gairm èiginn* they got an emergency call; *an d'fhuair iad gairm èiginn* did they get an emergency call?; *cha d'fhuair iad gairm èiginn* they didn't get an emergency call

fhuaras /hoo-ərəs/ *past pass of* **faigh**; *fhuaras gairm èiginn* an emergency call was received

fiabhras /fyōwrəsl/ *am* (*gen* fiabhrais, *pl* fiabhrasan) fever; *tha fiabhras air/oirre* he's/she's got a temperature

fiacail, fiacaill = fiacal

fiacal /fee-əKkəl/ *am* (*gen* fiacail, *pl* fiaclan) tooth ♦ **fiaclan a' bhainne** milk teeth; **fiacal-cùil** back tooth, molar; **fiaclan fuadain** dentures, false teeth

fiach[1] /fee-əK/ *am* (*gen* fèich, *pl* fiachan) value, worth; *chan fhiach e feitheamh* it's not worth waiting; *'s fhiach e e* it's worth it

fiach[2] /fee-əK/ *am* (*gen* fèich, *pl* fiachan) debt; *a' dol ann am fiachan* getting into debt

fiaclach /fee-əKkləK/ toothy; toothed

fiaclair /fee-əKklar/ *am* (*pl* fiaclairean) dentist

fiaclaireachd /fee-əKklarəKk/ *an fh-* dentistry

fiaclan /fee-əKklən/ *pl of* **fiacal**

fiadh /fee-əG/ *am* (*gen & pl* fèidh) deer ♦ **fiadh-ruadh** red deer

fiadh- /fee-əG-/ wild ♦ **fiadh-bheatha** *a' fh-* wildlife; **fiadh-bheathach** *am* wild animal

fiadhaich /fee-ə-eeK/ fierce; wild

fialaidh /fee-əlee/ generous; *nach tu tha fialaidh* that's very generous of you

fialaidheachd /fee-aleeyəKk/ *an fh-* generosity

fiamh /fee-əv/ *am* (*gen* fiamhe, *pl* fiamhan) look, expression; awe ♦ **fiamh a' ghàire** smile; *agus le fiamh a' ghàire air a h-aodann thuirt i...* and she said with a smile on her face..., and she said smiling...

fianais /fee-anish/ *an fh-* (*gen* fianaise, *pl* fianaisean) **1** evidence; witness; *thug iad fianais* they gave evidence; *thòisich e a' toirt fianais seachad* he began to give evidence; *fianais air...* evidence of... **2** *buidheann fianais* protest group; *thog iad fianais* they demonstrated, they staged a protest **3** *nam fhianais* in my presence

fianaiseach

fianaiseach /fee-anishəK/ *am* (*gen* & *pl* fianaisich) witness

fianaisiche /fee-anisheeKə/ *am* (*pl* fianaisichean) witness

fiar (a' fiaradh) /fee-ar (ə fee-arəG)/ bend, twist ■ **air fiaradh** at an angle; sideways

fiathachadh /fee-əKəG/ *am* (*gen* fiathachaidh, *pl* fiathachaidhean) invitation

fiathaich (a' fiathachadh) /fee-ə-eek (ə fee-əKəG)/ invite; *tha sibh air ur fiathachadh gu pàrtaidh aig…* you are invited to a party at…

fichead /feeKet/ twenty[40]; *na ficheadan dhiubh!* scores of them!; *'s ann a tha e fada fichead nas miosa* it's a thousand times worse ♦ **fichead 's a h-aon** twenty-one; **fichead 's dhà** twenty-two

ficsean /fikshən/ *an* (*gen* ficsein) fiction

fidheall /feeyəl/ *an fh-* (*gen* fidhle, *pl* fidhlean) violin; fiddle

fidhlear /feelər/ *am* (*gen* fidhleir, *pl* fidhlearan) violinist; fiddler

fidhlearachd /feelərəKk/ *an fh-* fiddling, fiddling skills

figear /'figure'/ *am* (*gen* figeir, *pl* figearan) figure, number

figh (a' fighe) /fee (ə fee-yə)/ knit; weave

fighe /fee-yə/ *an fh-* knitting; weaving

fileanta /feeləntə/ fluent

fileantach /feeləntəK/ *am* (*gen* & *pl* fileantaich) native speaker

fileantas /feeləntəs/ *am* (*gen* fileantais) fluency

fill (a' filleadh) /feel (ə feelyəG)/ fold; plait; wrap; combine

filleadh /feelyəG/ *am* (*gen* fillidh, *pl* fillidhean) layer

fillte /feelchə/ compound; complex; *snàth dà fhillte* two-ply wool; *planaichean airson an A9 a dhèanamh dà fhillte* plans to make the A9 a dual carriageway

film /filəm/ *am* (*pl* filmichean) film

filmeadh /filəməG/ *am* (*gen* filmidh) filming

fine /feenə/ *an fh-* (*pl* fineachan) clan; *na fineachan Gàidhealach* the Highland clans

---

40 **Fichead** is followed by a noun in the singular, also when used in combination with other number words.

Fìobha /feefə/ Fife

fiodh /fyiG/ *am* (*gen* fiodha) wood; timber

fiodhrach /fiGrəK/ *am* (*gen* fiodhraich) timber; ***b'e sin fiodhrach a thoirt do Loch Abar*** that would be carrying coals to Newcastle

fiolm = **film**

fiolmadh = **filmeadh**

fion /fee-ən/ *am* (*gen* fìona) wine ♦ **fion dearg** red wine; **fion geal** white wine; **fion-geur** vinegar

fionn /fyoon/ white; fair

fionnadh /fyoonəG/ *am* (*gen* fionnaidh, *pl* fionnaidhean) fur; hair; coat

fionnairidh /fyoonaree/ *an fh-* evening, twilight

fionnar /fyoonər/ cool

fionnaraich (a' fionnarachadh) /fyoonareeK (ə fyoonərəKəG)/ cool (down)

Fionnlainne /fyoonlənə/ *gen of* **Fhionnlann**

fìor /feer/ **1** real; true; *is e fìor bhargan a th'ann* it's a real bargain; *tha e fìor gu bheil trioblaidean ann* it's true that there are problems; *chan eil e fìor* it's not true; *cluiche mas fìor* rôle play **2** very; *fìor bhlasta* very *or* really tasty; *anns na fìor mhionaidean mu dheireadh* in the very last minutes; *bann-leathann fìor luath* superfast broadband ♦ **fìor-thoiseach** *am* outset, very beginning; *bhon fhìor-thoiseach* from the very beginning; **fìor-uisge** *am* spring water; freshwater

fios[41] /fis/ *am* (*gen* fiosa) **1** knowledge; *tha fios agam* I know; *tha fios agam air...* I know...; *chan eil fios agam* I don't know; *cha robh fios agam air sin* I didn't know that; *bha fhios aig Susie carson...* Susie knew why...; *chan eil fios agam air dad mu dheidhinn* I don't know anything about it; *cò aig tha fios?* who knows?

2 word; *an iarradh tu air fios a chur thugam?* could you

---

41 Both **fios** and **fhios** are in common use, without distinction.

ask him to get in touch (with me); *chaidh fios a chur air a teaghlach* the family had been informed; *bu toil leinn fios a leigeil don...* we'd like to inform...; *fhuair iad fios bhon sgoil gun...* they got word *or* a message from the school that...; *tha sinn a' feitheamh fios air ais* we're waiting to hear back; *cùm fios rinn mu dheidhinn seo* keep us up-to-date about this; *gheibh mi fios air dè a tha e ag iarraidh* I'll find out what he wants; *thàinig fios gu bheil...* word came that...; *tha fios a bharrachd ri fhaighinn mun...* more information about the...can be found...

3 *fios gu:...* contact:...; *fios thugainn:...* contact us:...; *ciamar a chuireas mi fios gu...?* how can I contact...?

4 ▪ **tha fios, tha fhios** obviously, of course; *tha fhios gu bheil e cunnartach* it has to be dangerous; it is known to be dangerous

5 ▪ **chan eil fhios nach eil** maybe; *chan eil fhios nach eil stoirm a' tighinn* there's maybe a storm coming

♦ **fios-àichidh** disclaimer; **fios-freagairt** acknowledgement (*of receipt*); **fios-naidheachd** press announcement

fiosaigeach /fiseegəK/ physical
fiosaigs /'physics'/ *an fh-* physics
fiosrachadh /fisrəKəG/ *am* (*gen* fiosrachaidh) information; facts; *gheibhear tuilleadh fiosrachaidh* further information is available ♦ **fiosrachadh conaltraidh** contact details
fiosraichte /fisreeKchə/ informed
fiot /fit/ fit; *dòighean eile airson cumail fiot* other ways of keeping fit
fir /feer/ men; *gen & pl of* **fear** ♦ **na Fir Chlis** the northern lights, the aurora borealis
fireann /feerən/ male
fireannach /feerənəK/ *am* (*gen & pl* fireannaich) man, male
firinn /feerin/ *an fh-* (*gen* firinne, *pl* firinnean) fact; truth; *a dh'innse na firinn, b'e...* to tell the truth, it was...; *leis an*

fhìrinn innse in fact, to tell the truth
fìrinneach /feerinyəK/ true; honest; *gu fìrinneach* really; honestly
fìrinnich (a' fìrinneachadh) /feerineeK (ə feerinəKəG)/ justify; *chan eil iad a' fìrinneachadh na tha iad a' faighinn de thuarastal* there's no justification for the pay they're getting
fitheach /fee-əK/ *am* (*gen & pl* fithich) raven
fiughair /fyoo-ər/: *tha mi a' dèanamh fiughair ri bhith ag obair còmhla riutha* I'm looking forward to working with them
fiù ('s) /fyoo(s)/ even
fiùs /ˈfuseˈ/ *am* (*pl* fiùsaichean) fuse
flat *am* (*pl* flataichean) **1** flat, apartment **2** saucer
fleasgach /fleskəK/ *am* (*gen & pl* fleasgaich) bachelor; best man
 ♦ **fleasgach fear na bainnse** best man
fliche /fliKə/: *nas/as fliche* *comp & supl of* **fliuch**
flin /flin/ *am* sleet
flinne /flinyə/ *am* sleet
fliuch /flooK/ wet
flodach /flodəK/ tepid
flùr /floo-r/ *am* (*gen* flùir, *pl* flùraichean) **1** flower **2** flour
fo /foh/ +*len* **1** under, below, beneath; *tha e trì puingean fo neoni* it's 3 degrees below zero; *fon phlana* according to the plan, under the plan

 2 *fo fheasgar* before the evening
 ♦ **fo-aodach** *am* underwear; **fo-cheuma** undergraduate; **fo-dheuchainn** *an fh-* prelim; **fo-làimhe** underarm; **fo-lèine** *an fh-* vest; **fo-rèile** *am* underground; **Fo-Rùnaire na Stàite airson Alba** the Undersecretary of State for Scotland; **fo-sgrìobhadh** *am* subscription; *ma nì thu fo-sgrìobhadh* if you subscribe; **fo-shràid** *an fh-* side street; **fo-stèisean** *am* substation; **fo-stràcte** underlined; **fo-thaghadh** *am* by-election; **fo-thiotalan** *na* subtitles
fòcas /fohkəs/ *am* (*gen* fòcais, *pl* fòcasan) focus

fodar /fodər/ *am* (*gen* fodair) fodder

fodha[1] /foh-ə/ under, underneath; down; below; *chaidh am bàta fodha* the boat sank, the boat went under; *solais a' bhaile fodha* the lights of the city below; *air a beul/bheul fodha* face down

fodha[2] /foh-ə/ *prep pron from* **fo** *for* **e** (*him, it*); under him/it; beneath him

fodhad /foh-ət/ *prep pron from* **fo** *for* **thu** (*you*); under you; beneath you; *buail do thòn fodhad!* take the weight off, plant your arse

fodhaibh /foh-iv/ *prep pron from* **fo** *for* **sibh** (*you*); under you; beneath you

fodhainn /foh-een/ *prep pron from* **fo** *for* **sinn** (*us*); under us; beneath us

fodham /foh-əm/ *prep pron from* **fo** *for* **mi** (*me*); under me; beneath me

fodhpa /fopə/ *prep pron from* **fo** *for* **iad** (*them*); under them; beneath them

fògarrach /fawgərəK/ *am* (*gen & pl* fògarraich) exile; refugee

foghain = **fòghainn**

fòghainn (a' fòghnadh) /foh-een (ə fohnəG)/ be enough; *fòghnaidh sin an-diugh* that's enough for today, that'll do for today; *fòghnaidh na dh'fhòghnas* enough's as good as a feast

foghainteach /foh-ənchəK/ valiant

foghar /foh-ər/ *am* (*gen* foghair, *pl* fogharan) autumn; harvest; *as t-fhoghar* in the autumn

foghlam /furləm/ *am* (*gen* foghlaim) education; *gearraidhean foghlaim* education cuts ♦ **foghlam adhartach** further education; **foghlam àrd-ìre** higher education; **foghlam corporra** PE, physical education; **foghlam creideimh** RE, religious education; **foghlam tro mheadhan na Gàidhlig** Gaelic medium education

fògradh /fawgrəG/ *am* (*gen* fògraidh) exile; *air fhògradh* in exile

follais

fòid /fawj/ *an fh-* (*gen* fòide, *pl* fòidean) turf ♦ **fòid-bhuinn** draught excluder

foidhe /foyə/ = **fodha¹ & ²**

foidhpe /foypə/ *prep pron from* **fo** *for* **i** (*her*; *it*); under her/it

foighidneach /fə-yijnəK/ patient

foighidinn /fə-yijin/ *an fh-* (*gen* foighidinne) patience; *gabh foighidinn* be patient

foill /fə-il/ *an fh-* (*gen* foille) deceit; cheating; fraud

foillseachadh /fə-ilshəKəG/ *am* (*gen* foillseachaidh) publishing; publication

foillseachan /fə-ilshəKən/ *am* (*gen & pl* foillseachain) publication

foillsich (a' foillseachadh) /fə-ilsheek (ə fə-ilshəKəG)/ publish; reveal; unveil (*statue*)

foillsichear /fə-ilshiKər/ *am* (*gen* foillsicheir, *pl* foillsichearan) publisher

foincsean /'function'/ *am* (*gen* foincsein, *pl* foincseanan) function

foinne /fonyə/ *an fh-* (*pl* foinnean) wart

foipe /fopə/ = **foidhpe**

fòir /fawr/ *an fh-* (*gen* fòire) help; succour

foireansaig /'forensic'/ forensic

foirfe /firəfə/ perfect

foirm /forəm/ *am* (*pl* foirmean) form, document; *foirm cunntas* census form

foirmeil /forəmel/ formal

fòirneart /fawrnersht/ *am* (*gen* fòirneirt) violence

fòirneartach /fawrnershtəK/ violent

fois /fosh/ *an fh-* (*gen* foise) peace; leisure; *gabh fois* chill, relax; *chan eil mi ach a' gabhail fois* I'm just chilling *or* relaxing; *fois agus sìth* peace and quiet; *aig fois* at peace; *aig fois na cadal* peacefully asleep

follais /folish/ *an fh-*: *a' tighinn am follais* appearing; showing; exposed; *thàinig e am follais gun...* it became apparent that...; *gus an tig tuilleadh fiosrachaidh dhan fhollais*

follaiseach

    until further information comes to light

follaiseach /folishəK/ obvious; transparent; ***gu follaiseach*** obviously; transparently

fòn /fohn/ *am* (*pl* fònaichean) telephone, phone; ***chuir i fòn gu...*** she called *or* phoned... ♦ **fòn-làimhe** mobile (phone); **fònaichean-cinn** headphones; **fònaichean-cluaise** earphones; **fòn tapaidh** smartphone

fòn (a' fònadh) /fohn (ə fohnəG)/ phone, call

◊ **fòn air ais** phone back

△ **fòn air ais gu** phone back; ***fònaidh mi air ais thugad*** I'll phone you back

△ **fòn gu** phone, call; ***fònaidh mi thugad*** I'll phone you

fon = **fo** + **an**; ***fon leabaidh*** under the bed

fonn /fōwn/ *am* (*gen & pl* fuinn) tune; tone; ***an dèidh an fhuinn*** after the tone

for *am* attention; ***gun for agam / aca*** without paying attention, heedlessly; ***cha robh for aice dè...*** she had no idea of what...; ***mus robh for aice*** before she became aware; ***chan eil mòran for aige air feumalachdan dhaoin' eile*** he doesn't bother much about the needs of others; ***cha robh for aige gun...*** he was unaware that...

forc *am* (*gen* fuirc, *pl* forcan) fork (*to eat with, in road*)

for-ghnìomhach /for-Gree-əvəK/ pro-active

fòrladh /fawrləG/ *am* (*gen* fòrlaidh) leave, furlough ♦ **fòrladh dreuchd** career break

fortan /forshtan/ *am* (*gen* fortain) fortune; good luck; ***...nach cosgadh fortan*** ...that wouldn't cost a fortune

fortanach /forshtənəK/ lucky, fortunate

for-thalla /for-halə/ *am* (*pl* for-thallachan) foyer

fosail /'fossil'/ *am* (*pl* fosailean) fossil

fosgail (a' fosgladh) /fosgal (ə fosgləG)/ open; ***chan fhosgail e*** it won't open; ***chan urrainn dhomh fhosgladh*** I can't open it; ***cuin a dh'fhosglas sibh?*** when do you open?

◊ **fosgail suas** open up

fosglair /fosglər/ *am* (*pl* fosglairean) opener ♦ **fosglair botal**

bottle-opener; **fosglair cana** can-opener; **fosglair tiona** tin-opener

fosgailte /fosgalchə/ open

fosgarra /fosgərə/ open-minded

frac *am* (*pl* fracan) rubbish; *fracan chàraichean* wrecks of cars

fradharc /frə-ərk/ *am* (*gen* fradhairc) sight

fradhairciche /frə-ərkeeKə/ *am* (*pl* fradhaircichean) optician

Fraing /frang/ *gen of* **Fhraing**

Fraingis /frangish/ *an Fh-* (*gen* Fraingise) French (*language*)

Frangach /frangəK/ **1** French **2** *am* (*gen & pl* Frangaich) Frenchman; *na Frangaich* the French

fraoch /frurK/ *am* (*gen* fraoich) heather

fras /fras/ *an fh-* (*gen* froise, *pl* frasan) shower; *frasan sneachda* snow showers ♦ **fras-cumhachd** power shower

fras (a' frasadh) /fras (ə frasəG)/ scatter; *bha e a' frasadh sìol* he was scattering seeds

frasadair smàlaidh /frasətər smahlee/ *am* (*pl* frasadairean smàlaidh) sprinkler

frasair /frasehr/ *am* (*pl* frasairean) shower (*in bathroom*); *feumaidh mi dhol fon fhrasair* I need a shower

freachdan /fryaKkən/ *am* (*gen* freachdain) junk food

freagair (a' freagairt, a' freagradh) /frekər (ə frekərsht, ə frekrəG)/ **1** answer **2** fit; *chan eil e gam fhreagairt* it doesn't fit me

freagairt /frekarsht/ *an fh-* (*pl* freagairtean) answer; *cha robh freagairt ann* there was no answer; *dè an fhreagairt a bh' aige?* what was his answer?; *mar fhreagairt* in reply; *chan e sin freagairt na cùise* that is not the answer, that is not the solution

freagarrach /frekərəK/ suitable; suited

frèam /'frame'/ *am* (*gen* frèama, *pl* frèaman) frame; framework ♦ **frèam-obrach** framework

freastal /frestal/ *an fh-* (*gen* freastail) providence ♦ **freastal-lann** surgery (*MP's*)

freiceadan

freiceadan /frehKkatən/ *am* (*gen* freiceadain, *pl* freiceadanan) guard ♦ **freiceadan-cloinne** child minder

freumh /free-əv/ *am* (*gen* freumha, *pl* freumhan) root

freumhach /free-əvəK/ *an fh-* (*gen* freumhaich, *pl* freumhaichean) root

freumhaichte /free-əveeKchə/ rooted

frìde /freejə/ *an fh-* (*pl* frìdean) insect, bug

frids /'fridge'/ *am* (*pl* fridsichean) fridge

frionas /frinəs/ *am* (*gen* frionais) irritation

frionasach /frinəsəK/ sensitive, touchy, irritable

frithealadh /freehələG/ *am* (*gen* frithealaidh) service

fritheil (a' frithealadh) /freehel (ə freehələG)/ serve; attend; *bidh am bàta a' frithealadh Arainn* the boat will serve Arran

△**fritheil air** wait on; *bha iad air a bhith frithealadh oirre* they had been waiting on her

frith-rathad /free-rah-ət/ *am* (*gen* frith-rathaid, *pl* frith-rathadan) lane; track; footpath

froise /froshə/ *gen of* **fras**

fruis /froosh/ *am* whoosh; *chaidh e seachad le fruis* he whooshed past

FTMG (=**foghlam tro mheadhan na Gàidhlig**) GME (=Gaelic Medium Education)

fuachd /foo-əKk/ *am* cold; *san fuachd* in the cold

fuadach /foo-ədəK/ *am* (*gen* fuadaich, *pl* fuadaichean) expulsion; eviction ♦ **Na Fuadaichean** The (Highland) Clearances

fuadaich (a' fuadach, a' fuadachadh) /foo-ədeeK (ə foo-ədəK, ə foo-ədəKəG)/ expel; exile; banish; evict

fuadain /foo-əden/ artificial; fake; *'s e fear fuadain a tha seo* this is a fake; *gunna fuadain* a fake gun

fuaigh (a' fuaigheal) /foo-Y (ə foo-Y-el)/ sew

fuaim /foo-Ym/ *am* (*gen* fuaime, *pl* fuaimean) sound; noise; volume; *stòrasan fuaime* audio resources

fuaimneachadh /foo-əm-nəKəG/ *am* (*gen* fuaimneachaidh, *pl* fuaimneachaidhean) pronunciation; *dè am fuaimneachadh air seo?* how do you pronounce this?

fuaimreag /foo-əmrek/ *an fh-* (*gen* fuaimreige, *pl* fuaimreagan) vowel

fuamhaire /foo-əvarə/ *am* (*pl* fuamhairean) giant

fuar /foo-ər/ cold

fuaradair /foo-ərətar/ *am* (*pl* fuaradairean) fridge

fuaraidh /foo-əree/ chilly; damp

fuaran /foo-əran/ *am* (*gen & pl* fuarain) spring; well

fuasgail (a' fuasgladh) /foo-əsgal (ə foo-əsgləG)/ loosen; release; let down; untie; work out, solve; *tha sin air tòrr fiosrachaidh fhuasgladh dhuinn* this has released a lot of information for us

fuasgailte /foo-əsgelchə/ loose

fuasgladh /foo-əsgləG/ *am* (*gen* fuasglaidh, *pl* fuasglaidhean) solution; solving

fùcadair /fookatehr/ *am* (*pl* fùcadairean) fuller

fuich! /fə-iK/ yuck!

fuil /fool/ *an fh-* (*gen* fala) blood; *tha ball-coise a' ruith na fhuil* football is in his blood

fuileach /foolaK/ bloody; rare (*steak*)

fuilear /foolər/: *chan fhuilear dhomh sgur a smocadh* I need to stop smoking; *cha b' fhuilear dhomh / dhaibh na bh' ann de thìde* time was of the essence

fuiling (a' fulang) /fooling (ə foolang)/ stand; stand for, tolerate; suffer

fuilt /foolt/ *gen of* **falt**

fuilteach /foolchəK/ bloody; rare (*steak*)

fuiltean /foolchən/ *am* (*gen* fuiltein, *pl* fuilteanan) hair; *fuiltean bàn air mo...* a blonde hair on my...

fuin (a' fuine) /foon (ə foonyə)/ bake; knead

fuine /foonyə/ *an fh-* baking

fuinn /foo-in/ *gen & pl of* **fonn**[42]

---

42 Gaelic church chanting is called **fuinn**.

fuinne

fuinne /fənyə/ *an fh-* (*pl* fuinnean) wart
fuirc /foork/ *gen of* **forc**
fuireachas: *air fuireachas* /ehr fooreKəs/ on standby
fuirich (a' fuireach) /fooreeK (ə fooreK)/ **1** live; stay; *càit a bheil thu a' fuireach?* where do you live?; *tha e a' fuireach còmhla ri sheanmhair* he lives with his Gran; he's staying with his Gran; *fuirich an sin* stay there; *nam fuiricheamaid san EU* if we stay(ed) in the EU **2** wait; *ceart gu leòr, fuirichidh mi* it's ok, I'll wait; *fuirich thusa ort!* just you wait!
◊ **fuirich aig** live with; stay with
◊ **fuirich a-staigh** stay in
◊ **fuirich còmhla** live together
∆ **fuirich còmhla ri** stay with
∆ **fuirich ri** wait for; *na fuirich riumsa!* don't wait for me!
fulang: *a' fulang* /ə foolang/ *verbal noun of* **fuiling**
fulangach /foolən-gəK/ tough, hardy; suffering; passive
fulmair /fooləmər/ *am* (*gen* fulmaire, *pl* fulmairean) fulmar
furachail /fooraKal/ vigilant, alert
furasta /foorəstə/ easy
furm /foorəm/ *am* (*gen* fuirm, *pl* fuirmean) stool
fut = **fiot**

ga¹ 1 her; it (*when the Gaelic comes before a verbal noun*); **chan eil mi ga tuigsinn** I don't understand her/it **2** (*causing lenition*) him; it; **chan eil mi ga thuigsinn** I don't understand him/it; **tha mi ga h-ionnsachadh** I'm learning (it)

ga²: **banca ga dhùnadh** bank to close; **companaidh bhradan ga cheannach** salmon company to be bought; **taic-airgid ga aontachadh** funding agreed

gabh (a' gabhail) /gav (ə gahl)/ **1** take; pick up (*habit, disease*); **a bheil an t-àite seo gabhte?** is this place taken?; **gabh a'chiad rathad air an làimh chlì** take the first road on the left; **chan fhaod i ùine a ghabhail far na sgoile** she's not allowed to take time off school; **gabhaidh mi e** I'll take it; **gabh no guait e** take it or leave it, it's that or nothing

2 eat; drink; have; take; **gabh do dhìnnear** eat up your dinner; **ghabh sinn cearc airson dìnnear** we had chicken for dinner; **gabhaidh mi tost** I'll have some toast; **an gabh thu brochan?** would you like some porridge?; **dè ghabhas tu?** what are you having?, what's yours?; **a' gabhail pinnt** having a pint; **an gabh thu drama?** you'll have a dram?; **ghabh mise tòrr** I had a lot; I ate a lot

3 **a' gabhail òran** singing songs; **turas a' gabhail** going on a trip

4 go; **a' gabhail sìos Queen Street** going down Queen Street

5 (*to express possibility*) **thuirt iad gun gabh seo a dhèanamh** they said that this can be done; **cha ghabhadh sin a bhith** that couldn't happen; **cho luath 's a ghabhas** as quickly as possible; **...gu bheil e cho cudromach 's a ghabhas** ...that it is extremely important; **falt nach gabh**

cìreadh hair that can't be combed; *ag ràdh nach gabhadh a leasachadh* saying that it couldn't be helped; *dè ghabhas dèanamh?* what can be done?

△ **gabh aig 1** secure; *feumaidh tu gabhail agad fhèin gu math* you'll need to take care of yourself; *ghabh i aig a lotan* she tended to his/her wounds **2** *feumaidh tu gabhail aice/aca* you'll have to stand up to her/them

◊ **gabh a-mach** get out; *gabh a-mach às mo shealladh* get out of my sight

◊ **gabh a-steach 1** go in; *bha an doras fosgailte, agus mar sin ghabh e a-steach* the door was open, and so he went in **2** include; *chan eil an t-suim a' gabhail a-steach na chosgadh e...* the sum does not include what it would cost...

◊ **gabh far** take off; *ghabh mi mìos far m'obair* I took a month off my work

△ **gabh ri** accept; *gabhaidh mi ri sin* I can live with that; *cha ghabhar ri sin ann* that's not acceptable; *chaidh gabhail ri dreachd dhe seo* a draft of this was approved; *ghabh esan gnothach ris* he got involved in it; *ghabh iad ris nach robh sin...* they acknowledged that that was not...

◊ **gabh seachad** go past

◊ **gabh thairis** take over; *...a' mhòr-chuid dhen chompanaidh a ghabhail thairis* ...to take over a majority interest in the company

gàbhadh /gahvəG/ *an* (*gen* gàbhaidh, *pl* gàbhaidhean) danger, peril; crisis; *bha sinn ann an gàbhadh* we were in a perilous situation

gàbhaidh /gahvee/ **1** perilous; severe, violent (*storm*) **2** incredibly; *bha i gàbhaidh fuar* it was incredibly cold

gabhail[1]: *a' gàbhail* /ə gahl/ *verbal noun of* **gabh**

gabhail[2] /gahl/ *an* (*gen* gabhalach, *pl* gabhalaichean) lease; course; *dh'atharraich iad an gabhail* they changed course; *fhuair sinn gabhail rinn gu math* we were well received; we got a good reception

gabhaltach[1] /ga-əltəK/ infectious; contagious
gabhaltach[2] /ga-əltəK/ *an (pl* gabhaltaichean) tenant
gabhaltas /gah-əltəs/ *an (gen* gabhaltais, *pl* gabhaltasan) tenancy; lease
gach /gaK/ each, every; *ach gach Dimàirt* except Tuesdays ■ **gach cuid...agus** both...and; *gach cuid an t-àrd-sgioba stiùiridh agus am bòrd* both the senior management team and the board
gad[1] /gat/ **1** you (*when the Gaelic comes before a verbal noun*); *chan eil mi gad chluinntinn* I can't hear you **2** (*to form passives*) *an robh thu gad leantainn?* were you followed?
gad[2] /gat/ *an (gen* gaid, *pl* gadan) string; *tha gad fhathast air an sporan phoblach* the public purse strings are still tight
Gaeilge /gwayligə/ *a' Gh-* Irish Gaelic
gafair /gafar/ *an (pl* gafairean) boss
gagadaich /gakədeeK/ *a' gh-* stammering
Gàidheal /geh-yəl/ *an (gen & pl* Gàidheil) Gael; Highlander
Gàidhealach /geh-yələK/ Gaelic; Highland
Gàidhealtachd /geh-yəltəKk/ *gen of* **a' Ghàidhealtachd**; *Oilthigh na Gàidhealtachd agus nan Eilean* The University of the Highlands and Islands
Gàidheil /geh-yel/ *gen & pl of* **Gàidheal**
Gàidhlig /gahlik/ *a' Gh-* Gaelic (*language*); *dè tha sin sa Ghàidhlig?* what's that in Gaelic?; *dè a' Ghàidhlig air...?* what's Gaelic for...?; *a bheil Gàidhlig agad?* do you speak Gaelic?; *Gàidhlig na h-Èireann* Irish Gaelic
gailearaidh /galəree/ *an (pl* gailearaidhean) gallery
   ♦ **gailearaidh ealain** art gallery
gàilleach /gahlyəK/ *an (gen* gàillich) gills
gainmheach /genevəK/ *a' gh- (gen* gainmhich) sand
gainnead /gan-yət/ *an (gen* gainneid, *pl* gainneadan) scarcity, lack; *gainnead bìdhe* a shortage of food; *...gu bheil gainnead thidsearan ann* ...that there is a shortage of teachers
gàirdeachas /gahrshjəKəs/ *an (gen* gàirdeachais) joy, rejoicing

gàirdean

gàirdean /gahrjen/ *an* (*gen* gàirdein, *pl* gàirdeanan) arm

gàire /gahrə/ *a' gh-* **1** laugh; *na dèan gàire* don't laugh; *na dèan gàire orm* don't laugh at me; *rinn sinn gàire ris an fhealla-dhà aige* we laughed at his joke; *rinn i a' chiad ghàire airson…* she laughed for the first time in…; *cha b'urrainn dhomh gun gàire a dhèanamh* I couldn't help laughing; *ach rinn iadsan gàire mòr* but they just laughed out loud; *thuirt e le gàire* he said with a laugh, he said laughing; *gàire mòr* LOL **2** smile; *thàinig gàire beag air a h-aodann* a little smile appeared on her face

gàireachdainn /gahrəKkin/ *a' gh-* laughing, laughter

gairm /gerəm/ *a' gh-* (*gen* gairme, *pl* gairmean) call; *chaill mi gairm bhuat air a' fòn* I had a missed call from you

gairm (a' gairm) /gerəm/ call; call out; *chaidh luchd-smàlaidh a ghairm* the fire brigade was called out; *tha iad air coinneamh a ghairm* they've called a meeting ♦ **gairm èiginn** emergency call; distress call; SOS; *chuir pìleat gairm èiginn a-mach* the pilot put out an emergency call; **gairm-fòn** phonecall

gàirnealeachd /gahrnələKk/ *a' gh-* gardening
gàirneileachd /gahrnələKk/ *a' gh-* gardening
gàirnealearachd /gahrnələrəKk/ *a' gh-* gardening
gaisean /gashən/ *an* (*gen & pl* gaisein) strand; tuft
gaisgeach /gashkəK/ *an* (*gen & pl* gaisgich) hero
gaisgeachd /gashkəKk/ *a' gh-* bravery; heroism; *airson a cuid gaisgeachd* for her bravery
gaisgeil /gashkel/ brave
gal (a' gal) /gal/ cry; *na bi a' gal* don't cry
galan /galən/ *an* (*gen* galain, *pl* galanan) gallon
galar /galər/ *an* (*gen* galair, *pl* galaran) disease ♦ **Galar Duitseach** Dutch elm disease; **galar-ghabhail** infection; **Galar Roilleach** foot and mouth disease
Gall /gōwl/ *an* (*gen & pl* Goill) Lowlander; non-Gael, outsider
galla /galə/ *a' gh-* (*pl* gallachan) bitch (*dog and woman*); *taigh na galla leat!* fuck off!, go to hell!

gaol

Gallaibh /galəv/ Caithness
Gallta /gōwltə/ Lowland
Galltachd: *a' Ghalltachd* /ə GōwltəKk/ the Lowlands
gam¹ ⁴³ **1** them (*when the Gaelic comes before a verbal noun*); *chan eil mi gam faicinn* I can't see them **2** (*to form a passive*) *nuair a tha uain gam breith* when lambs are being born
gam² **1** me (*when the Gaelic comes before a verbal noun*); *chan eil iad gam thuigsinn* they don't understand me **2** (*to form a passive*) *bha mi gam leantainn* I was being followed
gàmag /gahmak/ *a' gh-* (*gen* gàmaige, *pl* gàmagan) mouthful
gan 1 them (*when the Gaelic comes before a verbal noun*); *chan eil mi gan tuigsinn* I don't understand them **2** (*to form a passive*) *tha ceistean gan togail* questions are being asked; *agus chaidh 200 dhiubh gan creic* and 200 of them were sold
gann /gōwn/: *gann de* short of; *tha iad £10m gann* they have a £10m shortfall; *dìreach gann air £2000* just under £2000; *tha airgead gann air daoine* people are short of money; *'s gann gu bheil gin air fhàgail* there are hardly any left; *'s gann gun tèid agam air feitheamh* I can hardly wait; *gearan gur gann a chì iad...* a complaint that they can scarcely see...
gannraich (a' gannrachadh) /gahnreeK (ə gahnrəKəG)/ dirty, soil; contaminate
gànraich (a' gànrachadh) /gahnreeK (ə gahnrəKəG)/ dirty, soil; contaminate, pollute; *air a ghànrachadh le poll* covered in mud
gaoir /gur-ir/ *a' gh-* (*gen* gaoire, *pl* gaoirean) shiver; *chaidh gaoir tro fheoil* he shuddered
gaoisid /gursij/ *a' gh-* hair (*of animal, on body*); bristles
gaol /gurl/ *an* (*gen & pl* gaoil) love; *a bheil gaol agad orm?* do you love me?; *tha gaol agam ort* I love you; *tha e/i ann an gaol* he's/she's in love; *thuit mi ann an gaol le...* I

---

43 same as **gan** when coming before b,f,m,p

fell in love with...; ***...gun robh gaol mòr air*** ...that he was much loved; ***ò tha, a ghaoil*** oh yes, love

gaolach /gurləK/ beloved; loving; ***gaolach air*** fond of

gaoth /gur/ *a' gh-* (*gen* gaoithe, *pl* gaothan) wind; ***tha sinn ron ghaoith*** we're done for, we're in trouble ♦ ***gaoth an ceann*** head wind; ***gaoth an ear*** east wind

gaothach /gur-əK/ windy

gaotharan /gurhərən/ *an* (*gen* gaotharain, *pl* gaotharanan) fan

gar **1** us (*when the Gaelic comes before a verbal noun*); ***chan eil iad gar tuigsinn*** they don't understand us; ***chan eil i gar n-ionndrainn*** she doesn't miss us **2** (*in passives*) ***tha sinn gar leantainn*** we're being followed

gar (a' garadh) /gar (ə garəG)/ warm

gàradh = **gàrradh**

garaids /garij/ *a' gh-* (*pl* garaidsean) garage

garbh /garav/ **1** rough; ***ionnsaigh gharbh*** a violent *or* vicious attack **2** very, really

gàrd /gahrd/ *an* guard; ***leig mi sìos mo ghàrd*** I dropped my guard

gàrradh /gahrəG/ *an* (*gen* gàrraidh, *pl* gàrraidhean) garden; yard; (stone) wall ♦ ***gàrradh-iarainn*** shipyard; ***gàrradh shoithichean*** shipyard; ***gàrradh-togail*** ship-building yard

gas *an* (*gen* gasa, *pl* gasan) gas

gath /gah/ *an* (*gen* gatha, *pl* gathan) ray; sting ♦ ***gath-grèine*** sunbeam, sunray; ***gath-leusair*** laser beam

ge /geh/: ***ge b'e air bith*** whatever; ***ge b'e càit*** wherever; ***ge b'e cò*** whoever; ***ge b'e dè cho mòr no beag 's a tha iad*** whether big or small, however big or small they might be

gead /get/ *a' gh-* (*gen* gid, *pl* geadan) bald patch; lock of hair

gèadh /gee-əG/ *an* (*gen & pl* geòidh) goose

geal /gyal/ white; ***làithean geala!*** those were the days!

gealach /gyaləK/ *a' gh-* (*gen* gealaich, *pl* gealaichean) moon

gealaich (a' gealachadh) /gyaleeK (ə gyaləKəG)/ whiten; bleach

gealbhonn /gyaləvən/ *an* (*gen* geallbhuinn, *pl* gealbhonnan) sparrow

geall /gyal/ *an* (*gen & pl* gill) bet, wager; ***cuir geall*** place a bet; bet; ***cuiridh mi geall*** I don't doubt it; ***geall gun...*** (I) bet you...

geall (a' gealladh) /gyal (ə gyaləG)/ promise; ***geallaidh mi*** I promise

gealladh /gyaləG/ *an* (*gen* geallaidh, *pl* geallaidhean) promise; ***an toir thu gealladh?*** do you promise?; ***mo ghealladh*** I promise; ***bheir mi dhut gealladh*** that's a promise; ***fo ghealladh-pòsaidh*** engaged (to be married)

gealltanas /gyaltənəs/ *an* (*gen* gealltanais, *pl* gealltanasan) promise; commitment; assurance

gèam, geama /gehm(ə)/ *an* (*pl* geamaichean, geamannan) game; match; ***geamaichean*** games; gaming (*with computers*)
  ♦ **gèam air falbh bhon taigh** away game; **gèam buill-choise** football match; **geama càirdeil** friendly (game); **geamaichean Gàidhealach** Highland games; **gèam intinn** mind game; **geama lìge** league game

geamair /gemər/ *an* (*pl* geamairean) gamekeeper

geamhradail /gyōwrədal/ wintry

geamhradh /gyōwrəG/ *an* (*gen* geamhraidh, *pl* geamraidhean) winter; ***anns a' gheamhradh*** in the winter

geansaidh /gyensee/ *an* (*pl* geansaidhean) sweater, jumper

gèar /'gear'/ *an* (*pl* gèaraichean) gear

gearain (a' gearan) /geran (ə geran)/ complain (**mu** about)

gearan /geran/ *an* (*gen* gearain, *pl* gearanan) complaint; objection; ***chaidh gearan a thogail an aghaidh...*** an objection was made to...; ***cha mhath dhuinn gearan*** mustn't grumble

Gearasdan: ***An Gearasdan*** /ən gyeh-rəstan/ Fort William

geàrd /gyahrd/ *an* (*gen* geàird, *pl* geàrdan, geàirt) guard

Gearmailte /gerəmalchə/ *gen of* **Ghearmailt**

Gearmailteach /gerəmalchəK/ (*an*, *gen & pl* Gearmailtich) German

Gearmailtis /gerəmaltish/ *a' Gh-* (*gen* Gearmailtise) German (*language*)

geàrr[1] /gyahr/ short ♦ **geàrr-chunntas** *an* summary; minutes; **geàrr-liosta** shortlist; **geàrr-ùine**: *anns a' gheàrr-ùine* in the short term; **geàrr-ùineach** short-term

geàrr[2] /gyahr/ *a' gh* (*gen* geàrra, *pl* geàrran) hare ♦ **geàrr-bhàn** mountain hare

geàrr (a' gearradh) /gyahr (ə gyarəG)/ cut; *bha a cridhe a' gearradh bochdag* her heart leapt; *geàrr is cuir ann* cut and paste

Δ**geàrr sìos air** cut down on

gearradh /gyarəG/ *an* (*gen* gearraidh, *pl* gearraidhean) cut; *iomairtean an aghaidh ghearraidhean slàinte* campaigns against health cuts; *gearraidhean air an t-seirbheis* cuts to the service ♦ **gearradh cumhachd** power cut

Gearran: *an Gearran* /ən gyarən/ February

geasaibh /gesəv/: *fo gheasaibh* under a spell

geat /gyat/ *a' gh-* (*pl* geataichean) yacht

geata /getə/ *an* (*pl* geataichean) gate ♦ **geata sneachda** snow gate

ged a /get ə/ although; *ged a fhuair iad smachd air an teine* although they got the fire under control

gèidh /'gay'/ gay

gèige /gaygə/ *gen of* **geug**

g' eil /gel/ = **gu bheil**

gèile /gaylə/ *a' gh-* (*pl* gèiltean) gale

gèill (a' gèilleadh) /gyayl (ə gyayl-yəG)/ give in; surrender

Δ**gèill do** give in to, surrender to

Δ**gèill ri** give in to, surrender to

gèillean /gaylyən/ *an* (*gen* gèillein, *pl* gèilleanan) jawbone

gèire /gayrə/ ~ **geur**; *nas/as gèire comp & supl of* **geur**

geodha /gyo-ə/ *an* (*pl* geodhan) inlet, cove; geo

geòidh /gyoy/ *gen & pl of* **gèadh**

geòla /gyawlə/ *a' gh-* (*pl* geòlachan) dinghy

geòlaiche /gyawleeKə/ *an* (*pl* geòlaichean) geologist

geòlas /gyawləs/ *an* (*gen* geòlais) geology; *sgrùdadh geòlais* geological survey

ge-tà /kih-tah/ however, but, though; *càite ge-tà?* but where?, where though?

geug /gayg/ *a' gh-* (*gen* gèige, *pl* geugan) branch (*of tree*)

geur /gee-ar/ sharp (*also in music*); bitter; *ma bheir thu sùil gheur air...* if you take a close look at...; *tha iad a' cumail sùil gheur air...* they're keeping a close eye on... ♦ **geur-amhairc** *an* stare; **geur-leanmhainn** *an* persecution

Ghàidhealtachd: *a' Ghàidhealtachd* /ə Geh-yəltəKk/ (*gen* na Gàidhealtachd) the Highlands; Gaeldom; *air a' Ghàidhealtachd* in the Highlands ♦ *a' Ghàidhealtachd 's na h-Eileanan* the Highlands and Islands

Ghearmailt: *a' Ghearmailt* /ə yerəmalch/ (*gen* na Gearmailte) Germany

gheibh /yehv/ *fut pos and rel fut of* **faigh**; *cuin a gheibh mi air ais e?* when will I get it back?

gheibhear /yehvər, yoh-ər/ *fut pos passive of* **faigh**; *gheibhear stiùireadh an seo* instructions can be found here; *gheibhear na leanas an lùib obair* work includes the following

ghia: *a ghia!* /ə yee-ə/ yuck!

ghil /Geel/ ~ **geal**

Ghrèig: *a' Ghrèig* /ə Grayg/ (*gen* na Grèige) Greece

gibearnach /gibərnəK/ *an* (*gen & pl* gibearnaich) cuttlefish

Giblean: *an Giblean* /ən geeplən/ April

gid /gij/ *gen of* **gead**

gidheadh /geeyəG/ nevertheless, however

gil[1] /geel/ *a' gh-* (*gen* gile, *pl* gilean) gully

gil[2] /geel/ ~ **geal**

gilb /gilip/ *a' gh-* (*gen* gilbe, *pl* gilbean) chisel

gill /geel/ *gen & pl of* **geall**

gille /geelyə/ *an* (*pl* gillean) lad, boy ♦ **gille beag mamaidh** little mummy's boy; **gille-brìghde** oyster catcher; **gille-frithealaidh** waiter; **gille-pòsaidh** best man

gin

gin[1] any; *chan eil gin agam* I haven't got any; *cha robh fios aig gin aca air an fhreagairt* none of them knew the answer; *cha toil leam gin seach gin* I don't like either

gin (a' gineadh) /gin (ə ginəG)/ reproduce; breed; conceive

gine[2] /ginə/ *a' gh-* (*pl* gineachan) gene

ginealach /ginələK/ *an* (*gen* ginealaich, *pl* ginealaichean) generation

ginteil /ginchel/ genetic

giobach /gipəK/ hairy, shaggy

giobarnach /gibərnəK/ *an* (*gen & pl* giobarnaich) cuttlefish

giog (a' giogachd) /gik (ə gikəKk)/ peep, keek (*Scots*)

Giogha /giGə/ Gigha

giollaich (a' giollachd) = **giullaich**

giomach /giməK/ *an* (*gen & pl* giomaich) lobster

gionach /gyinəK/ greedy

giòdhar /'geər'/ *an* (*pl* giodharan) gear

gioragach /gyirəgəK/ on edge; afraid

giorra /gyirə/: *nas / as giorra* *comp & supl of* **goirid** & **geàrr**

giorrachadh /gyirəKəG/ *an* (*gen* giorrachaidh, *pl* giorrachaidhean) shortening; summary

giorrad /gyirət/ *an* shortness; *giorrad analach* shortness of breath

giorraich (a' giorrachadh) /gyireeK (ə gyirəKəG)/ shorten; summarize

giotàr /'guitar'/ *an* (*gen* giotàir, *pl* giotàraichean) guitar

giseag /geeshak/ *a' gh-* (*gen* giseig, *pl* giseagan) spell; *daoine làn ghiseagan* a superstitious people

giullaich (a' giullachd) /gyooleeK (ə gyooləKk)/ process; rear

giùlain (a' giùlan) /gyoolan (ə gyoolan)/ **1** carry; transport **2** behave; *bha e air a bhith ga giùlan fhèin gu math fèineil* he had himself been behaving very selfishly

giuthas /gyoo-əs/ *an* (*gen & pl* giuthais) pine (tree); *àirneis giuthais* pine furniture ♦ **giuthas Albannach** Scots pine

giùthsach /gyoosəK/ *a' gh-* (*gen* giùthsaich) pine forest

glac (a' glacadh) /glaKk (ə glaKkəG)/ catch; trap; capture; *ma*

gleac (a' gleac)

thèid do ghlacadh if you are caught; ***glacte air a' chreig*** trapped on the crag; ***ghlac e a spiorad dha-rìribh*** it really caught *or* captured his/her spirit

glainne /glan-yə/ *a' gh-* (*pl* glainneachan) glass; ***glainne bainne*** a glass of milk ♦ **glainneachan-dìona** goggles

glamhasach /glōw-əsəK/ gaping

glan[1] clean; pure; clear (*skin*); ***bidh e glan*** it'll be fine

glan[2] really, a lot; ***chòrd e rium glan*** I really enjoyed it; ***a bheil thu glan às do chiall?*** are you completely mad?

glan (a' glanadh) /glan (ə glanəG)/ clean

glanadair /glanətər/ *an* (*pl* glanadairean) cleaner

glaodh[1] /glurG/ *an* (*gen* glaoidh, *pl* glaodhan) glue ♦ **glaodh-cagnaidh** chewing gum

glaodh[2] /glurG/ *an* (*gen* glaoidh, *pl* glaodhan) shout

glaodh (a' glaodhach) /glurG (ə glur-əK)/ shout

glaoic /glurKk/ *a' gh-* (*pl* glaoicean) twit, fool; ***a ghlaoic!*** you twit!

glas[1] grey; green[44]

glas[2] *a' gh-* (*gen* glaise, *pl* glasan) lock; ***fo ghlais*** under lock and key, in prison

glas (a' glasadh) /glas (ə glasəG)/ lock; ***tha mi air mi fhìn a ghlasadh a-mach*** I've locked myself out ♦ **glasadh-sluaigh** lockdown

glasach /glasəK/ *an* (*gen* glasaich, *pl* glasaichean) field lying fallow

Glaschu /glasəKoh/ Glasgow

glasraich /glasreeK/ *a' gh-* vegetable; vegetables

glasraicheach /glasreeKəK/ vegetarian

glasraichear /glasreeKər/ *an* (*gen* glasraicheir, *pl* glasraichearan) vegetarian

glè /glay/ +*len* very; ***tha sin glè cheart!*** that's quite right!

gleac (a' gleac) /gleKk/ struggle; wrestle; ***tha iad a' gleac leis a' cheist:…*** they are wrestling with the question:…

---

44 **Glas** is dull grey and also pale green.

gleacadair /gleKkətər/ *an* (*pl* gleacadairean) wrestler
gleann /glyōwn/ *an* (*gen* & *pl* glinn) glen, valley
Gleann Comhann /glyōwn kohwən/ Glencoe
Gleann Eagas /glyōwn ehkas/ Gleneagles
Gleann Iucha /glyōwn yooKə/ Linlithgow
Gleann Rathais /glyōwn rahehsh/ Glenrothes
gleans /glens/ *an* (*gen* gleansa) shine
gleansach /glensəK/ shiny
glèidh (a' gleidheadh) /glay (ə glay-əG)/ **1** hold; keep; save; preserve; book; *air a ghleidheadh ann am mòine* preserved in (the) peat; *...airson creutairean mara a ghleidheadh* ...for the preservation of sea creatures **2** win; *ghlèidh sgioba Thaigh na Bruaich 6-5* the Tighnabruaich team won 6-5; *an sgioba gleidhidh* the wining team
glèidheadair /glay-yədər/ *an* (*pl* glèidheadairean) holder; keeper; *glèidheadair a' chlàir-euchd* record-holder
glèidhteachas /glay-chəKəs/ *an* (*gen* glèidhteachais) conservation; *buidheann ghlèidhteachais* conservation group
glèidhte /glaychə/ reserved; *gnothaichean glèidhte* reserved matters
gleoc /gloKk/ *an* (*gen* gleoca, *pl* gleocan) clock ♦ **gleoc àrd** grandfather clock; **gleoc-dùsgaidh** alarm clock; **gleoc-grèine** sundial
gleus /glehs/ *an* (*gen* gleusa, *pl* gleusan) **1** condition; trim; *air ghleus* on form; in good condition; cocked (*gun*) **2** mood, humour; *ann an deagh ghleus* in a good mood **3** key (*in music*); *air ghleus* in tune; *cuir air ghleus* tune up; *à gleus, far gleus* off key; out of tune
gleus (a' gleusadh) /glehs (ə glehsəG)/ adjust, refine; tune (up)
gleusaichte /glehseeKchə/ adapted; tailored
gleusta /glehstə/ clever, skilful, talented; *gleusta air seinn na pìoba* skilled at playing the pipes
glic /gleeKk/ clever; wise

glinn /gleen/ *gen & pl of* **gleann**
gliocas /gliKkəs/ *an* (*gen* gliocais, *pl* gliocasan) wisdom; insight; **le gliocas** wisely; **gliocasan** insights
gliong /gling/ *an* (*gen* glionga, *pl* gliongan) tinkle; clink
glogach /glokəK/ clumsy
glòir /glawr/ *a' gh-* (*gen* glòire, *pl* glòirean) glory
glòmainn /glohmin/ *a' gh-* twilight, gloaming (*Scots*)[45]
glòrmhor /glawrvər/ glorious
gluais (a' gluasad) /gloo-əsh (ə gloo-əsət)/ move; transfer
◊ **gluais a-mach** move out (*of house*)
◊ **gluais a-steach** move in (*to house*)
◊ **gluais suas** move up
gluasad /gloo-əsət/ *an* (*gen* gluasaid, *pl* gluasadan) movement; trend; motion; transfer
gluasadach /gloo-əsədəK/ mobile; **sgilean gluasadach** transferable skills
gluasadachd /gloo-əsədəKk/ *a' gh-* mobility; **a' brosnachadh gluasadachd nan oileanach** encouraging student mobility
glug /glook/ *an* (*gen* gluig, *pl* glugan) gulp; sob; gurgle; **rinn i glug** she gulped; she sobbed
glumag /gloomək/ *a' gh-* (*gen* glumaige, *pl* glumagan) pool
glùn /gloon/ *a' gh-* (*gen* glùine, *pl* glùinean, glùintean) knee; **bhon ghlùin** at my mother's knee
gnàthachas /grah-əKəs/ *an* (*gen* gnàthachais, *pl* gnàthachasan) custom; convention ♦ **Gnàthachas Litreachaidh na Gàidhlig** the Gaelic Orthographic Convention
gnàth-chleachdadh /grah-KleKkəG/ *an* (*gen* gnàth-chleachdaidh, *pl* gnàth-chleachdaidhean) convention
gnàth-ghnìomh /grah-Gree-əv/ *an* (*gen* gnàth-ghnìomha, *pl* gnàth-ghnìomhan) routine
gnàth-shìde /grah-heejə/ *a' gh-* climate; **staid èiginn na gnàth-shìde** the climate crisis; **atharrachadh gnàth-shìde** climate change

---

45 Scots and Gaelic come together here.

gnè /gray/ *a' gh-* (*pl* gnèithean) sex, gender; type, genre; *neo-ionannachd gnè* gender inequality; *gnè ùr de Chovid* a new strain of Covid

gnèitheachd /gray-əKk/ *a' gh-* (*pl* gnèitheachdan) sexual orientation, sexuality

gnìomh /gree-əv/ *an* (*gen* gnìomha, *pl* gnìomhan) action; activity; *gnìomhan a-staigh* indoor activities; *gnìomhan a tha a dhìth* actions needed, action points; *cuir ann an gnìomh* carry out, put into effect, implement

gnìomhach /gree-əvəK/ active; *gu gnìomhach* actively

gnìomhachas /gree-əvəKəs/ *an* (*gen* gnìomhachais, *pl* gnìomhachasan) industry; business ♦ **gnìomhachas beag** small business; **gnìomhachas a' bhidhe is na dibhe** the food and drink industry; **gnìomhachas a' bhradain** the salmon industry; **gnìomhachas a' chumhachd** the energy industry; **gnìomhachas saothrachaidh** manufacturing industry; **gnìomhachas trom** heavy industry; **gnìomhachas na turasachd** the tourist industry; **gnìomhachas an uisge-bheatha** the whisky business

gnìomhachd /gree-əvəKk/ *a' gh-* (*pl* gnìomhachdan) activity

gnìomhair /gree-əvər/ *an* (*pl* gnìomhairean) verb

gnog (a' gnogadh) /grok (ə grokəG)/ knock; nod

gnothach /grŏ-əK/ *an* (*gen* gnothaich, *pl* gnothaichean) **1** business; matter; errand; *cha do ghabh mise gnothach ris* I wasn't involved in it; *cha ghabh e gnothach ri...* he won't have anything to do with...; *chan e do ghnothach e!* none of your business!; *gus an truagh a chur air a' ghnothach* to make matters *or* things worse; *gnothaichean sòisealta* social matters; *bidh Jackie os cionn ghnothaichean* Jackie will be running things; *air cùl ghnothaich* behind the scenes; *gnothaichean tiomnaichte* devolved matters; *gnothaichean a' dol a-steach dha na bionaichean* stuff going into the bins

2 *dèan an gnothach air* beat, get the better of; *rinn an*

Gearasdan an gnothach 5-4 air... Fort William beat...5-4; *nì am fear seo an gnothach* this one will do the job, this'll do the trick; *an dèan thu an gnothach air a' bhaidhsagal seo?* can you manage this bike?

gnothachas /gro-əKəs/ *an* (*gen* gnothachais, *pl* gnothachasan) business ♦ **gnothachasan beaga** small businesses

gnothaichean /grŏ-eeKən/ *na* shopping, messages (*Scots*)

gnùis /grooshl/ *a' gh-* (*gen* gnùise, *pl* gnùisean) face

gob /gohp/ *an* (*gen & pl* guib) beak; gob; *aig gob a shròin* on the tip of his nose

gobach /goh-pəK/ nosy; gabby

gobha /goh-ə/ *an* (*gen* gobhainn, *pl* goibhnean) blacksmith, smith

gobhal /goh-əl/ *an* (*gen* gobhail, *pl* goibhlean) crotch

gobhar /goh-ər/ *an* (*gen & pl* gobhair) goat

gòbhlan-gaoithe /gohlən-gur-yə/ *an* (*gen* gòbhlain-ghaoithe, *pl* gòbhlanan-gaoithe) swallow (*bird*)

goc /goKk/ *an* (*gen* goca, *pl* gocan) tap

gocaman /goKkəmən/ *an* (*gen & pl* gocamain) watchman; minder; attendant ♦ **gocaman-cloinne** baby-sitter

goid /gəj/ *a' gh-* (*gen* goide, *pl* goidean) stealing; theft; kidnap

goid (a' goid) /gəj/ steal; kidnap

goil (a' goil) /gəl/ boil

goile /gələ/ *a' gh-* (*pl* goilean) stomach

goileach /gələK/ boiling

goilf /'golf'/ *an* golf

goilfear /'golfer'/ *an* (*gen* goilfeir, *pl* goilfearan) golfer

Goill /gə-il/ *gen & pl* of **Gall**

goireas /gərəs/ *an* (*gen* goireis, *pl* goireasan) resource; facility; amenity; *goireasan latha an-diugh* the luxuries of today ♦ **goireasan cur-seachad** recreational facilities; **goireasan daonna** human resources, HR; **goireasan poblach** public facilities

goireasach /gərəsəK/ convenient

goirid /gərij/ short; *ann an ùine ghoirid* in a short time;

goirid às dèidh 2.30 shortly after 2.30
goirisich (a' goiriseachadh) /gərisheeK (ə gərishəKəG)/ shiver
goirt /gorsht/ **1** sore, painful; bitter; *tha e goirt* it hurts, it's sore; *tha m'amhach goirt* I have a sore throat; *tha mo chas goirt* my leg hurts; *tha mo stamag goirt* I have a stomach-ache; *a' caoineadh gu goirt* weeping bitterly **2** off; *tha am bainne goirt* the milk is off
goirteas /gorsh-chəs/ *an* (*gen* goirteis, *pl* goirteasan) pain
goirtich (a' goirteachadh) /gorshteeK (ə gorshtəKəG)/ hurt; injure; *cha deach duine sam bith eile a goirteachadh* nobody else was hurt
gòmadaich /gawmədeeK/ *a' gh-* gagging, retching
googleadh /googləG/ *an* googling; *rinn mi googleadh air* I googled it
gòrach /gawrəK/ silly; stupid
gòrag /gawrak/ *a' gh-* (*gen* gòraige, *pl* gòragan) silly thing, silly billy
gòraiche /gawreeKə/ *a' gh-* silliness; stupidity
gorm /gorəm/ blue; green[46]
gort[1] /gorsht/ *a' gh-* (*gen* gorta) famine
gort[2] /gorsht/ *a' gh-* (*gen* gorta, *pl* gortan) field
grab (a' grabadh) /grap (ə grapəG)/ impede, restrict
grabadh /grapəG/ *an* (*gen* grabaidh, *pl* grabaidhean) hindrance, obstacle; *cha do chuir seo grabadh air/orra* this didn't hold him/them back
grad /grat/ sudden
gràdh /grah/ *an* (*gen* gràidh) love; *a bheil thu deiseil, a ghràidh?* are you ready, love?; *an gràdh a bh'aig Eilidh do cheòl* Eilidh's love of music; *luchd an gràidh* loved ones; *o, a ghràidh ort!* oh my!
grad-shleamhnaich (a' grad-shleamhnachadh) /grat-hlyōwneeK (ə grat hlyōwnəKəG)/ skid

---

[46] **Gorm** is used for the colour of grass and vegetation.

greimich air (a' greimeachadh air)

grafaigeachd /grafeegəKk/ *a' gh-* graphics

gràin /grahn/ *a' gh-* (*gen* gràine) hate; aversion ♦ **gràin-chinnidh** racism

gràineag /granek/ *a' gh-* (*gen* gràineig, *pl* gràineagan) hedgehog

gràinich (a' gràineachadh) /grahneeK (ə grahnəKəG)/ disgust; *air a ghràineachadh* disgusted; fed-up

gràisg /grahshk/ *a' gh-* (*gen* gràisge, *pl* gràisgean) mob, rabble

gràmar /grahmər/ *an* (*gen* gràmair, *pl* gràmaran) grammar

gràn /grahn/ *an* (*gen* gràin, *pl* gràinean) cereal

granaidh /granee/ *a' gh-* (*pl* granaidhean) granny; *a ghranaidh!* granny!

grànda /grahntə/ ugly; nasty

greannach /gryanəK/ bad-tempered; gloomy

Δ**greas air (a' greasad air)** /grehs ehr (ə grehsət ehr)/ hurry; *greas ort!* hurry up!

Greatna /gretnə/ Gretna

Grèige /graygə/ *gen of* **Ghrèig**

grèim, greim /graym, grə-im/ *an* (*gen* greime, *pl* greimeannan)
1 hold; grip; bite; *gus greim a ghabhail air na cothroman* in order to seize the opportunities; *bha grèim bàis aice air* she was holding on to him for dear life; *fhuair e grèim oirre tro na meadhanan sòisealta* he got hold of her through social media; *an grèim dhrogaichean* using drugs
2 bit, scrap; *chan eil grèim co-fhaireachdainn aice* she hasn't a scrap of sympathy; *cha robh grèim truais aice riutha* she didn't have an ounce of pity for them
3 *fear an grèim airson...* man under arrest for...; *chaidh a chur an grèim* he was arrested

♦ **greim-bìdh** snack, bite to eat; **greim-cridhe** heart attack; *às dèidh dhi greim-cridhe fhulang* after she suffered a heart attack; **greim-gruaige** hair grip; **grèim mionaich** appendicitis

greimeil /grimel/ persistent; resolute

Δ**greimich air (a' greimeachadh air)** /grehmeeK ehr (ə grimeKəG ehr)/ seize, grab hold of; *ghreimich e orm* he grabbed hold of me

greimire /grɛ-imərəl/ *an* (*pl* greimirean) (pair of) pliers

grèin /grayn/ *gen of* **grian**

greis /grehsh/ *a' gh-* (*gen* greise, *pl* greisean) time; ***greis mhòr*** a long while; ***an ceann greis*** after a while; ***ged nach tòisich e a' chiad ghreis*** although it won't start for a while yet; ***bha greis ann far...*** there was a time when...; ***thug sinn greis a' cabadaich*** we chatted for a bit ♦ **greis gnìomachais** work experience

greiseag /grehshak/ *a' gh-* (*gen* greiseige, *pl* greiseagan) a little while, a short time; ***bidh greiseagan grèine ann a-màireach*** there will be sunny spells tomorrow

Greugach /grehkəK/ (*an*, *gen & pl* Greugaich) Greek

grian /gree-an/ *a' gh-* (*gen* grèine, *pl* grianan) sun; ***às a' ghrèin*** out of the sun; ***fon ghrèin*** in the sun; ***càite bho ghrian...?*** where on earth...?; ***ciamar fon ghrèin...?*** how on earth...?; ***mar nach biodh grian ann tuilleadh*** as though the world was coming to an end ♦ **grian-stad** solstice

grianach /gree-anəK/ sunny

Grianaig /gree-ənehk/ Greenock

grianan /gree-anən/ *an* (*gen* grianain, *pl* griananan) sunny spot

grinn /green/ elegant; fine; pretty

grìob /greep/ *an* (*pl* grìoban) rocky shore

griod /'grid'/ *an* (*gen* grioda, *pl* griodaichean) grid; ***tha e a' fuireach far a' ghriod*** he lives off the grid; ***an griod nàiseanta*** the national grid

grìogag /greegak/ *a' gh-* (*gen* grìogaig, *pl* grìogagan) bead

grìosach /greesəK/ *a' gh-* (*gen* grìosaich) glowing embers

grìs /greesh/ *a' gh-* (*gen* grìse) goose-pimples; shiver, shudder

griùthrach: ***a' ghriùthrach*** /ə GroorəK/ (*gen na* griùthraich) measles; ***a' ghriùthrach Ghearmailteach*** German measles

grod /grot/ rotten; putrid

grod (a' grodadh) /grot (ə grotəG)/ rot

gròsair /'grocer'/ *an* (*pl* gròsairean) grocer's; grocer

gruag /groo-ək/ *a' gh-* (*gen* gruaig, *pl* gruagan) hair; wig

gruagaire /groo-əgirə/ *an* (*pl* gruagairean) hairdresser
gruagaireachd /groo-əgərəKk/ *a' gh-* hairdressing
gruaidh /groo-Y/ *a' gh-* (*gen* gruaidhe, *pl* gruaidhean) cheek
gruamach /groo-əməK/ gloomy; glum, morose
grùdair /groodər/ *an* (*pl* grùdairean) brewer
grunn, grunnan /groon, groonan/ several, a number of; *grunnan an grèim air a' Ghàidhealtachd* several arrested in the Highlands
grunnd /groont/ *an* (*gen* grunnda, *pl* grunndan) bottom; *air grunnd na mara* at the bottom of the sea, on the seabed
gruth /groo/ *an* (*gen* gruith, *pl* gruthan) crowdie (*Scots*), curds
gu[1] /goo/ to; *an rathad gu...* the road to...; *fichead mionaid gu naoi* twenty to nine; *o Dhiluain gu Dihaoine* from Monday to Friday
gu[2] /goo/ (*makes an adverb from an adjective*) *gu fortanach* fortunately
gu[3] /goo/ until; *fuirich gu faigh mi mo sgàilean* wait till I get my umbrella
gu[4] /goo/: *là gu leth* a day and a half
gu[5] /goo/ almost, just about; *bha iad gu tuiteam le...* they were just about dropping with...
gu[6] /goo/: *gu dè idir a bha e a' dol a dhèanamh?* what on earth was he going to do?
gual /goo-əl/ *an* (*gen* guail) coal
gualainn /goo-əleen/ = **gualann**
gualan /goo-əlan/ *an* (*gen* gualain) carbon
gualann /goo-ələn/ *a' gh-* (*gen* guailne, *pl* guailnean) shoulder
gu bheil /goo vel/ that; *saoilidh mi gu bheil e...* I think (that) he's...
gu bràth /goo brah/ for ever
gucag /gookak/ *a' gh-* (*gen* gucaige, *pl* gucagan) bubble; bud
gu dearbh /goo jerəv/ yes, sure; definitely
guga /gookə/ *an* (*pl* gugachan) gannet chick, guga
gu h-anabarrach /goo han-əbərəK/ extremely
gu h-àraidh /goo hah-ree/ especially; in particular

guib /goop/ *gen & pl of* **gob**
guidh (a' guidhe) /gə-ee (ə gəyə)/ wish; ***ghuidh e là math dhuinn*** he wished us good day
Δ **guidh air** call on, beseech; ***tha mi guidh'ort*** I beg you
guidhe /gəyə/ *a' gh-* (*pl* guidheachan) oath, curse; swearing
guil (a' gul) /gool (ə gool)/ cry
guilbneach /goolibnəK/ *an* (*gen & pl* guilbnich) curlew
guir (a' gur) /goor (ə goor)/ hatch
guirean /goorən/ *an* (*gen* guirein, *pl* guireanan) pimple, spot
  ♦ **guirean dubh** blackhead
guirm /goorəm/ ~ **gorm**
guitear /gəjər/ *an* (*gen* guiteir, *pl* guitearan) gutter
gu leòr /goo lyawr/ **1** enough; ***chan eil airgead gu leòr agam*** I don't have enough money **2** ***gu leòr de…*** plenty of…, a lot of…[47]; ***bha sluagh gu leòr ann*** there were quite a lot of people there; ***do gu leòr aca*** for many of them; ***dh'òl e gu leòr*** he drank quite a lot; ***thug e ùine gu leòr*** it took quite a while; ***tha cothroman gu leòr ann*** there are opportunities galore **3** ***math gu leòr*** pretty good; ***cèart gu lèor!*** ok!, all right!
gum[1] [48] /goom/ that; ***b'fheàrr leam gum b'urrainn dhomh cuideachadh*** I wish (that) I could help
gum[2] /goom/ **1** (= **gu** + **mo**) to my **2** (= **gu** + **am**) to their
guma /goomə/ (*to express a wish*) ***guma fada beò iad*** long may they live
gu math /goo ma/ quite, pretty; ***gu math daor*** pretty expensive; ***tha mi gu math dèidheil air*** I like it quite a lot
gùn /goon/ *an* (*gen* gùin, *pl* gùintean) gown
gun[1] /goon/ **1** without; ***gun siùcar*** without sugar; ***gun sgur*** without stopping, non-stop; ***gun dragh*** no problem **2** (*makes a verbal noun negative*) ***thuirt e gur e comhairle nam Poileas do dhaoine gun a bhith ag òl deoch-làidir sam***

---
47 English 'galore' has its Gaelic origin here.
48 same as **gun**[2] when coming before b,f,m,p

bith he said that the police advise people not to drink any alcohol at all; ***an roghainn gun a dhol ann*** the choice not to go there; ***tha iad ag iarraidh air luchd-obrach gun a bhith a' cleachdadh...*** they are requesting staff not to use...

gun² /goon/ that; ***thuirt iad gun toireadh iad air ais e*** they said (that) they'll give it back; ***shaoil mi gun robh e ro fhadalach*** I thought (that) it was too late; ***thuirt e gun do rinn iad mòran*** he said (that) they did a lot

gun³ /goon/ (= **gu** + **an**) **1** to the; ***gun chala*** to the harbour **2** to their

gunna /goonə/ *an* (*pl* gunnaichean) gun ♦ **gunna-làimhe** handgun

gur¹ /goor/ that; ***saoilidh mi gur e tidsear a th'ann*** I think (that) he's a teacher

gur² /goor/ **1** you (*plural or polite, when the Gaelic comes before a verbal noun*); ***chan eil e gur tuigsinn*** he doesn't understand you; ***tha iad gur n-ionndrainn*** they miss you **2** (*to form a passive*) ***bha sibh gur leantainn*** you were followed

Gurraig /goorak/ Gourock

gus¹ /goos/ until; ***fuirichidh mi gus am bi thu deiseil*** I'll wait until you're ready; ***fuirich gus am faigh mi mo sgàilean*** wait until I get my umbrella

gus² /goos/ **1** (in order) to; ***rinn mi e gus do chuideachadh*** I did it in order to help you **2** about to, on the point of; ***bha e gus tòiseachadh air...*** he was about to start on...; ***bha a bhriogais gus sracadh*** his trousers were threatening to rip

gus a bhith /goos ə vee/ almost

guth /goo/ *an* (*gen* gutha, *pl* guthan) voice; word; ***gun guth a ràdh*** without saying a word; ***cha tuirt e guth*** he didn't say a word; ***agus nach robh guth air obair do...*** and that there was no word about work for...; ***chan eil guth ri ràdh*** mustn't grumble; ***cha robh mi air guth a thoirt air riutha*** I hadn't mentioned it to them; ***gun guth air...*** not to mention...; ***a' togail guth airson...*** speaking up for...

H h

haidh! /'hi'/ hi!
haidridean /'hydrogen'/ *an* hydrogen
haidro /'hydro'/ hydro
hallo hello
hama /hamə/ *an +len adj* ham; bacon; ***hama is uighean*** bacon and eggs
Hamaltan Hamilton
hamstair /'hamster'/ *an* (*pl* hamstairean) hamster
hangar /'hanger'/ *an* (*gen* hangair, *pl* hangaran) hanger
Haoine: *oidhche Haoine* /ə-iKə hurnyə/ Friday night
heactair /hektər/ *an* (*pl* heactairean) hectare
Hearach /herəK/ **1** Harris, from Harris **2** *an* (*gen & pl* Hearaich) Harris man; Harris woman; *cho-dhùin na Hearaich...* the Harris folk decided...
Hearadh: *Na Hearadh* /nə herəG/ Harris
heileacoptair /'helicopter'/ *an* (*pl* heileacoptairean) helicopter
 ♦ **heileacoptair maor-chladaich** coastguard helicopter; **heileacoptair teasairginn** rescue helicopter
Hiort /hirsht/ St Kilda
hocaidh /'hockey'/ hockey
hò-rò /hoh-roh/ sweet FA; *chan urrainn dhaibh hò-rò a dhèanamh an aghaidh...* they can do damn-all against...
hò-rò gheallaidh /hoh-roh yalee/ *an* shindig; wild party
hùbhar /hoovər/ *an* (*gen* hùbhair, *pl* hùbharan) hoover
hù-bhitheil /hoo-vee-hel/ chaotic; *ma thig a' chùis gu hù-bhitheil* if the worst comes to the worst
Hunndaidh /hōwndY/ Huntly

I i

Ì /ee/ Iona
i /ee/ she; her; it[49]; *i fhèin* herself; itself
iacht /yawt/ *an* (*pl* iachtaichean) yacht
iad /ee-at/ they; them; *iad fhèin* themselves; *am faod mi iad seo/sin a thoirt leam?* can I take these/those?
iadsan /ee-at-sən/ *the emphatic form of* **iad**; *'s iadsan a bh' ann* it was them
ialtag /ee-əltak/ *an* (*gen* ialtaige, *pl* ialtagan) bat
Iameuga /yamaygə/ Jamaica
Iapan: *an Iapan* /ən yapan/ Japan
Iapanach /yəpanəK/ **1** Japanese **2** *an t-* (*gen & pl* Iapanaich) Japanese person
Iapanais /yapənish/ *an* Japanese (*language*)
iar[1] /ee-ar/ *an +len adj* west; *a-mach chun an iar* out west ♦ **iar-dheas** south-west; **iar-thuath** north-west
iar-[2] /ee-ər/ **1** vice-, deputy **2** post- **3** great- ♦ **Iar-Àrd-Chonstabal** Deputy Chief Constable; **iar-bhoillsgeadh** *an t-* flashback; **iar-chathraiche** *an t-* vice-chairman; vice-chair; **iar-cheannard** *an t-* deputy head; **iar-cheuma** postgraduate; **iar-chuairt dheireannach** *an* semifinal; **iar-ogha** *an t-* great grandchild
iarann /ee-ərən/ *an t-* (*gen* iarainn, *pl* iarainnean) iron
iargalta /ee-ərgəltə/ morose, surly
iarla /ee-ərla/ *an t-* (*pl* iarlan) earl
iarmailt /ee-ərməlch/ *an* (*gen* iarmailte) sky, heavens
iarnaigeadh /ee-urneegəG/ *an t-* ironing

---

49 The weather can be either feminine or masculine in Gaelic: **tha i/e brèagha an-diugh** it's fine today

iarr (ag iarraidh) /ee-ər (əg ee-əree)/ **1** ask; ask for; *cha b'e sin na dh'iarr mi* that's not what I asked for; *tha sin ag iarraidh mòran!* that's asking a lot! **2** want; *chan eil mi ag iarraidh a dhèanamh* I don't want to; *dè tha thu ag iarraidh?* what do you want?; *tha i ag iarraidh a bhith na dotair* she wants to be a doctor; *tha mi ag iarraidh bruidhinn ri...* I want to talk to... **3** get, fetch; *an tig thu gam iarraidh?* will you come and fetch me?; *dh'fhalbh i ga iarraidh* she went to fetch it

△ **iarr air** ask; *dh'iarr mi air/orra a bhith sàmhach* I asked him/them to be quiet; *tha mi ag iarraidh ort èisteachd* I want you to listen; *tha iad air iarraidh orm...* they've asked me...; *thèid iarraidh air daoine...* people will be asked...

iarrtas /ee-ərtəs/ *an t-* (*gen* iarrtais, *pl* iarrtasan) demand; request; *nuair a thig iarrtas* when there is demand; *iarrtasan fiosrachaidh* requests for information

iasad /ee-əsat/ *an t-* (*gen* iasaid, *pl* iasadan) loan; *am faigh mi... air iasad?* can I borrow...?; *an toir thu dhomh iasad de do...?* will you lend me your...?

iasg /ee-əsk/ *an t-* (*gen* & *pl* èisg) fish ♦ *iasg is sliseagan* fish and chips

iasgach /ee-əskəK/ *an t-* (*gen* iasgaich) fishing; fisheries ♦ *iasgach-slaite* angling

iasgaich (ag iasgach) /ee-əskeeK (əg ee-əskəK)/ fish

iasgair /ee-əskər/ *an t-* (*pl* iasgairean) fisherman ♦ *iasgair-slaite* angler; *iasgairean clèibh* creel fishermen; *iasgairean tràlaidh* trawlermen

Ìdhe: *Eilean Ìdhe* /ehlən ee-yə/ Iona

idir /eejir/ **1** at all; *chan aithne dha seinn idir* he can't sing at all; *a bheil sin nas fheàrr? – chan eil idir!* is that better? – not at all!, no way!; *am b'urrainn dhut...idir?* could you possibly...? **2** never (*in present*); *cha bhi mi ga faicinn na làithean sa idir* I never see her these days, I don't see her at all these days

ifrinn /eefreen/ *an* hell
ìghne /eenyə/ *alternative gen of* **nighean**; *murt na h-ìghne bige* the murder of the little girl
ìghnean /eenən/ *alternative pl of* **nighean**
Ìle /eelə/ Islay
Ìleach /eeleK/ **1** (of/from) Islay; *ministear Ìleach* an Islay minister **2** *an t-* (*gen & pl* Ìlich) person from Islay
'ill òig! /eel yoyg/ young man!
ìm /eem/ *an t-* (*gen* ime) butter; *ann an guth cho bog ris an ìm* in a voice as sweet as honey
imeachdan /iməKkən/ *na h-* proceedings
imfhios /imis/ *an* (*gen* imfhiosa, *pl* imfhiosan) intuition
imfhiosach /imisəK/ intuitive
imich (ag imeachd) /imiK (əg iməKk)/ proceed; depart
imleag /imilak/ *an* (*gen* imleige, *pl* imleagan) navel, belly-button
imlich (ag imlich) /imliK / lick
ìmpidh /eempee/ *an* pressure; *tha mi a' cur ìmpidh ort* I appeal to you; *chuir i ìmpidh air Oifis na Dùthcha* she appealed to the Home Office, she brought pressure to bear on the Home Office; *tha ìmpidh ga chur air a' Phrìomhaire bruidhinn ris...* pressure is being put on the Prime Minister to talk to...
impis: *an impis* /ən eempish/ about to, on the verge of
imrich (ag imrich) /eemreeK / move, flit (*Scots*)
inbhe /eenəvə/ *an* (*pl* inbhean) status; standard; rank; *bidh inbhe Eòrpach aca a bhios gan dìon* they will have European protected status; *inbhe Dhualchas na Cruinne aig UNESCO* UNESCO world heritage status; *a' cumail ri inbhean sàbhailteachd* meeting safety standards; *thig gu inbhe* reach maturity, grow up; *inbhe bìdh* food standards
inbheach /inəvəK/ *an t-* (*gen & pl* inbhich) adult
inbhidheachd /iniviyəKk/ *an* puberty
inbhir /in-yər/ *an t-* (*pl* inbhirean) estuary, river mouth
Inbhir Àir /in-yər ahr/ Ayr
Inbhir Aora /in-yər ərə/ Inveraray

Inbhir Ghrainnse /in-yər GrYnshə/ Grangemouth
Inbhir Narann /in-yər narən/ Nairn
Inbhir Nis /in-yər nish/ Inverness
Inbhir Pheofharain /in-yər fyoharehn/ Dingwall
Inbhir Theòrsa /in-yər hyorsa/ Thurso
Inbhir Uaraidh /in-yər oo-wəree/ Inverurie
Inbhir Ùige /in-yər oo-igə/ Wick
inc *an* ink
indeacs /'index'/ *an t-* (*pl* indeacsan) index
in-dìonach /in-jee-ənəK/ immune
ìne /eenə/ *an* (*pl* ìnean) (finger)nail
in-ghabhalach /in-Gavələk/ inclusive (*socially*)
in-ghabhalta /in-Gavəltə/ inclusive (*socially*)
in-imreachas /in-imrəKəs/ *an t-* (*gen* in-imreachais) immigration
in-imreachd /in-imərəKk/ *an* immigration
in-imrich /in-imriK/ *an* (*gen* in-imriche) immigration
in-imriche /in-imriKə/ *an t-* (*pl* in-imrichean) immigrant
inneal /eenyəl/ *an t-* (*gen* inneil, *pl* innealan) tool; machine; device; **inneal amharasach** suspicious device

  ♦ **inneal-airgid** cash machine; **inneal analachaidh** ventilator; breathing apparatus; **inneal-banca** ATM; **inneal-chlàr** record player; **inneal-ciùil** musical instrument; **inneal claisneachd** hearing aid; **inneal clàraidh** recorder, recording device; **inneal fasgaidh** shelter; **inneal-gheamaichean** games console; **inneal-luirg** search tool; **inneal-nigheadaireachd** washing machine; **inneal-rabhaidh** alarm; **inneal-smàlaidh** fire extinguisher; **innealan-spreadhaidh** explosives; **inneal-taic** life support machine

innis /eensh/ *an* (*gen* innse, *pl* innsean) island
Innis Tile /eensh cheelə/ Iceland
Innis Tileach /eensh cheeləK/ **1** Icelandic **2** *an t-* (*gen & pl* Innis Tìlich) Icelander
innleachd /eenləKk/ *an +len adj* (*pl* innleachdan) **1** invention **2** inventiveness **3** strategy

innleachdach /eenləKkəK/ intelligent; inventive; ingenious, clever

innleachdair /eenləKkər/ *an t-* (*pl* innleachdairean) inventor

innleadair /eenlədər/ *an t-* (*pl* innleadairean) engineer

inns (ag innse) /eensh (əg eenshə)/ tell; say; *an innseadh tu dha…?* could you tell him…?; *dh'innis mi dha gun robh e ceart* I told him that he was correct; *dh'innis*[50] *an dà chompanaidh gu robh…* the two companies said that…; *chaidh innse dhuinn le…* we were told by…; *chaidh innse dha teaghlach* her family have been informed

Innse Gall /eenshə gōwl/ the Hebrides; *ann an Innse Gall* in the Hebrides

Innseanach /eenshənəK/ (*an t-*, *gen* & *pl* Innseanaich) Indian

Innseachan: *na h-Innseachan* /nə heenshəKən/ **1** India **2** West Indies

innte /eenchə/ **1** *prep pron from* **ann²** *for* **i** (*she*; *it*); *an e tìdsear a th'innte?* is she a teacher?; *'s e tìdsear a bh'innte* she was a teacher; *nuair a bhuail a charbad innte* when his vehicle hit her **2** in it, there; *tha trì uighean innte* there are three eggs in it *or* there; *chan fhaod ach dithis a bhith innte aig àm sam bith* only two people can be in it at any one time

inntese /eenchəshə/ *the emphatic form of* **innte**

inntinn /eenchin/ *an* (*pl* inntinnean) mind; *chuir i e gu cùl a h-inntinn* she put it to the back of her mind; *nas ìsle na h-inntinn* more down (mentally); *ospadal inntinn* mental *or* psychiatric hospital

inntinneach /eenchinyəK/ interesting

inntinneil /eenchinyel/ mental; cognitive

inntleachdail /eenchləKkal/ intellectual

inntrig (ag inntrigeadh) /eentrig (əg eentrigəG)/ enter

inntrigeadh /eentrigəG/ *an t-* (*gen* inntrigidh, *pl* inntrigidhean) entry; entrance; access ♦ **inntrigeadh chiorramaich** disabled access

---

50 **Innis** is an older past form still to be found.

in-sheilbh /in-heləv/ *an* (*gen* in-sheilbhe) inward investment
in-stealladh /in-shtyaləG/ *an t-* (*gen* in-steallaidh, *pl* in-steallaidhean) injection
iochd /iKk/ *an* compassion
iochdmhor /iKkvər/ compassionate
iodhlann /yoolən/ *an* (*gen* iodhlainn, *pl* iodhlainnean) stackyard
iogart /yogərt/ *an t-* (*gen* iogairt, *pl* iogartan) yoghurt
iol- /il/ multi-, many-
iolair, iolaire /yilər(ə)/ *an* (*gen* iolaire, *pl* iolairean) eagle
  ♦ **iolaire bhuidhe** golden eagle; **iolaire mhara** sea eagle; **iolaire uisge** osprey
iol-chomasach /il-Kohməsək/ versatile
iol-dhathach /il-Gah-hək/ multi-coloured
ioma- /imə/ multi-
ioma-adhbhair /imə-urvər/ multi-purpose
ioma-chleachdmhor /imə-KleKkvər/ multi-use, versatile
ioma-chuspaireach /imə-Koospərək/ multi-disciplinary
iomadach /imədək/ many (*with the Gaelic noun in the singular*)
iomadachd /imədəKk/ *an* diversity
iomadaich (ag iomadachadh) /imədeeK (əg imədəKəG)/ multiply
iomadh /iməG/ many
ioma-dhathach /imə-Gah-hək/ multi-coloured
ioma-fhillte /imə-eelchə/ complex, many-facetted
iomagain /iməgan/ *an* (*gen* iomagaine, *pl* iomagainean) worry, concern; **tha iomagain air pàrantan** parents are concerned
iomagaineach /iməganək/ worried, concerned; nervous; uptight
iomagan /iməgan/ *an t-* (*gen & pl* iomagain) worry, concern
iomain /imen/ *an* (*gen* iomaine) shinty
iomain (ag iomain) /imen / drive; herd
iomair /imər/ *an* (*gen* iomaire, *pl* iomairean) field
iomair (ag iomradh) /imər (əg imərəG)/ row; **dh'iomair iad à Cille Chuimein gu...** they rowed from Fort Augustus to...

iomairt /imərsht/ *an* (*gen* iomairte, *pl* iomairtean) campaign; effort; *a dh'aindeoin iomairt mhòir leis...* in spite of the huge efforts made by...; *heileacoptair san iomairt chobhair* helicopter in rescue bid; *iomairtean teasairginn* rescue operations; *Iomairt na Gàidhealtachd agus nan Eilean* Highlands and Islands Enterprise

iomairtiche /imərsh-cheeKə/ *an t-* (*pl* iomairtichean) activist, campaigner

iomall /iməl/ *an t-* (*gen* iomaill, *pl* iomallan) edge; *air iomall Steòrnabhaigh* on the outskirts of Stornoway; *tha iad den bheachd gu bheil iad air an iomall* they feel marginalized ♦ **Iomall Fèis Dhùn Èideann** Edinburgh Festival Fringe

iomallach /iməlaK/ remote

iomallachadh /iməlaKəG/ *an t-* (*gen* iomallachaidh) alienation; marginalization

iomallachd /iməlaKk/ *an* isolation; remoteness

iomchaidh /iməKee/ relevant; satisfactory; proper; fitting; *...gun tèid seo a chomharrachadh gu h-iomchaidh* ...that this should be marked in a fitting manner; *far an robh sin iomchaidh* where relevant; *mar a tha iomchaidh* where appropriate

ìomhaigh /ee-əvY/ *an* (*gen* ìomhaighe, *pl* ìomhaighean) image; statue; brand; profile ♦ **ìomhaigh-shnaighte** sculpture

ìomhaigheachd /ee-əveeyəKk/ *an* imagery

iomlaid /iməlij/ *an* (*gen* iomlaide, *pl* iomlaidean) change; exchange; *chan eil iomlaid agam* I haven't any change; *prògram iomlaide* exchange programme

iomlan /iməlan/ *an t-* (*gen* & *pl* iomlain) total; *gu h-iomlan* in total

iomradh[1] /imərəG/ *an t-* (*gen* iomraidh, *pl* iomraidhean) reference; account, report; *tha iomradh na duaise ag ràdh:...* the wording on the award says:...; *thug am britheamh iomradh air mar...* the judge described how..., the judge referred to how...

iomradh[2] /imərəG/ *an t-* (*gen* iomraidh) rowing

iomraiteach /imrichəK/ famous

iomrall /imirəl/: *tha e gam chur iomrall* it's confusing me; *chaidh sinn air iomrall* we got lost, we lost our way; *cha tèid e iomrall ort* you can't miss it

ionad /inət/ *an t-* (*gen* ionaid, *pl* ionadan) place; centre
 ♦ **ionad-airgid** cash point; **ionad-airm** army base; **ionad coimhearsnachd** community centre; **ionad-cùraim** care home; **ionad dlùth-chùraim** intensive care (unit); **ionad-fàilte** reception; **ionad fiaclaireachd** dental facility; **ionad-foghlaim** educational institution, centre of education; **ionad-fòn** call centre; **ionad niuclasach** nuclear plant; **ionad an RAF** RAF base; **ionad-sgìthidh** ski centre; ski resort; **ionad-spòrs** sports centre; **ionad-tadhail** visitor centre

ionadail /inətəl/ local

ionann /inən/ the same; *chan ionann e* it's not the same

iongantach /ingəntəK/ surprising; wonderful, amazing; *bha e gu h-iongantach furasta* it was surprisingly easy; *'s iongantach leotha ma...* they would find it surprising if...

ion-ghabhaltas /in-Ga-əltəs/ *an t-* (*gen* ion-ghabhaltais) inclusivity

iongnadh /ee-ənəG/ *an t-* (*gen* iongnaidh, *pl* iongnaidhean) surprise; *chan eil sin na iongnadh* that's not surprising; *'s beag an t-iongnadh* which is hardly surprising; *thuirt e gun robh e na iongnadh dha urram fhaighinn* he said he was surprised to get an honour; *chan urrainn iongnadh a bhith orra/oirbh gun...* they/you can't have been surprised that...; *tha e a' cur iongnadh ormsa* it surprises me, I'm surprised

ionmhainn /inivin/ dear, beloved

ionmhas /inəvəs/ *an t-* (*gen* ionmhais, *pl* ionmhasan) finance; *na gnothaichean ionmhais aca* their finances; *an suidheachadh ionmhais* the financial situation

ionmhasail /inəvəsal/ financial

ionmhasair /inəvəsər/ *an t-* (*pl* ionmhasairean) treasurer

ionmholta /inəvoltə/ admirable, laudable

ionndrainn (ag ionndrainn) /yoondrin/ miss; *tha mi gad/ ga ionndrainn* I miss you/him; *thigeadh an t-ionndrainn orm* a longing would come over me

ionnlaid (ag ionnlad) /yoonlij (əg yoonlət)/ bathe, wash

ionnsachadh /yoonsəKəG/ *an t-* (*gen* ionnsachaidh) learning[51]; *ionnsachadh dian* intensive learning ♦ **ionnsachadh fad-bheatha** lifelong learning; **ionnsachadh taighe** home learning

ionnsaich (ag ionnsachadh) /yoonseeK (əg yoonsəKəG)/ learn; *tha mi ag ionnsachadh Gàidhlig* I'm learning Gaelic

△**ionnsaich do** teach; *an ionnsaicheadh tu dhomh...?* could you teach me...?

ionnsaigh /yoonsee/ *an* (*gen* ionnsaighe, *pl* ionnsaighean) **1** attack; assault; tackle (*in sport*); *thoir ionnsaigh air* attack; carry out an attack on; *thug bomair fèin-mhairbhteach ionnsaigh air...* the suicide bomber attacked...; *...gun tug e ionnsaigh air balach* ...that he assaulted a boy; *chaidh ionnsaighean feiseil a thoirt orra* they were sexually assaulted; *ionnsaigh eucoir-ghràin an aghaidh...* a hate crime assault on...

2 *a dh'ionnsaigh* towards; *thàinig e gar n-ionnsaigh* he came towards us; *tha sinn air fiosrachadh a chur a dh'ionnsaigh an rannsachaidh* we contributed information to the research

♦ **ionnsaigh bhoma** bomb attack, bombing; **ionnsaigh cheannairc** terrorist attack; **ionnsaigh ghunna** gun attack, shooting; **ionnsaigh-ghualainn** shoulder charge; **ionnsaigh sìobair** cyber attack

ionnsramaid /yoonstrəmij/ *an* (*pl* ionnsramaidean) instrument

ionsulaideadh /insəlijəG/ *an t-* (*gen* ionsulaididh) insulation

---

51 There's a Gaelic saying: **an t-ionnsachadh òg an t-ionnsachadh math** (roughly: learn it young and you'll learn it well).

iormall = **iomrall**
Ìosa /ee-əsə/ Jesus ♦ **Ìosa Crìost** Jesus Christ
ìosal /eesəl/ low; *air an làr ìosal* on the ground floor; *tha e glè ìosal an-dràsta* he's very ill just now; *gu h-ìosal* down below, beneath
ìre /eerə/ *an* (*pl* ìrean) **1** stage; level; *aig an ìre seo* at this stage; *ìre agallaimh* interview stage; *aig ìre chomataidh* at committee level; *aig ìre na Comhairle* at Council level; *aig ìre nàiseanta* at a national level; *a' cumail chìsean aig an aon ìre* keeping taxes at the same level; *...aig ìre ìosal* low-level...; *fon ìre àbhaistich* sub-standard

2 ■ **an ìre mhath** nearly; roughly; fairly; *a bheil thu deiseil? – an ìre mhath* are you ready? – nearly; *ceannard an ìre mhath ùr* a relatively new head

3 ■ **gu ìre** to an extent, to some extent; *gu ìre air choreigin* in one way or another; *gu ìre àrd* to a great extent; *tha tuigse gu ìre gur e...* there is some level of understanding that it...; *a bheil sin iomchaidh? – gu ìre* is that satisfactory? – sort of; *bho thàinig iad gu ìre* since they grew up, since they came of age

4 degree; *ìrean teothachd fo neoni* subzero temperatures
ìoranas /ee-ərənəs/ *an t-* (*gen* ìoranais) irony
iriosal /irisəl/ humble
iris /eerish/ *an* (*pl* irisean) magazine
is[1] **1** and **2** *...thuirt Iain is e a' gàireachdraich* ...said Iain laughing; *'s e sin a thachair cola-deug air ais is iad a' dannsa* that's what happened a fortnight ago when they were dancing; *tha cuideachd feadhainn is tha e doirbh dhaibh a dhol...* there are also some for whom it is hard to go...
is[2] am; is; are; *is e seo Mgr...* this is Mr...; *is e fìor bhargan a th'ann* it's a real bargain; *is e dotair a th'annam* I'm a doctor; *is e dotair a th'ann / a th'innte* he's/she's a doctor
is[3] than; *còrr is, barrachd is* more than
isbean /eespən/ *an t-* (*gen* isbein, *pl* isbeanan) sausage

ise /eeshə/ she; her (*the emphatic form of* **i**); *'s ise a rinn e* she did it, it was her

ìseal = **ìosal**

isean /eeshən/ *an t-* (*gen* isein, *pl* iseanan) chick; baby

ìsle /eeshlə/: *nas/as ìsle* *comp* & *supl of* **ìosal** *or* **ìseal**

ìsleachadh /eeshləKəG/ *an t-* (*gen* ìsleachaidh, *pl* ìsleachaidhean) lowering; reduction; drop; *ìsleachadh anns na chaidh a ghiùlain de luchd-siubhail* a drop in the number of passengers carried

ìslich (ag ìsleachadh) /eeshleeK (əg eeshləKəG)/ lower

ist /eesh-ch/ shh, hush, wheesht (*Scots*); *nach ist thu!* just you be quiet!; what are you saying!

ite /eechə/ *an* (*pl* itean) feather; fin; *cho aotrom ri ite* as light as a feather

itealach /eechələG/ winged, flying

itealachd /eechələKk/ *an* aviation, flight

itealaich /eechəleeK/ *an* flight, flying

itealaich (ag itealaich) /eechəleeK/ fly

itealan /eechələn/ *an t-* (*gen* & *pl* itealain) plane, aeroplane; *chaidh sinn air an itealan* we went by plane, we flew
  ♦ *itealan cogaidh* warplane; **itealan-eiridinn** air ambulance

ith (ag ithe) /eeK (əg eeKə)/ eat; *rudeigin ri ithe* something to eat

◊ **ith suas** eat up

iubhar /yoo-ər/ *an t-* (*gen* iubhair, *pl* iubharan) yew

iuchair /yooKir/ *an* (*gen* iuchrach, *pl* iuchraichean) key; clef
  ♦ **iuchair-thrìobailte** treble clef

Iuchar: *an t-Iuchar* /ən chooKər/ July

Iùdhach /yoo-əK/ **1** Jewish **2** *an t-* (*gen* & *pl* Iùdhaich) Jew

iùil-tharraing /yool-haring/ *an* (*gen* iùil-tharrainge) magnetism

iùl /yool/ *an t-* (*gen* iùil, *pl* iùilean) guidance; guide; *seirbheis iùil nam plèanaichean* air traffic control

Iùro /oo-roh/ *an t-* (*pl* Iùrothan) euro

L₁

là /lah/ *an* (*gen* latha, *pl* làithean, lathaichean) day; *san là a th'ann* nowadays; *a là 's a dh'oidhche* day and night; *là dhe na làithean* one of these days; *chaidh an là le arm an Riaghaltais* the Government army won the day; *là mòr* big day ♦ **Là na Bliadhn' Ùire** New Year's Day; **Là na Nollaige** Christmas Day; **Là na Sàbaid** Sunday; the Sabbath

Làbarach /lahbərəK/ Labour; *am Pàrtaidh Làbarach* the Labour Party, Labour

labhair (a' labhairt) /lavər (ə lavərsht)/ talk

labhairt /lavərsht/ *an +len adj* speech, speaking

labhairteach /lavərsh-chəK/ spoken; *cànan labhairteach* spoken language

labhradair /lavrədər/ *an* (*pl* labhradairean) speaker

labhraiche /lavreeKə/ *an* (*pl* labhraichean) speaker; *labhraiche às leth na companaidh* a company spokesperson

lach /laK/ *an +len adj* (*gen* lacha, *pl* lachan) duck (*wild*)

làd /lahd/ *an +len adj* (*gen* làid, *pl* làdan) bucketful (of water)

lag¹ /lak/ weak; frail

lag² /lak/ *an* (*gen* laig, luig, *pl* lagan) hollow

làgar /'lager'/ *an* (*gen* làgair, *pl* làgaran) lager

lagh /ləG/ *an* (*gen* lagha, *pl* laghannan) law; *'s ann an aghaidh an lagha a tha sin* it's against the law; *thug iad sinn gu lagh* they took us to court, they sued us; *lagh is riaghailt* law and order

laghach /lur-əK/ kind; *tha sin laghach* that's very kind of you

laghail /lurGal/ legal

làidir /lahjir/ strong

laige /lYkə/ *an +len adj* **1** frailty; weakness **2** *the comp of* **lag**¹

laigh (a' laighe) /lY (ə lY-yə)/ lie; lie down; land; *laigh sìos!* lie down!; *plèana a bha a' laighe ann an...* a plane landing in...

laighe /lY-yə/ *an +len adj* lying position; *bha e na laighe air an làr* it/he was lying on the floor; *tha mi a' dol a laighe* I'm off to bed; *rinn mi laighe fhada* I had a long lie; *tha na clachan nan laighe* the stones are lying flat

laigse /lYKshə/ *an +len adj* (*pl* laigsean) weakness; *an dèidh dha a dhol ann an laigse* after he fainted; after he lost consciousness

làimhe /lYvə/ *gen of* **làmh**

làimhsich (a' làimhseachadh) /lYvsheek (ə lYvshəKəG)/ handle; manage; *mar a thathas a' làimhseachadh fearainn* how the land is managed

laimrig /lYmrik/ *an +len adj* (*gen* laimrige, *pl* laimrigean) jetty

lainnir /lanyir/ *an +len adj* (*gen* lainnire) glint; sparkle

làir /lahr/ *gen of* **làr**

làithean /lYyən/ *pl of* **latha** & **là**

làitheil /lYyel/ daily; everyday; *obair làitheil* day-to-day work; *gu làitheil* on a daily basis, daily

làithreach /lYrəK/ current; *eòlas làithreach* current knowledge

làmh /lahv/ *an +len adj* (*gen* làimhe, *pl* làmhan) **1** hand; *air an làimh dheis* on the right, on the righthand side; *faisg air làimh* nearby, close at hand; *air an làimh eile* on the other hand; *cha robh an aimsir ach mu làimh* the weather was just so-so; *ghabh iad a' chùis os làimh* they took the case on; *fo làimh* in hand, in progress; *chuir e làmh na bheatha fhèin* he committed suicide; *rug iad air làmhan a chèile* they shook hands; *làmh an uachdair* the upper hand; *...gun robh làmh an uachdair aig B* ...that B had the upper hand

2 *às dèidh làimhe* afterwards; *ro làimh* beforehand

3 wing (*in politics*); *làmh dheas/chlì* right/left wing

4 handle

làmhag

♦ **làmh-dèanta** handmade; **làmh-sgrìobhadh** handwriting; **làmh-sgrìobhainn** manuscript

làmhag /lahvak/ *an +len adj (gen* làmhaige, *pl* làmhagan*)* axe
♦ **làmhag deighe** ice axe

lampa /lampə/ *an (pl* lampaichean*)* lamp

làn /lahn/ **1** full; complete; *làn bròin* full of sorrow; *làn phlucan* covered in pimples; *bha e làn dhe fhèin* he was full of himself; *làn dìth do bheatha* don't mention it; *tha làn fhios agad gur…* you know full well that…

2 *an (gen & pl* làin*)* tide, high tide; *nuair a thàinig an làn a-steach* when the tide came in

♦ **làn-àrd** high tide; **làn-chinnteach** absolutely *or* fully certain; cocky; self-assured; **làn-dòigh**: *air an làn-dòigh* extremely happy; **làn-taic** *an +len adj* full support; *chuirinn-sa làn-taic ri sin* I would fully support that; **làn-thoil** free will, willingness; *rinn thu e le do làn-thoil fhèin* you did it of your own free will; **làn-ùine** full-time; *dreuchdan làn-ùine* full-time positions

lann[1] /lōwn/ *an +len adj (gen* lanna, *pl* lannan*)* blade; scale

lann[2] /lōwn/ *an +len adj*[52]

lann-cluiche /lōwn-klooKə/ *an +len adj (pl* lannan-cluiche*)* stadium

Lannraig /lōwnrehk/ Lanark

lannsa /lōwnsə/ *an +len adj (pl* lannsachan*)* scalpel; *cuin a thèid e fon lannsa?* when's his operation?

lanntair /lōwntər/ *an (pl* lanntairean*)* lantern

laoch /lurK/ *an (gen & pl* laoich*)* hero; warrior

laogh /lurG/ *an (gen & pl* laoigh*)* calf *(animal)*

laoidh /lur-ee/ *an +len adj (pl* laoidhean*)* hymn ♦ **laoidh nàiseanta** national anthem

lapa *an (pl* lapaichean*)* lap

lapach /lapəK/ weak, feeble; *tha mo Ghàidhlig beagan*

---

[52] Lann meaning *place* or *enclosure* survives as the second element in some compound nouns: **biadh-lann** dining hall, **deuchainn-lann** laboratory, **leabharlann** library.

lapach my Gaelic's a bit rusty

làr /lahr/ *an* (*gen* làir, *pl* làran) ground; floor; *air an dàrna làr* on the second floor ♦ *làr ùir* earth floor

làrach /lahrəK/ *an* +*len adj* (*gen* làraich, *pl* làraichean) site; area; mark; *aig làrach na tubaiste* at the scene of the accident; *tha iad fhathast aig an làraich* they are still at the scene ♦ **làrach campachaidh** campsite; **làrach ghlèidhte** reserved area; **làrach-lìn** website

làraidh /lahree/ *an* +*len adj* (*pl* làraidhean) lorry

làrna-mhàireach: *an làrna-mhàireach* /lahrnə-vahrəK/ the day after

las (a' lasadh) /las (ə lasəG)/ light; blaze; light up, illuminate; *'s e sin a th'air lasadh air cuimhne dhaoine* that's what flashed into people's minds

lasachadh-prìse /lasəKəG-preeshə/ *an* (*gen* lasachaidh-prìse, *pl* lasachaidhean-prìse) discount

lasadair /lasədər/ *an* (*pl* lasadairean) lighter

lasaich (a' lasachadh) /laseeK (ə lasəKəG)/ ease; loosen

lasair /lasər/ *an* +*len adj* (*gen* lasrach, *pl* lasraichean) flame; flash

lastaig /las-tek/ *an* +*len adj* elastic

latha[1] /lah/ *an* (*pl* làithean, lathaichean) day; *an dàrna latha dhen...* the second of...; *an latha roimhe* the day before; *an latha an-diugh* the present day; *b'e latha na dunaidh a bh'ann* it was a complete disaster; *airson lathaichean fhathast* for some days still; *na làithean a bh'ann* bygone days, the old days ♦ **latha-fèille** public holiday; **latha obrach** working day; **latha spòrs** sports day

latha[2] /lah/ *gen of* **là**

làthair /lah-hər/: *san àm a tha an làthair* at present; *cha bhi Seumas an làthair a-màireach* Jamie won't be present tomorrow; *is dùil gum bi còrr is 10,000 duine an làthair* and over 10,000 people are expected to be there

le /leh/ **1** with; *leis a' chosgais a bharrachd* together with the extra cost **2** by; *leabhar le...* a book by... **3** (*possession*) *an*

leabaidh

ann le Jack a tha e? is it Jack's?; *cò leis a bheil seo?* whose is this?, who does this belong to?; *'s le Mike e* it's Mike's; *'s ann le luchd-creideis a tha a' chompanaidh* the company is owned by its creditors **4** to (*when making a toast*); *seo le Jack!* here's to Jack! **5** off; *thuit e le creig* he fell off a cliff

leabaidh /lyeh-pee/ *an +len adj* (*gen* leapa, *pl* leapannan) bed ♦ **leabaidh dhùbailte** double bed; **leabaidh is lite** bed and breakfast; **leabaidh shingilte** single bed

leabhar /lyaw-ər/ *an* (*gen* leabhair, *pl* leabhraichean, leabhair) book ♦ **leabhar-e** e-book; **leabharlann** *an +len adj* library; *leabharlann na sgoile* school library; **leabhar-latha** diary; **leabhar-nòtaichean** notebook; **leabhar-obrach** exercise book, jotter (*Scots*); **leabhar-teagaisg** textbook

leabhran /lyawran/ *an* (*gen* leabhrain, *pl* leabhranan) booklet ♦ **leabhran-shanas** brochure

leac /lehk/ *an +len adj* (*gen* lic(e), *pl* leacan) slab, stone; rock; gravestone

leadaidh /letee/ *an +len adj* (*pl* leadaidhean) lady

leag (a' leagail, a' leagadh) /lyek (ə lyehkal, ə lyehkəG)/ **1** cut down; take down; knock over, knock down, flatten; demolish; *chaidh a leagail* he has been run over **2** lower; lay; *leag sùil air* lay eyes on **3** drop

leagh (a' leaghadh) /lyəG (ə lyə-əG)/ melt; dissolve; *tha an deigh a' leaghadh* the ice is melting

leaghadair /lyə-ədər/ *an* (*pl* leaghadairean) smelter, smelting works

leam /ləm/ *prep pron from* **le** *for* **mi** (*I, me*); with me; by me; *tiugainn leam* come with me; *rinn mi leam fhìn e* I made it by myself; *is leam am baga* it's my bag; *cha do chuidich sin leam* that didn't help me; *'s toil leam e* I like it;
   → **leotha**

leamh /lef/ **1** annoying **2** annoyed; *gu leamh* in exasperation

leamhan /lyevən/ *an* (*gen & pl* leamhain) elm

leamsa /ləmsə/ *the emphatic form of* **leam**; *'s leamsa e* it's mine

lean (a' leantainn) /len (ə lentin)/ **1** continue, go on; *lean e air fad 2 uair a thìde eile* it went on for 2 more hours; *droch shìde a' leantainn* bad weather continuing; *tha rannsachadh a' leantainn aig làrach* investigation is on-going at the scene **2** follow; *lean mise* follow me; *a' leantainn an stiùiridh oifigeil* following official instructions; *mar na leanas* as follows

△ **lean air** go on, continue; *dìreach lean ort mar sin* just go on like that

leanabail /lyenəpəl/ childish

leanabh /lyenəv/ *an* (*gen* leanaibh, *pl* leanab(h)an) baby

lèanag /lee-anak/ *an* (*gen* lèanaig, *pl* lèanagan) green; meadow; lawn; *lèanag spòrs* sports field

leann /lyōwn/ *an* (*gen* leanna, *pl* leanntan) beer ♦ **leann-ubhal** cider

leannan /lyanan/ *an* (*gen & pl* leannain) boyfriend; girlfriend; partner; *mo leannan* my love

leann-dubh: *fo leann-dubh* /foh lyōwn-doo/ depressed, dejected

leantainn: *a' leantainn* /ə lentin/ *verbal noun of* **lean**

leantainneach /lentinyəK/ continuous; continuing; ongoing; *casad leantainneach* a persistent cough

leantainneachd /lentinyəKk/ *an* +*len adj* continuity

leapa /lepə/ *gen of* **leabaidh**

leapannan /lyepənən/ *pl of* **leabaidh** ♦ **leapannan bunc** bunk beds

learag /lerak/ *an* +*len adj* (*gen* learaige, *pl* leargan) larch

Leargaidh: *An Leargaidh* /ən lerəgee/ Largs

leas /les/ *an* **1** benefit, good; *air leas na h-Alba* for Scotland's benefit **2** *cha leig e leas a bhith duilich* he doesn't need to be sorry; *...nach leig iad a leas cumail ris na riaghailtean* ...that they don't have to follow the rules; *cha leig thu leas feuchainn...* you needn't bother trying...

leas- /les/ deputy; vice ♦ **leas-chaiptean** vice-captain; **leas-cheann** deputy head; **leas-cheannard** deputy head;

leasachadh

Leas Phrìomh-mhinistear Deputy First Minister; **leas-rannsaiche** research assistant; **leas-stiùiriche** assistant director; **leas-thogalach** wing (*of building*)

leasachadh /lesəKəG/ *an* (*gen* leasachaidh, *pl* leasachaidhean) improvement; development; *cuir leasachadh ri* do up; improve; renovate

leasaich (a' leasachadh) /leseeK (ə lesəKəG)/ improve; develop; *cha b'urrainn dhomh a leasachadh* I couldn't help it

leasaiche /lehseeKə/ *an* (*pl* leasaichean) therapist ♦ **leasaiche cànain** speech therapist

leasan /lesan/ *an* (*gen* leasain, *pl* leasanan) lesson

leat /let/ *prep pron from* **le** *for* **thu** (*you*); with you; by you; *an tug thu...leat?* did you bring...with you?; *leabhar leat* a book by you; *is leat am baga* it's your bag; *seo leat!* here's to you; *an toigh leat e?* do you like it?; → **leotha**

leatas /letəs/ *an* (*gen* leatais, *pl* leatasan) lettuce

leatha[1] /leh-ə/ *prep pron from* **le** *for* **i** (*she, her; it*); with her/it; by her/it; *thug i...leatha* she took...with her; *chaidh i a-steach leatha fhèin* she went inside by herself; *is leatha am baga* it's her bag; → **leotha**

leatha[2] /leh-ə/ *nas/as leatha comp & supl of* **leathann**

leathach /leh-əK/ half; *leathach làn* half full ♦ **leathach-leth-chaman** semi-demi-quaver

leathad /lyeh-ət/ *an* (*gen* leathaid, *pl* leathaidean) slope ♦ **leathad sgìthidh** ski slope

leathann /leh-han/ broad, wide

leathar /lehər/ *an* (*gen* leathair) leather

leathase /leh-əshə/ *the emphatic form of* **leatha**[1]; *'s leathase e* it's hers

leatsa /letsə/ *the emphatic form of* **leat**; *'s leatsa e* it's yours

leibh /liv/ *prep pron from* **le** *for* **sibh** (*you*); with you; by you; *fuirichidh mi an seo leibh* I'll stay here with you; *an do rinn sibh seo leibh fhèin?* did you make this by yourselves?; *is leibh am baga* it's your bag; → **leotha**

leig seachad

leibhse /livshə/ *the emphatic form of* **leibh**; *'s leibhse e* it's yours

leibideach /lepijəK/ sloppy (*work*); *tha mi a' faireachdainn leibideach* I feel awkward

lèig[1] /layk/ *an +len adj* mush

leig[2] /lik/ *gen of* **leug**

leig (a' leigeil) /lik (ə likəl)/ **1** let; *mus leigear air bòrd* before being let *or* allowed on board; *leig fhaicinn* show, reveal; indicate; *tha sinn air leigeil fhaicinn dè an t-suim a tha a dhìth oirrn* we have indicated the sum that we need; *leig mi an cù* I sent the dog off (to get the sheep) **2** *a' leigeil comhart beag* with a little bark, giving a little bark; *leig i osna* she gave a sigh, she sighed; *leig na brèigichean sgreuch* the brakes screeched

△ **leig à** let out; *leig i osna aiste* she let out a sigh

△ **leig air** pretend; *chan eil e/i ach a' leigeil air/oirre* he/she is only pretending

◊ **leig a-mach** let out; rent out; exclaim; emit; *daoine a tha a' leigeil sheòmraichean a-mach* people who let out rooms

◊ **leig às** let off (*not punish, also from car*); let go; drop; *leig às mi!* let me go!, let go of me!; *chaidh na casaidean a leigeil às* the cases were dropped *or* dismissed

△ **leig bho** give up; *leig mi bhuam an smocadh* I gave up smoking

△ **leig de** give up; *leig mi dhìom mo dhreuchd* I retired; I resigned; *leig e dheth a dhreuchd* he retired; he resigned

△ **leig le 1** leave alone; *leig leatha* leave her alone; *leig leat!* relax! **2** let, allow; *na leig le neach sam bith...* don't let anybody...; *cha leig sinn leotha sin a dhèanamh* we won't let them do that; *leig an cù leis ruith air falbh* the dog let it run away; *leig leam cuideachadh* let me help; *thuirt iad gu bheil seo a' leigeil leotha dachaigh a stèidheachadh...* they said that this let *or* allowed them to set up home...

◊ **leig seachad** give up; ignore; *cha robh an t-uachdaran airson a leigeil seachad* the laird was not minded to give it

leig sìos

up; *bha e air a dhreuchd a leigeil seachad* he had retired; he had given up his job

◊ **leig sìos** put down; let down; *tha iad a' leigeil sìos dhaoine* they're letting folk down

lèigeach /laykəK/ mushy

lèigh[1] /lay/ *an* (*pl* lèighean) surgeon

leigh[2] /leh/ *gen of* **liagh**

lèigheas /lay-əs/ *an* (*gen* lèighis, *pl* lèigheasan) cure; medicine; treatment; remedy; *bha i air a bhith a' faighinn leigheas* she had been getting treatment

lèigh-eòlas /lay-yawləs/ *an* (*gen* lèigh-eòlais) medical science, medicine

lèigh-lann /lay-lōwn/ *an +len adj* surgery (*place*)

lèine /laynə/ *an +len adj* (*pl* lèintean) shirt; *lèine-t* T-shirt

leinn /leh-in/ *prep pron from* **le** *for* **sinn** (*we, us*); with us; by us; *cha tug sinn...leinn* we didn't bring...with us; *deireadh-sheachdain leinn fhìn* a weekend by ourselves; *leig iad leinn...* they let us...; *bu toigh leinn...* we'd like...; *seo leinn* here's to us; → **leotha**

leinne /leh-inyə/ *the emphatic form of* **leinn**; *'s leinne sin* it's ours

lèir[1] /layr/: *cha lèir dhomh càil* I can't see anything

lèir[2]: *gu lèir* /goo layr/ totally, altogether; *dè na tha sin uile gu lèir?* what does that make altogether?; *air feadh na sgìre gu lèir* in the whole area; *thug e a neart gu lèir seasamh* it took him/her all his/her strength to stand up

lèirmheas /layrves/ *an* (*gen* lèirmheis, *pl* lèirmheasan) review

lèirmheasach /layrvesəK/ critical; *aiste lèirmheasach* a critical essay

lèirmheasadh /layrvesəG/ *an* (*gen* lèirmheasaidh) reviewing; review

lèirmheasaiche /layrveseeKə/ *an* (*pl* lèirmheasaichean) reviewer

leis[1] /lehsh/ **1** *prep pron from* **le** *for* **e** (*he, him*); *it*); with him/ it; by him/it; *tha i a' falbh leis* she's going out with him; *bha e ann leis fhèin* he was there by himself; *dh'fhosgail* *an geata leis fhèin* the gate opened by itself; *mura tug cuideigin peann leis* if anyone doesn't have a pen with them **2** (*possession*) *is leis am baga* it's his bag **3** *leis gu bheil* because; *tha an deigh a' leaghadh leis gu bheil i nas teotha* the ice is melting because it is warmer; *leis a sin* because of that, for that reason; → **leotha**

leis[2] /lehsh/ **le** *before a definite article becomes* **leis**; *dè rinn thus leis an airgead?* what did you do with the money?; *leis a' ghaoith seo* with this wind

leisg /leshk/ lazy; *tha leisg orm…, 's leisg orm…* I'm reluctant to…; *cha bhi leisg oirnn…* we won't hesitate to…

leisgeul /lehsh-kel/ *an* (*gen* leisgeil, *pl* leisgeulan) excuse; apology; *am faodar a leisgeul a ghabhail airson PE a-màireach?* can he be excused PE tomorrow?; *chan eil leisgeul ann air a shon* there's no excuse for it; *gabh mo leisgeul* excuse me; my apologies; *bu chòir don riaghaltas leisgeul iarraidh* the government should apologize

leis-san /lehsh-sən/ *the emphatic form of* **leis**[1]

leithid /leh-hij/ such as, like; *àiteachan leithid…* places such as…, places like…; *ann an cùis den leithid* in a case of such a type, in such a type of case; *an ceathramh sgoil de a leithid* the fourth school of this kind; *a' chiad dheuchainn dha leithid* the first such test; *is a leithid* and things like that, and such like; *is a leithid sin* and that sort of thing, and the like; *gum feum iad beachdachadh a-rithist air an leithid* that they need to think again about that sort of thing; *thachair a leithid* there have been similar occurrences

leitir /letchir/ *an* +len *adj* (*gen* leitreach, *pl* leitrichean) hillside, slope

len (= **le** + **an**) with their

Leòdhas /lyoh-əs/ Lewis

Leòdhasach /lyoh-əsəK/ **1** from/of Lewis, Lewis **2** *an* (*gen* & *pl* Leòdhasaich) Lewis man; Lewis woman

leòis /lyawsh/ *gen* & *pl of* **leus**

leòmach

leòmach /lyawməK/ posh, upmarket; conceited, affected
leòman /lyawman/ *an* (*gen* &*pl* leòmain) moth
leòmhann /lyoh-ən/ *an* (*gen* leòmhainn, *pl* leòmhannan) lion
leòn /lawn/ *an* (*gen* leòin, *pl* leòntan) injury; wound
leòn (a' leòn, a' leònadh) /lawn (ə lawnəG)/ injure; wound; *air a leòn* injured; wounded; *chaidh còignear a leòn ann an tubaist rathaid* five people were injured in a road accident
leòr /lyawr/: *mo leòr de bhiadh* my fill of food
leòsan /lyawsən/ *an* (*gen* &*pl* leòsain) pane (of glass)
leotha /loh-ə/ *prep pron from* **le** *for* **iad** (*they, them*); with them; by them

> Here is a range of uses of one of the prepositional pronouns from **le**. The examples are based on the third person plural prepositional pronoun **leotha**.
>
> *a bheil thu air do bheò-ghlacadh leotha?* are you obsessed with them?
> *leotha fhèin no leis an teaghlach* by themselves or with their family
> *an toigh leotha e?* do they like it?
> *'s leotha e* it's theirs
> *is leotha an càr* that's their car
> *dà thuathanas leotha* two of their farms
> *rinn iad leotha fhèin e* they made it themselves
> *cha do chuidich sin leotha* that didn't help them
> *an tug iad...leotha?* did they bring...with them?
> *fuirichidh mi an seo leotha* I'll stay here with them
> *deireadh-sheachdain leotha fhèin* a weekend by themselves
> *leig am poileas leotha...* the police let them...

> In many cases other prepositional pronouns from **le** could be substituted for **leotha**, where the sense allows, by changing the pronouns. For example:
>
> *'s leinn e* it's ours
>
> *an toigh leatha e?* does she like it?
>
> *deireadh-sheachdain leam fhìn* a weekend by myself

leothasan /loh-əsən/ *the emphatic form of* **leotha**

leth /leh/ *an* (*pl* lethean) **1** half; *leth mar leth* fifty-fifty; *tha e leth uair an dèidh seachd* it's half past seven; *sa chiad leth* in the first half; *san dàrna leth* in the second half; *còrr is an dàrna leth* more than half

2 ■ *...gu leth* and a half; *bliadhna gu leth* eighteen months, a year and a half

3 *an leth a-muigh* the outside; *leth a-staigh an dorais* the inside of the door

4 ■ *fa leth* separate; individual; *tha rumannan fa leth aca* they have separate rooms; *cùisean fa leth* individual cases

5 ■ *air leth* excellent, amazing; unique; *'s e biadh air leth a bha sin* that was an excellent meal; *bha an criutha air leth* the crew were amazing *or* incredible

6 ■ *air leth* extremely; *air leth toilichte* extremely happy

7 ■ *air leth* apart; *cùm air leth iad* keep them separate from each other

8 ■ *às leth* on behalf of; for; *às leth a' chlas air fad* on behalf of the whole class; *no às ar leth* or on our behalf; *bhàsaich i às leth a creideimh* she died for her faith

9 *cuir às leth*: *...gun deach casaidean a chur às leth triùir* ...that charges have been brought against three people; *...na tha an Crùn a' cur às leth a rinn e* ...what the Crown alleges that he did

letheach /leh-əK/ half; *letheach falamh* half empty; *letheach*

sìos an rathad halfway down the road
♦ **leth-aonan** *an* twins; **lethbhreac** *an* copy; photocopy; *dèan lethbhreac de* photocopy, take a photocopy of; **lethbhreacadair** *an* photocopier; **leth-bhreith** *an +len adj* discrimination; **leth-chaman** *an* semi-quaver; **leth-cheann** *an* temple, side of the head; **leth-cheud** *(older counting system)* fifty; **leth-chòilean** *an* semi-colon; **leth-deiridh** *an* hindquarters; **leth-dhùisg: na leth-dhùisg** half awake; **leth-fhalaichte** half hidden; **leth-mharaton** *an* half marathon; **leth-phinnt** *an +len adj* half a pint; **leth-stad**: *bha e na leth-stad air an rathad* he was at a semi-halt on the road; **leth-theirm** *an +len adj* half term; **leth-uair a thìde** half an hour

leudachadh /lee-ədəKəG/ *an* (*gen* leudachaidh, *pl* leudachaidhean) extension; expansion

leudaich (a' leudachadh) /lee-ədeeK (ə lee-ədəKəG)/ extend; expand

leug /lee-ak/ *an +len adj* (*gen* lèig, *pl* leugan) jewel

leugh (a' leughadh) /layv (ə layvəG)/ read

◊ **leugh os àrd** read out

leughadair /layvətər/ *an* (*pl* leughadairean) reader

leughadh /layvəG/ *an* (*gen* leughaidh) reading

leum /laym/ *an* (*gen* leuma, *pl* leuman) jump; *dhùisg e le leum* he woke up with a start; *bheir thu leum thairis air an ath chaibideil* you can skip the next chapter; *a' falbh nan leum* rushing off ♦ **leum àrd** high jump; **leum fada** long jump; **leum-sròine** nose bleed

leum (a' leum) /laym/ jump; *leum thairis air!* jump over!; *cha b'e ruith ach leum* I/he/she etc jumped at the chance

◊ **leum a-steach 1** interrupt **2** jump in; *leum i a-steach aig a' mhionaid mu dheireadh* she jumped in at the last minute

◊ **leum far** jump off

leumadair /lay-mədər/ *an* (*pl* leumadairean) dolphin

leus /lehs/ *an* (*gen & pl* leòis) **1** light; ray of light **2** blister

leusair /laysər/ *an* (*pl* leusairean) laser (printer)

liacair (a' liacradh) /lee-əKkər (ə lee-əKkrəG)/ smear

liagh /lee-əG/ *an +len adj* (*gen* leigh, *pl* liaghan) ladle; blade (*of oar, rotor*); ***...arsa mo liagh*** ...said my fine fellow; ***mo liagh ort!*** good on you!

liapar /lee-apar/ *an* (*gen* liapair, *pl* liaparan) bundle

liath /lee-ə/ grey; pale blue ♦ **liath-ghlas** silver grey

liath (a' liathadh) /lee-ə (ə lee-əhəG)/ go grey

Libearalach /liberələK/ (*an, gen & pl* Libearalaich) Liberal; ***na Libearalaich-Deamocratach*** the Liberal-Democrats

lìbhrig (a' lìbhrigeadh) /leevrig (ə leevrigəG)/ deliver

lìbhrigeadh /leevrigəG/ *an* (*gen* lìbhrigidh, *pl* lìbhrigidhean) delivery; ***seirbheis lìbhrigidh*** delivery service; courier

lic(e) /leeKk(ə)/ *gen of* **leac**

lide /leejə/ *an* (*pl* lidean) syllable

lìn /leen/ *gen of* **lìon**

lìnig /leenig/ *an +len adj* (*gen* lìnige, *pl* lìnigean) lining

linn[1] /leen/ *an +len adj* (*pl* linntean) century; age; generation; ***bhon naoidheamh linn*** from the ninth century; ***anns an t-seachdamh linn deug*** in the seventeenth century; ***thoisich linn ùr ann an còmhdhail*** a new transport era began; ***bho linn cogadh nan con*** back in the year dot ♦ **Linn na Cloiche** the Stone Age; **Linn-Deighe** Ice Age; **linn-fànais** space age; **Linn an Iarainn** the Iron Age; **Linn an Umha** the Bronze Age

linn[2] /leen/ **1** ■ **ri linn** during; ***cha tachair e ri linn oidhche!*** it's not going to happen overnight! **2** on account of, because of; ***ri linn tuiltean*** because of flooding; ***ri linn agus gu bheil e...*** because it is...

linne /leenyə/ *an +len adj* (*pl* linneachan) firth; pool ♦ **Linne Foirthe** Firth of Forth; **Linne Mhoireibh** Moray Firth

linntean /leenchən/ *pl of* **linn**[1]

lioft /lift/ *an* (*pl* lioftaichean) lift; ***an toir thu dhomh lioft?*** could you give me a lift?; ***chan eil an lioft ag obair*** the lift isn't working

lìog /'league'/ *an* (*gen* lìoga, *pl* lìogan) league

liomaid /limij/ *an +len adj* (*gen* liomaide, *pl* liomaidean) lemon
liomaineud /limanayd/ *an* lemonade
liomh /lee-əv/ *an +len adj* (*gen* lìomha) polish
liomh (a' liomhadh) /lee-əv (ə lee-əvəG)/ polish
lìon /lee-ən/ *an* (*gen* lìn, *pl* lìontan) net; web; flax; ***an Lìon*** the Net, the Web; ***chuir Chris am ball dhan lìon*** Chris put the ball into the net
lìon (a' lìonadh) /lee-ən (ə lee-ən-əG)/ fill in; fill up; come in (*of tide*)
lìonadh /lee-ən-əG/ *an* (*gen* lìonaidh, *pl* lìonaidhean) filling (*in tooth*)
lìonanach /lee-ənənəK/ *an +len adj* (*gen* lìonanaich) algae
lìon-anart /lee-ən-anarsht/ *an* (*gen* lìon-anairt, *pl* lìon-anartan) sheet
lìonmhor /lee-ənvər/ abundant, plentiful
lionn /lyoon/ *an* (*gen* lionna, *pl* lionntan) liquid ♦ **lionn nighe** washing-up liquid
lìonra /lee-ənrə/ *an* (*gen* lìonraidh, *pl* lìonraidhean) network
lìonradh /lee-ənrəG/ *an* (*pl* lìonraidhean) network
lionsa /linsə/ *an +len adj* (*pl* lionsaichean) lens
  ♦ **lionsaichean-suathaidh** contact lenses
lìontan /lee-əntən/ *pl of* **lìon**
lios /lis/ *an* (*gen* liosa, *pl* liosan) garden
Lios Mòr /lis mohr/ Lismore
liosta /listə/ *an +len adj* (*pl* liostaichean) list ♦ **liosta sgaoilidh** distribution list; **liosta-sgrùdaidh** checklist
liotach /litəK/: ***bha e liotach*** he had a lisp
liotair /'litre'/ *an* (*pl* liotairean) litre
lite /leechə/ *an +len adj* porridge
litearrachd /leechərəKk/ *an +len adj* literacy
litearras /leechərəs/ *an* (*gen* litearrais) literacy
litir /leechir/ *an +len adj* (*gen* litreach, *pl* litrichean) letter
litreachadh /leetrəKəG/ *an* (*gen* litreachaidh) spelling; ***dearbhadh litreachaidh*** spelling test; ***gnàthachas litreachaidh*** orthographic convention

loisg (a' losgadh)

litreachas /leetrəKəs/ *an* (*gen* litreachais, *pl* litreachasan) literature
litrich (a' litreachadh) /leetriK (ə leetrəKəG)/ spell
liùdhag /lyoo-ak/ *an +len adj* (*gen* liùdhaig, *pl* liùdhagan) doll
liut /lyoot/ *an +len adj* flair, skill
liuthad /lyoo-ət/ so many; many; **tha liuthad chuspairean ann** there are so many topics; **a liuthad ìomhaigh** the many images
lobht /loft/ *an* (*gen* lobhta, *pl* lobhtaichean) loft
Locarbaidh /lokarbee/ Lockerbie
loch /loK/ *an* (*gen* locha, *pl* lochan) loch
lochan /loKan/ *an* (*gen* lochain, *pl* lochanan) little loch, lochan
lochdach /loKkəK/ faulty
Lochlannach /loKlənəK/ (*an*, *gen & pl* Lochlannaich) Viking
Loch Laomainn /loK ləmeen/ Loch Lomond
Loch Nis /loK nish/ Loch Ness
Loch Raonasa /loK rurnəsə/ Lochranza
lòd /lawd/ *an* (*gen* lòid, *pl* lòdan) load
Lodainn /lohtin/ the Lothians
lodan *an* (*gen* lodain, *pl* lodanan) little pool; little bog
lof *an* (*gen* lofa, *pl* lofaichean) loaf; **lof arain** a loaf of bread
logaidh /logee/ *an* (*pl* logaidhean) fringe; forelock
lògo /lohgoh/ *an* (*pl* lògothan) logo
loidhne /loyn-yə/ *an +len adj* (*pl* loidhneachan, loidhnichean) line; **cuir loidhne fo** underline ♦ **loidhne dealain** power line; **loidhne-feitheimh** queue; standby queue; **loidhne-fòna taice** telephone help line; **loidhne-oisein** touchline; **loidhne-rèile** railway line; **loidhne-rèile Taobh Siar na Gàidhealtachd** West Highland (railway) line; **loidhne-togail** hoist cable
loidse /loj-shə/ *an +len adj* (*pl* loidsichean) lodge
loiliopop /lolipop/ *an +len adj* (*pl* loilipopan) lollipop
lòinidh /lawnyee/ *an +len adj* rheumatism
loinneil /loyn-yel/ elegant
loisg (a' losgadh) /loshk (ə loshkəG)/ burn; fire; **chaidh losgadh air (le gunna)** he was shot at

lom

lom /lōwm/ bare
lom (a' lomadh) /lōwm (ə loməG)/ shear, strip
loma-làn /lohmə-lahn/ chock-full, chock-a-block; ***loma-làn de*** chock-full of, chock-a-block with
lomnochd /lōwmnəKk/ naked
lòn[1] /lawn/ *an* (*gen* & *pl* lòin) food; lunch; ***droch lòn*** a poor diet
lòn[2] /lawn/ *an* (*gen* lòin, *pl* lòintean) pond; pool; watery meadow
lon-dubh /lon-doo/ *an* (*gen* loin-duibh, *pl* loin-dubha) blackbird
long /'long'/ *an* +*len adj* (*gen* luinge, *pl* longan) ship
lorg /lorəg/ *an* +*len adj* (*gen* luirge, *pl* lorgan) search; find; trace; ***thuirt iad gu robh iad air lorg fhaighinn air...*** they said that they had found...; ***chaidh lorg fhaighinn air fear a...*** a man has been found who...
 ♦ **lorg-coise** footprint; ***lorg-coise carboin*** carbon footprint
lorg (a' lorg) /lorəg/ **1** find; ***ma lorgas tu e*** if you find it; ***chaidh a lorg*** he/she was found **2** look for; ***tha mi a' lorg...*** I'm looking for...
los: ***los gu bheil*** because **2** ***a los*** in order to; ***a los nan cothroman a ghlacadh*** in order to seize the opportunities
losgadh /loskəG/ *an* (*gen* losgaidh) burning; firing; ***targaidean losgaidh*** shooting targets
lot[1] /lot/ *an* +*len adj* (*gen* lota, *pl* lotaichean) croft
lot[2] /lot/ *an* (*gen* lota, *pl* lotan) wound, injury
luach /loo-əK/ *an* (*pl* luachan) worth, value; ***tha barrachd luach air na sin*** it's worth more than that; ***tha luach £100 air aig a' char as lugha*** it's worth at least £100; ***a' faighinn luach an airgid*** getting value for money
luachair /loo-əKehr/ *an* +*len adj* (*gen* luachrach) rushes, reeds
luachmhor /loo-əKvohr/ valuable
luadhadh /loo-ə-əG/ *an* (*gen* luadaidh) waulking
luaidh[1] **(a' luadhadh)** /loo-Y (ə loo-ə-əG)/ waulk
luaidh[2] /looY/ *an* (*pl* luaidhean) **1** praise; ***tha luaidh ga dhèanamh air an Ollamh MacAonghais*** there has been praise for Professor MacInnes **2** mention

luaidh³ (a' luaidh) /looY/ **1** praise **2** mention; *gun luaidh air* not to mention

luaidh⁴: *a luaidh* /ə looY/ darling, love

luaidh⁵ /looY/ *an +len adj* lead (*the metal*)

Luain: *oidhche Luain* /ə-iKə loo-ən/ Monday night

luaineach /loo-ənəK/ restless; fickle

luaisg (a' luasgadh) /loo-ishk (ə loo-əsgəG)/ swing; shake

luaisgeach /loo-eshgəK/: *tha a stamag luaisgeach* he has an upset stomach

luaithre /loo-Yrə/ *an +len adj* ashes; ash

luaithreachan /loo-Yrəkən/ *an* (*gen & pl* luaithreachain) crematorium

luamhan /loo-əvan/ *an* (*gen & pl* luamhain) lever; levering

luasganach /loo-əskənəK/ fickle; restless

luath¹ /loo-ə/ fast, quick; *an urrainn dhut tighinn nas luaithe?* can you come sooner?; *chaidh an dràibhear a chur fo chasaid airson a bhith a' dol ro luath* the driver was charged with speeding ■ *cho luath 's* as soon as; *cho luath 's a ghabhas* as soon as possible

luath² /loo-ə/ *an +len adj* (*gen* luatha) ash, ashes

luathas, luaths /loo-əs/ *an* (*gen* luathais, luaiths) speed, pace

lùb /loop/ *an +len adj* (*gen* lùib, *pl* lùban) bend; *gun companaidh eile a bhith na lùib* without any other company being involved; *cha robh ach aon chàr an lùib na tubaist* only one car was involved in the accident; *na faclan an lùib a chèile* the words all jumbled up

lùb (a' lùbadh) /loop (ə loopəG)/ bend

◊ **lùb sìos** bend down

lùbach /loopəK/ winding; bendy

luch /looK/ *an +len adj* (*gen* lucha, luchainn, *pl* luchan, luchainn) mouse

luchag /looKak/ *an +len adj* (*gen* luchaige, *pl* luchagan) mouse (*for computer*)

lùchairt /looKərsht/ *an* (*gen* lùchairte, *pl* lùchairtean) palace; *cho toilichte ri rìgh na lùchairt* as pleased as Punch; as

luchd

happy as a sandboy
luchd¹ /looKk/ *an* (*gen* luchda, *pl* luchdan) load, cargo
luchd² /looKk/ *an*:[53]

♦ **luchd-acadaimigeach** academics; **luchd-àiteachais** farmers; **luchd-amhairc** audience; viewers; **luchd-baidhseagail** cyclists; **luchd-bhòtaidh** voters; electorate; **luchd-caitheimh** consumers; **luchd-casaid** prosecutors, prosecution; *luchd-casaid a' Chrùin* Crown prosecutors; **luchd-ceannaich** consumers; customers; **luchd-ceumnachaidh** graduates; **luchd-ciùil** musicians; **luchd-cleachdaidh** users; customers; practitioners; **luchd-cobhair** helpers; **luchd-co-dhùnaidh** decision-makers; **luchd-coiseachd** pedestrians; walkers; **luchd-coiseachd nam beann** hill-walkers; **luchd-còmhnaidh** residents; locals; **luchd-creideis** creditors; **luchd-cùmhnant** contractors; **luchd-cùraim** carers; **luchd-dàimh** relatives; loved ones; **luchd-dealbhachaidh** planners; **luchd-deasachaidh** editors; **luchd-deilbh** photographers; **luchd-dèilig** customers; **luchd-earrann** shareholders; **luchd-einnseinìridh** engineers; **luchd-eiridinn** paramedics; **luchd-èisteachd** audience; listeners; **luchd-fàilteachaidh** reception staff; **luchd-fastaidh** employers; **luchd-fianais** witnesses; **luchd-freagairt** respondents; **luchd-glèidhteachais** conservationists; **luchd-giollachd** processors; **luchd-gnìomha** executives; **luchd-gnothaich** business people; **luchd-iomairt** campaigners, campaign groups; **luchd-ionnsachaidh** learners; *luchd-ionnsachaidh chànanan* language learners; **luchd-iùil** guides; **luchd-iùil adhair** air-traffic controllers; **luchd-iùil nan itealan** air-traffic controllers; **luchd-labhairt na Gàidhlig** Gaelic-speakers; **luchd-lagha** lawyers; **luchd-leantainn** supporters,

---

[53] Another list can be found at the singular form of **luchd** under **neach**.

fans; followers; **luchd-leasachaidh** developers; **luchd-marcachd** horse riders; **luchd-measaidh** assessors; **luchd-naidheachd** journalists; **luchd-obrach** staff; workforce; *luchd-obrach slàinte* healthcare workers; **luchd-oideachaidh** educators; **luchd-poileasaidh** policy-makers; **luchd-poileataigs** politicians; **luchd-rannsachaidh** researchers; **luchd-rianachd** admin staff; **luchd-ruith** runners; organizers; **luchd-sabaid** fighters, combatants; **luchd-saidheans** scientists; *luchd-saidheans mara* marine scientists; **luchd-sgìthidh** skiers; **luchd-siubhail** travellers; passengers; **luchd-smàlaidh** fire brigade; fire fighters; **luchd-sreap** climbers; **luchd-staile** distillers; **luchd-tadhail** visitors; **luchd-taic sgoile** classroom assistants; **luchd-taisteil** travellers, travelling folk; **luchd-teagaisg** (teaching) staff; **luchd-teasairginn** rescuers; **luchd-tionnsgail** inventors; **luchd-tionnsgain** entrepreneurs; **luchd-togail sgudail** binmen, refuse collectors; **luchd-turais** tourists; **luchd-ùidh** stakeholders

luchdaich (a' luchdadh) /looKkeeK (ə looKkəG)/ load
◊ **luchdaich a-nuas** download

lùdag /loodak/ *an +len adj* (*gen* lùdaige, *pl* lùdagan) little finger, pinkie

lùdagan /loodagan/ *an* (*gen & pl* lùdagain) hinge

lugha /looGə/: *nas/as lugha comp & supl of* **beag**; *nas lugha* smaller; less; *nas lugha na sin* less/smaller than that; *as lugha* the smallest; least; *'s e 40 a' chuid as lugha* 40 is the minimum; *chan eil duine sam bith coileanta, 's tu a bu lugha a tha* no one's perfect, least of all you; *tha nas lugha na mìos air fhàgail mus…* there is less than a month left until… ■ *is lugha orm/oirre…* I hate…/she hates…

lùghdachadh /loodəKəG/ *an* (*gen* lùghdachaidh, *pl* lùghdachaidhean) reduction; *mòr de lùghdachadh air sgaoileadh carboin* a significant amount of carbon reductions *lùghdaich (a' lùghdachadh)*

lùghdaich (a' lùghdachadh) /loodeeK (ə loodəKəG)/ reduce
lùib /loop/ *gen of* **lùb**
luibh /lə-iv/ *an +len adj* (*gen* luibhe, *pl* luibhean) herb; plant
luideag /loojak/ *an +len adj* (*gen* luideige, *pl* luideagan) rag
lùig (a' lùigeadh) /loog (ə loogəG)/ want, desire
luig /lə-ik/ *gen of* **lag**²
luinge /lə-ingə/ *gen of* **long**
Luirg /loorəg/ Lairg
luirge /loorəgə/ *gen of* **lorg**
Lùnastal: *an Lùnastal* /ən loonastal/ August
Lunnainn /loonin / London
lurgann /loorəgən/ *an +len adj* (*gen* lurgainn, *pl* lurgannan) shin
Lus /loos/ Luss
lus /loos/ *an* (*gen* lusa, *pl* lusan) plant; herb
lùth /loo/ *an* (*gen* lùtha) energy; *caomhain lùth san dachaigh agad* save energy in your home; *bolgan le lùth ìseal* low-energy bulb ♦ **lùth-chleas** agility; **lùth-chleasachd** *an +len adj* athletics; **lùth-chleasaiche** athlete
lùthmhor /loovər/ agile, athletic
lùths *an* (*gen* lùiths) strength; energy; *bha mo chasan air an lùths a chall* my legs had gone weak

M m

m /sə vateen/ a.m.; *aig 6.00m* at 6.00a.m.

m' (*abbr of* **mo** *'my' before a vowel or vowel sound*) *m'antaidh* my auntie; *m'fhalt* /malt/ my hair

ma[1] /mə/ if

ma[2] /mə/ = **mu** + **a**; *tha uallach orm ma dheidhinn* I'm worried about him

mac /maKk/ *am* (*gen & pl* mic) son; *mo mhac* my son; *ò, mac 'ain Ghròt!* oh damn! ♦ **mac na bracha** single malt; **mac-bràthar** nephew (*brother's son*); **mac-cèile** son-in-law; **mac an duine** human (being); *sgriosaidh a' bhìoras mac an duine* the virus will wipe out the human race; **mac-leisg** lazy so-and-so; **mac-peathar** nephew (*sister's son*)

macantas /maKkəntəs/ *am* (*gen* macantais) meekness

mach /maK/ = **a-mach**; *mach à seo* (get) out!; let's go; *mach à seo mi!* I'm out of here

machair /maKər/ *a' mh-* (*gen* machrach) machair

Machaire Shànais /maKərə hahnish/ Machrihanish

mach-chur /maK-Koor/ *am* output

mac-meanmna /maKk-menəm-nə/ *am* (*gen* mic-meanmna) imagination; *chan eil ann ach do mhac-meanmna* it's all in your imagination

madadh[54] /matəG/ *am* (*gen* madaidh, *pl* madaidhean) dog, hound ♦ **madadh-allaidh** wolf; **madadh-ruadh** fox; **madadh-uisge** freshwater pearl mussel

madainn /matin/ *a' mh-* (*gen* maidne, *pl* madainnean) morning; *madainn a-màireach* tomorrow morning; *madainn an-dè* yesterday morning; *madainn an-diugh* this morning;

---

54 not the standard word for dog these days

mag (a' magadh)

anns a' mhadainn in the morning; *sa mhadainn* in the morning; *madainn Disathairne* (on) Saturday morning; *madainn mhath* good morning

mag (a' magadh) /mak (ə makəG)/ mock; *tha sin a' magadh air...* this makes a mockery of...

magail /makal/ mocking

magh /mahG/ *am* (*gen* magha, *pl* maghan) plain

magnaiteach /magnichəK/ magnetic

maide /majə/ *am* (*pl* maidean) stick; *bidh i a' cumail ceann a'mhaide ris* she bosses him around ♦ **maide-cuimhne** memory stick; **maide sgìthidh** ski pole

maidne /majnə/ *gen of* **madainn**

maids, maidse /majsh, majshə/ *am* (*pl* maidsichean) match

màidsear /mayjshər/ *am* (*gen* màidseir, *pl* màidsearan) major

maighdeann /mYjan/ *a' mh-* (*gen* maighdinn, *pl* maighdeannan, maighdinnean) maiden ♦ **maighdeann-mhara** mermaid; **maighdeann-phòsaidh** bridesmaid

maighstir /mYsh-chər/ *am* (*pl* maighstirean) **1** master **2** mister

màil /mahl/ *gen & pl of* **màl**

màileid /mahlej/ *a' mh-* (*gen* màileide, *pl* màileidean) bag ♦ **màileid-droma** rucksack; **màileid-oifis** briefcase; **màileid-turais** bag, suitcase

mailisidh /malishee/ *a' mh-* (*gen* mailisidhe, *pl* mailisidhean) militia

maille[1] /mYlyə/ *a' mh-* delay; *chuireadh maille air an itealan* the flight was delayed; *maill a chur air Brexit* delay Brexit; *tha maill air trafaig air an M74* there are delays for traffic on the M74; *gun an còrr maille* without further delay; *cuir maille ann* slow down; *nì mi sin gun mhaill* I'll do that no bother

maille[2]: *nas maille* /nəs mYlyə / slower

mair (a' mairsinn, a' maireachdainn) /mar (ə marshin, ə marəKkin)/ exist; last; survive; *dè cho fada 's a mhaireas e?* how long does it last?; *guma fada mhaireas sin* long may it last; *chan eil àireamhan gu leòr airson 's gum mair* *an gnè* there are not enough numbers for the species to survive; *chan eil an cànan air maireachdainn beò* the language has not survived

mairbhteach /merəvchəK/ fatal

maireachdainn /marəKkin/ *a' mh-* survival

maireann /marən/ surviving; alive; *rim mhaireann* for the rest of my life; *Charlie Giffard nach maireann* the late Charlie Giffard

maireannach /marənəK/ permanent; lasting; eternal

mairsinn: *a' mairsinn* /ə marshin/ *verbal noun of* **mair**

Màirt: *oidhche Mhàirt* /ə-iKə varsht/ Tuesday night

mairtfheoil /marsht-yol/ *a' mh-* (*gen* mairtfheola) beef
 ♦ **mairtfheoil ròsta** roast beef

màis /mahsh/ *gen of* **màs**

maise /mashə/ *a' mh-* beauty ♦ **maise-ghnùis** make-up

maisich (a' maiseachadh) /masheeK (ə mashəKəG)/ decorate; make up

maith /mY/ *gen of* **math²**

Δ**maith do (a' mathadh)** do /mY (ə ma-həG)/ forgive; *maith dhuinn ar...* forgive us our...; *tha e maithte dhut* you are forgiven, I forgive you

maitheanas /mahənəs/ *am* (*gen* maitheanais) forgiveness; *tha mi ag iarraidh maitheanas* please forgive me; *thoir maitheanas do* forgive; pardon

màl /mahl/ *am* (*gen & pl* màil) rent; *do dh'fheadhainn aig a bheil dachaigh air màl* for those who rent their homes; *taighean air màl* rented houses

màla /mahlə/ *a' mh-* (*pl* màlan) bag (*also of the bagpipes*)

mala /malə/ *a' mh-* (*pl* malaichean) eyebrow

Malaig /malehk/ Mallaig

malairt /malərsht/ *a' mh-* trade, commerce

màlda /mahldə/ mild

mall /ma-əl/ slow; *gu mall* slowly

mallachd /maləKk/ *a' mh-* (*pl* mallachdan) curse

mallaich (a' mallachadh) /maleeK (ə maləKəG)/ curse

mamaidh

mamaidh /mamee/ *a' mh-* (*pl* mamaidhean) mum; *a mhamaidh!* mum!; *mo mhamaidh* my mum

man (= **mu** + **an**) about them; *bha i caran tàireil man deidhinn* she was quite critical of them

manach /manəK/ *am* (*gen* & *pl* manaich) monk

manaidsear /manijshər/ *am* (*gen* manaidseir, *pl* manaidsearan) manager

manaidsearachd /manijshərəKk/ *a' mh-* management

Manannach /mananəK/ Manx

mansa /mōwnsə/ *am* (*pl* mansaichean) manse; vicarage

maoidh (a' maoidheadh) /mur-ee (ə muryəG)/ threaten; intimidate

maoidheadh /muryəG/ *am* (*gen* maoidhidh) threatening; threat

maoim /murm/ *a' mh-* (*pl* maoimean, maoimtean) eruption
  ♦ **maoim-slèibhe** landslide; **maoim-sneachda** avalanche

maoin /murn/ *a' mh-* (*gen* maoine, *pl* maoinean) fund; funds; asset; assets

maoineachadh /murnəKəG/ *am* (*gen* maoineachaidh) funding; *fhad 's a tha am maoineachadh ga chur air dòigh* while the funding is being put in place

maol[1] /murl/ **1** bald **2** flat (*in music*) **3** stupid, thick **4** blunt

maol[2] /murl/ *am* (*gen* & *pl* maoil) round hill; cape

maoilinn /murleen/ *a' mh-* (*pl* maoilinnean) round and bare hill

Maolros /murlros/ Melrose

maor /mur/ *am* (*gen* & *pl* maoir) steward; factor ♦ **maor ceartais** justice of the peace; **maor-cladaich** coastguard; *Seirbheis nam Maor-cladaich* the Coastguard Service; *na maoir-chladaich* the coastguard(s); **maor-dùthcha** ranger

maorach /murəK/ *am* (*gen* maoraich) shellfish; *maorach is iasg* seafood

maoth /mur/ delicate; sensitive

mapa /mapə/ *am* (*pl* mapaichean) map; *tha sinn airson... a chur air a' mhapa* we want to put... on the map ♦ **mapa sràide** street map

mapadh /mapəG/ *am* (*gen* mapaidh, *pl* mapaidhean) mapping

mar¹ 1 like; as; *dèan mar seo e* do it like this; *mar Ghàidheal...* as a Gaelic speaker...; *mar sin dheth* therefore; *agus mar sin, cheannaich sinn e* and so we bought it; *mar sin leat an-dràsta* see you later; *uill, mas ann mar sin a tha e...* well, in that case...; *bha e mar gum biodh...* he/it was like...

2 how; *dè mar a tha sibh?* how are you?; *ag aithris air mar a tha a' dol dhaibh* reporting on how they are getting on; *le mar a tha prìsean thaighean ag èirigh* with the way house prices are going up; *a rèir mar a tha e air a chlàradh* according to how it was recorded

3 (*after the Gaelic verb for 'to be'*) *tha e mar dhleastanas air dhaoine* it is a (matter of) duty for people; *bha e cuideachd mar phàirt den t-soirbheas sin* it was also a part of that success; *tha iad an dòchas gum bi iad mar a' chiad àite a...* they are hoping to be the first place that...

4 (*other uses*) *ri linn mar a thachair* because of what happened; *an dèidh mar a chaidh an glacadh ann an uisge eu-domhainn* after they were caught in shallow water

mar² (= mu + ar) about us; *bha i caran tàireil mar deidhinn* she was quite critical of us

mara /marə/ *gen of* **muir**

marag /marak/ *a' mh-* (*gen* maraig, *pl* maragan) pudding
♦ **marag dhubh** black pudding

maraiche /mareeKə/ *am* (*pl* maraichean) sailor; mariner, seafarer

marannan *pl of* **muir**

marasglaich (a' marasgladh) /marasgleeK (ə marasgləG)/ oversee; supervise; marshall

marbh /marav/ **1** dead **2** *am* (*gen & pl* mairbh) dead person
♦ **marbh-lann** mortuary; **marbh-shanas** obituary; death notice

marbh (a' marbhadh) /marav (ə maravəG)/ kill

marbhadh /maravəG/ *am* (*gen* marbhaidh, *pl* marbhaidhean) killing ♦ **marbhadh le coire** culpable homicide

marbhtach /maravtəK/ fatal
marcachd /markoKk/ *a' mh-* riding
margadh /marəgəG/ *am* (*gen* margaidh, *pl* margaidhean) market
margaidh /marəgee/ *a' mh-* (*pl* margaidhean) market; *air a'mhargaidh* on the market; *bha e air a chur air a'mhargaidh* it was put on the market ♦ **margaidh nan earrannan** the stock market
margaidheachd /marəgeeyəKk/ *a' mh-* marketing
marmalaid /mahrmǝlij/ *a' mh-* (*gen* marmalaide, *pl* marmalaidean) marmalade
Màrt: *am Màrt* /əm mahrsht/ March
màs /mahs/ *am* (*gen* màis, *pl* màsan) bottom, bum
mas[1] (= **ma** + **is**) if; *mas urrainn dhaibh* if they can
mas[2] → **mus**
mas fhìor /ma-sheer/ **1** pretending; *mas fhìor gu robh...* pretending that...; *cha robh e ach mas fhìor* he was only kidding *or* pretending **2** supposedly; *b' e an caraid a b' fheàrr a bh' aice mas fhìor* he was her best friend supposedly; *'s tusa mas fhìor mo charaid* you're supposed to be my friend **3** imaginary; not real; *suidheachaidhean fìor agus mas-fhìor* real and imaginary situations; *'s e gunna mas fhìor a th' ann* it's a fake *or* pretend gun; *cluich mas fhìor* rôle play; *turas mas fhìor* virtual tour
maslach /masləK/ disgraceful; ignominious
masg /masK/ *am* (*gen* masga, *pl* masgaichean) mask ♦ **masg-aodainn** face mask
masladh /masləG/ *am* (*gen* maslaidh) disgrace
maslaich (a' maslachadh) /masleeK (ə masləKəG)/ disgrace; *mo mhaslachadh!* the shame of it!
matamataig /matəmatek/ *am* mathematics
math[1] /ma/ **1** good; *math fhèin!* good!, excellent!; *tha e math dhut* it's good for you; *'s math a rinn thu!* well done!; *'s math gun do dh'innns thu dhomh!* good thing you told me!; *'s math tha fios agam...* I know fine well...; *cha*

mhath dhomh, cha tèid agam air it's no good, I can't do it; *math dheth* well-off; *sheinn i glè mhath* she sang very well; *'s math sin* that's good[55]

   2 *chan eil math dhomh...ithe* I must not eat...; *chan eil math dhut...* you mustn't...

   3 *gu math* well; *sheinn i gu math* she sang well; *chan eil mi a' faireachdainn gu math* I'm not feeling well; *chan eil e gu math* he's not well; *ciamar a tha thu? – tha gu math, tapadh leat* how are you? – very well, thanks

   4 *gu math* quite, pretty; *gu math daor* pretty expensive; *gu math nas fhasa* quite a lot easier

   5 *bu mhath leam/leotha...* I/they would like to...; *bu mhath leam taing a thoirt do...* I'd like to thank...

   6 ■ *cho math*: *cho math ri sin* as well as that; *bha cheart cho math dha...* he might just as well...

math² /ma/ *am* (*gen* maith) good; *a chum maith na h-eaconamaidh ionadail* for the good of the local economy

mathadh: *a' mathadh* /ə ma-həG/ *verbal noun of* **maith**

mathaid: *'s mathaid* /smahij/ perhaps

màthair /mah-hər/ *a' mh-* (*gen* màthar, *pl* màthraichean) mother; *mo mhàthair* my mother ♦ **màthair-adhbhar** primary cause; **màthair-chèile** mother-in-law

màthaireil /mah-hirel/ maternal, mother

mathan /mahan/ *am* (*gen & pl* mathain) bear ♦ **mathan bàn** polar bear

mathanas /mahənəs/ *am* (*gen* mathanais) forgiveness; *chan urrainn dhomh mathanas a thoirt seachad* I cannot forgive

mathas /ma-həs/ *am* (*gen* mathais) quality; *slàinte is mathas* health and well-being

màthraichean /mareeKen/ *pl of* **màthair**

mè /meh/ baa; *mè mè caora dhubh* baa baa black sheep

---

55 The Gaelic origin of English 'smashing'.

m.e.

m.e.[56] (=mar eisimpleir) *e.g.*
meaban /mepan/ *an* (*gen & pl* meabain) pest, nuisance
meacan /meKkan/ *am* (*gen* meacain, *pl* meacanan) bulb (*for plant*)
meacanaig /mekanik/ *am* (*pl* meacanaigean) mechanic
meadaigeach /medigəK/ medical
meadhan /mee-an/ *am* (*gen* meadhain, *pl* meadhanan) centre, middle; waist; *meadhan na cathrach* the city centre; *ann am meadhan Pheairt* in the centre of Perth; *anns a' mheadhan* in the middle; *tarsainn meadhan na h-Alba* across central Scotland

♦ **Meadhan na h-Alba** Central Scotland, the Central Belt; **Meadhan-aoisean** Middle Ages; **meadhan baile** city centre; **meadhan-latha** midday; *aig meadhan-latha* at midday; **meadhan-oidhche** midnight; *aig meadhan-oidhche* at midnight; **meadhan na pàirce** the midfield; **meadhan-ùine** medium-term

meadhanach /mee-anəK/ central; middling, passable (*in quality*); *ciamar a tha thu? – meadhanach* how are you? – so-so; *meadhanach mòr* medium-sized; *meadhanach tric* relatively often
meadhanail /mee-yanal/ median
meadhanan /mee-anən/ *na* media; *tha i ag obair sna meadhanan* she works in the media; *meadhanan sòisealta* social media
meadh-bhlàth /məG-vlah/ lukewarm
Meagsago /meksəkoh/ Mexico
meal: *gum meal thu e!* /goom myal oo eh/ enjoy!; *meal a naidheachd a chur air...* congratulate...
meala /myalə/ *gen of* **mil**
meal-bhuc /myal-vəKk/ *a' mh-* (*gen* meal-bhuic, *pl* meal-bhucan) melon
meall /myal/ *am* (*gen* mill, *pl* meallan) lump; bump; rounded

---

56 This is a written form only. It is pronounced as the full form.

hill; ***bha meall dhaoine ann*** there was a whole bunch of people there ♦ **meall astair** speed bump

meall (a' mealladh) /myal (ə myaləG)/ deceive, cheat; disappoint; ***chan eil mi airson do mhealladh*** I don't want to let you down

mealladh /myaləG/ *am* (*gen* meallaidh, *pl* meallaidhean) deceit, deception; disappointment

meallta /myaltə/ deceitful, cheating

mean /men/ little; ***mean air mhean*** little by little

meanbh /menəv/ tiny ♦ **meanbh-chuileag** *a' mh-* midge; **meanbh-fhrìde** *a' mh-* insect

meangan, meanglan /mengan, menglan/ *am* (*gen* meang(l)ain, *pl* meang(l)anan) branch

meann /myōwn/ *am* (*gen* & *pl* minn) kid (*goat*)

meannt /myōwnt/ *am* (*gen* meannta, *pl* meanntan) mint
 ♦ **meannt a' phiobair** peppermint

meantair /mentər/ *am* (*pl* meantairean) mentor

mearachd /merəKk/ *a' mh-* (*pl* mearachdan) mistake, error; ***ann am mearachd*** by mistake; ***'s e droch mhearachd a bh'ann*** it was a bad mistake; ***...gur e mearachd a chaidh a dhèanamh*** ...that a mistake had been made; ***mearachd daonna*** human error

mearag /merak/ *a' mh-* (*gen* mearaige, *pl* mearagan) marrow
 ♦ **mearag-bheag** courgette

mèaran /mee-arən/ *am* (*gen* mèarain, *pl* mèaranan) yawn; ***rinn e mèaran*** he yawned

mèaranaich (a' mèaranaich) /mee-arəneeK/ yawn

meas[1] /mes/ *am* (*gen* measa, *pl* measan) fruit

meas[2] /mes/ *am* respect

meas (a' meas, a' measadh) /mes (ə mesəG)/ estimate; assess; ***thathar a' meas gun...*** it is estimated that...

measadh /mesəG/ *am* (*gen* measaidh, *pl* measaidhean) test; assessment; ***measaidhean buaidh*** impact assessments; ***tha sinn fhathast a' dèanamh measaidh air...*** we are still assessing...

measail /mesal/ popular; ***measail air*** fond of; ***tha e measail aig...*** he's popular with...
measan /mesən/ *na* fruit
measg /meskʲ/: ***am measg*** amongst; ***am measg rudan eile*** amongst other things; ***le...nam measg*** including..., with... among them
measgachadh /meskəKəG/ *am* (*gen* measgachaidh, *pl* measgachaidhean) mixture
meatair /mehtər/ *am* (*pl* meatairean) metre
mèath /mee-ə/ rich (*soil*)
meatailt /metalch/ *a' mh-* (*gen* meatailte, *pl* meatailtean) metal
meidigeach /medeegəK/ medical
mèidsear /mayjshər/ *am* (*gen* mèidseir, *pl* mèidsearan) major
♦ ***mèidsear pìoba*** pipe major; ***mèidsear-sheanalair*** major-general
mèinn /mayn/ *a' mh-* (*gen* mèinne, *pl* mèinnean) mine
mèinneadair /maynyədər/ *am* (*pl* mèinneadairean) miner
mèinnear /maynyər/ *am* (*gen* mèinneir, *pl* mèinnearan) miner
meirgeach /merəgəK/ rusty
mèirle /mayrlə/ *a' mh-* theft, robbery
mèirleach /mayrləK/ *am* (*gen & pl* mèirlich) thief
mèise /mayshə/ *gen of* **mias**
meòir /myawr/ *gen of* **meur**
meòirean /myawrən/ *pl of* **meur**
meòmhrachail = **meòrachail**
meòrachail /myawrəKəl/ contemplative, meditative
meòraich (a' mèorachadh) /myawreeK (ə myawrəKəG)/ meditate
meud /mee-ət/ *am* (*pl* meudan) quantity; amount, extent; size; ***'s e an ìre mhath an aon mheud a bhios ann*** it'll be almost the same size; ***tha na h-àireamhan a' dol am meud*** the numbers are growing; ***cuir am meud*** increase, expand; widen; exaggerate
meudachd /mee-ədəKk/ *a' mh-* (*pl* meudachdan) size

meudaich (a' meudachadh) /mee-əteeK (ə mee-ətə-KəG)/ increase

meur /mee-ar/ *am* (*gen* meòir, *pl* meuran, meòirean) **1** finger **2** key (*of piano etc*) **3** branch; *meuran eile den bhuidheann* other branches of the organization ♦ **meur-chlàr** keyboard

meuran /mee-əran/ *am* (*gen* meurain, *pl* meuranan) thimble

Mgr (=maighstir) /mYsh-chər/ Mr; *Mgr MacLeòid* Mr Macleod; *a Mhgr MhicLeòid* Mr Macleod (*addressing him directly*)

mh /əv/: *16mh den Dùbhlachd* December 16th; *ron 31mh là dhen Mhàirt* by the 31st of March

mi /mee/ I; me; *mi fhìn* myself; *chunnaic e mi* he saw me

mì- /mee/ +*len negative prefix*; un-; dis-; in-

mial /mee-al/ *a' mh-* (*gen* miala, *pl* mialan) louse

miann /mee-yōwn/ *am* (*pl* miannan) desire; wish; *mar a bu mhiann leotha* as they wished, as was their wish

miannaich (a' miannachadh) /mee-yōwneeK (ə mee-yōwnəKəG)/ desire; *mar a mhiannaicheadh sinn* as we would have wished

mias /mee-əs/ *am* (*gen* mèise, *pl* miasan) basin

miastadh /mee-əstəG/ *am* (*gen* miastaidh) trouble, mischief; *dè am miastadh a tha iadsan ris?* what are they up to?; *tha an lethbhreacadair ri miastadh a-rithist* the photocopier's playing up again

mic /meeKk/ *pl of* **mac** ♦ **mic na bracha** single malts

mic-meanmna /meeKk-menəm-nə/ *gen of* **mac-meanmna**

mì-chàilear /mee-Kahlər/ distasteful

mì-chàirdeil /mee-Kahrjel/ unfriendly

mì-chiatach /mee-Kee-ətəK/ terrible

mì-chinnt /mee-Keench/ *a' mh-* (*gen* mì-chinnte, *pl* mì-chinntean) uncertainty

mì-chinnteach /mee-KeenchəK/ uncertain

mì-chleachdadh /mee-KleKkəG/ *am* (*gen* mì-cleachdaidh, *pl* mì-cleachdaidhean) misuse; abuse

mì-chofhurtail /mee-kŏ-ərshtal/ uncomfortable

mì-choibhneil /mee-Koyn-yel/ unkind

mì-chothrom /mee-Korəm/ *am* (*gen* mì-chothroim, *pl* mì-chothroman) disadvantage; imbalance; *à suidheachaidhean air mhì-chothrom* from disadvantaged backgrounds

mì-chothromach /mee-KorəməK/ unfair; disadvantageous

mì-chùramach /mee-KoorəməK/ careless; negligent; irresponsible

mì-fhallain /mee-alin/ unhealthy

mì-fhoighidneach /mee-ə-yijnəK/ impatient

mì-fhortanach /mee-orshtənəK/ unfortunate; *gu mì-fhortanach* unfortunately

mì-iomchaidh /mee-iməKee/ inappropriate; *dol-a-mach mì-iomchaidh* inappropriate behaviour

mil /meel/ *a' mh-* (*gen* meala) honey

mì-laghail /mee-lurGal/ illegal

mìle[1] /meelə/ *a' mh-* (*pl* mìltean) mile

mìle[2] /meelə/ *a' mh-* (*pl* mìltean) thousand

milemeatair /miləmehtər/ *am* (*pl* milemeatairean) millimetre

milis /milish/ sweet

mill /meel/ *gen of* **meall**

mill (a' milleadh) /meel (ə meelyəG)/ spoil, ruin; damage; destroy; *mhill sin a h-uile càil!* that ruined everything!; *air a mhilleadh* damaged

milleadh /meelyəG/ *am* (*gen* millidh, *pl* millidhean) damage; destruction; *rinn an teine milleadh air…* the fire caused damage to…

millean /milyən/ *am* (*gen* millein, *pl* milleanan) million

mille-mheatair /millivehtər/ *am* (*pl* mille-mheatairean) millimetre

mìlse /meelshə/: *nas/as mìlse* *comp* & *supl of* **milis**

mìlseachd /meelshəKk/ *a' mh-* sweetness

mìlsean /meelshen/ *am* (*gen* mìlsein, *pl* mìlseanan) dessert, sweet

mìltean /meelchen/ *pl of* **mìle**[1] & [2]

mìmeadh /meeməG/ *am* (*gen* mìmidh) miming

mì-mhodh /mee-vohG/ *am* (*gen* mì-mhodha) rudeness; impertinence; ***tha iad ri mì-mhodh*** they are misbehaving

mì-mhodhail /mee-voh-Gal/ badly behaved, naughty; rude

mìn /meen/ fine; ***uisge mìn*** fine *or* light rain

min *a' mh-* (*gen* mine) flour, meal ♦ **min-sàibh** sawdust

mìneachadh /meenəKəG/ *am* (*gen* mìneachaidh, *pl* mìneachaidhean) explanation

mìnich (a' mìneachadh) /meeneeK (ə meenəKəG)/ explain

minig /minik/ frequent; often

minig (a' minigeadh) /meenik (ə meeneegəG)/ mean; ***chan eil mi a' tuigsinn dè a tha thu a' minigeadh*** I don't understand what you mean

ministear /minish-chər/ *am* (*gen* ministeir, *pl* ministearan) minister ♦ **ministear caibineit** cabinet minister; **ministear riaghaltais** government minister

ministreil /minishtrel/ ministerial

minn /meen/ *gen & pl of* **meann**

miocrofon /'microphone'/ *am* (*pl* microfonaichean) microphone

mìograin /meegren/ *am* (*pl* mìograinean) migraine

mìomhail /meeval/ rude

mion /min/ small; minute

mion- /min/ detailed; minority; ***thug iad mion-bheachd air...*** they took a detailed look at...; **mion-chnuasachd** detailed deliberation; ***buidhnean mion-chinneachail*** minority ethnic groups

mionach /minəK/ *am* (*gen* mionaich, *pl* mionaichean) guts; belly

mionaid /minaj/ *a' mh-* (*gen* mionaide, *pl* mionaidean) minute; ***ann am mionaid*** in a minute; ***fuirich mionaid*** wait a minute

mionaideach /minəjəK/ detailed; thorough; ***gu mionaideach*** in detail; thoroughly; ***tha sinn an-dràsta ag obair gu mionaideach còmhla ris...*** we are at the moment doing detailed work together with...; ***an sgrùdadh as mionaidiche*** the most thorough-going audit

mion-chànan /min-Kahnən/ *am* (*gen* & *pl* mion-chànain) minority language

mion-fhios /min-is/ *am* (*gen* mion-fhiosa) details

mion-fhiosrachadh /min-isrəKəG/ *am* (*gen* mion-fhiosrachaidh) details, detailed information; ***mion-fhiosrachadh a' chùmhnaint*** details of the contract

mion-ghàire /min-Gahrə/ *a' mh-* smile; ***dèan mion-ghàire!*** smile!

mion-leasachadh /min-lesəKəG/ *am* (*gen* mion-leasachaidh, *pl* mion-leasachaidhean) amendment

mionnaich (a' mionnachadh) /myooneeK (myoonəKəG)/ swear; ***tha mi mionnaicht' às gur...*** I'd swear that...

mionnan /myoonan/ *am* (*gen* & *pl* mionnain) swearword; oath

mion-phuing /min-fə-eeng/ *a' mh-* (*gen* mion-phuinge, *pl* mion-phuingean) detail

mion-sgrùd (a' mion-sgrùdadh) /min-skroot (ə min-skrootəG)/ analyse; ***tha mi air an aithisg a mhion-sgrùdadh*** I have studied the report in detail

mion-sgrùdadh /min-skrootəG/ *am* (*gen* mion-sgrùdaidh, *pl* mion-sgrùdaidhean) analysis

mìorbhail /meerval/ *a' mh-* (*gen* mìorbhaile, *pl* mìorbhailean) miracle

mìorbhaileach /meervaləK/ marvellous; miraculous

mìos /mee-əs/ *am* (*gen* mìosa, *pl* mìosan) month ♦ **mìos nam pòg** honeymoon

miosa /misə/: ***nas/as miosa*** *comp* & *supl of* **dona** & **olc** worse/worst; more/most evil

mìosachan /mee-ə-səKən/ *am* (*gen* & *pl* mìosachan) calendar

miosad /misət/: ***rach am miosad*** deteriorate, get worse; ***bha e a' dol am miosad gu luath*** he was deteriorating fast

mìosail /meesal/ monthly

miotag /mitəg/ *a' mh-* (*gen* miotaig, *pl* miotagan) glove

mire /mirə/ *a' mh-* mirth, merriment; ***a' mire ri...*** delighting in...; frolicking with...

mìrean /meerən/ *am* (*gen* mìrein, *pl* mìreanan) fragment; particle

mire-chatha /mirə-Kah/ *a' mh-* frenzy of battle

mì-reusanta /mee-rehsəntə/ unreasonable

mise /mishə/ I; me (*the emphatic form*); **cò? – mise** who? – me; **chan eil mi sgìth – chan eil no mise** I'm not tired – nor am I

misean /'mission'/ *am* (*gen* misein, *pl* miseanan) mission

misg /mishk/ *a' mh-* (*gen* misge) drunkenness; **air mhisg** drunk

mì-sgiobalta /mee-skipəltə/ untidy

mì-shàsail /mee-hah-sal/ unsatisfactory

misneachail /mishnəKal/ confident; encouraging, inspiring; **tha sinn misneachail gun urrainn dhuinn...** we are confident that we can...

misneachd /mishnyəKk/ *a' mh-* (*gen* misnich) courage, confidence; encouragement; **'s e cùis misneachd a th'ann gu bheil...** it's encouraging that...

miste /mish-chə/: **cha bu mhiste...** none the worse for...

mithich /mee-iK/: **'s mithich dhuinn togail oirnn** it's time we were off

mì-thoileachas /mee-holəKəs/ *a' mh-* (*gen* mì-thoileachais) discontent, unhappiness; **bha mì-thoileachas am measg chuid de chomhairlichean** some of the councillors were unhappy

mì-thoilichte /mee-holeeKchə/ unhappy

mith-sgeul /mee-skel/ *am* (*gen* mith-sgeòil, *pl* mith-sgeulan) folk tale

mì-thuigse /mee-hikshə/ *a' mh-* misunderstanding

mnà /mrah/ *gen of* **bean**

mnathan /mrah-ən/ wives; *pl of* **bean**; ladies (*sign on door*); **a mhnathan 's a dhaoine-uaisle** ladies and gentlemen

mò /maw/ = **motha**; **chan e i a th'ann nas mò** it isn't her either

mo /moh/ +*len* **1** my **2 an urrainn dhut mo chluinntinn?** can you hear me? **3** (*translates as 'I' in passives*) **cha deach mo leantainn** I wasn't followed

moch /moK/ early; **bho mhoch gu dubh** from dawn to dusk

Mòd /mawd/ (*gen* Mòid, *pl* Mòdan): **am Mòd** the Mod
modail /mŏdal/ *am* (*pl* modailean) model; ***modailean gnothaich*** business models
modal /mŏdal/ *am* (*gen* modail, *pl* modalan) module
modaratair /mŏdərahtər/ *am* (*pl* modaratairean) moderator
modh /mohG/ *am* (*gen* modha, *pl* modhan) **1** method **2** manners, courtesy
  ♦ **modh-obrach** procedure; approach
modhail /moh-Gal/ polite; well-behaved; ***bi modhail!*** behave yourself!, be good!
Mofad /mofat/ Moffat
mòine /mawnyə/ *a' mh-* (*gen* mònach) peat; ***teine mònach*** peat fire
mòinteach /mawn-chəK/ *a' mh-* (*gen* mòintich, *pl* mòintichean) peat-moss, moorland ♦ ***mòinteach chearcan-fraoich*** grouse moor
mòintich /mawn-cheeK/ peaty
moirt /morsht/ *gen & pl of* **mort**
moit /moch/ *a' mh-* (*gen* moite) pride
moiteil /mochel/ proud; ***moiteil às...*** proud of...; ***tha mi moiteil asaibh*** I'm proud of you
mol (a' moladh) /mol (ə moləG)/ **1** suggest; recommend; ***bha iad toilichte leis an rud a mhol thu*** they were happy with your suggestion; ***an urrainn dhut...a mholadh?*** can you recommend...? **2** commend, praise; ***chaidh Mgr Jones a mholadh airson a chuid treubhantais*** Mr Jones was commended for his bravery
molach /moləK/ hairy, shaggy
moladh /moləG/ *am* (*gen* molaidh, *pl* molaidhean) **1** suggestion; recommendation; ***molaidhean sam bith?*** any suggestions? **2** praise; ***rinn i moladh air an sgioba*** she praised the team, she paid tribute to the team; ***rinn iad moladh mòr air...*** they were full of praise for...
mònach /mawnəK/ *gen of* **mòine**
monadh /monəG/ *am* (*gen* monaidh, *pl* monaidhean) moor;

hill; *am Monadh Ruadh* the Cairngorms

monmhar: *a' monmhar* /ə monəvər/ murmuring, muttering

monmhor /monəvər/ *am* (*gen* monmhoir, *pl* monmhoran) murmur

Mon Rois /mon rosh/ Montrose

mòr /mohr/ **1** big; great; *craobh mhòr mhòr* a great big tree; *anns an t-saoghal mhòr* in the whole world; *uisge mòr* heavy rain

 2 long; *'s e astar mòr a th'ann* it's a long way; *'son ùine mhòr* for a long time; *airson ùine mhòr mhòr* for a very long time; *bliadhnaichean mòra* many years; *fad linntean mòra* down the centuries

 3 loud; *sgreuch cha mhòr cho mòr ri...* a screech almost as loud as...

 4 *gu mòr* really; *tha mi gu mòr airson a' bheachd* I'm all for the idea; *tha sinn gu mòr airson a bhith a' cluinntinn bho dhuine a...* we really want to hear from people who...; *gu mòr an sàs ann...* greatly involved with...

 5 ■ *cha mhòr* almost, nearly; *a bheil thu deiseil? – cha mhòr nach eil* are you ready? – almost; *thuirt i gum biodh e cha mhòr do-dhèanta dhaibh...* she said that it would be virtually impossible for them to...

 6 ■ *cha mhòr gu* hardly, barely; *ach cha mhòr gu bheil ùine ann airson...* but there is hardly any time for...; *cha mhòr gun creideadh i a cluasan* she could hardly believe her ears

 7 *mòr de* a large amount of

 8 (*as an intensifier*) *murt mhòr!* good heavens!

mòrachd /moh-rəKk/ *a' mh-* (*pl* mòrachdan) greatness; *A Mhòrachd Rìoghail* His Royal Highness; *A Mòrachd a' Bànrigh* Her Majesty the Queen

mòrail /moh-ral/ magnificent

morair /moh-rər/ *am* (*pl* morairean) lord

moralta /morəltə/ moral

mòran /mohran/ **1** a lot, lots; many; much; *chan eil e ag ithe mòran* he doesn't eat much; *mòran shliseagan / rùim* a lot of chips / space **2** *chan eil e mòran nas fhaide* it's not much further; *tha sin mòran nas fheàrr* that's a lot better, that's much better

mòr-bhùth /mohr-voo/ *am* (*gen* mòr-bhùtha, *pl* mòr-bhùthan) department store

mòr-chànan /mohr-Kahnan/ *am* (*gen & pl* mòr-chànain) majority language

mòr-chòrdte /mohr-Kawrsht-chə/ popular

mòr-chuid /mohr-Kooj/ *a' mh-* (*gen* mòr-chodach, *pl* mòr-chuidean) most, greater part; majority; *a' mhòr-chuid de na daoine* most of the people; *a' mhòr-chuid de bheatha* the greater part of his life, most of his life; *leis na Tòraidhean a' faighinn mòr-chuid* with the Tories getting a majority; *a' mhòr-mhòr-chuid de...* the great majority by far of...

Moireibh /moriv/ Moray; *ann am Moireibh* in Moray

morgaids /'mortgage'/ *am* (*pl* morgaidsean) mortgage

morghan /morəGan/ *am* (*gen* morghain) gravel; shingle

mòr-mhiann /mohr-vee-an/ *am* (*gen* mòr-mhianna, *pl* mòr-mhiannan) aspiration

mòr-rathad /mohr-rah-ət/ *am* (*gen* mòr-rathaid, *pl* mòr-rathadan) motorway

mòr-shluagh /mohr-hloo-əG/ *am* (*gen* mòr-shluaigh) general public; *seirbheis a tha iad a' toirt seachad dhan mhòr-shluagh* a service that they are offering the public

mort /morsht/ *am* (*gen & pl* moirt) murder

mosach /mosəK/ mean, unkind; nasty

motar /'motor'/ *am* (*gen* motair, *pl* motaran) motor

motar-baidhg /'motor-bike'/ *am* (*pl* motar-baidhgichean) motorbike

motha /maw/ **1** *nas / as motha comp & supl of* **mòr**; bigger / biggest; maximum; *sin an t-airgead a bu mhotha a bhuannaich mi a-riamh* that was the most money I had ever won; *is ann aicese as motha a tha de dh'airgead* she has the most money **2** ■ **cha mhotha** neither, nor; *cha mhotha a ghabh iad ris a' bheachd...* neither did they accept the view...; *cha mhotha a bha an t-iongnadh air* he wasn't even surprised **3** ■ **nas motha** either; *cha bhi fèisean-ciùil ann nas motha* there won't be any music festivals either

mothachadh /mŏ-əKəG/ *am* (*gen* mothachaidh) consciousness; awareness; *bha e fhathast le mothachadh* he was still conscious; *gun mhothachadh* unconscious; *mothachadh na Gàidhlig* Gaelic awareness

mothachail /mŏ-əKal/ aware

mothaich (a' mothachadh) /mŏ-eeK (ə mŏ-əKəG)/ notice, see

Δ**mothaich do** notice, see; *cha do mhothaich mi dhut* I didn't see you

mu /moo/ +*len* about; *film mu Ìle* a film about Islay; *mu 15* about 15

muasgan-caol /mursgan-kurl/ *am* (*gen* muasgain-chaoil, *pl* muasgain-chaola) prawn

muc /mooKk/ *a' mh-* (*gen* muice, *pl* mucan) pig ♦ **muc-mhara** whale; **muc-mhara cheannmhor** pilot whale; **muc-mhara spùtach** sperm whale

mucail /mooKkəl/ piggish; filthy

mùch (a' mùchadh) /mooK (ə mooKəG)/ smother; extinguish; *bha iad a' feuchainn ris an teine a mhùchadh* they were trying to put out the fire

mu choinneamh, mu choinneimh /moo Kənyəv, moo Kənyev/ **1** opposite; *chaidh e mu choinneimh na cùirte sin* he went up before that court; *mu choinneamh sgàthan* in front of a mirror **2** *cleachdaidh iad an t-airgead mu choinneimh...* they will use the money towards...

mu dheidhinn /moo yay-in/ about; *bu chòir dhut rud a dhèanamh mu dheidhinn* you should do something about it; *dè mu dheidhinn tighinn...?* what about coming...?

mud /mood/ (= **mu** + **do**) about your; *dè mud dheidhinn?* what about you?
muga /moogə/ *am* (*pl* mugaichean) mug
muice /mooKkə/ *gen of* **muc**
muicfheoil /moo-iKk-yawl/ *a' mh-* pork
muigh /moo-ih/ = **a-muigh**
Muile /moolə/ Mull
Muileach /mooləK/ **1** (of/from) Mull; *blas-cainnte Muileach* a Mull accent **2** *am* (*gen & pl* Muilich) person from Mull
muileann /moolən/ *am* (*gen* muilinn, *pl* muilnean) mill
  ♦ **muileann-gaoithe** windmill
muilicheann /mooləKən/ *am* (*pl* muilicheannan) sleeve
muillean /moolyən/ *am* (*gen* muillein, *pl* muilleanan) million
muilt-fheoil /moolch-yawl/ *a' mh-* mutton
mùin (a' mùn) /moon (ə moon)/ urinate
muin /moon/: *air muin* on top of; *air a muin* on top of her; *rach air muin* mount; *chaidh Seumas air a muin* Seumas shagged her
muineal /moonyəl/ *am* (*gen* muineil, *pl* muinealan) neck; throat
muinntir /mə-inchir/ *a' mh-* (*gen* muinntire) people; *muinntir na h-Alba* the people of Scotland
muinntireas /mə-inchirəs/ *am* (*gen* muinntireis) service; *air mhuinntireas* in service; *bàrd / sgrìobhadair air mhuinntireas* poet/writer in residence
muir /moor/ *am* (*gen* mara, *pl* marannan) sea; *ri taobh na mara* by the sea; *aig muir* at sea; *aig muir agus air tìr* on land and sea; *beathaichean mara* sea creatures, marine animals
  ♦ **muir-làn** high tide; **muir-teachd, muir-tiachd** jellyfish; **muir-tràigh** low tide
mullach /mooləK/ *am* (*gen* mullaich, *pl* mullaichean) **1** top; roof; peak; *aig a' mhullach* at the top; *mullach na sràide* top of the street; *air ais dhan mhullach* back to top; *air na mullaichean* in the mountain tops **2** *tha e na aona mhullach / tha i na h-aona mhullach* he/she is an only child ♦ **mullach-seòmair** ceiling

mum /moom/ (= **mu** + **mo**) about my; ***mum dheidhinn*** about me

mùn /moon/ *am (gen* mùin*)* urine; ***tha mo mhùn agam*** I need a pee

mun /moon/ (= **mu** + **an**) about the; about their; ***ceistean mun deidhinn*** questions about them; ***mun obair agam*** about my job; ***tha e mun iar air an àite seo*** it's west of here

mun cuairt /moon koo-ərsht/ around, about; ***a bheil e mun cuairt?*** is he about?; ***sheòl sinn mun cuairt air an eilean*** we sailed around the island

mur(a) /moor(ə)/ **1** unless; ***cha tèid mi ann mur(a) tèid thusa*** I'm not going there unless you go; ***mura tèid poileasaidhean atharrachadh*** unless policies are changed **2** *mur(a)* if not; ***mur(a) tug cuideigin peann leis*** if anyone hasn't brought a pen with them; ***mura b' e gu robh...*** if it hadn't been for...; ***mura bitheadh na... sin*** if it hadn't been for those...

mura-bhith /moorə-vee/ *a' mh-* (*pl* mura-bhithean) exception; ***gun mhura-bhith*** without exception

muran /mooran/ *am (gen* murain*)* marram grass

murt /moorsht/ *am (gen & pl* muirt*)* murder; ***o murt!*** oh heck!; ***murt mhòr!*** oh heck!, jings!

murtaidh /moorshtee/ close (*weather*)

mus /moos/ before; ***mus fhalbh sinn*** before we leave

mùsgan-caol /mursgan-kurl/ *am (gen* mùsgain-chaol, *pl* mùsganan-caola) prawn

mustais /məstash/ *a' mh-* (*pl* mustaisean) moustache

mutan-cluaise /mootan-kloo-ishə/ *am (gen* mutain-cluaise) ear muffs

mùth (a' mùthadh) /moo (ə moo-həG)/ **1** change, mutate **2** rot, decay; ***fàileadh mùthaidh*** a rotting smell

mu thràth /moo hrah/ already

N n

na¹ /nə/ the (*with plural nouns*); **na boireannaich** the women; **na h-àireamhan** the numbers; **na... seo** these; **na...sin** those; **na...ud** those (*further away*)

na² /nə/ of the (*with feminine nouns*); **mullach na beinne** the top of the mountain; **muinntir na h-Alba** the people of Scotland

na³ /nə/ (*before the predicate of the verb for 'to be'*) **tha e na charaid dhomh** he's a friend of mine; **tha i na dotair** she's a doctor; **nuair a bha e na bhalach òg** when he was a young boy; **cha robh i na h-Albannach** she wasn't Scottish; **tha rannsachadh na dhòigh...** an enquiry is a way to...

na⁴ /nə/ (= **ann** + **a**) in his/her; **na dhreuchd ùr** in his new role; **na dreuchd ùr** in her new role; **na inntinn** in his mind; **na h-inntinn** in her mind; **tha e na 70an** he's in his 70s

na⁵ /nə/: **na aghaidh** against him/it; **na h-aghaidh** against her/it

na⁶ /nə/ than; **nas motha na...** bigger than...

na⁷ /nə/ don't, do not; **na bi fadalach** don't be late; **na seall!** don't look! (*talking to one person*); **na seallaibh!** don't look! (*talking to one person with the polite form or talking to several people*); **na fuiricheamaid** let's not wait

na⁸ /nə/ = **an do**; **na bhàsaich cuideigin?** has someone died?

na⁹ /nə/ what; **tha i airidh air moladh mòr airson na rinn i** she deserves a lot of praise for what she did; **a' dol an aghaidh na gheall iad** going against what they promised

na¹⁰ /nə/ those; **a rèir na chruinnich a dheasbad...** according to those *or* the people who met together to discuss...;

thòisich na bha air a' bhus... those *or* the people on the bus began...; *tha a' Chomhairle am measg na tha ag ràdh gu bheil...* the Council is amongst those who are saying that...; *dh'èirich na bh'ann dhiubh* numbers rose

na[11] /nə/ (*with a verbal noun*) *thàinig e na ruith thugam* he came running up to me; *bha e na sheasamh...* he was standing...; *bha i na seasamh...* she was standing...

nàbaidh /nahpee/ *an* (*pl* **nàbaidhean**) neighbour

nàbaidheachd /nahpeeyəKk/ *an +len adj* (**nàbaidheachdan**) neighbourhood, area

nàbaidheil /nahpee-yel/ neighbourly

na bu /nə boo/ (*used before comparatives and superlatives when the verb is past tense*) *bha iad na bu làidire* they were stronger; *dh'fhàs an t-sìde gu math na bu mhiosa* the weather got a lot worse

nach /naK/ **1** that...not (**nach** *is used in the same way as that/ who/which but only when the verb (if there is one) is negative*); *am fear nach d'aithnich sinn* the man (who) we didn't recognize; *an leabhar nach do leugh mi* the book (which) I didn't read; *tha mi an dòchas nach eil* I hope not; *ach tha a h-uile duine ag innse dhomh nach e* but everyone tells me that it isn't; *cunnart nach beag* a not insignificant risk, no small risk

2 *tha e ag ràdh nach e tidsear a th'innte* he says (that) she isn't a teacher; *thuirt e nach do rinn iad mòran* he said (that) they didn't do much; *tha i ag ràdh nach eil sin math gu leòr* she says that that is not good enough; *thuirt e nach eil am bhìoras ach air aon neach a mharbhadh* he said that the virus had only killed one person[57]

3 (*used to ask a negative question*) *nach e dotair a th'innte?* isn't she a doctor?

4 (*in tag questions*) isn't it?; wasn't it?; *'s esan a rinn e, nach e?* it was him that did it, wasn't it?

---

[57] double negative in Gaelic

nach eil?

5 (*used to make a request or exclamation*) **nach sguir thu** please stop, won't you please stop; **nach seall thu càit a bheil thu a' dol!** why don't you look where you're going!; **nach tu tha air fàs!** haven't you grown!; **nach mi bha suarach!** I was so mean!, was I ever mean!; **nach math gun tug tu... leat** what a good thing you've brought...with you; **nach mise nach robh ann!** I wish I wasn't here!

nach eil? /naK yel/ (*used to ask a negative question*) **nach eil thu/iad toilichte?** aren't you/they happy?; **...neo nach eil** ...or not; **..., nach eil, a Sheumais?** ..., isn't that right, Seumas?

nad[1] /nat/ (**na**[3] *with the* **thu** *form*) **a bheil thu nad Albannach?** are you Scottish?

nad[2] /nat/ (= **ann** + **do**) in your; **nad phòcaid** in your pocket

nàdar /nahtər/ *an* (*gen* nàdair, *pl* nàdairean) nature; **chan e sin an seòrsa nàdair a th' annam** that's not the sort of person I am, that's not in my nature

nàdarra /nahdərə/ natural

naidheachd /neh-yəKk/ *an* +*len adj* (*pl* naidheachdan) **1** news, piece of news; **'s e naidheachd mhath a th' ann gu bheil...** it's good news that...; **can rithe gun robh mi a' gabhail a naidheachd** say I was asking for her; **ged a b' e naidheachd a bha sin dhomh** although that was news to me **2 meal do naidheachd an-diugh** happy birthday!; **meal-a-naidheachd ort!** congratulations!

naidheachdair /neh-yəKkər/ *an* (*pl* naidheachdairean) journalist

naidheachdan /neh-yəKkən/ *na* news

nàimhdhean /nYjen/ *pl of* **nàmhaid**

nàimhdeas /nYjəs/ *an* (*gen* nàimhdeis) hostility

nàimhdeil /nYjel/ hostile

nàire /nahrə/ *an* +*len adj* shame; **nàire ort!** shame on you!; **'s e cùis nàire a th' ann** it's a shameful matter, it's a disgrace; **tha nàire orra** they are ashamed

nàisean /nahshən/ *an* (*gen* nàisein, *pl* nàiseanan) nation

nàiseanta /nahshəntə/ national

Nàiseantach /nahshəntəK/ (*an, gen & pl* Nàiseantaich) Nationalist

nàiseantachas /nahshəntəKəs/ *an* (*gen* nàiseantachais) nationalism

nàiseantachd /nahshəntəKk/ *an +len adj* (*pl* nàiseantachdan) nationality

naitridean /'nitrogen'/ *an* nitrogen

nam[1] /nəm/ (= **nam**[1] *before m, b, f, p*) of the (*with plural nouns*); *eòlas nam meadhanan* media studies

nam[2] /nəm/ (**na**[3] *when occurring in front of a vowel*) *tha mi nam Albannach* I'm Scottish

nam[3] /nəm/ **1** (= **ann + mo**) in my; *nam phòcaid* in my pocket **2** (= **ann + am**) in their; *nam pòcaidean* in their pockets

nam[4] /nəm/ if; *nam b'urrainn dhuinn a bhith cinnteach* if we could be certain

nàmhaid /nahvij/ *an* (*gen* nàmhad, *pl* nàimhdean) enemy

nan[1] /nən/ of the (*with plural nouns*); *neart nan tonn* the power of the waves; *cuirm nan duaisean* prize-giving ceremony; *a rèir nan riaghailtean* according to the rules

nan[2] /nən/ (= **ann + an**) in their; *nan sùilean* in their eyes

nan[3] /nən/ (**na**[3] *with a plural*) *a' trèanadh gu bhith nan dotairean* training to be doctors

nan[4] /nən/ if; *nan robh mi air a bhith ann* if I had been there

naochad /nurKət/ ninety

naodh /nurG/ = **naoi**

naoi /nur-ee/ nine

naoidheamh /nuryəv/ ninth

naoidhean /nuryen/ *an* (*gen* naoidhein, *pl* naoidheanan) infant

naoinear /nurnər/ nine (people)

naomh /nurv/ **1** holy **2** *an* (*gen & pl* naoimh) saint

nar[1] (= **ann + ar**) in our; *nar beatha* in our lives; *nar n-obair* in our work

nar[2] (**na**[3] *with* **sinn**); *tha sinn nar Sasannaich* we're English

nàrach /nahrəK/ **1** embarrassing **2** shy

nàraich (a' nàrachadh)

nàraich (a' nàrachadh) /nahreeK (ə nahrəKəG)/ embarrass; *air a nàrachadh* embarrassed

nas /nəs/ more, -er (*used to form the comparative of adjectives*); *nas cofhurtaile* more comfortable; *nas càirdeile* friendlier

Nàsach /nahsəK/ (*an, gen & pl* Nàsaich) Nazi

nathair /nahir/ *an +len adj* (*gen* nathrach, *pl* nathraichean) snake

neach /nyaK/ *an* person[58]; *neach às a' bhaile* villager

♦ **neach-aithris** commentator; **neach-bhòtaidh** voter; **neach-buairidh** troublemaker; **neach-bùtha** shop-keeper; **neach-caitheimh** consumer; **neach-casaid** prosecutor; **Neach-Casaid a' Chrùin** Prosecutor Fiscal; Crown Prosecutor; **neach-cleachdaidh** user; customer; practitioner; **neach-comhairleachaidh** consultant; **neach-còmhnaidh** resident; **neach-cuideachaidh** assistant; **neach-cunntaidh** teller; **neach-cunntais** accountant; **neach-cùraim** carer; **neach-ealain** artist; **neach-earrann** shareholder; **neach-eiridinn** paramedic; **neach-fianais** witness; **neach-gairm** convenor; **neach-gleidhidh** goal-keeper; keeper; **neach-ionnsachaidh** learner; **neach-ionnsaigh** attacker; **neach-labhairt** spokesperson; **neach-labhairt Gàidhlig** Gaelic-speaker; **neach-lagha** lawyer; solicitor; **neach-leantainn** fan; supporter; follower; **neach-motar-baidhg** motorcyclist, biker; **neach-obrach** worker; **neach-obrach slàinte** health worker; **neach-obrach sòisealta** social worker; **neach-òil** drinker; **neach-poilitigs** politician; **neach-rannsachaidh** researcher; **neach-reic** sales rep; **neach-ruith** runner; jogger; **neach-saidheans** scientist; **neach-sgrùdaidh** inspector; *Neach-sgrùdaidh na Bànrigh* HM Inspector; **neach-siubhail** traveller, passenger; **neach-tàrsainn** survivor; **neach-tasglainn** archivist; **neach-togail** builder; **neach-tòiseachaidh** beginner; **neach-turais** tourist

---

58 Another list is at the plural form under **luchd**.

nead /nyet/ *an* (*gen & pl* nid) nest
neadaich (a' neadachadh) /neteeK (ə netəKəG)/ nest
nèamh /nyehv/ *an* (*gen* nèimh, *pl* nèamhan) heaven
nèamhaidh /nyehvee/ heavenly
neamhnaid /nyōwnij/ *an +len adj* (*pl* neamhnaidean) pearl
nèapaigear /nepigər/ *an* (*gen* nèapaigeir, *pl* nèapaigearan) handkerchief
nèapaigin /nepigin/ *an +len adj* (*gen* nèapaigine, *pl* nèapaiginean) napkin, serviette ♦ **nèapaigin pàipeir** tissue
nèapraigear /neprigər/ *an* (*gen* nèapraigeir, *pl* nèapraigearan) handkerchief
nearbhach /nehrəvəK/ nervous
nearbhasach /nehrvəsəK/ nervous
neart /nyarsht/ *an* (*gen* neirt) strength; power; *cha robh de neart aige a…* he didn't have the strength to…
neartaich (a' neartachadh) /nyarshteeK (ə nyarshtəKəG)/ strengthen
neartaiche-fòn /nyarshteeKə-fohn/ *an* (*pl* neartaichean-fòna) phone charger
neas /nyes/ *an +len adj* (*gen* neasa, *pl* neasan) weasel
nèimh /nyayv/ *gen of* **nèamh**
neo /nyŏ/ or; *air neo* or else
neo- /nyŏ/ *+len a negative prefix;* un-, in- etc
neo-àbhaisteach /nyŏ-ahvish-chəK/ unusual
neo-bharantaichte /nyo-varanteeKchə/ non-accredited
neo-bhuntainneach /nyo-voontanyəK/ irrelevant
neo-chàirdeil /nyŏ-Kahrjel/ unfriendly
neo-chiontach /nyŏ-KintəK/ innocent; not guilty
neo-choileanta /nyŏ-Koləntə/ incomplete
neo-choireach /nyŏ-KorəK/ innocent
neo-chrìon /nyŏ-Kree-ən/ unstinting (*support*)
neo-dhòchasach /nyŏ-GawKəsəK/ pessimistic
neodrail /nyodrəl/ neutral; *neodrail a thaobh carboin* carbon neutral

neo-eisimeileach /nyŏ-ehshimeləK/ independent
neo-eisimeileachd /nyŏ-ehshimeləKk/ *an +len adj* independence
neo-fhallain /nyŏ-alin/ unhealthy
neo-fhèineil /nyŏ-aynel/ unselfish
neo-fhicsean /nyŏ-ikshən/ *an (gen* neo-fhicsein) non-fiction
neo-fhoirmeil /nyŏ-orəmel/ informal; casual
neòinean /nyawnyan/ *an (gen* neòinein, *pl* neòineanan) daisy
neoini /nyonee/ zero; nought; nil; ***fo neoini*** below zero
neo-ionannachd /nyŏ-inənəKk/ *an +len adj* inequality
neo-ionmhainn /nyŏ-inivin/ unpopular
neo-mheasail /nyŏ-vesal/ unpopular
neo-mhìnichte /nyŏ-veeniKchə/ unexplained
neònach /nyawnəK/ strange, odd, funny; weird
neo-sgairteil /nyŏ-skarshtel/ unfit
neo-sheasmhach /nyŏ-hesvəK/ unstable
neo-shoilleir /nyŏ-həlyər/ vague
neul /nee-al/ *an (gen & pl* neòil) cloud; ***tha e ann an neul*** his head's in the clouds, he's away in a dwaam (*Scots*)
nì[1] /nee/ *fut pos of* **dèan**
nì[2] /nee/ *an (pl* nithean) thing; matter; ***mo nithean*** my things; ***an Nì Math*** God, the Good Lord; ***gun sealladh an Nì Math orm!*** goodness gracious me!
Nic /neeKk/ *In Gaelic surnames of women this is the counterpart of* **Mac** *for men. It means 'daughter of'.*
nid /neej/ *gen & pl of* **nead**
nigeach /nigəK/ tight(-fisted)
nigh (a' nighe) /nee (ə neeyə)/ wash
nigheadaireachd /neeyə-dərəKk/ *an +len adj* washing
nighean /nee-ən/ *an +len adj (gen* nighinn, *pl* nigheanan) daughter; girl; girlfriend ♦ **nighean-bhràthar** niece (*brother's daughter*); **nighean-pheathar** niece (*sister's daughter*)
nimheil /neefel/ malicious; venomous
Nirribheach /nirivəK/ (*an, gen & pl* Nirribhich) Norwegian

Nirribhidh /nirivee/ Norway

nis /nish/ = **a-nis**

nise, nise! /nishə, nishə/ now, now!

Niseag /nishak/ (*gen* Niseige) Nessie

nithear /nee-ər/ *fut pass of* **dèan**; *dè a nithear?* what's to be done?

niuclasach /nyooklǝsǝK/ nuclear

no /noh/ or; *chan eil no mise* me neither; *cha tèid e ann mòran – cha tèid no ise* he doesn't go there much – neither does she

nobhail /'novel'/ *an +len adj* (*pl* nobhailean) novel

nobhailiche /novileeKə/ *an* (*pl* nobhailichean) novelist

nochd (a' nochdadh) /noKk (ə noKkəG)/ **1** appear, show up; *o nochd iolairean-mara san sgìre* since sea eagles appeared in the area; *tha mòran càinidh air a bhith a'nochdadh air-loidhne* there has been a lot of criticism appearing online **2** show; express; *bha e dìreach a'nochdadh a bheachd* he was just expressing his opinion; *nochd iad dragh a thaobh...* they expressed concern about...

nochdte /noKkchə/ bare; exposed; obvious

nòisean /noh-shan/ *an* (*gen* nòisein, *pl* nòiseanan) notion; fancy

Nollaig /nolek/ *an +len adj* (*gen* Nollaige, *pl* Nollaigean) Christmas; *Nollaig Chridheil* Merry Christmas

norrag /norak/ *an +len adj* (*gen* norraige, *pl* norragan) nap; *gabhaidh mi norrag* I'll take a nap

nòs /naws/ *an* (*gen* nòis, *pl* nòsan) tradition; style; *òran san t-seann nòs* a traditional song; *seann nòs* an old tradition

not /not/ *an* (*pl* notaichean) note; bank note; pound; *ochd notaichean* eight pounds

nòta /nawtə/ *an* (*pl* nòtaichean) note ♦ **nòta-maise** grace note; **nòta-tinneis** sick note

nuadal /noo-ədəl/ *an* (*gen* nuadail, *pl* nuadalan) rumour

nuadh /noo-əG/ modern ♦ **nuadh-chànanan** modern languages; **nuadh-fhacal** *an* neologism; **nuadh-phòsta** newly wed

nuair

nuair /noo-ər/ when; ***nuair a ràinig sinn*** when we arrived
nuallanaich /noo-ələneeK/ *an +len adj* howling
nuas /noo-əz/ (= **a-nuas**) down; ***nuas a seo leat!*** down here with you!, get yourself down here!
null = **a-null**
nur[1] /noor/ = (**ann** + **ur**) in your; ***sibhse a tha nur seasamh*** those of you who are standing
nur[2] /noor/ (**na**[3] *with 2nd person plural*) ***a bheil sibh nur Sasannaich?*** are you English?
nurs /noors/ *an* (*pl* nursaichean) nurse

o from; since; *o Dhiluain gu Dihaoine* from Monday to Friday; *o bha mi còig* since I was five

Òb: *an t-Òb* /ən tawp/ Leverburgh

òb /awp/ *an t-* (*gen* òba, *pl* òban) bay

obair /ohpər/ *an* (*gen* obrach, *pl* obraichean) job; work; *aig an obair* at work; *daoine aig aois obrach* people of working age

obair (ag obair) /ohpər/ work; *chan eil na solais ag obair* the lights aren't working ♦ **obair àiteach** farming; **obair-chàraidh** repair work; **obair-dachaigh** homework; **obair-lann** laboratory; **obair-lannsa** surgery; *chaidh e fo obair-lannsa* he had an operation; **obair làn-ùine** full-time work; **obair-leasachaidh** development work; **obair-phàipeir** paperwork, red tape; **obair rannsachaidh** search operation; research work; **obair-sgrùdaidh** survey work; **obair-taighe** housework; **obair-togail** building work, construction work

Òban: *An t-Òban* /ən tawbən/ Oban

obann /ohpan/ sudden; *gu h-obann* suddenly

Obar Bhrothaig /ohpər vrō-hehk/ Arbroath

Obar Dheathain /ohpər ehn/ Aberdeen

Obar Pheallaidh /ohpər fyalee/ Aberfeldy

Obar Phuill /ohpər foo-il/ Aberfoyle

obrach /ohprəK/ *gen of* **obair**

obraich (ag obrachadh) /ohpreeK (əg ohprəKəG)/ work; *chan eil e ag obrachadh* it's not working

△ **obraich air** get at, criticize; *sguir a dh'obair air/orm* stop getting at him/me!

◊ **obraich a-mach** work out; *cha do dh'obraich e a-mach*

eatorra it didn't work out between them

obraichean /ohpreeKən/ *pl of* **obair**

ochd /oKk/ eight

ochdad /oKkət/ eighty

ochdamh /oKkəv/ eighth

ochd-chasach /oKk-KasəK/ *an t-* (*gen & pl* ochd-chasaich) octopus

ochdnar /oKknər/ eight (people)

o chionn /oh Kyoon / since; ago; *o chionn ghoirid* a short while ago, recently

òcrach = **òtrach**

odhar /oh-ər/ dun, dun-coloured

òg /awg/ young; *an nighean as òige agam* my youngest daughter

ogha /oh-ə/ *an t-* (*pl* oghaichean) grandchild; *tha sinn sna h-oghaichean* we're cousins

Ògmhios: *an t-Ògmhios* /ən tawg-vis/ June

ogsaidean /oksijən/ *an t-* (*gen* ogsaidein) oxygen

oide /ojə/ *an t-* (*pl* oidean) coach; trainer; tutor

oideachadh /əjəKəG/ *an t-* (*gen* oideachaidh) education, educating; tuition; *siostam oideachaidh* educational system; *air an t-slighe oideachaidh a-steach do chosnadh* on the learning journey and on into employment; *oideachadh dian* intensive study; intensive tuition

oideachail /əjəKal/ educational

oidhche /ə-iKə/ *an* (*pl* oidhcheannan) evening (*after nightfall*); night; *oidhche mhath* good night; *air an oidhche* at night ♦ **Oidhche na Bliadhn' Ùire** Hogmanay, New Year's Eve; **Oidhche Burns** Burns night; **Oidhche Challainn** Hogmanay, New Year's Eve; **oidhche Nollaig** Christmas Eve; **oidhche nam pàrant** parents evening; **Oidhche Shamhna** Halloween

oidhirp /ur-yurp/ *an* (*gen* oidhirpe, *pl* oidhirpean) effort; attempt, try; *feumaidh tu barrachd oidhirp a dhèanamh* you need to make more of an effort; *am faod mi oidhirp* *a thoirt air?* can I have a try? ♦ **oidhirp air mèirle** attempted robbery; **oidhirp air murt** attempted murder

oidich (ag oideachadh) /əjeeK (əg əjəKəG)/ instruct, educate, teach; *tha barrachd chloinne gan oideachadh sa Ghàidhlig* more children are being educated *or* taught in Gaelic

oifigeach /ofigəK/ *an t-* (*gen & pl* oifigich) official

oifigear /ofigər/ *an t-* (*gen* oifigeir, *pl* oifigearan) officer; official ♦ **oifigear dealbhachaidh** planning officer; **oifigear gnothachais** business officer; **Oifigear Leasachaidh Gàidhlig** Gaelic Development Officer; **Oifigear-riaghlaidh** Presiding Officer

oifigeil /ofigil/ official

oifis /ofish/ *an* (*gen* oifise, *pl* oifisean) office ♦ **Oifis na Dùthcha** the Home Office; **oifis puist** post office; **Oifis na Sìde** the Met Office; **oifis-tiogaid** ticket office

òige[1] /oygə/ *an* youth

òige[2] /oygə/: *nas/as òige comp & supl of* **òg**

òigeach /oygəK/ *an t-* (*gen & pl* òigich) stallion

òigh /oy/ *an* (*gen* òighe, *pl* òighean) virgin ♦ **An Òigh Mhoire** the Virgin Mary

oighreachd /ə-irəKk/ *an* (*pl* oighreachdan) estate ♦ **Oighreachd a' Chrùin** Crown Estate

òigridh: *an òigridh* /ən oygree/ young people

oil /ol/: *ge b'oil le* in spite of; *ge b'oil leotha* in spite of them; *ge b'oil leis* in spite of himself

oileag /olak/ *an* (*gen* oileige, *pl* oileagan) stone, flat stone

oileanach /olənəK/ *an t-* (*gen & pl* oileanaich) student ♦ **oileanach fo-cheum** undergraduate

oilisgin /olishkin/ *an* (*pl* oilisginean) oilskin(s)

oillteil /ə-ilchel/ horrible

oilthigh /ol-hY/ *an t-* (*gen* oilthighe, *pl* oilthighean) university; *nuair a thèid thu dhan oilthigh* when you go to university; *tha i san oilthigh* she's at university

òinseach /awnshəK/ *an* (*gen* òinsich, *pl* òinsichean) fool, idiot (*female*)

òinseachail /awnshəKal/ foolish

òir /awr/ *gen of* **òr**

oir /or/ *an* (*gen* oir, *pl* oirean) edge; *aig oir na h-aibhne* on the river bank; *air oir an A9* by the side of the A9; *bho oir a shùla* out of the corner of his eye

oirbh /oriv/ *prep pron from* **air²** *for* **sibh** (*you*); *dè tha cèarr oirbh?* what's wrong with you?; → **oirre**

oirbhse /orivshə/ *the emphatic form of* **oirbh**

òirleach /awrləK/ *an* (*gen & pl* òirlich) inch

oirnn /orn/ *prep pron from* **air²** *for* **sinn** (*we*); *tha aon duine a dhìth oirnn* we're missing one man; *ruith an ùine oirnn* we've run out of time; → **oirre**

oirnne /ornyə/ *the emphatic form of* **oirnn**

oirre /orə/ *prep pron from* **air²** *for* **i** (*she*; *it*)

> Here is a range of uses of one of the prepositional pronouns from **air**. The examples are based on the third person feminine prepositional pronoun **oirre**.
>
> *bha dreasa dhubh oirre* she had a black dress on
>
> *tha fiabhras oirre* she has a fever
>
> *Susie a th'oirre* she's called Susie
>
> *bha sròn oirre mar…* she had a nose like…
>
> *tha aon chomharra a dhìth oirre* she's one mark short
>
> *ruith an ùine oirre* she's run out of time
>
> *tha coltas sgìos oirre* she looks tired
>
> *tha grèim cluaise / an dèideadh oirre* she has earache / toothache
>
> *tha cabhag oirre* she's in a hurry
>
> *le a teaghlach timcheall oirre* with her family around her
>
> *dè tha cèarr oirre?* what's wrong with her?

chan eil e eòlach oirre he doesn't know her
cha bu chòir dhut fanaid oirre you shouldn't laugh at her
am faod mi ceist a chur oirre? can I ask her a question?
nach eil cuimhn' agad oirre? don't you remember her?

In many cases other prepositional pronouns deriving from **air** could be substituted for **oirre**, where the sense allows, by changing the pronouns. For example:

dè tha cèarr orra? what's wrong with them?
ruith an ùine orm I've run out of time
a bheil cabhag oirbh? are you in a hurry?

oirrese /oreshe/ *the emphatic form of* **oirre**
oirthir /ə-irir/ *an* (*gen* oirthire, *pl* oirthirean) coast
Oisean /oshen/ Ossian
oisean /oshen/ *an t-* (*gen* oisein, *pl* oiseanan) corner; *air an oisean* on the corner; *anns an oisean* in the corner
oiteag /ochek/ *an* (*gen* oiteige, *pl* oiteagan) breeze
oitir /otchir/ *an* (*gen* oitire, *pl* oitirean) reef; sandbank
òl (ag òl) /awl/ drink; *cha bhi mi ag òl* I don't drink; *rudeigin ri òl* something to drink
ola /ole/ *an* (*pl* olaichean) oil ♦ **ola amh** crude oil
Òlaind: *an Òlaind* /ən awlanj/ Holland
olc /olKk/ **1** evil, wicked **2** *an t-* (*gen* uilc) evil
oll /ol/: *an t-Oll....* Prof....
ollamh /olev/ *an t-* (*gen* ollaimh, *pl* ollamhan) professor
oll-mhargadh /ole-varegeG/ *an t-* (*gen* oll-mhargaidh, *pl* oll-mhargaidhean) supermarket
om (= **o** + **am**) from their
omaileid /omalej/ *an* (*gen* omaileide, *pl* omaileidean) omelette
on (= **o** + **an**) from the; since; *fhuair mi air falbh on bhòrd* I got away from the table; *on Dàmhair an-uiridh* since October last year; *on uair sin* since then
onair *an* honour; honesty; *air m' onair!* honestly!

ònar /awnər/: *na ònar* alone; *nan ònar* on their own; *na m'ònar* on my own

onarach /onərəK/ honest

onghail /onəGəl/ *an* (*gen* onghaile) confusion

opairèisean /'operation'/ *an* (*gen* opairèisein, *pl* opairèiseanan) operation

òr /awr/ *an t-* (*gen* òir) gold

òraid /awrij/ *an* (*gen* òraide, *pl* òraidean) speech; lecture

òraidiche /awrijeeKə/ *an t-* (*pl* òraidichean) lecturer; speaker

òrain /awren/ *pl of* **òran**

orainds, orains /'orange'/ orange (*colour*); *rabhadh orains* amber warning

orainsear /orinshər/ *an t-* (*gen* oranseir, *pl* orainsearan) orange (*fruit*)

òran /awran/ *an t-* (*gen & pl* òrain) song; *a' gabhail òran* having a sing-song, singing ♦ **òran-luaidh** waulking song

Orasa Oronsay

orcastra /orkəstrə/ *an* (*pl* orcastrathan) orchestra; *orcastra na sgoile* school orchestra

òrd /ohrsht/ *an t-* (*gen & pl* ùird) hammer; *cho maol ri òrd* as bald as a coot

òrdag /awrdak/ *an* (*gen* òrdaige, *pl* òrdagan) thumb ♦ **òrdag-coise** toe; **òrdag mhòr** big toe; thumb

òrdaich (ag òrdachadh) /awrdeeK (əg awrdəKəG)/ order; instruct; *chaidh òrdachadh don Bhòrd gum...* the Board has been instructed *or* told that...

òrdugh /awrdəG/ *an t-* (*gen* òrduigh, *pl* òrduighean) order
♦ **òrdugh-cungaidh** prescription

organ *an t-* (*gen* orgain, *pl* organan) organ

organach /organəK/ organic

organaiche /organeeKə/ *an t-* (*pl* organaichean) organist

orm /orəm/ *prep pron from* **air**[2] *for* **mi** (*I, me*); *'s e...a th' orm* my name is...; *chan eil e eòlach orm* he doesn't know me; *tha grèim cluaise / an dèideadh orm* I have earache / toothache;
→ **oirre**

ormsa /orəmsə/ *the emphatic form of* **orm**
orra /orə/ *prep pron from* **air²** *for* **iad** (*they, them*); ***cha bu chòir dhut fanaid orra*** you shouldn't laugh at them; ***tha an aon bhlas orra*** they taste the same; → **oirre**
orrasan /orəsən/ *the emphatic form of* **orra**
ort /orsht/ *prep pron from* **air²** *for* **thu** (*you*); ***greas ort!*** hurry up!; ***tha coltas sgìos ort*** you look tired; → **oirre**
ortsa /orshtsə/ *the emphatic form of* **ort**
osann /osən/ *an t-* (*gen & pl* osainn) sigh; ***rinn i osann*** she sighed
os cionn /os kyoon/ above
os-fhuaimneach /os-oo-əmnəK/ ultrasound
osna /osnə/ *an* (*pl* osnaidhean) sigh; ***rinn e osna throm*** he heaved a deep sigh
ospadal /ospətəl/ *an t-* (*gen* ospadail, *pl* ospadalan) hospital
ospag /ospaK/ *an* (*gen* ospaige, *pl* ospagan) sigh; gasp
ospais /ospish/ *an* (*gen* ospaise, *pl* ospaisean) hospice
ostail /ostal/ *an* (*gen* ostaile, *pl* ostailean) hostel ♦ **ostail-òigridh** youth hostel; **ostail-sgoile** school hostel
òstair /awstər/ *an t-* (*pl* òstairean) hotelier; host
Ostair: *an Ostair* /ən ostər/ Austria
Ostaireach /ostərəK/ (*an t-*, *gen & pl* Ostairich) Austrian
othail /o-hal/ *an* hullabaloo
òtrach /awtrəK/ *an t-* (*gen* òtraich, *pl* òtraichean) rubbish dump, tip
òtrachas /awtrəKəs/ *an t-* (*gen* òtrachais) sewage

P p

pacaid /paKkij/ *a' ph-* (*gen* pacaide, *pl* pacaidean) packet
Pagastan /pakastan/ (*gen* Pagastain) Pakistan
Pagastanach /pakastanəK/ (*am, gen & pl* Pagastanaich) Pakistani
pàidh /'pie'/ *am* (*pl* pàidhean) pie ♦ **pàidh muiltfheoil** Scotch pie, mutton pie; **pàidh-ubhail** apple pie
paidhir /pY-yir/ *am* (*gen* paidhreach, *pl* paidhrichean) pair; *paidhir stocainnean* a pair of socks
paidhleat /'pilot'/ *am* (*gen* paidhleit, *pl* paidhleatan) pilot
pàigh (a' pàigheadh) /pY (ə pY-yəG)/ pay
◊ **pàigh air ais** pay back
◊ **pàigh dheth** pay off
pàigheadh /pY-yəG/ *am* (*gen* pàighidh) pay; payment; *àrdachadh pàighidh* pay rise
pàillean /pahlyən/ *am* (*gen* pàillein, *pl* pàilleanan) pavilion
pailt /palch/ plentiful; *tha iad fhathast cho pailt* there are still plenty of them; *tha...pailt cho...ri...* ...is every bit as...as...
pailteas /palchəs/ *am* (*gen* pailteis) plenty, abundance; *cothrom air pailteas dàta* access to a huge range *or* a wealth of data
pàipear /pehpər/ *am* (*gen* pàipeir, *pl* pàipearan) paper
♦ **pàipear-naidheachd** newspaper; **pàipear-obrach** working paper; **pàipear-pasgaidh** wrapping paper; **pàipear-tòine** loo paper
pàipearachd /pehpərəKk/ *a' ph-* stationery
pàirc /pahrk/ *a' ph-* (*gen* pàirce, *pl* pàircean) park; *am meadhan na pàirce* in midfield ♦ **pàirc-chàraichean** car park; **pàirc cluiche** play park
pàirceadh /pahrkəG/ *am* (*gen* pàircidh) parking
paireafain /'paraffin'/ *am* paraffin

pàirt /pahrsht/ *a' ph-* (*gen* pàirte, *pl* pàirtean) part; *chan eil sinn a' gabhail pàirt* we're not taking part ♦ **pàirt-càraidh** (spare) part; **pàirt-ùine** part-time; *tha obair phàirt-ùine agam* I have a part-time job

pàirtiche /pahrsh-cheeKə/ *am* (*pl* pàirtichean) partner

pais /pash/ *gen of* **pas**

paiseanadh /pashənəG/ *am* (*gen* paiseanaidh) unconsciousness; *chaidh e ann am paiseanadh le buille don cheann* the blow to the head knocked him unconscious

paisg (a' pasgadh) /pashk (ə paskəG)/ fold; wrap; *phaisg e i na ghàirdeanan* he gave her a hug

paisgte /pashkchə/ folded; wrapped; *tha a làmhan paisgte air a cùl* her hands were folded behind her back

Pàislig /pahsh-lik/ Paisley

pàiste /pahsh-chə/ *am* (*pl* pàistean) small child, infant; toddler

pana /panə/ *am* (*pl* panaichean) pan

pannal /'panel'/ *am* (*gen* pannail, *pl* pannalan) **1** panel **2** group

pantaichean /panteeKən/ *na* panties

Pàp /pahp/ *am* (*gen* Pàpa, *pl* Pàpan) Pope

Pàpa /pahpə/ *am* (*pl* Pàpan) Pope

paragraf /'paragraph'/ *am* (*pl* paragrafan) paragraph

pàrant /pahrant/ *am* (*gen* pàraint, *pl* pàrantan) parent; *mo phàrantan* my parents

parc (a' pàirceadh) /park (ə pahrkəG)/ park

pàrlamaid /pahrləmij/ *a' ph-* (*gen* pàrlamaide, *pl* pàrlamaidean) parliament; *Pàrlamaid na h-Alba* the Scottish Parliament

pàrlamaideach /pahrləmijəK/ parliamentary

paròl /'parole'/ *am* (*gen* paròil) parole

parsail /parsal/ *am* (*pl* parsailean) parcel

pàrtaidh /pahrtee/ *am* (*pl* pàrtaidhean) party; *bidh pàrtaidh agam a-nochd* I'm having a party tonight ♦ **pàrtaidh dùbhlanach** opposition party; **Pàrtaidh Nàiseanta na h-Alba** the Scottish National Party; **Pàrtaidh Làbarach** Labour Party; **Pàrtaidh Libearalach Deamocratach na h-Alba** the Scottish Liberal Democrats; **Pàrtaidh**

Tòraidheach Conservative Party, Tories; **Pàrtaidh Uaine na h-Alba** the Scottish Green Party

partan /parshtan/ *am* (*gen* partain, *pl* partanan) crab

pas *am* (*gen* pais, *pl* pasaichean) pass; *'s e 45% a th'ann am pas* a pass is 45%

pasaidear /pasijər/ *am* (*gen* pasaideir, *pl* pasaidearan) passenger

pasgadh /paskəG/ *am* (*gen* pasgaidh, *pl* pasgaidhean) packing; wrapping

pathadh /pah-əG/ *am* (*gen* pathaidh) thirst; *tha am pathadh orm* I'm thirsty

pàtran /pahtran/ *am* (*gen* pàtrain, *pl* pàtranan) pattern

peacadh /peKkəG/ *am* (*gen* peacaidh, *pl* peacaidhean) sin

Peairt /pyarsht/ Perth

pealaid /pyalej/ *a' ph-* (*gen* pealaide, *pl* pealaidean) pellet; *pealaidean connaidh* fuel pellets

peanas /penəs/ *am* (*gen* peanais, *pl* peanasan) penalty; punishment

peanasaich (a' peanasachadh) /penəseeK (ə penəsəKəG)/ penalize; punish

peann /pyōwn/ *am* (*gen & pl* pinn) pen

peansail /pensal/ *am* (*pl* peansailean) pencil ♦ **peansail-sùla** eyeliner

peant, peanta /pent(ə)/ *am* (*gen* peanta, *pl* peantaichean) paint ♦ **peanta-bile** lipstick

peant (a' peantadh) /pent (ə pentəG)/ paint

peantadh /pentəG/ *am* (*gen* peantaidh) painting

peantair /pentər/ *am* (*pl* peantairean) painter

pearraid /pyarij/ *a' ph-* (*gen* pearraide, *pl* pearraidean) parrot

pearsa /pehrsə/ *am* (*pl* pearsachan) person; character

pearsanta /pehrsəntə/ personal; *gu pearsanta* personally

pearsantaichte /pehrsənteeKchə/ personalized

peasair /pesər/ *a' ph-* (*pl* peasraichean) pea

peasraichean /pesreeKən/ *na* peas, *pl of* **peasair**

peata /petə/ *am* (*pl* peataichean, peatachan) pet; *peata coineanaich* a pet rabbit

peathar /peh-hər/ *gen of* **piuthar**
peathraichean /pereeKen/ sisters; *pl of* **piuthar**
peatrail /petral/ *am* petrol
peighinn /peh-eenyə/ *a' ph-* (*gen* peighinne, *pl* peighinnean) penny
peile *am* (*pl* peilichean) pail, bucket
pèileag /paylak/ *a' ph-* (*gen* pèileige, *pl* pèileagan) porpoise
peileag /pelak/ *a' ph-* (*gen* peileige) felt
peilear *am* (*gen* peileir, *pl* peilearan) bullet; *ruith i aig peilear a beatha* she ran for dear life; *cho luath ri peilear* at lightning speed
pèin /payn/ *gen of* **pian**
peinnsean /peh-inshən/ *am* (*gen* peinnsein, *pl* peinnseanan) pension
peinnseanair /peh-inshənər/ *am* (*pl* peinnseanairean) pensioner
peirceall /pehrKkəl/ *am* (*gen* peircill, *pl* peirceallan) jaw
pearm /perim/ *am* (*gen* peirm, *pl* pearmaichean) perm
peitean /peh-chen/ *am* (*gen* peitein, *pl* peiteanan) waistcoat
peitseag /pech-shak/ *a' ph-* (*gen* peitseige, *pl* peitseagan) peach
peur /payr/ *a' ph-* (*gen* peura, *pl* peuran) pear
Phòlainn: *a' Phòlainn* /ə fohlin/ (*gen na* Pòlainne) Poland
Phortagail: *a' Phortagail* /ə fortəgal/ (*gen na* Portagaile) Portugal
pian /pee-ən/ *a' ph-* (*gen* pèin, *pl* piantan) pain; *tha pian nam...* I've got a pain in my...
piàna /pee-ahnə/ *am* (*pl* piànathan) piano
pile /pilə/ *am* (*pl* pileachan) pill
pìleat /peelet/ *am* (*pl* pìleatan) pilot; *sgeama pìleat* pilot scheme
pinc pink
pinn /peen/ *gen & pl of* **peann**
pinnt /peench/ *am* (*pl* pinntean) pint; *a' gabhail pinnt* having a pint
pìob /peep/ *a' ph-* (*gen* pìoba, *pl* pìoban) pipe, tube; (bag)pipes
pìobaire /peebərə/ *am* (*pl* pìobairean) piper

pìobaireachd /peebərəKk/ *a' ph-* piping; playing the pipes; pibroch; ***ag ionnsachadh pìobaireachd*** learning to play the (bag)pipes

piobar /pipər/ *am* (*gen* piobair, *pl* piobaran) pepper

piobraich (a' piobrachadh) /pibreeK (ə pibrəKəG)/ add pepper (to); stimulate; provoke

pìochanach /peeKənəK/ wheezy

pioctair /piktər/ *am* (*pl* pioctairean) picture

pioghaid /pee-yij/ *a' ph-* (*gen* pioghaide, *pl* pioghaidean) magpie

pioraid /pyririj/ *a' ph-* (*gen* pioraide, *pl* pioraidean) parrot

piorna /pirnə/ *a' ph-* (*pl* piornachan) reel; bobbin

pìos /'piece'/ *am* (*gen* piosa, *pl* pìosan) **1** piece; item **2** sandwich[59]; ***pìos càise/fiodha*** a piece of cheese/wood; ***pìos air falbh*** some distance away; ***a h-uile pìos dhen t-saoghal*** all parts of the world

pìosail /peesall/ sexy

piotsa /'pizza'/ *am* (*pl* piotsachan) pizza

piseach /pishəK/ *am* (*gen* pisich) progress, improvement; success; ***thoir piseach air*** improve, enhance; ***feumaidh piseach tighinn air...*** ...needs to improve

piseachail /pishəKəl/ successful

piseag /pishak/ *a' ph* (*gen* piseige, *pl* piseagan) kitten

pitheid /pee-hej/ *a' ph-* (*gen* pitheide, *pl* pitheidean) magpie

piuthar /pyoo-ər/ *a' ph-* (*gen* peathar *pl* peathraichean) sister
  ♦ **piuthar-chèile** sister-in-law

plaide /plahjə/ *a' ph-* (*pl* plaideachan) blanket ♦ **plaide-dealain** electric blanket

plàigh /plY/ *a' ph-* (*gen* plàighe, *pl* plàighean) plague; pest, nuisance

plana /planə/ *am* (*pl* planaichean) plan ♦ **plana calpa** finance plan; **plana gnìomh** action plan; **plana gnìomhachais** business plan; **plana gnothachais** business plan; **plana suidhe** seating plan

---

59 or a piece in Scots

planaid /planij/ *a' ph-* (*gen* planaide, *pl* planaidean) planet
planntrais /plōwntrish/ *am* (*pl* planntraisean) plant, vegetation
plaosg /plursk/ *am* (*pl* plaosgan) shell; husk
plapail /plapel/ *a' ph-* fluttering; slapping
plàst /plahst/ *am* (*gen* plàsta, *pl* plàstan) plaster
plastaig /plastek/ *a' ph-* (*gen* plastaige, *pl* plastaigean) plastic
plèan /plehn/ plain; **omaileid phlèan** a plain omelette
plèan(a) /plehn(ə)/ *am* (*pl* plèanaichean) plane; **air plèan** by plane, by air; **shiubhail sinn gu Barraigh air a' phlèan** we flew to Barra
plìon /pleen/ *am* (*gen* plìn) smirk; leer
Ploc: **Am Ploc** /əm ploKk/ Plockton
ploc /ploKk/ *am* (*gen* pluic, *pl* plocan) block; clod of earth, divot
pluc /plooKk/ *am* (*gen* pluic, *pl* plucan) pimple, plook (*Scots*)
plucan /plooKkən/ *am* (*gen & pl* plucain) plug (*in sink*); stopper; little pimple, plook (*Scots*)
pluga /plə-gə/ *am* (*pl* plugaichean) plug (*electrical*)
pluic /plooKk/ *a' ph-* (*gen* pluice, *pl* pluicean) cheek
plum (a' plumadh) /ploom (ə plooməG)/ plunge
plumair /ploomər/ *am* (*pl* plumairean) plumber
plumaireachd /plooməraKk/ *a' ph-* plumbing
PNA (=Pàrtaidh Nàiseanta na h-Alba) /'PNA'/ *am* SNP
poball /pohpəl/ *am* (*gen* pobaill, *pl* poballan) public; people
poblach /pohbləK/ public
poblachd /pohbləKk/ *a' ph-* (*pl* poblachdan) republic
  ♦ **Poblachd na h-Èireann** the Republic of Ireland; **Poblachd nan Seiceach** the Czech Republic
pòca /pawKkə/ *am* (*pl* pòcannan) pocket
poca /poKkə/ *am* (*pl* pocannan) bag; **poca tiops** a bag of chips, a poke of chips (*Scots*) ♦ **poca-biona** bin bag, bin liner; **poca-cac** poo bag; **poca-cadail** sleeping bag; **poca plastaig** plastic bag; **poca-teatha** teabag
pòcaid /pawKkij/ *a' ph-* (*gen* pòcaide, *pl* pòcaidean) pocket; **'s ann a bha e nam phòcaid** it was in my pocket ♦ **pòcaid-thòine** back pocket, bum pocket

pòg /pawg/ *a' ph-* (*gen* pòige, *pl* pògan) kiss; ***thoir dhomh pòg*** give me a kiss; ***Là nam pòg*** Valentine's Day; ***mìos nam pòg*** honeymoon

pòg (a' pògadh) /pawg (ə pawgəG)/ kiss

poidhle /poylə/ *am* (*pl* poidhlichean) pile

poidsear /pojshər/ *am* (*gen* poidseir, *pl* poidsearan) poacher

poidsig (a' poidhseadh) /pojshig (ə pojshəG)/ poach

poileanadair /polənədər/ *am* (*pl* poileanadairean) pollinator

poileas /poləs/ *am* (*gen & pl* poilis) police; policeman; ***na poilis*** the police ♦ **Poileas Alba** Police Scotland

poileasaidh /'policy'/ *am* (*pl* poileasaidhean) policy; *poileasaidh dhùthchannan cèin* foreign policy

poileasman /poləsman/ *am* (*gen & pl* poileasmain) policeman

poileataics /'politics'/ *am* politics; ***ann am poileataics*** in politics

poilitigeach /politigəK/ political

poilitigs /'politics'/ *am* politics

poille /polyə/: ***an ceann poille*** after a while

poit /potch/ *a' ph-* (*pl* poitean) pot; toilet bowl, loo

Pòlainne /pohlinyə/ *gen of* **Phòlainn**

Pòlainneach /pohlinyəK/ **1** Polish **2** *am* (*gen & pl* Pòlainnich) Pole

Pòlainnis /pohlanish/ *a' Ph-* Polish (*language*)

poll /pōwl/ *am* (*gen & pl* puill) mud; pond ♦ **poll-mònadh** peat bank; **poll-uisge** pond

Poll-Mhonadh /pōwl-vonəG/ Polmont

pònairean /pohnarən/ *na* beans ♦ **pònairean bacalta** baked beans

pongail /pongal/ coherent; articulate; precise

pòr /pawr/ *am* (*gen* pòir, *pl* pòran) **1** seed; crops **2** pore

pòrsalain /pawrsəlan/ *am* china; porcelain

port[1] /porsht/ *am* (*gen & pl* puirt) tune; jig ♦ **port-à-beul** mouth music

port[2] /porsht/ *am* (*gen & pl* puirt) port, harbour ♦ **port-adhair** airport; ***aig a' phort-adhair*** at the airport; **port fànais**

preas

space port
Port na h-Apann /pohrsht nə hapin/ Port Appin
Portagaile /pohrtəgələ/ *gen of* **Phortagail**
Portagaileach /pohrtəgələK/ (*am, gen* &*pl* Portagailich) Portuguese
Portagailis /pohrtəgalish/ *a' Ph-* Portuguese (*language*)
portraid /portrej/ *a' ph-* (*pl* portraidean) portrait
Port Rìgh /pohrsht ree/ Portree
pòs (a' pòsadh) /paws (ə pawsəG)/ marry; *am pòs thu mi?* will you marry me?
pòsadh /pawsəG/ *am* (*gen* pòsaidh, *pl* pòsaidhean) marriage
post[1] /pohst/ *am* (*gen* puist, *pl* postaichean) post, mail; postman; *cuir sa phost* post, mail, put in the post ♦ **post-adhair** airmail; *le post-adhair* by airmail; **post-d** email; **post-dealain** email; *cuiridh mi post-dealain thugad* I'll email you; **post-gutha** voicemail
post[2] /pohst/ *am* (*gen* &*pl* puist); *aig a' phost chùil* at the back post; *eadar na puist* between the posts ♦ **post-lampa** lamppost
pòsta /pawstə/ married; *tha i pòsta aig...* she's married to...; *tha i pòsta aige* she's married to him
posta *am* (*pl* postaichean) postman
practaigeach /praktigəK/ practical
praigheapan /prYpan/ *am* (*pl* praigheapanaichean) frying pan
praighig (a' praighigeadh) /prY-ig (ə prY-igəG)/ fry
pràis /prahsh/ *a' ph-* (*gen* pràise) brass
prais /prash/ *a' ph-* (*pl* praisean) pot
prama /pramə/ *am* (*pl* pramaichean) pram
preantas /prentəs/ *am* (*gen* preantais, *pl* preantasan) apprentice
preantasachd /prentəsəKk/ *a' ph-* (*pl* preantasachdan) apprenticeship
preas[1] /pres/ *am* (*gen* pris, *pl* preasan) bush; shrub; woodland
preas[2] /pres/ *am* (*gen* pris, *pl* preasan) cupboard, press (*Scots*)
 ♦ **preas-aodaich** wardrobe
preas[3] /pres/ *am* (*gen* preasa, *pl* preasan) wrinkle

prèasant /praysant/ *am* (*gen* prèasaint, *pl* prèasantan) present
Preastabhaig /prestavek/ Prestwick
prìne /preenə/ *am* (*pl* prìneachan) pin; *cho lom ri prìne* completely bare ♦ **prìne-banaltraim** safety pin
priobadh /pripəG/ *am* (*gen* priobaidh, *pl* priobaidhean) wink; *ann am priobadh na sùla* in the twinkling of an eye; *chan e priobadh na sùla a th'ann* it's more than just a wee while
prìobhaideach /preevijəK/ private
prìobhaideachd /preevijəKk/ *a' ph-* privacy
priogadh /prikəG/ *am* (*gen* priogaidh, *pl* priogaidhean) **1** weeding; lifting (*potatoes*) **2** puncture
prìomh /pree-əv/ main, top ♦ **prìomh bhaile** *am* capital (city); **prìomh dheich** *am* top ten; **Prìomh Lìog** *am* Premier League; **Prìomh-mhinistear** *am* First Minister; **prìomh oifis** *am* headquarters; **prìomh-rathad** *am* main road; **prìomh sgeulachdan** *na* top stories
prìomhachas /pree-əvəKəs/ *am* (*gen* prìomhachais, *pl* prìomhachasan) priority; *prìomhachas a chur air…* prioritize…
prìomhair, prìomhaire /pree-əvər(ə)/ *am* (*gen* prìomhaire, *pl* prìomhairean) prime minister
prionnsa /pryoonsə/ *am* (*pl* prionnsachan) prince ♦ **am Prionnsa Teàrlach** Bonnie Prince Charlie
prionnsabal /pryoonsəpal/ *am* (*gen* prionnsabail, *pl* prionnsabalan) principle; *ann am prionnsabal* in principle; *air prionnsabal* on principle
prìosan /preesan/ *am* (*gen* prìosain, *pl* prìosanan) prison; *sa phrìosan* in prison
prìosanach /preesənəK/ *am* (*gen & pl* prìosanaich) prisoner; *an dèidh dha a dhol na phrìosanach* after he was taken prisoner ♦ **prìosanach cogaidh** prisoner of war
prìs /preesh/ *a' ph-* (*gen* prìse, *pl* prìsean) price; *dè a' phrìs a th'air* what does it cost?; *air a' phrìs sin* for that price
pris /prish/ *gen of* **preas**¹ & ²

prìseil /preeshel/ precious
pròbhaist /praw-vish-ch/ *am* (*gen* pròbhaiste, *pl* pròbhaistean) provost
prògram /prohgram/ *am* (*gen* prògraim, *pl* prògraman) programme; program ♦ **prògram ceisteachain** quiz show; **prògram coimpiutaireachd** computer program; **prògram telebhisein** television programme
prògramair /prohgrəmər/ *am* (*pl* prògramairean) progammer
proifeiseanta /profeshəntə/ professional
pròis /prawsh/ *a' ph-* (*gen* pròise) pride
pròiseact /prohshekt/ *a' ph-* (*gen* pròiseict, *pl* pròiseactan) project
pròiseas /prawshehs/ *am* (*gen* pròiseis, *pl* pròiseasan) process
pròiseil /prawshel/ proud; *tha e gu math pròiseil asad/aiste* he's very proud of you/her
pronn /prōwn/ mashed
pronn (a' pronnadh) /prōwn (ə prohnəG)/ mash, crush; scrunch up
pronnach /prohnəK/ *a' ph-* (*gen* pronnaich) pulp
prosbaig /prosbek/ *a' ph-* (*pl* prosbaigean) binoculars; telescope; microscope; *fon phrosbaig* under the microscope, scrutinized in detail
pròtain /proh-tin/ *am* (*pl* pròtainean) protein
prothaid /prohij/ *a' ph-* (*gen* prothaide, *pl* prothaidean) profit
Puballan: *Na Puballan* /nə poobalan/ Peebles
pùdar /poodər/ *am* (*gen* pùdair, *pl* pùdaran) powder ♦ **pùdar-nighe** washing powder; **pùdar-nigheadaireachd** washing powder; **pùdar siabainn** soap powder
puill /poo-il/ *gen & pl of* **poll**
puing /pə-ing/ *a' ph-* (*gen* puinge, *pl* puingean) point; degree; *4 puing 6* 4 point 6; *tha e trì puingean fo neoni* it's 3 degrees below zero
puinnsean /pə-inshan/ *am* (*gen* puinnsein, *pl* puinnseanan) poison; *tha i cho fuar ris a' phuinnsean* it's absolutely freezing

puinnseanach

puinnseanach /pə-inshanəK/ poisonous
puinnseanachadh /pə-inshanəKəG/ *am* (*gen* puinnseanachaidh) poisoning ♦ **puinnseanachadh bìdh** food poisoning
puinnseanaich (a' puinnseanachadh) /pə-inshaneeK (ə pə-inshanəKəG) / poison
puinnseanta /pənshəntə/ poisonous
puins /poonsh/ *am* (*pl* puinsichean) panic; ***chaidh mi nam phuins*** I panicked
puirt /poorsh-ch/ *gen* & *pl of* **port**[1] & [2]
puirt-à-beul /poorsht-ah-bee-al/ *na* mouth music
puist /poosh-ch/ *gen of* **post**[1]; *gen* & *pl of* **post**[2]
pumpa /poompə/ *am* (*pl* pumpaichean) pump
punnd /poont/ *am* (*gen* & *pl* puinnd) pound (*weight*)
pupaid /poopij/ *am* (*pl* pupaidean) puppet
purpaidh /poorpee/ purple
purr (a' purradh) /poor (ə poorəG)/ butt
put (a' putadh) /poot (ə pootəG)/ push
◊ **put troimhe** push through
puthag /poo-ak/ *a' ph-* (*gen* puthaige, *pl* puthagan, puthaigean) porpoise
putan /pootən/ *am* (*gen* & *pl* putain) button

R r

RA (=Rìoghachd Aonaichte): *an RA* /ən 'RA'/ the UK; *san RA* in the UK

rabhadh /ravəG/ *an* (*gen* rabhaidh, *pl* rabhaidhean) alarm; warning; *tha rabhadh ga thoirt do luchd-siubhail* travellers have been warned; *thug iad rabhadh seachad gu bheil...* they warned that...

ràc[1] /rahK/ *an* (*gen* ràic, *pl* ràcan) rake

ràc[2] /rahK/ *an* (*gen* ràic, *pl* ràcan) drake

racaid /raKkij/ *an* +len *adj* (*gen* racaide, *pl* racaidean) racket
  ♦ **racaid teanais** tennis racket

rach* (**a' dol**) /raK (ə dol)/ **1** go; *càit a bheil thu a' dol?* where are you going?; *chaidh mi dhachaigh* I went home; *an deach e dhan oilthigh?* did he go to university?; *cha deach e dhan oilthigh* he didn't go to university; *chaidh mi nan cadal* I went to sleep; *dè tha dol an seo?* what's going on here?; *a bheil dad a' dol agad a-nochd?* do you have anything on tonight?; *chaidh sinn nar seasamh* we got to our feet, we stood up; *rach à sealladh* go out of sight, disappear; *rach à bith* go out of existence

  2 (*used to form a future tense*) *tha iad a' dol a thogail drochaid* they are going to build a bridge

  3 (*used to form a passive*) *chaidh a leagail* he was knocked over; *chaidh an sporan agam a ghoid* my wallet has been stolen; *chaidh mo sgobadh* I've been stung; *thèid iarraidh oirre cabhag a chur air* she will be asked to speed up; *chaidh am faicinn an turas mu dheireadh air...* they were last seen on...

  4 get, become; *ma thèid e nas miosa na tha dùil againn* if it gets worse than we expected

rach air

◊ **rach air** 1 get on; *chaidh e air a' mhotar-baidhg aige* he got on his motorbike 2 (*expressing possibility*) *càit an tèid agam air...a cheannach?* where can I buy...?; *cha tèid againn air tighinn* we won't be able to come; *chaidh aca air an t-itealan a thoirt far an fheòir* they managed to get the plane off the grass; *chaidh aig a' chompanaidh air a...* the company managed to...; *chan tèid agam air* I can't do it

◊ **rach air adhart** go ahead; *tha iad air aontachadh a dhol air adhart le...* they have agreed to go ahead with...; *bha rudan a' dol air adhart eatorra* things were happening between them

◊ **rach air dheireadh** fall behind, get behind

◊ **rach air ais** go back; *nam b'urrainn dhomh a dhol air ais ann an tìm* if I could go back in time

◊ **rach a-mach** go out (*of person: in the evening etc*)

Δ **rach a-mach air** fall out with; *tha iad air a dhol a-mach air a chèile* they have fallen out with each other; *chaidh e a-amach orm* he fell out with me

Δ **rach a-mach le** go out with; *thoisich iad a' dol a-mach le chèile* they started going out with each other; *tha e a' dol a-mach leatha* he's going out with her

◊ **rach às** go out (*of light, fire*); *às dèidh dha a dhol às àicheadh gun...* after he denied that...

◊ **rach às aonais** go without

◊ **rach a-steach** go in (*to house, room*)

Δ **rach bho**: *tha iad air dol bhuapa bhon uair sin* they haven't been the same since

Δ **rach de**: *bha e air a dhol dheth fhèin leis an toileachas* he was beside himself with joy

Δ **rach do** go for; *ciamar a chaidh dhut/dhi?* how did things go for you?, how did you/she get on?

◊ **rach foidhe** go down, set (*of sun*)

Δ **rach le** succeed; *cha deach leis a sin* that was unsuccessful; *chaidh am bile leis a' chiad bhòt* the bill passed the first vote; ***gun tèid leat!*** good luck!

△ **rach ri 1** take after; ***tha e a' dol ri athair*** he takes after his father **2** go about; ***tha e a' dol ris gu math*** he's going about it well

◊ **rach sìos** go down

radaigeach /radeegəK/ radical

radan /ratan/ *an* (*gen* radain, *pl* radanan) rat

ràdh /rah/ *an* (*pl* ràdhan) **1** saying **2** *verbal noun of* **abair**; ***ag ràdh*** saying; ***carson a tha iad ag ràdh sin?*** why are they saying that?

rafail /'raffle'/ *an* (*pl* rafailean) raffle

rag /rak/ stiff

ràic /rahK/ *gen of* **ràc**¹ & ²

raineach /ranəK/ *an* +*len adj* (*gen* rainich) bracken, fern

ràinig /rahnik/ *past of* **ruig**

ràith /rY/ *an* +*len adj* (*gen* ràithe, *pl* ràithean) season

ràmh /rahv/ *an* (*gen & pl* ràimh) oar; ***tha a h-uile duine a' tarraing air an aon ràmh*** everyone's pulling together

ràn (a' rànaich, a' rànail) /rahn (ə rahneeK, ə rahnel)/ roar; howl; cry

rangachadh /rangəKəG/ *an* (*gen* rangachaidh, *pl* rangachaidhean) ranking

ranga-tagsaidh /rangə-taksee/ *an* (*pl* rangan-tagsaidh) taxi rank

rann /rōwn/ *an* (*gen* rainn, *pl* rannan) verse ♦ **rannan corraige** finger rhymes

rannsachadh /rōwnsəKəG/ *an* (*gen* rannsachaidh, *pl* rannsachaidhean) research; investigation; search; enquiry; ***tha rannsachadh a' leantainn aig làrach na tubaiste*** investigations are ongoing at the scene of the accident; ***an rannsachadh air droch-dhìol chloinne*** the child abuse enquiry ♦ **rannsachadh agus leasachadh** research and development; **rannsachadh a' mhargaidh** market research; **rannsachadh tubaist bhàsmhor** fatal accident enquiry

rannsaich (a' rannsachadh) /rōwnseeK (ə rōwnsəKəG)/ search; research; look up; *rannsaich anns an fhaclair e* look it up in a dictionary; *a' rannsachadh air an eadar-lìon* searching on the internet

ranntair /rōwntər/ *an* (*pl* ranntairean) territory

raon /rurn/ *an* (*gen* raoin, *pl* raointean) field; range; *raon farsaing de chompàirtichean* a wide range of partners; *gainnead sgilean ann an cuid de raointean* a skills shortage in some areas ♦ **raon-cluiche** playground; school yard; playing field, pitch; **raon-dèiligidh** (medical) practice; **raon goilf** golf course; **raon-laighe** runway; air strip; **raon-ola** oil field; **raon-parcaidh** carpark; **raon-ùghdarrais** remit; *fon raon-ùghdarrais aca* within their remit

ràsanach /rahsənəK/ boring

ràsar /rasər/ *an* (*gen* ràsair, *pl* ràsaran) razor

rasgail /raskal/ *an* (*pl* rasgailean) rascal

ràth /rah/ *an* (*gen* ràtha, *pl* ràthan) **1** round fort **2** raft ♦ **ràth-sàbhalaidh** life-raft

rathad /rah-ət/ *an* (*gen* rathaid, *pl* rathaidean) **1** road; *an ann air an rathad gu...a tha e?* is it on the way to...?; *gabhaidh mi mo rathad fhìn* I'll go my own way; I'll do it my own way; *bha na craobhan san rathad* the trees were in the way **2** *tha a' phrìs às an rathad* it's a rip-off price; *chaidh am bàta às an rathad* the boat went down; *cha do lorg mi càil às an rathad, cha do lorg mi càil seach an rathad* I found nothing out of the ordinary ♦ **rathad-iarainn** railway; **rathad-mòr** main road; **rathad-singilte** single-track road

Ratharsair /rah-ərsər/ Raasay

rè /ray/ during, throughout; *rè an t-samhraidh* during *or* over the summer

reachd[1] /reKk/ *an* +*len adj* (*pl* reachdan) emotion; *a h-aodann dearg leis an reachd* her face red with emotion

reachd[2] /reKk/ *an* (*pl* reachdan) decree

reachdail /reKkel/ statutory
reachdas /reKkəs/ *an* (*gen* reachdais) legislation
reamhar /ra-vər/ fat
reamhra /ryōw-rə/: *nas/as reamhra comp & supl of* **reamhar**
reasabaidh /'recipe'/ *an* (*pl* reasabaidhean) recipe
reata /retə/ *an* (*pl* reataichean) rate ♦ **reataichean gnothachais** business rates
reic /rehKk/ *an* (*gen* reice, *pl* reicean) sale; selling
reic (a' reic) /rehKk/ sell; *an ann ri reic a tha e?* is it for sale?
rèid /'raid'/ *an* (*pl* rèidean) raid; *rinn iad rèid air…* they raided…
rèidh[1] /ray/ smooth; steady; *a bheil thu rèidh?* are you finished?; *amannan beagan nas rèidhe* somewhat less troubled times
rèidh[2] /ray/ *gen of* **riadh**
rèidhlean /raylan/ *an* (*gen* rèidhlein, *pl* rèidhleanan) green; lawn
rèididheatar /'radiator'/ *an* (*gen* rèididheatair, *pl* rèididheataran) radiator
rèidio /'radio'/ *an* (*pl* rèidiothan) radio; *air an rèidio* on the radio
rèile /raylə/ *an +len adj* (*pl* rèilean) 1 rail, railway; *le rèile* by rail 2 railing ♦ **rèile-bheinne** mountain railway; **rèile bogha-frois** rainbow rail
rèilig /raylik/ *an +len adj* (*gen* rèilige, *pl* rèiligean) churchyard, burial place
rèir: *a rèir* /ə rayr/ 1 according to; *a rèir-san* according to him; *a rèir-se* according to her; *a rèir coltais* apparently; *tha e a rèir…* it depends on…; *tha sin a rèir dè thachras* that depends on what happens; *chan eil sin dha rèir* that doesn't follow 2 *leig mu rèir* set free
rèis /raysh/ *an +len adj* (*gen* rèise, *pl* rèisean) race
rèiseamaid /rayshəmij/ *an +len adj* (*gen* rèiseamaide, *pl* rèiseamaidean) regiment
rèisg /rayshk/ *gen of* **riasg**

rèiteach /raychəK/ *an* (*gen* rèitich) betrothal[60]

rèiteachadh /raychəKəG/ *an* (*gen* rèiteachaidh, *pl* rèiteachaidhean) settlement; reconciliation

reithe /ray-ə/ *an* (*pl* reitheachan) ram

rèitich (a' rèiteachadh) /raycheeK (ə raychəKəG)/ sort out, settle; reconcile

rèitire /raychirə/ *an* (*pl* rèitirean) referee

reòiteag /ryawchak/ *an* +*len adj* (*gen* reòiteige, *pl* reòiteagan) ice cream

reothadair /ryŏ-hətar/ *an* (*pl* reothadairean) freezer

reothadh /ryŏ-həG/ *an* (*gen* reothaidh, *pl* reothaidhean) frost

reothart /ryŏ-hərt/ *an* (*gen* reothairt, *pl* reothartan) springtide

reòthte /ryawchə/ frozen; *'s e latha fuar, reòthte a th' ann an-diugh* it's freezing cold today

reub (a' reubadh) /rayp (ə raypəG)/ tear up

reubaltach /raybəltəK/ *an* (*gen* & *pl* reubaltaich) rebel

reug: *dà reug* /dah rayg/ twelve o'clock

rè-ùine /ray-oonyə/ temporarily, for the time being

reul /ree-əl/ *an* +*len adj* (*gen* rèile, *pl* reultan) star; asterisk

reultag /rehltak/ *an* +*len adj* (*gen* reultaige, *pl* reultagan) asterisk

reusanta /raysəntə/ reasonable

ri /ree/ **1** to (*with verbs*); *feuchaidh mi ri bhith ann* I'll try to be there; *cuin a tha am bus ri thighinn?* when's the bus due?; *rudeigin ri ithe* something to eat; *tha na h-uibhir agam ri dhèanamh!* I have so much to do!; *ri reic* for sale; *leasanan ri ionnsachadh* lessons to be learnt; *an togalach agus na tha ri fhaotainn ann* the building and what is on offer there; *bidh tuilleadh ri fhaighinn bho Dhihaoine* more will be available as from Friday

2 with, to; *am faod mi bruidhinn ri...?* can I speak with or to...?; *tha 'allergy' agam ri...* I'm allergic to...; *chaill iad 7-1 ri Loch Carrann* they lost 7-1 to Loch Carrann; *ceangal dealain ri tìr-mòr* electricity connections with

---

[60] A party that used to be held to celebrate a wedding agreement.

the mainland; **suas ri ceithir òirlich** up to four inches; **fear coltach ri seo** one similar to this

3 at; **sheall iad ri...** they looked at...

4 for; **tha mi a' fuireach ri caraid** I'm waiting for a friend

5 against; **ris a' ghaoith** against *or* into the wind; **ris a' bhalla** against the wall

6 plus; **7 ri 5** 7 plus 5

7 tha agam ri... I have to...; **tha agam ri dhol gu...** I have to go to...; **tha aca ri teagasg tro mheadhan na Beurla** they have to teach in English; **bidh aca ri feitheamh** they'll have to wait

8 (*involved in*) **tha e ri coimpiutaireachd** he's in computing; **daoine a tha ri gàirneileachd** people who're into gardening

9 ri taobh beside; **ri taobh na mara** beside the sea, by the sea

riabhach /ree-əvəK/ mottled; drab

riadh /ree-əG/ *an* (*gen* rèidh) interest

riaghail (a' riaghladh) /ree-al (ə ree-əlaG)/ rule, govern

riaghailt /ree-əlch/ *an* +*len adj* (*gen* riaghailte, *pl* riaghailtean) rule; regulation ♦ **riaghailtean sàbhailteachd** (health and) safety regulations

riaghaltas /ree-əltəs/ *an* (*gen* riaghaltais, *pl* riaghaltasan) government ♦ **Riaghaltas na h-Alba** the Scottish Government, Holyrood; **Riaghaltas Bhreatainn** the British Government, Westminster; **riaghaltas ionadail** local government

riaghlachas /ree-ələKəs/ *an* (*gen* riaghlachais) governance
♦ **riaghlachas corporra** corporate governance

riaghladair /ree-ələdər/ *an* (*pl* riaghladairean) ruler; governor

riaghladh /ree-ələG/ *an* (*gen* riaghlaidh) rule; governing; **buidhnean riaghlaidh** governing bodies; **riaghladh an t-seòmair-sgoile** classroom management

riamh /ree-əv/ ever; never; **mar nach biodh mi riamh ann**

rian

roimhe as if I had never been there before; ***an cuala thu riamh...?*** have you ever heard...?; ***bha mi riamh den bheachd gun...*** I was always of the opinion that...

rian /ree-an/ order; arrangement; ***rian shiostaman*** system design; ***chan eil rian nach tug duine sam bith an aire do...*** there was no way that nobody noticed...; ***chuir e às mo rian mi*** it did my head in; ***a bheil thu às do rian?*** are you out of your mind?

rianachd /ree-anəKk/ *an +len adj* administration; management; ***rianachd phoblach*** public administration; ***chaidh a' chompanaidh ann an rianachd*** the company went into administration; ***cultar truagh de rianachd*** a poor management culture

riaraichte /ree-əreeKchə/ satisfied

riasanach /ree-əsənəK/ unexciting, dull

riasg /ree-əsk/ *an* (*gen & pl* rèisg) boggy land; peat moss

riaslach /ree-əsləK/ stressful; stressed out

riatanach /ree-ətənoK/ essential, necessary; obligatory

riatanas /ree-ətənəs/ *an* (*gen* riatanais, *pl* riatanasan) requirement; ***riatanas reachdail*** a statutory requirement

ribh /riv/ *prep pron from* **ri** *for* **sibh** (*you*); to you; with you; for you; ***cha chùm mi ceum ribh*** I can't keep up with you; ***toilichte coinneachadh ribh*** pleased to meet you

ribheid /rifej/ *an +len adj* (*gen* ribheide, *pl* ribheidean) reed (*musical*)

ribhse /rivsə/ *the emphatic form of* **ribh**

rid /rid/ = **ri** + **do**; ***rid mhàthair*** to your mother

ridhle /reelə/ *an* (*pl* ridhleachan) reel

rìgh /ree/ *an* (*pl* rìghrean) king

rìghinn /reeyin/ tough

rim[1] /rim/ = **ri** + **mo**; ***chaidh mi ann còmhla rim bhean*** I went with my wife; ***rim aodann*** to my face

rim[2] /rim/ = **ri** + **am**; ***bidh foillseachain rim faighinn*** publications will be available; ***ceistean rim freagairt*** questions to be answered

rin /rin/ = **ri** + **an** (*normally now written out in full when* **an** *is 'their'*); *...a bhios rin lorg an seo* ...which will be found here

rinn[1] /rYn/ *past of* **dèan**

rinn[2] /rYn/ → **ruinn**

rinn[3] /rYn/ *a' rh-* (*gen* rinne, *pl* rinnean) point; headland, promontory

Rinn Friù /rə-een fryoo/ Renfrew

rioban /ripan/ *an* (*gen* riobain, *pl* riobanan) ribbon ♦ **rioban-tomhais** tape-measure

riochd /riKk/ *an* (*gen* riochda, *pl* riochdan) form; appearance

riochdachadh /riKkəKəG/ *an* (*gen* riochdachaidh, *pl* riochdachaidhean) representation; production
♦ **riochdachadh co-roinneil** proportional representation

riochdaich (a' riochdachadh) /riKkeeK (ə riKkəKəG)/ represent

riochdair /riKkər/ *an* (*pl* riochdairean) pronoun ♦ **riochdair roimhearach** prepositional pronoun

riochdaire /riKkərə/ *an* (*pl* riochdairean) representative; producer

rìoghachd /ree-əKk/ *an* +*len adj* (*pl* rìoghachdan) kingdom

Rìoghachd Aonaichte /ree-əKk urneeKchə/ *an* +*len adj* United Kingdom

rìoghail /reeGəl/ royal

rionnag /roonak/ *an* +*len adj* (*gen* rionnaige, *pl* rionnagan) star
♦ **rionnag an earbaill** comet

ris[1] /rish/ **1** (*the form of* **ri** *when coming before a definite article*) **ris an aimsir seo?** in this weather?; **coltach ris an turas mu dheireadh** like last time; **bhuin cuideigin ris na figearan** someone's been at the figures **2 dè a tha thu ris a-nochd?** what are you up to tonight?; *...a dh'innse dè bha i ris* ...to say what she was doing *or* up to **3** exposed, bare; *agus an ciochan ris* with their breasts exposed

ris[2] /rish/ *prep pron from* **ri** *for* **e** (*he, him; it*); to him/it; with him/it; for him/it; **chaidh iad còmhla ris** they went with

ris-san

him; ***can ris gun...*** tell him that...; ***tha sinn a' coimhead air adhart ris*** we're looking forward to it; → **rithe**

ris-san /rish-sən/ *the emphatic form of* **ris²**

rithe /ree-yə/ *prep pron from* **ri** *for* **i** (*she, her; it*); to her/it; with her/it; for her/it

> Here is a range of uses of one of the prepositional pronouns from **ri**. The examples are based on the third person feminine prepositional pronoun **rithe**.
>
> ***an do bhruidhinn thu rithe?*** did you speak to her?
> ***chaidh iad còmhla rithe*** they went with her
> ***bha e a' còrdadh rithe a bhith...*** she liked being...
> ***an aon aois rithe*** the same age as her
> ***cho glic rithe*** as clever as her
> ***ag èigheachd rithe*** shouting at her; ***na can rithe gun...*** don't tell her that...
> ***coltach rithe fhèin nuair a bha i...*** like herself when she was...
> ***nuair a choinnich mi rithe*** when I met her
>
> In many cases other prepositional pronouns from **ri** could be substituted for **rithe**, where the sense allows, by changing the pronouns. For example:
>
> ***ag èigheachd riutha*** shouting at them
> ***an aon aois ribh*** the same age as you
> ***coltach rinn fhìn nuair a bha sinn...*** like ourselves when we were...
> ***cho glic ris*** as clever as him

rithese /ree-yəshə/ *the emphatic form of* **rithe**
rithist /reesh-ch/ = **a-rithist**
rium /room/ *prep pron from* **ri** *for* **mi** (*I, me*); to me; with me; for me; ***còmhla rium*** with me; ***fuirich rium*** wait for me; ***chòrd***

e rium I enjoyed it; *cho òg rium* as young as me; → **rithe**

riumsa /roomsə/ *the emphatic form of* **rium**; *èist riumsa!* listen to me!

riut /root/ *prep pron from* **ri** *for* **thu** (*you*); to you; with you; for you; *thig mi ann còmhla riut* I'll come with you; *dh'fhuirich sinn riut* we waited for you; *tha e anns an aon chlas riut* he's in the same class as you; *cho snog riut* as nice as you; → **rithe**

riutha /roo-ə/ *prep pron from* **ri** *for* **iad** (*they, them*); to them; with them; for them; *còmhla riutha* with them; *cha chanadh i càil riutha* she wouldn't say anything to them; *cho toilichte riutha* as happy as them; → **rithe**

riuthasan /roo-əsən/ *the emphatic form of* **riutha**; *na èist riuthasan* don't listen to them

riutsa /rootsə/ *the emphatic form of* **riut**; *cha robh mi a'bruidhinn riutsa* I wasn't speaking to you

R&L (=**rannsachadh agus leasachadh**) R&D

ro[1] /roh/ +*len* before; *ro mheadhan-latha* before midday

ro[2] /roh/ +*len* too; *ro dhoirbh* too difficult

ro- /roh-/ **1** pre- **2** over-

robh /roh/ *past interr & neg of* **bi**; was; were; *an robh iad toilichte? – cha robh* were they happy? – no(, they weren't); *cha robh mi...* I wasn't...

Robhsaigh /rosay/ Rousay

robotaireachd /robotirəKk/ *an* +*len adj* robotics

ròc /rawKk/ *an* (*gen* ròic, *pl* ròcan) rock

rocaid /rokij/ *an* +*len adj* (*gen* rocaide, *pl* rocaidean) rocket

ròcas /rawKkəs/ *an* (*gen* ròcais, *pl* ròcaisean) rook

ro-dheuchainn /roh-Gee-əKin/ *an* (*pl* ro-dheuchainnean) prelim

ro-eachdraidh /roh-yeKtree/ *an* +*len adj* prehistory

ro-eachdraidheil /roh-yeKtree-el/ prehistoric

ro-fhoghlaimte /roh-urlimchə/ overqualified

rògaire /rawgirə/ *an* (*pl* rògairean) rogue

roghainn /roh-in/ *an* (*pl* roghainnean) choice; option; *tha sinn*

roghnaich (a' roghnachadh)

    a' coimhead ris a h-uile roghainn we are looking at all the options

roghnaich (a' roghnachadh) /rohneeK (ə rohnəKəG)/ choose

roid /roj/: *le roid* in a rush; *leum e far a' bhus le roid* he quickly hopped off the bus

roille /rolyəl/: *le roille mu bheul* foaming at the mouth

Ròimh: *An Ròimh* /ən roy/ Rome

roimhe[1] /roy-ə/ *prep pron from* **ro** *for* **e** (*he, him*); *it*); before him/it; *ràinig iad an seo roimhe* they got here before him; *chuir e roimhe sin a dhèanamh* he decided to do that

roimhe[2] /roy-ə/ before; *air an latha roimhe* the day before; the other day; *air troth roimhe* on a previous occasion

roimhear /roy-ər/ *an* (*gen* roimheir, *pl* roimhearan) preposition

roimhesan /roy-əsən/ *the emphatic form of* **roimhe**[1]

roimhpe /roypə/ *prep pron from* **ro** *for* **i** (*she, her*); *it*); before her/it; *ràinig iad an seo roimhpe* they got here before her; *chuir i roimhpe sin a dhèanamh* she decided to do that

roimhpese /roypəshə/ *the emphatic form of* **roimhpe**

ròin /rawn/ *gen & pl of* **rò**

ròineag /rawnak/ *an +len adj* (*gen* ròineige, *pl* ròineagan) hair (*single*)

roinn /royn/ *an +len adj* (*gen* roinne, *pl* roinnean) department; region; sector; part, share; *ann an roinn nan oilthighean* in the university sector; *gheibh deich buidhnean roinn den airgead* ten organizations will get a share of the money; *tha an SNP air 47 roinn fhaighinn* the SNP took *or* got 47 districts ♦ **Roinn na Ceiltis** the Celtic languages department; **roinn chruthachail** creative sector; **an Roinn-Eòrpa** Europe; **Roinn an Fhoghlaim** the Department of Education; **Roinn a' Mhonaidh** Grampian; **roinn-phàrlamaid** constituency; **roinn phrìobaideach** private sector

roinn (a' roinneadh) /royn (ə royn-yəG)/ divide; deal; *8 air a roinn le 2* 8 divided by 2

roinneil /royn-yel/ regional

ro-innleachd /roh-eenləKk/ *an +len adj* (*pl* ro-innleachdan) strategy

ro-innleachdail /roh-eenləKkal/ strategic

ròis /rawsh/ *gen of* **ròs**

rola /rolə/ *an* (*pl* rolan) roll ♦ **rola-arain** bread roll

ro-làimh /roh-lYv/ beforehand

ròmach /rawməK/ hairy

romansach /roh-mansəK/ romantic

romhad /roh-ət/ *prep pron from* **ro** *for* **thu** (*you*); before you; *tha e direach romhad* it's right in front of you; it's straight ahead; *an do chuir thu romhad sin a dhèanamh?* did you decide to do that?

romhadsa /roh-ətsə/ *the emphatic form of* **romhad**; *ràinig iad romhadsa* they arrived before you

romhaibh /roh-iv/ *prep pron from* **ro** *for* **sibh** (*you*); before you; *chunnaic mi iad romhaibh* I saw them before you; *an do chuir sibh romhaibh sin a dhèanamh?* did you decide to do that?

romhaibhse /roh-ivshə/ *the emphatic form of* **romhaibh**

romhainn /roh-een/ *prep pron from* **ro** *for* **sinn** (*we, us*); before us; *na seachdainean a tha romhainn* the weeks ahead of us; *chuir sinn romhainn sin a dhèanamh* we decided to do that

romhainne /roh-eenyə/ *the emphatic form of* **romhainn**

romham /roh-əm/ *prep pron from* **ro** *for* **mi** (*I, me*); before me; *ràinig iad romham* they got there before me; *chuir mi romham sin a dhèanamh* I decided to do that

romhamsa /roh-əmsə/ *the emphatic form of* **romham**

romhpa /rohpə/ *prep pron from* **ro** *for* **iad** (*they, them*); before them; *na dùblain romhpa* the challenges facing them, the challenges before them; *chuir iad romhpa sin a dhèanamh* they decided to do that

romhpasan /rohpəsən/ *the emphatic form of* **romhpa**

ròn /rawn/ *an* (*gen & pl* ròin) seal

ron /ron/ = **ro** + **an**; *ron bhracaist* before breakfast; *ron*

làrna-mhàireach by tomorrow
Ronaldsay a Deas /ronəldsay ə jes/ South Ronaldsay
Ronaldsay a Tuath /ronəldsay ə too-ə/ North Ronaldsay
ròpa /rawpə/ *an* (*pl* ròpannan) rope
ro-ràdh /roh-rah/ *an* (*gen* ro-ràidh, *pl* ro-ràidhean) introduction; foreword
ròs /raws/ *an* (*gen* ròis, *pl* ròsan) rose ♦ **Ròs Bhàn** Snow White
Ros Fhìobh /ros eev/ Rosyth
ro-sgoil /roh-skol/ *an* +*len adj* (*gen* ro-sgoile, *pl* ro-sgoiltean) pre-school
ro-shealladh /roh-hyaləG/ *an* (*gen* ro-sheallaidh, *pl* ro-sheallaidhean) preview
rosgrann /rosgran/ *an* (*gen* rosgrainn, *pl* rosgrannan) sentence
ròsta /rawstə/ roast
rotar *an* (*gen* rotair, *pl* rotaran) rotor ♦ **rotar-cùil** tail rotor
roth /rŏ/ *an* (*gen* rotha, *pl* rothan) wheel ♦ **roth-fiaclach** cogwheel; **roth-gaoithe** wind turbine; **roth-uisge** water wheel
Rothach /raw-əK/ *an* (*gen* & *pl* Rothaich) Munro
rothaiche /rŏ-heeKə/ *an* (*pl* rothaichean) cyclist
rothaireachd /rŏ-hərəKk/ *an* +*len adj* cycling
ruadh[61] /roo-əG/ *an* +*len adj*; *falt ruadh* red hair ♦ **ruadh-bhuidhe** reddish yellow
ruag (a' ruagadh) /roo-əg (ə roo-əgəG)/ chase; rout
ruaig /roo-ik/ = **ruag**
ruamhair (a' ruamhar) /roo-əvər (ə roo-əvər)/ dig; rummage
rùbaidh /roobee/ *an* +*len adj* (*gen* rùbaidhe, *pl* rùbaidhean) ruby
rubair /roopər/ *an* rubber
rubha /roo-ə/ *an* (*pl* rubhannan) promontory
rùchd (a' rùchdail) /rooKk (ə rooKkal)/ rumble
rud /root/ *an* (*pl* rudan) thing; *rud beag* (a little) bit; slightly; *rud beag Gàidhlig* a bit of Gaelic; *dh'ith e an rud air fad* he ate the whole lot; *'s e rud eile tha sin* that was

---

61 a brownish red or ginger colour, russet

something else; *chan fhaca mi riamh rud coltach ris* I've never seen anything like it; *rudan mar sin* things like that; *'s e fìor dheagh rud a th' ann gu bheil...* it's a very good thing that...; *...no bidh rud thugad!* ...or you'll be for it!

rudeigin /rootehgin/ 1 something; *rudeigin neònach* something weird 2 somewhat, rather; *ceum rudeigin iongantach* a somewhat surprising step

rùdhadh /roo-əG/ *an* (*gen* rùdhaidh) stacking peat

rudhadh /roo-əG/ *an* (*gen* rudhaidh, *pl* rudhaidhean) blush; *bha rudhadh innte* she was blushing; *rudhadh gruaidhe* blush

rùdhan /roo-an/ *an* (*gen* rùdhain, *pl* rùdhanan) little peat stack

rug /rook/ *past of* **beir**

rugadh /roogəG/ was/were born; *rugadh mi ann an...* I was born in...; *cha b'ann an-dè a rugadh mise* I wasn't born yesterday

rugbaidh /'rugby'/ *an* rugby

ruidhle /roo-ilə/ *an* +*len adj* (*pl* ruidhlean) reel (*dance*)

ruig* (**a' ruigsinn**) /rik (ə rikshin)/ 1 arrive; arrive at, reach; *cha do ràinig iad gus an-dè* they only arrived yesterday; *cha ruig mi air* I can't reach it; *cha ruig sinn ri uair* we won't make it in time; *chan eil e furasta a ruigsinn* it's not easy to get to; *ciamar a ruigeas mi...?* how do I get to...? 2 *cha ruig mi leas innse dhut...* I need hardly tell you...

ruige: *gu ruige* /goo rookə/ up to; as far as; *gu ruige 2018* up to 2018; *gu ruige seo* thus far, hitherto, to date

ruigeas /rikəs/ *rel fut of* **ruig**

ruighe /roo-yə/ *an* (*pl* ruighean) 1 forearm 2 lower slope

ruigse /rikshə/ *an* +*len adj* reach; *naiseanta na ruigse* national in reach *or* scope

ruigsinn: *a' ruigsinn* /ə rikshin/ *verbal noun of* **ruig**

ruigsinneach /rikshinyəK/ accessible

ruigsinneachd /rikshinyəKk/ *an* +*len adj* access; accessibility; *ruigsinneachd a thaobh...* access to...

rùilear /'ruler'/ *an* (*gen* rùileir, *pl* rùilearan) ruler

rùim /room/ *gen of* **rùm**

rùin /roon/ *gen of* **rùn**

ruinn /rə-in/ *prep pron from* **ri** *for* **sinn** (*we, us*); to us; with us; for us; *còmhla ruinn* with us; *smèid e ruinn* he waved to us; *cha do chòrd e ruinn* we didn't enjoy it

ruinne /rə-inyə/ *the emphatic form of* **ruinn**

rùintean /roonchən/ *pl of* **rùn**

Ruis: *an Ruis* /ən roosh/ Russia

ruis /roosh/ *gen of* **rus**

Ruiseanach /rooshənəK/ (*an, gen & pl* Ruiseanaich) Russian

Ruiseanais /rooshənish/ *an +len adj* (*gen* Ruiseanaise) Russian (*language*)

rùisg /rooshk/ *gen of* **rùsg**

rùisg (a' rùsgadh) /roosk (ə rooskəG)/ shave; strip bare; peel; shear

ruith (a' ruith) /roo-ee/ **1** run; jog; *bidh i a' dèanamh mòran ruith* she does a lot of running; *cuir cabhag ort 's dèan ruith!* hurry, run!; *thèid mi a ruith* I'm going for a jog; *tha an ùine a' ruith* time is running out; *nach ann a ruitheas an ùine!* doesn't time fly!; *ruith le companaidh phrìobhaidich* run by a private company; *tha iad a' ruith seirbhisean adhair eadar...* they run *or* operate air services between...

2 chase; *tha barrachd chùisean de choin a' ruith chaoraich ann* there are more instances of dogs chasing sheep; *thòisich a smuaintean ri ruith* his/her thoughts began to race

♦ **ruith-airgead** *an +len adj* currency

△ **ruith air**: *am faod sinn ruith a thoirt air sin a-rithist?* can we run over that again?; *ruith an ùine orra/oirnn* they've/we've run out of time

◊ **ruith air falbh** run away

◊ **ruith a-mach** run out; *le ùine a' ruith a-mach* with time running out

◊ **ruith sìos** run down; *tha am bataraidh a' ruith sìos ro luath* the battery runs down very quickly

ruitheam /rə-ihem/ *an* (*gen* ruitheim, *pl* ruitheaman) rhythm

rùm /room/ *an* (*gen* ruim, *pl* rumannan) room; *a bheil rùm ann dhòmhsa?* is there room for me? ♦ **rùm nan còtaichean** cloakroom; **rùm-suidhe** sitting room; **rùm-teagaisg** classroom

ruma /roomə/ *an* rum

rùn /roon/ *an* (*gen* rùin, *pl* rùintean) intention; aspiration; commitment; secret love; *cha b'e sin a bha an rùn dhomh* that was not my intention; *tha rùn daingeann ann* there is a determination; *'s e Seumas rùn a cridhe* Seumas is dearest to her heart; *mo rùn* my love ♦ **rùn-dìomhair** mystery; secret; **rùn-rannsachadh** fact-finding; *tursan rùn-rannsachaidh* fact-finding missions

rùnaich (a' rùnachadh) /rooneeK (ə roonəKəG)/ resolve, decide

rùnaire /roonərə/ *an* (*pl* rùnairean) secretary ♦ **Rùnaire Caibineit** Cabinet Secretary; **Rùnaire a' Cheartais** the Justice Secretary; **Rùnaire na Còmhdhail** the Transport Secretary; **Rùnaire na Dùthcha** the Home Secretary; **Rùnaire an Iasgaich** the Fisheries Secretary; **Rùnaire an Ionmhais** the Finance Secretary; **Rùnaire na Slàinte** the Health Secretary; **Rùnaire na Stàite** the Secretary of State; **Rùnaire Stàite na h-Alba** the Secretary of State for Scotland

rùp /roop/ *an* (*gen* rùpa, *pl* rùpan) auction; *companaidh rùp* firm of auctioneers

rùraich (a' rùrach) /rooreeK (ə roorəK)/ rummage; grope

rus /roos/ *an* (*gen* ruis) rice ♦ **rus bruich** boiled rice

rùsg /roosk/ *an* (*gen* rùisg, *pl* rùsgan) peel; bark; fleece

S s

's[1] **1** (= **is**)[62] and **2** as; *mar a thachras cho tric 's iad a' dol à cleachdadh* as so often happens as they go out of use; *ach math 's gun robh e* but good as it was

's[2] (= **is**) am; is; are; *'s e tidsear a th'ann/annam* he's/I'm a teacher; *'s mise Eilidh* I'm Eilidh; *an i tha sin? – 's i* is that her? – yes

sa[1] /sə/ (= **anns a'**) in the; *sa bhaile/chlas/Ghàidhlig* in town/class/Gaelic; *sa Chananaich* in Fortrose

sa[2] /sə/ *the same as* **seo** *in the following uses*: *an t-aite sa* this place; *mun tìde-sa a dh'oidhche* at this time of night; *an t-seachdain sa chaidh* last week

-sa /sə/ **1** (*added to nouns after* **mo** *or* **do** *to emphasize my/your*) *'s e mo thuras-sa a th'ann* it's my turn; *nad bheachd-sa* in your own view **2** (*added to verbs in the first person conditional*) *mholainn-sa gu mòr e* I would seriously recommend it; *chanainn-sa gu bheil…* I would say that…

Sàbaid /sahpij/ *an t-* (*gen* Sàbaide, *pl* Sàbaidean) Sabbath; Sunday; *goilf air an t-Sàbaid* Sunday golf, golf on the Sabbath

sabaid /sapij/ *an t-* (*gen* sabaide, *pl* sabaidean) fight; fighting; *dèan sabaid* fight

sabaid (a' sabaid) /sapij/ fight

sàbh /sahv/ *an* (*gen* sàibh, *pl* sàbhan) saw

sàbhail (a' sàbhaladh) /sahval (ə sahvələG)/ save; economize

sàbhailte /sahvalchə/ safe

sàbhailteachd /sahvalchəKk/ *an t-* safety; *draghan mu shàbhailteachd* safety concerns

---

62 more equivalents at **agus**

sabhal /soh-wal/ *an* (*gen* sabhail, *pl* sabhalan, saibhlean) barn
sàbhaladh /sahvələG/ *an t-* (*gen* sàbhalaidh, *pl* sàbhalaidhean) saving; salvation; save (*in football*); **a' feuchainn ri sàbhalaidhean a dhèanamh** trying to make savings
sabhs /sas/ *an* (*gen* saibhse, *pl* sabhsan) sauce
sad (a' sadail, a' sadadh) /sat (ə satal, ə satəG)/ throw, sling
◊ **sad a-mach** throw out
◊ **sad às** throw away
sagart /sagərsht/ *an* (*gen* sagairt, *pl* sagartan) priest
saic-eòlaiche /sYKk-yawleeKə/ *an* (*pl* saic-eòlaichean) psychologist
saideal /sajel/ *an* (*gen* saideil, *pl* saidealan) satellite
saidh /sY/ *an t-* (*gen* saidhe, *pl* saidhean) bitch (*dog*)
saidhbhir /sə-ivər/ affluent, prosperous
saidhbhreas /sə-ivrəs/ *an* (*gen* saidhbhreis) affluence, prosperity
saidhceòlas /sYk-yawləs/ *an* (*gen* saidhceolais) psychology
saidheans /'science'/ *an* (*pl* saidheansan) science
♦ **saidheansan beatha** life sciences
saidheansail /sYənsal/ scientific
saidhlids /sYlij/ *an t-* silage
saighead /sY-yət/ *an t-* (*gen* saighde, *pl* saighdean) arrow
saighdear /sYjər/ *an* (*gen* saighdeir, *pl* saighdearan) soldier
sàil¹ /sahl/ *an t-* (*gen* sàile, *pl* sàilean) heel
sàil² /sahl/ *gen of* **sàl**
sailead /saled/ *an* (*gen* saileid, *pl* saileadan) salad ♦ **sailead mheasan** fruit salad
sàilleabh: *air sàilleabh* /ehr sahlyəv/ on account of, because of
sàilleibh: *air sàilleibh* /ehr sahlyiv/ on account of, because of
sàilean /sahlen/ *an* (*gen* sàilein, *pl* sàileanan) inlet
sàillibh: *air sàillibh* /ehr sahlyiv/ on account of, because of
sàirdseant /sahrjənt/ *an* (*gen* sàirdseint, *pl* sàirdseantan) sergeant
sàl /sahl/ *an* (*gen* sàile) salt water, seawater, brine
salach /saləK/ dirty

salachar

salachar /saləKər/ *an* (*gen* salachair) dirt, filth; excrement
salann /salən/ *an* (*gen* salainn) salt
salchar *an* (*gen* salchair) dirt, filth, muck; ***a shalchair!*** you scum!
salm /salam/ *an* (*gen* & *pl* sailm) psalm
sam bith /sam bee/ any; at all; ***molaidhean sam bith?*** any suggestions?; ***chan eil dad sam bith agam*** I don't have any at all; ***duine sam bith a...*** anybody who...; ***rud sam bith*** anything; ***chan eil duine sam bith coileanta*** nobody's perfect
samh /saf/ *an* (*gen* saimh) stink; ***tha samh dheth*** it stinks
sàmhach /sahvəK/ quiet; ***bi sàmhach!*** be quiet!; ***dh'fhan iad sàmhach an dèidh sin*** they shut up after that
samhail /saval/ *an* (*gen* samhla, *pl* samhailean): ***chan fhaca mi a shamhail*** I haven't seen the likes; ***gun shamhail*** without equal, unique
Samhain: ***an t-Samhain*** /ən ta-win/ November
sàmhchair /sahv-chər/ *an t-* (*gen* sàmhchaire) peace, calm
samhla /sōwlə/ *an* (*pl* samhlaichean) symbol; icon; sign; ***samhla-sùla*** visualization
samhlachail /sōwləKel/ symbolic
samhladh /sōwləG/ *an* (*gen* samhlaidh, *pl* samhlaidhean) symbol; icon; sign
△**samhlaich ri (a' samhlachadh ri)** /sōwleeK ree (ə sōwləKəG ree)/ likened to, compare to
samhradh /sōwrəG/ *an* (*gen* samhraidh, *pl* samhraidhean) summer; ***as t-samhradh*** in the summer
san /sən/ (= **anns an**) in the; ***san t-17mh linn*** in the 17th century; ***san sgoil*** at school; ***£70 san latha*** £70 a day
-san /-sən/ (*an intensifier for he/him/his*) ***'s leis-san e*** it's his; ***am bi esan ann?*** will he be there?; ***na shùilean-san*** in his eyes, as he sees it; ***na bheachd-san*** in his opinion
sanas /sanəs/ *an* (*gen* sanais, *pl* sanasan) sign, notice; ad(vert)
♦ **sanas-dreuchd** job advert; **sanasan-obrach** job ads; **sanas-reic** advert; **sanas-teilidh** TV ad, commercial

sanasachadh /sanəsəKəG/ *an* (*gen* sanasachaidh) advertising
sanasachd /sanəsəKk/ *an t-* advertising
sanasaich (a' sanasachadh) /sanaseeK (ə sanəsəKəG)/ advertise
sannt /sõwnt /: *a bheil sannt agad air pinnt?* do you fancy a pint?; *tha sannt agam air...* I feel like...
sanntach /sõwntəK/ greedy
saobh-chràbhach /surv-KrahvəK/ superstitious
saobh-chràbhadh /surv-KrahvəG/ *an* (*gen* saobh-chràbhaidh, *pl* saobh-chràbhaidhean) superstition
saoghal /sur-əl/ *an* (*gen* saoghail, *pl* saoghalan) world; *an saoghal air fad* the whole world; *as fheàrr air an t-saoghal* the best in the world; *an t-saoghal mhòr* the whole world; the outside world; the big wide world; *eaconamaidh an t-saoghail mhòir* the global economy; *ann an saoghal na Gàidhlig* in the Gaelic world; *b'e sin saoghal Susie* that was Susie's world *or* life; *dhòmhsa bha e mar gun robh deireadh an t-saoghail ann* it was the end of the world for me; *bha iad a' saoilsinn an t-saoghail de...* they thought the world of...; *càit on aon saoghal...?* where on earth...?; *sin an saoghal* that's life; *a shaoghail!* wow!; *gu saoghal nan saoghal, amen* world without end, amen
saoibhreas /sə-ivrəs/ *an* (*gen* saoibhreis) affluence, wealth
saoibhrich (a' saoibhreachadh) /sə-ivriK (ə sə-ivrəKəG)/ enrich
saoil (a' saoilsinn) /surl (ə surlshin)/ think; *cha shaoil mi gur e tidsear a th'ann* I don't think he's a teacher; *saoilidh mi gu bheil* I suppose so; *saoil, an glan thu seo?* I wonder if you'd clean this
saor[1] /sur/ *an* (*gen* & *pl* saoir) joiner; carpenter
saor[2] /sur/ **1** free; *a bheil an t-àite sa saor?* is this place free?; *nam ùine shaor* in my free time; *saor o...* free from... **2** cheap; *rudeigin nas saoire* something cheaper

♦ **saor-chomas**: *saor-chomas aig an t-sluagh air*

saor

gluasad free movement of people; **saor-là** holiday; **saor-là banca** bank holiday; **saor-làithean** holiday(s); vacation; *tha sinn air saor-làithean* we're on holiday; **saor-làithean na leth-theirme** the half-term holidays; **saor-làithean an t-samhraidh** the summer holidays; **saor-làithean na sgoile** the school holidays

saor³ (a' saoradh) /sur (ə surəG)/ free, liberate; exempt

saoranach /sur-rənəK/ *an* (*gen & pl* saoranaich) citizen

saoranachd /sur-rənəKk/ *an t-* citizenship

saorsa /sursə/ *an t-* freedom ♦ **saorsa an fhiosrachaidh** freedom of information; **saorsa-labhairt** free speech

saorsail /sursel/ free

saorsainn /sursin/ *an t-* (*gen* saorsainne) freedom, liberty; *saorsainn faigh bho...* get free from...

saor-thoileach /sur-holəK/ **1** voluntary; *gu saor-thoileach* on a voluntary basis **2** *an* (*pl* saor-thoilich) volunteer

saothair /sur-hər/ *an t-* (*gen* saothrach, *pl* saothraichean) labour; hard work

saothrachadh /sur-rəKəG/ *an* (*gen* saothrachaidh) manufacturing

sàr /sahr/ excellent, outstanding; *aig sàr ìre san t-saoghal* world-class; *latha mòr airson sàr-chluicheadair a' gheama...* a great day for that superb exponent of the game...; *sàr-rannsachadh* research excellence; world-leading research

sàrachadh /sahrəKəG/ *an* (*gen* sàrachaidh) harassment; hassle; stress; *bha sinn air ar sàrachadh* we were sick and tired of it; we were bored stiff

sàr-mhath /sahr-va/ excellent

sàr-mhathas /sahrvahəs/ *an* (*gen* sàr-mhathais) excellence

sàs: *an sàs* /ən sahs/ **1** stuck **2** *dè a tha an sàs ann?* what does it involve?; *an sàs anns an leasachadh* involved in the development; *chaidh iad an sàs* they got involved; *gabh an sàs* join in **3** *nuair a chaidh Achd na Gàidhlig a chur an sàs* when the Gaelic Act was introduced; *às dèidh na* *camarathan seo a chur an sàs* after these cameras were put in place; *rabhadh buidhe an sàs* yellow warning issued

sàsachadh /sahsəKəG/ *an* (*gen* sàsachaidh) satisfaction

Sasainn /sasən/ England

Sasannach /sasənəK/ **1** English **2** *an* (*gen & pl* Sasannaich) Englishman; *na Sasannaich* the English

sàtan /sahtan/ *an* (*gen* sàtain) Satan, devil

sàth (a' sàthadh) /sah (ə sah-həG)/ thrust

Sathairne: *oidhche Shathairne* /ə-iKə sahərnə/ Saturday night

's e /sheh/ (*introduces positive statements with a noun predicate of the verb for 'to be'*) *'s e tidsear a th'innte* she's a teacher; *'s e deagh phuing a tha sin* that's a good point; *an e Barraigh a th'ann? – 's e* is that Barra? – yes

-se /-sə/ (*an intensifier for her*) *'s e a coire-se a bh'ann* it was her fault

seabhag /shehvak/ *an t-* (*gen* seabhaige, *pl* seabhagan) hawk

seabra /sebrə/ *an* (*pl* seabrathan) zebra

seac (a' seacadh) /shaKk (ə shaKkəG)/ dry; wither

seacadh /shaKkəG/ *an* (*gen* seacaidh, *pl* seachaidhean) **1** drying; withering **2** recession; *an Seacadh Mòr* the Great Depression

seacaid /shaKkij/ *an t-* (*gen* seacaide, *pl* seacaidean) jacket

seach /shaK/ **1** instead of, rather than; other than; *seach a bhith...* instead of being...; *dè eile a tha ri dhèanamh seach sin?* what else is there to do other than that?; *cha tàinig fear seach fear dhiubh* neither of them came; *cha robh aon seach aon aca staigh* neither of them was in

2 ■ **seach gu** seeing that, since, because; *seach gun robh e a' cur taic ris...* because he supported...; *seach gu bheil e na bhuannachd dhan eaconomaidh aca* because it benefits their economy

3 ■ **mu seach** in turn; *aon mu seach* one by one

4 ■ **mu seach** aside; *pròiseact airson àitean a chur mu seach airson...* a project to set places aside for...

♦ **seach-rathad** *an* bypass; **seach-shlighe** *an +len adj* detour, alternative route

seachad /shaKət/ **1** past; *am faigh thu seachad an sin?* can you get past there?; *chan eil fhios 'am, leigidh mi seachad e* I don't know, I give in; *tha e seachad* it's all over, it's finished **2** ■ *seachad air* beyond; *seachad air a' bheinn ud* beyond that mountain; *rud beag seachad air na solais-trafaig* just past the traffic lights

seachain (a' seachnadh) /shaKin (ə shaKnəG)/ avoid; evade; *tha thu air mo sheachnadh* you've been avoiding me; *...nach gabh a sheachnadh* ...which is unavoidable

seachd[1] /shaKk/ seven

seachd[2] /shaKk/ *as intensifer*; *tha mi seachd sgìth de...* I'm sick and tired of...; *gu seachd àraid* most especially, crucially

seachdad /shaKkət/ seventy; *seachdad 's a dhà* seventy-two; *seachdad 's a h-aon* seventy-one

seachdain /shaKkin/ *an t-* (*gen* seachdaine, *pl* seachdainean) week; *seachdain a-màireach* a week tomorrow; *seachdain an-diugh* a week today

seachdaineach /sheKkinəK/ weekly

seachdainneil /sheKkinyel/ weekly

seachdamh /shaKkəv/ seventh

seachnadh /shaKnəG/ *an* (*gen* seachnaidh) avoiding; evasion

seachdnar /shaKknər/ seven (people)

seachran /shaKran/: *chaidh iad air seachran* they got lost, they lost their way

seada /shedə/ *an* (*pl* seadaichean) shed

seadag /shetak/ *an t-* (*gen* seadaig, *pl* seadagan) grapefruit

seadh /shəG/ yes, right; *ò, seadh* oh, I see; *seadh, tha e uabhasach* yes, I know, it's terrible, aye, it's terrible; *seadh seadh* yeah sure

seagal /shekal/ *an* (*gen* seagail) rye

seagh *an* (*gen* seagha, *pl* seaghan) sense

sealach /shaləK/ temporary

sealadach /shalədəK/ temporary; *luchd-obrach sealadach* temporary staff, cover staff

Sealainn Nuadh /shaleen noo-əG/ New Zealand

sealastair /shehləstər/ *an* (*pl* sealastairean) sedge

sealbh[1] /shelev/ *an* (*gen* seilbh) luck; *droch shealbh* bad luck; *gu sealladh Sealbh ormsa!* my goodness!; *aig sealbh tha fios cuin...* heaven knows when...; *cha robh fhios bho shealbh dè* heaven knows what

sealbh[2] /shelev/ *an* (*gen* seilbh) 1 ownership; possession; *sealbh coimhearsnachd* community ownership; *sealbh fearainn* land ownership; *...airson sealbh fhaighinn air... ...*to acquire...,...to get ownership of...; *fo shealbh na stàite* in public ownership, nationalized 2 *tha sinn a' cur mu £1 billean an sealbh gach bliadhna* we invest around £1 billion each year

sealbhach /shelevəK/ lucky; *nach tu a tha sealbhach!* aren't you lucky!

sealbhadair /shelevədər/ *an* (*pl* sealbhadairean) owner

sealg /shaləg/ *an t-* (*gen* seilge) hunting; hunt ♦ **sealg mhucan-mara** whale hunting; **sealg shionnach** fox hunting

sealgair /shalagər/ *an* (*pl* sealgairean) hunter

seall (a' sealltainn) /shal (ə shalteen)/ 1 look; *seall sin* look at that; *seall, tha e a' tighinn!* look, here he comes!; *seall beagan a bharrachd spèis* show a bit more respect; *seall gu h-àrd* see above 2 show; *nach seall thu dhomh?* please show me

△ **seall air** look at; *seall ormsa* watch me; look at me; *thig mi a shealltainn ort nas fhaide air adhart* I'll see *or* catch up with you later

◊ **seall a-mach** look out

◊ **seall a-mach airson** look out for

△ **seall ri** look at; *sheall e rithe / rinn* he looked at her/us; *mus do sheall iad riutha fhèin* before they knew what was happening

sealladh /shaləG/ *an-* (*gen* seallaidh, *pl* seallaidhean) 1 view;

sight; point of view; *am faigh mi sealladh air?* can I have a look?; *rach à sealladh* disappear from sight; fade away; *tha e air a dhol à sealladh* it's just disappeared; *seallaidhean den mhuic-mhara seo* sightings of this whale; *sealladh nàiseanta* a national perspective; *bho shealladh phractaigeach dheth* from a practical point of view; *an dà shealladh* the second sight

2 *gu sealladh orm!* good heavens!; *gu sealladh ormsa!* good heavens above!

sealladh-tìre /shaləG-cheerə/ *an* (*gen* seallaidh-thìre, *pl* seallaidhean-tìre) scenery, landscape

sealltainn: *a' sealltainn* /ə shalteen/ *verbal noun of* **seall**

Sealtainn /shaltin/ Shetland

Sealtainneach /shaltinyəK/ **1** Shetland **2** *an* (*gen & pl* Sealtainnich) Shetlander

sean /shehn/ **1** old[63]; *seann duine* /shōwn/ an old man; *seann bhoireannach* an old woman ■ **o shean** of old **2** previous, former; *an seann mhanaidsear* the previous manager, the former manager

seanadair /shenətair/ *an* (*pl* seanadairean) senator

seanadh /shenəG/ *an* (*gen* seanaidh, *pl* seanaidhean) senate; assembly; synod

seanail /shanal/ *an t-* (*pl* seanailean) channel; *seanail telebhisein* TV channel

seanailear /shenalehr/ *an* (*gen* seanaileir, *pl* seanailearan) general

seanair /shenər/ *an* (*gen* seanar, *pl* seanairean) grandfather, grandpa; *a sheanair!* grandpa!; *seanairean* elders

seanchas /shenəKəs/ *an* (*gen* seanchais) folklore; story-telling

sean-fhacal /shen-aKkəl/ *an* (*gen* sean-fhacail, *pl* sean-fhaclan) proverb

sean-fhasanta /shen-asəntə/ old-fashioned; outdated

---

63 This becomes **seann** if coming before its noun, in which case it lenites the noun where possible, but with the exception of d,t,s.

seang /sheng/ slim; slender

seanmhair /shenəvər/ *an t-* (*gen* seanmhar, *pl* seanmhairean) grandmother, grandma

seann /shōwn/ → **sean**

seansalair /shansələr/ *an* (*pl* seansalairean) chancellor

seantans /'sentence'/ *an* (*pl* seantansan) sentence

searbh /sherəv/ sour; bitter; dry (*wine*); ***tha mi searbh sgìth dhe...*** I'm sick and fed-up with...

searbhadair /sherəvədər/ *an* (*pl* searbhadairean) towel

searbhanta /sherəvəntə/ *an t-* (*pl* searbhantan) servant; maid

searmon /sherəmən/ *an* (*gen* searmoin, *pl* searmonan) sermon; ***thog iad orra dhan t-searmon*** they set off to church (to hear the preacher)

searmonaich (a' searmonachadh) /sherəmoneeK (ə sherəmonəKəG)/ preach

searmonaiche /sherəmoneeKə/ *an* (*pl* searmonaichean) preacher

searrach /sharəK/ *an* (*gen & pl* searraich) foal

seas (a' seasamh) /shes (ə shesəv)/ **1** stand, stand up; ***bha e na sheasamh aig a' chunntair*** he was standing at the bar; ***chaidh iad nan seasamh*** they got to their feet, they stood up **2** last; ***cha do sheas e fada*** it didn't last long

◊ **seas air leth** stand out

△ **seas ri** withstand, stand up to; ***b'urrainn dha seasamh ris*** he could face it, he could stand it

seasamh /shehsəv/ *an* (*gen* seasaimh, *pl* seasamhan) attitude; position; ***tha an riaghaltas daingeann nan seasamh airson...*** the government stands firmly behind...

seasgad /sheskət/ sixty; ***seasgad 's a dhà*** sixty-two; ***seasgad 's a h-aon*** sixty-one

seasgan /sheskan/ *an* (*gen* seasgain) reed grass, sedge

seasmhach /shesvəK/ reliable; stable; sustainable; ***coilltean seasmhach*** sustainable forests

seasmhachd /shesvəKk/ *an* reliability; stability; sustainability; ***seasmhachd choimhearsnachdan eileanach*** the

seata

sustainability of island communities

seata /setə/ *an* (*pl* seataichean) set; seat

seatadh /setəG/ *an* (*gen* seataidh, *pl* seataidhean) setting; ***rach gu seataidhean*** go to settings

seatlaig (a' seatlaigeadh) /setlig (ə setligəG)/ settle

seic /sheKk/ *an t-* (*gen* seice, *pl* seicichean) cheque

sèid (a' sèideadh) /shayj (ə shayjəG)/ blow; ***sèid do shròn*** blow your nose

seilbh¹ /sheləv/ *gen of* **sealbh¹** & ²

seilbh² /sheləv/ = **sealbh²**

seile /shelə/ *an t-* saliva, spittle

seileach /shelaK/ *an* (*gen & pl* seilich) willow

seilcheag /sheleKak/ *an t-* (*gen* seilcheig, *pl* seilcheagan) slug; snail

seilge /shelegə/ *gen of* **sealg**

seillean /shehlyen/ *an* (*gen* seillein, *pl* seilleanan) bee

sèimh /shayv/ calm ♦ **An Cuan Sèimh** the Pacific Ocean

sèine /shaynə/ *an t-* (*pl* sèineachan) chain (*of mountains, jewellery*) ♦ **sèine-sholair** supply chain

seinn (a' seinn) /sheh-in/ sing; play; ***sheinn i a' phìob*** she played the pipes

seinneadair /sheh-inədər/ *an* (*pl* seinneadairean) singer
♦ **seinneadair dùthchasach** folk singer

seirbheis /sherəvish/ *an t-* (*pl* seirbheisean) service
♦ **seirbheis chatharra** civil service; **seirbheis cuimhneachaidh** memorial service; **seirbheisean èiginn** emergency services; **seirbheisean fiaclaireachd** dentistry services; **seirbheis na slàinte** the health service; **seirbheis smàlaidh** fire service; **seirbheisean teasairginn** rescue services; **seirbheis-thaice** support service

seirbheiseach catharra /sherəveshəK kahərə/ *an* (*pl* seirbheisich chatharra) civil servant

seirm (a' seirm) /shehrəm/ ring out; sound; go off (*of alarm clock*)

sèis /shaysh/ *an t-* (*gen* sèise, *pl* sèisean) sofa ♦ **sèis-leapa** sofabed

seisean /sehshən/ *an* (*gen* seisein, *pl* seiseanan) session ♦ **seisean trèanaidh** training session

sèist /shaysh-ch/ *an t-* (*gen* sèiste, *pl* sèistean) chorus

sèithear /shay-ər/ *an* (*gen* sèitheir, *pl* sèithrichean) chair ♦ **sèithear-togail** chairlift

seo /shŏ/ **1** this; *tha seo glè mhath* this is very good; *seo Craig*[64] this is Craig; *seo dhut* there you are (*giving something*) **2** ■ *an...seo* this...; *na...seo* these...; *an t-sràid seo* this street **3** *seo a-nis, na gabh dragh* there now, never mind; *seo leinn!* here's to us!; *seo, seo!* oh come on!, come on now! **4** ■ *an seo* here **5** now; *eadar seo agus 2025* between now and 2025; *bho seo a-mach* from now on, from here on

seòid /shawj/ *gen & pl of* **seud**

seòl /shawl/ *an* (*gen & pl* siùil) sail

seòl (a' seòladh) /shawl (ə shawləG)/ **1** sail **2** direct

seòladair /shawlədər/ *an* (*pl* seòladairean) sailor

seòladh[1] /shawləG/ *an* (*gen* seòlaidh, *pl* seòlaidhean) sailing; *barrachd sheòlaidhean air slighe Steòrnabhaigh* more sailings on the Stornoway crossing

seòladh[2] /shawləG/ *an* (*gen* seòlaidh, *pl* seòlaidhean) address; *seòlaidhean* directions; guidelines ♦ **seòladh puist-dhealain** email address

seòlta /shawltə/ cunning; knowing

seòmar /shawmər/ *an* (*gen* seòmair, *pl* seòmraichean) room ♦ **seòmar bàn** spare room; **seòmar-bìdh** dining room; *san t-seòmar-bhìdh* in the dining room; **seòmar-cadail** bedroom; **seòmar-cruinneachaidh** meeting room; **seòmar-deasachaidh 1** cutting room **2** changing room; **seòmar-feitheimh** waiting room; departure lounge; **seòmar-ionnlaid** bathroom; **seòmar-rannsachaidh**

---

64 Gaelic doesn't need a verb here.

study; **seòmar-sgoile** classroom, schoolroom; **seòmar-stòir** storeroom; **seòmar-suidhe** lounge, sitting room; **seòmar-teagaisg** classroom

Seòrasach /shawrəsəK/ Georgian

seòrsa /shawrsə/ *an* (*pl* seòrsachan) sort, type; *dè an seòrsa...?* what type of...?; *de sheòrsa sam bith* of any kind whatever

seòrsaich (a' seòrsachadh) /shawrseeK (ə shawrsəKəG)/ sort out

seud /shayt/ *an* (*gen &pl* seòid, *pl* also seudan) **1** jewel **2** hero
♦ **seud-muineil** necklace

seudraidh /shaydree/ *an t-* jewellery

Seumasach /shayməsəK/ (*an*, *gen &pl* Seumasaich) Jacobite; *na Seumasaich* the Jacobites

seunta /shee-antə/ enchanted

seusan /seh-sən/ *an* (*gen &pl* seusain) season

sgadan /skatən/ *an* (*gen &pl* sgadain) herring; *mar dà sgadan ann am baraille* like two peas in a pod

sgagach /skagəK/ cracked

sgàig /skayg/ *an +len adj* (*gen* sgàige) aversion; *tha sgàig aice ro...* she has an aversion to...

sgàil /skahl/ *an +len adj* (*gen* sgàile, *pl* sgàilean) shade; shadow; *fo sgàil Beinn Nibheis* in the shadow of Ben Nevis ♦ **sgàil-lampa** lampshade

sgailc /skalk/ *an* (*gen* sgailce, *pl* sgailcean) blow; *sgailc uisge-bheatha* a shot of whisky

sgailc (a' sgailceadh) /skalk (ə skalkəG)/ knock, hit

sgàilean /skahlen/ *an* (*gen &pl* sgàilein) umbrella; screen; windscreen

sgàin (a' sgàineadh) /skahn (ə skahnyəG)/ split, crack

sgainneal /skanyəl/ *an* (*gen* sgainneil, *pl* sgainnealan) scandal

sgairbh /skehriv/ *gen &pl* of **sgarbh**

sgàird /skahrsht/ *an +len adj* diarrhoea

sgairt /skarsht/ *an +len adj* (*gen* sgairte, *pl* sgairtean) **1** shout, yell **2** diaphragm

sgairteil /skarshtel/ energetic, lively

sgaraichte

sgait /skehch/ *an +len adj* (*pl* sgaitean) skate (*fish*)
sgaiteach /skachəK/ satirical, sarcastic; witty
sgall /skŏwl/ *an* (*gen* sgalla, *pl* sgallan) bald patch
sgamhan /skavan/ *an* (*gen* sgamhain, *pl* sgamhanan) lung; ***tinneas sgamhain*** pulmonary disease
sganaich (a' sganachadh, a' sganadh) /skaneeK (ə skanəKəG, ə skanəG)/ scan
sganair /skanar/ *an* (*pl* sganairean) scanner
Sgandainèibhia /'Scandinavia'/ Scandinavia
sgaoil (a' sgaoileadh) /skurl (ə skurləG)/ **1** spread; share; split up, disperse (*of group*); *...nach sgaoil an galar gu làraichean eile* ...that the disease won't spread to other areas; *sgaoil an sgeulachd seo* share this story; *tha iad air rabhadh buidhe a sgaoileadh* they have issued a yellow warning; *a' sgaoileadh teachdaireachd* sending a message

   2 release, disclose; *cha sgaoil iad an còrr fiosrachaidh* they are not disclosing *or* will not disclose any further information

   3 ■ **ma sgaoil** free; released; *leig iad an t-eun ma sgaoil* they set the bird free, they released the bird; *às dèidh do ghalar a dhol ma sgaoil aig dà thuathanas* after a disease started to spread at two farms; *chaidh mo bhròg ma sgaoil* my shoe came loose

sgaoileadh /skurləG/ *an* (*gen* sgaoilidh, *pl* sgaoilidhean) spreading; sharing; splitting; dispersal; ***sgaoilidhean carboin*** carbon emissions
sgaoth /skur/ *an* (*gen* sgaotha, *pl* sgaothan) flock; shoal; swarm
sgap (a' sgapadh) /skap (ə skapəG)/ spread
sgapte /skapchə/ spread out, scattered
sgar (a' sgaradh) /skar (ə skarəG)/ separate; *sgar iad o chèile* they split up
sgaradh /skarəG/ *an* (*gen* sgaraidh, *pl* sgaraidhean) separation; split; *rinn seo sgaradh anns a' choimhearsnachd* this caused a split in the community
sgaraichte /skareeKchə/ divorced

sgarbh

sgarbh /skarav/ *an* (*gen* & *pl* sgairbh) cormorant

sgàrd /skahrt/: *an sgàrd truinnseir* the broken pieces of a plate

sgàrdan /skahrdan/ *an* (*gen* sgàrdain) scree

sgàrlaid /skahrlij/ scarlet

sgàth /skah/ *an* fear ■ **air sgàth** because; *air sgàth na sìde* because of the weather; *air sgàth sin* because of that; *air sgàth 's gu bheil...* because...; *air sgàth 's gun robh e ro anmoch* because it was too late

sgath (a' sgathadh) /ska (ə ska-həG)/ cut off

sgàthach /skah-əK/ fearful; shady

sgàthan /skah-hən/ *an* (*gen* sgàthain, *pl* sgàthanan) mirror; *anns an sgàthan* in the mirror

sgeachag /skeKəg/ *an* +*len adj* (*gen* sgeachaige, *pl* sgeachagan) haw, hawthorn berry

sgeadachadh /sketəKəG/ *an* (*gen* sgeadachaidh, *pl* sgeadachaidhean) decoration, adornment; dressing (*for salad*)

sgeadaich (a' sgeadachadh) /sketeeK (ə sketeKəG)/ decorate, adorn

sgealb /skeləp/ *an* +*len adj* (*gen* sgeilbe, *pl* sgealban) chip; fragment

sgealbag /skeləpak/ *an* +*len adj* (*gen* sgealbaige, *pl* sgealbagan) index finger

sgeama /skemə/ *an* (*pl* sgeamaichean) scheme; plan; *sgeama trì bliadhna* a three-year plan; *sgeama haidro* hydro scheme

sgeilb /skelip/ *an* +*len adj* (*gen* sgeilbe, *pl* sgeilbean) chisel

sgeileid /skelej/ *an* +*len adj* (*gen* sgeileide, *pl* sgeileidean) skillet, frying pan

sgeilp /skelp/ *an* +*len adj* (*gen* sgeilpe, *pl* sgeilpichean, sgeilpean) **1** shelf **2** slap, skelp (*Scots*)

sgeine /skinə/ *gen of* **sgian**

sgeinean /skinən/ *pl of* **sgian**

sgeir /skehr/ *an* +*len adj* (*gen* sgeire, *pl* sgeirean) skerry

sgèith (a' sgèith) /skay/ fly; *chaidh a sgèith a...* he/she was flown to...

sgeith (a' sgeitheadh) /skeh (ə skeh-əG)/ vomit

sgèithe /skay-ə/ *gen of* **sgiath**

sgeul /skel/ *an* (*gen & pl* sgeòil) **1** sign; trace; *cha robh sgeul air...* there was no sign of...; *cha deach sgeul fhaighinn air* no sign *or* trace of him was found; *fireannach air nach robh sgeul bho...* a man who had not been heard from since...; *air sgeul* to be found **2** story

sgeulachd /skee-aloKk/ *an +len adj* (*pl* sgeulachdan) story; *cha b'e an aon sgeulachd* it was another story

sgì /skee/ *an +len adj* (*pl* sgìthean) ski

sgì (a' sgìtheadh) /skee (ə skee-əG)/ ski

sgiamh /skee-əv/ *an* (*gen* sgiamha, *pl* sgiamhan) shriek

sgiamhail (a' sgiamhail) /skee-əval / shriek

sgian /skee-ən/ *an +len adj* (*gen* sgeine; *pl* sgeinean) knife
♦ **sgian-dubh** skean-dhu

sgiath /skee-ə/ *an +len adj* (*gen* sgèithe, *pl* sgiathan) wing; shield; *sgiathan an heileacoptair* the helicopter's rotors *or* blades; *fo sgèith...* under the wing of..., under the auspices of... ♦ **sgiath-aodann** face mask

sgiathalaich (a' sgiathalachadh) /skee-əhəleeK (ə skee-əhələKəG)/ flutter

sgil /skil/ *an* (*gen* sgile, *pl* sgilean) skill

sgileil /skilel/ skilful; skilled

sgillinn /skilin/ *an +len adj* (*gen* sgillinne, *pl* sgillinnean) penny; *50 sgillinn* 50 pence; *chan eil sgillinn ruadh agam* I don't have a penny

sgioba /skipə/ *an +len adj* (*pl* sgiobaidhean, sgiobannan) team; crew ♦ **sgioba ball-coise** football team; **sgioba-rugbaidh** rugby team; **sgioba teasairginn beinne** mountain rescue team

sgiobaig (a' sgiobaigeadh) /skipak (ə skipigəG)/ skip (*with rope*)

sgiobair /skipar/ *an* (*pl* sgiobairean) skipper; captain

sgiobalta

sgiobalta /skipəltə/ tidy; quick; *tha e comasach cuid de na dh'atharraichean a chur an sàs gu sgiobalta* it's possible to put some of the changes in hand promptly
sgioblaich (a' sgioblachadh) /skiplee<u>K</u> (ə skiplə<u>K</u>əG)/ tidy up
sgiort /ski-rt/ *an +len adj* (*gen* sgiorta, *pl* sgiortan) skirt
sgìos /skees/ *an +len adj* tiredness; *tha coltas sgìos ort* you look tired
sgìre /skeerə/ *an +len adj* (*pl* sgìrean) region; district, area; *ann an sgìrean dùthchail* in rural areas; *BPA na sgìre* constituency MSP ♦ **sgìre-ghlèidhte** conservation area; **sgìre-phàrlamaid** parliamentary constituency; **sgìre puist** postcode; postal district; **Sgìre Shònraichte Glèidhteachais** Special Area of Conservation; **sgìre taghaidh** constituency
sgìreil /skeerel/ regional
sgìth /skee/ tired
sgitheadh /skee-əG/ *an* (*gen* sgìthidh) skiing
sgithean /skee-ən/ *pl of* **sgì**
Sgitheanach /skee-ənoK/ **1** Skye, of Skye; *An t-Eilean Sgitheanach* Skye, the Isle of Skye **2** *an* (*gen & pl* Sgitheanaich) person from Skye
sgìtheil /skee-el/ tiring
sgithinn /skee-in/ *dat of* **sgian**
sgìths /skees/ *an* tiredness
sglais /sklash/ *an +len adj* (*gen* sglaise, *pl* sglaisean) whack, clout; *thug mi sglais eile do...* I gave...another whack
sgleò /sklyaw/ *an* (*gen* sgleòtha, *pl* sgleòthan) mist
sgleog /sklok/ *an +len adj* slap
sgluidseach /sklooj-shəK/ messy
sgob (a' sgobadh) /skop (ə skopəG)/ sting; *chaidh mo sgobadh* I've been stung
sgòd /skawd/ *an* (*gen* sgòid, *pl* sgòdan) piece of cloth
sgoil /skol/ *an +len adj* (*gen* sgoile, *pl* sgoiltean) school; *anns an sgoil* in school; *tha e aig an sgoil* he's at school; *tha sgoil mhath aca* they are well-educated ♦ **sgoil-àraich**

sgrìobh (a' sgrìobhadh)

nursery school, play school; **Sgoil Eòlais na h-Alba** the School of Scottish Studies; **sgoil shamhraidh** summer school

sgoilear /skolehr/ *an* (*gen* sgoileir, *pl* sgoilearan) pupil; scholar; school teacher

sgoileireil /skolerel/ scholarly

sgoinneil /skənyel/ great, terrific

sgol (a' sgoladh) /skol (ə skoləG)/ rinse

sgollag /skolak/ *an* +*len adj* (*gen* sgollaige, *pl* sgollagan) (rubber) dinghy

sgòr /skawr/ *an* (*gen* sgòir, *pl* sgòran) score

sgòrnan /skawrnən/ *an* (*gen* sgòrnain, *pl* sgòrnanan) throat; windpipe

sgot /skot/: **chan eil sgot agam!** no idea!; **cha robh sgot agam** I didn't have a clue

sgòth /skaw/ *an* +*len adj* (*gen* sgòtha, *pl* sgòthan) cloud

sgoth /skŏ/ *an* +*len adj* (*gen* sgotha, *pl* sgothan) skiff

sgòthach /skaw-əK/ cloudy

sgrath /skrah/ *an* +*len adj* (*gen* sgratha, *pl* sgrathan) clod (of earth); turf

sgràthail /skrah-hal/ horrible

sgreamhail /skrehfal/ disgusting

sgreataidh /skrehtee/ horrible, shocking

sgreuch /skree-əK/ *an* (*gen* sgreucha, *pl* sgreuchan) scream; **leig i sgreuch** she screamed, she let out a scream

sgreuch (a' sgreuchail) /skree-əK (ə skree-əKal)/ scream

sgrìn /"screen"/ *an* (*gen* sgrìne, *pl* sgrìnichean) screen

sgrìob /skreep/ *an* +*len adj* (*gen* sgrìoba, *pl* sgrìoban) **1** trip; **tha deagh sgrìob air ais bho an sin** it's a fair way back from there **2** scratch **3** dash (*in punctuation*)

sgrìob (a' sgrìobadh) /skreep (ə skreepəG)/ scrape; scratch; **sgrìob i beagan a bharrachd dhen ùir air falbh agus...** she scraped away a little more of the soil and...

sgrìobh (a' sgrìobhadh) /skreev (ə skreevəG)/ write; **sgrìobhaidh mi thugad/thuice** I'll write to you/her

◊ **sgrìobh sìos** write down
sgrìobhadair /skreevətər/ *an* (*pl* sgrìobhadairean) writer
sgrìobhadh /skreevəG/ *an* (*gen* sgrìobhaidh) writing
sgrìobhaiche /skreeveeKə/ *an* (*pl* sgrìobhaichean) writer
sgrìobhainn /skreevin/ *an* +*len adj* (*gen* sgrìobhainne, *pl* sgrìobhainnean) document
sgrìobhte /skreevchə/ written
sgrios /skris/ *an* (*gen* sgriosa, *pl* sgriosan) ruin; destruction; *rinn an aimsir sgrios air...* the weather played havoc with...
sgrios (a' sgriosadh) /skris (ə skrisəG)/ destroy; ruin; *chaidh an taigh a sgrios* the house was destroyed
sgriosail /skrisəl/ **1** awful, dreadful **2** destructive
sgriubha /skryoo-ə/ *an* (*pl* sgriubhachan) screw ♦ **sgriubha-àrc** corkscrew
sgriubhaire /skryoo-ərə/ *an* (*pl* sgriubhairean) screwdriver
sgròb /skrawp/ *an* +*len adj* (*gen* sgròba, *pl* sgròban) scratch
sgròb (a' sgròbadh) /skrawp (ə skrawpəG)/ scratch
sgrùd (a' sgrùdadh) /skroot (ə skrootəG)/ investigate, examine, scrutinize
sgrùdadh /skrootəG/ *an* (*gen* sgrùdaidh, *pl* sgrùdaidhean) investigation; scrutiny; research; review; search; *cumaidh sinn seo fo sgrùdadh* we will keep this under review; *Comataidh an Sgrùdaidh* Audit Committee
sguab /skoo-əp/ *an* +*len adj* (*gen* sguaibe, *pl* sguaban) **1** broom, brush **2** sheaf
sguab (a' sguabadh) /skoo-əp (ə skoo-əpəG)/ sweep
◊ **sguab air falbh** sweep away; *chaidh earrann den t-slighe a sguabadh air falbh* a section of track was washed *or* swept away
◊ **sguab às** delete
sguad /skwad/ *an* (*pl* sguadaichean) squad
sgudal /skootəl/ *an* (*gen* sgudail) rubbish; waste ♦ **sgudal taighe** household waste
sguir (a' sgur) /skoor (ə skoor)/ stop
△ **sguir de, sguir dhe** stop; *sguir dhen sin!* stop that!; *sguir*

mi de bhith a' bruidhinn rithe I've stopped speaking to her; *sguir dheth!* stop it!; *sguir e dhe an leannanachd* he broke off their relationship; *sguir iad dhe na còmhraidhean* they've broken off the talks

sgùrr /skoor/ *an* (*gen* sgùrra, *pl* sgùrran) peak; crag

sia /shee-ə/ six

siab (a' siabadh) /shee-əp (ə shee-əpəG)/ wipe

◊ **siab a-nuas** swoop down; *tha i a' siabadh a-nuas* she swoops down

siabann /shee-əpan/ *an* (*gen* & *pl* siabainn) soap (*also programme, serial*)

siampù /'shampoo'/ *an* shampoo

sian¹ /shee-an/ *an* t- thing; *a h-uile sian* everything

sian² /shee-an/ *an* t- (*gen* sìne, *pl* siantan) stormy weather; *rinn e uisge nan seachd sian* it absolutely peed down

sianail = **seanail**

sianar /shee-anər/ six (people)

siar /shee-ər/ west; western

siathamh /shee-ə-həv/ sixth

siataig /shee-ətik/ *an* t- (*gen* siataige) sciatica

sibh /shiv/ you (*the polite form and the plural form*); *sibh fhèin* yourself; yourselves; *a bheil sibh deiseil?* are you ready?; *cha toil leam sibh* I don't like you

sibhse /sheevshə/ *the emphatic form of* **sibh**; *a bheil sibhse a' tighinn?* are you guys coming?

sìde /sheejə/ *an* t- weather; *abair sìde ghrot!* what filthy weather!

sìg /sheek/ *an* t- (*gen* sìge, *pl* sìgean) stack ♦ **sìg feòir** haystack

sìl /sheel/ *gen* & *pl of* **sìol**

sil (a' sileadh) /sheel (ə sheeləG)/ rain; drip; *bha i a' sileadh fad na h-ùine* it rained all the time; *sil fuil* bleed

sileadh-mìos /seeləG-mee-əs/ *an* (*gen* silidh-mhìos, *pl* silidhean-mìos) period, menstruation

silidh /sheelee/ *an* jam

similear /shimilər/ *an* (*gen* simileir, *pl* similearan) chimney

sìmplidh

sìmplidh /sheemplee/ simple; *gu sìmplidh...* quite simply...
sìn (a' sìneadh) /sheen (ə sheenəG)/ **1** stretch; extend; *...agus iad nan sìneadh air an fheur* ...as they lay stretched out on the grass **2** pass
◊ **sìn a-mach** stretch out; extend; *'s i a' sìneadh a làimh a-mach gu...* with her stretching out her hand to...
sin /shin/ **1** that; *dè tha sin?* what's that?; *chan eil duine cho gòrach sin* nobody's as stupid as that!; *sin thu ma-thà* that's you then[65]; *sin e!* that's it! **2** ■ *an...sin* that...; *an t-òran sin* that song; *na...sin* those...
sinc /sink/ *an t-* (*gen* since, *pl* sincean) sink
sìne /sheenə/ *gen of* **sian**²
sine¹ /shinə/ *an t-* gin ♦ **sine is tonic** gin and tonic
sine² /sheenə /: *nas / as sine comp & supl of* **sean**; older; elder; oldest, eldest
sine³ /shinə/ *an t-* (*pl* sinean, sineachan) nipple; teat
sineubhar /shin-evər/ *an* (*gen* sineubhair, *pl* sineubharan) gin
singilte /shingilchə/ single; singular
sinn /sheen/ we; us; *chan fhaca iad sinn* they didn't see us; *sinn fhìn* ourselves
sinne /sheenyə/ we; us (*more emphatic form*); *cò?, sinne?* who?, us?
sìnte /sheenchə/ stretched out; prostrate
sìnteas /sheenchəs/ *an* (*gen* sìnteis, *pl* sìnteasan) subscription
sìobhalta /sheevəltə/ civil
sìobhaltach /sheevəltəK/ *an* (*gen & pl* sìobhaltaich) civilian
sìobhaltair /sheevəltər/ *an* (*pl* sìobhaltairean) civilian
sìoda /sheedə/ *an* (*pl* sìodachan) silk
sioft /'shift'/ *an t-* (*pl* sioftaichean) shift; *air an t-sioft tràth* on the early shift
siogaireat /'cigarette'/ *an* (*gen* siogaireit, *pl* siogaireatan) cigarette
siogar /'cigar'/ *an* (*gen* siogair, *pl* siogaran) cigar

---

65 Note that Gaelic can omit a verb for 'to be' here.

sir (a' sireadh)

siognail /'signal'/ *an* (*pl* siognailean) signal; *chaidh an siognail a thogail le...* the signal was picked up by... ♦ **siognail fòn-làimhe** mobile signal
sìol /shee-əl/ *an* (*gen & pl* sìl) seed; sperm
sìol (a' sìoladh) /shee-əl (ə shee-ələG)/ subside
◊ **sìol às** pine away
◊ **sìol sìos** calm down; *cha robh e air sìoladh sìos* he hadn't calmed down
siolandair /'cylinder'/ *an* (*pl* siolandairean) cylinder
 ♦ **siolandair gas** gas cylinder
siombalach /simbələK/ symbolic
sìon /shee-ən/: *chan eil sìon san t-saoghal a...* there's not a thing in the world that...; *a h-uile sìon* everything
Sìona /sheenə/ China
Sìonach /sheenəK/ (*an, gen & pl* Sìonaich) Chinese
Sìonais /shee-ənish/ *an t-* Chinese (*language*)
sionnach /shoonəK/ *an* (*gen & pl* sionnaich) fox
siopair /sipər/ *an* (*pl* siopairean) zip
sìor: *a' sìor* /ə sheer/ steadily; *tha an gnothach a' sìor fhàs nas miosa* the business is getting steadily worse
siorc /shərKk/ *an* (*gen* siorca, *pl* siorcan) shark
siorrachd /shirəKk/ *an t-* (*pl* siorrachdan) county; sheriffdom
siorraidh /shiree/ *an* (*pl* siorraidhean) sheriff
sìorraidh /shee-əree/ eternal
sìorraidheachd /shee-əreeyəKk/ *an t-* eternity
siorram /shirəm/ *an* (*gen* siorraim, *pl* siorraman) sheriff
sìos /shee-əz/ down; *cuir sìos an sin e* put it down there; *shìos an staidhre* downstairs (*position*); *sìos an staidhre* downstairs (*motion*)
siosar /shisər/ *an* (*gen* siosair, *pl* siosaran) (pair of) scissors
siosarnaich /shisərneeK/ *an t-* hissing
siostam /'system'/ *an* (*gen* siostaim, *pl* siostaman) system
 ♦ **siostaman taice** support systems
siota /shitə/ *an* (*pl* siotaidhean) sheet ♦ **siota deigh** ice sheet
sir (a' sireadh) /shir (ə shirəG)/ seek, search for

sìth

sìth[1] /shee/ *an t-* (*gen* sìthe) peace; *aig sìth* at peace
sìth[2] /shee/ *an t-* (*gen* sìthe, *pl* sìthean) hill
sìthean /shee-ən/ *an* (*gen* sìthein, *pl* sìtheanan) fairy hill
sitheann /shee-ən/ *an t-* (*gen* sithe, sithinn) venison
sìthiche /shee-eechə/ *an* (*pl* sìthichean) fairy
sitig /shichik/ *an t-* (*gen* sitige, *pl* sitigean) dunghill; mess; *tha i air a chur don t-sitig* she's dropped him, she sent him packing; *chaidh am bile ùr a chur air an t-sitig* the new bill was thrown out; *thoir an t-sitig ort!* get lost!
sitrich /shitriK/ *an t-* neighing, whinnying; *chaidh i gu sitrich* she shrieked with laughter
siubhail (a' siubhal) /shoo-al (ə shoo-əl)/ travel
siubhal /shoo-əl/ *an* (*gen* siubhail, *pl* siùbhlaichean) travel; *fad an t-siubhail* all the time
siùbhlach /shoolǝK/ flowing, fluent
siùcar /shooKkər/ *an* (*gen* siùcair, *pl* siùcairean) sugar
  ♦ **siùcairean** sweets
siud /shit/ that; *dè tha siud thall?* what's that over there?; *an siud* over there; *siud thu air ais innte* there, just you get back in; *siud e!* there he goes!; *carson? – airson siud fhèin* why? – just because
siùil /shyool/ *gen* & *pl of* **seòl**
siuthad! /shoo-ət/ go on!; *siuthad, dèan e!* go on, do it!; *siuthad! gabh spòrs!* off you go!, have fun!; *am faod mi seo a thoirt leam? – faodaidh, siuthad* can I take this? – sure, go ahead
slabhraidh /slōwree/ *an t-* (*pl* slabhraidhean) chain
slag /slak/ *an* (*gen* slaig, *pl* slagan) hollow
slaic /slYk/ *an t-* (*gen* slaice, *pl* slaicean) blow; *thug e slaic air...* he criticized..., he hit out at...
slaighd /slYt/ *an t-* (*gen* slaighde, *pl* slaighdean) slide
slaighd (a' slaighdeadh) /slYt (ə slYdəG)/ slide
slàinte /slahnchə/ *an t-* health; *slàinte (mhath)!* /slahnchə (vah)/ cheers!; *air do shlàinte!* /ehr doh hlahnchə / your health!; *slàinte agus sàbhailteachd* health and safety ♦ **slàinte-**

346

bodhaig physical health, bodily health; **slàinte-inntinn** mental health

slàn /slahn/ whole, full; healthy; safe; *bainne slàn* whole milk; *slàn leat* goodbye; farewell; *slàn sàbhailte* safe and sound; *fhuair iad sìos slàn* they got down in one piece

slànaich (a' slànachadh) /slahneeK (ə slahnəKəG)/ heal

slaod /slurt/ *an* (*gen* slaoid, *pl* slaodan) sledge

slaod (a' slaodadh) /slurt (ə slurdəG)/ drag; pull; tow; *slaod is leig às* drag and drop

slaodach /slurdəK/ slow

slaodanach /slurdənəK/ *an* (*gen & pl* slaodanaich) slowcoach

slapag /slapəg/ *an t-* (*gen* slapaig, *pl* slapagan) slipper

slat /slat/ *an t-* (*gen* slaite, *pl* slatan) yard (*measurement*); rod
♦ **slat-iasgaich** fishing rod; **slat-tomhais** benchmark; criterion, yardstick

sleagh /shləG/ *an t-* (*gen* sleagha, *pl* sleaghan) spear

sleamhnaich (a' sleamhnachadh) /shlyōwneeK (ə shlyōwnəKəG)/ slip; *shleamhnaich e air an deigh* he slipped on the ice

sliabh /shlee-əv/ *an* (*gen* slèibhe, *pl* slèibhtean) hillside; slope; *na slèibhtean ìosal aig ionad-sgìthidh* the lower slopes at the ski centre

sliasaid /slee-əsij/ *an t-* (*gen* sliasaide, *pl* sliasaidean) thigh

slige /sleegə/ *an t-* (*pl* sligean) shell; seashell

slighe /shleeyə/ *an t-* (*pl* slighean) way; route; track; path; *bha i air a slighe gu...* she was on her way to...; *bha i dìreach gus a slighe a...* she was just about to...; *gabh an t-slighe a-mach airson Sruighlea* take the exit for Stirling; *tha slighe ri dhol fhathast mus...* there's still a way to go before...; *...airson bruidhinn mun t-slighe air adhart* ...to discuss the way forward ♦ **slighe-coiseachd** walkway; pathway; **Slighe na Gàidhealtachd an Iar** The West Highland Way

sliob (a' slìobadh) /shleep (ə shleepəG)/ stroke; rub

sliobach /shlipəK/ slippery

sliochd /shliKk/ *an* (*gen* sliochda) descendants; lineage
slios /shlis/ *an* (*gen* sliosa, *pl* sliosan) **1** side **2** slice
slis /shlish/ *an t-* (*gen* slise, *pl* slisean) slice
sliseag /slishag/ *an t-* (*gen* sliseige, *pl* sliseagan) French fry, chip
sloc *an* (*gen* sluic, *pl* slocan) hollow; pit; crater
sloinneadh /sloyn-yəG/ *an* (*gen* sloinnidh, *pl* sloinnidhean) surname ♦ **sloinneadh maighdeannais** maiden name
sluagh /sloo-əG/ *an* (*gen* sluaigh, *pl* sluaghan, slòigh, slòighean) people; crowd; *bha sluagh gu lèor ann* there were a lot of people there; *sluagh nan eilean* people from the island, islanders; *an sluagh air fad* the general public; people in general
sluaisreadh /sloo-ishrəG/ *an* (*gen* sluaisridh): *sluaisreadh nan tonn* the slapping sound of the waves
slug (a' slugadh) /slook (ə slookəG)/ swallow
slugan /slookan/ *an* (*gen* slugain, *pl* sluganan) gullet; gorge; *bha chridhe na shlugan* his heart was in his mouth
sluic /slooKk/ *gen of* **sloc**
sluig (a' slugadh) /slə-ik (ə slookəG)/ swallow
slupraich (a' slupradh) /sloopreeK (ə sloopraG)/ slurp
smachd /smaKk/ *an* control; *airson smachd a chur orra* in order to control them; *airson smachd a chumail air...* to keep...under control; *fhuair iad smachd air an teine* they got the fire under control; *gabh smachd air...* take control of...; *fo smachd...* under the control of...; answerable to...; *fo smachd na stàit* under state control, in public ownership ♦ **smachd cèin** remote control
smachdail /smaKkal/ bossy
smàil (a' smàladh) /smahl (ə smahləG)/ put out, extinguish
smàl /smahl/: *cuir na smàl* reduce to ashes; *an taigh a chaidh na smàl* the house that burnt down
smal *an* (*gen & pl* smail) stain; blemish; *cur smal air* spoil
smaoin /smurn/ *an +len adj* (*pl* smaointean) thought; *tha iad anns na smaointean againn* they are in our thoughts

smaoinich (a' smaoineachadh) /smurneeK (ə smurn-yəKəG)/ think; *ceart, smaoinichidh mi air* right, I'll think about it; *dè a tha thu a' smaoineachadh air?* what are you thinking about?; *smaoinich!* just think!, imagine!

smèid (a' smèideadh) /smayj (ə smayjəG)/ wave; *smèid iad ris* they waved to him

smeòrach /smyawrəK/ *an +len adj (gen* smeòraich, *pl* smeòraichean) thrush

smeur /smee-ər/ *an +len adj (gen* smeura, *pl* smeuran) bramble, blackberry

smid /smij/: *cha tuirt e smid* he didn't say a word

smig /smik/ *an +len adj (gen* smige, *pl* smigean) chin

smiogaid /smikij/ *an +len adj (gen* smiogaide, *pl* smiogaidean) chin

smior /smir/ *an (gen* smior *or* smir) marrow; vigour; manliness; *'s e fìor charactair a bh' ann san robh smior* he was a real larger-than-life character; *duine gun smior* a spineless person

smioralas /smirələs/ *an (gen* smioralais) courage, backbone

smoc (a' smocadh) /smoKk (ə smoKkəG)/ smoke; *am bi thu a' smocadh?* do you smoke?

smuain /smoo-an/ *an +len adj (pl* smuaintean) thought; idea

smuaislich (a' smuaisleachadh) /smoo-əshliK (ə smoo-əshləKəG/ stir

smug /smook/ *an (gen* smuig, *pl* smugan) snot; phlegm; sniffle

smugaid /smookij/ *an +len adj (gen* smugaide, *pl* smugaidean) spit, spittle

smugan /smoogan/ *an (gen* smugain, *pl* smuganan) sniffle; *chan eil ann ach smugan* it's just a wee sniffle

smugraich /smoogreeK/ *an +len adj* drizzle; *tha smugraich uisge ann* it's drizzling

smùid /smooj/ *an +len adj* smoke; fumes; steam; *tha smùid air/oirre* he/she's sozzled; *fo smùid* drunk, steaming (*Scots*); *bha smùid aige/aice air...* he/she was getting stuck into...

smùidrich /smoojriK/ *an +len adj* drizzle, smirr (*Scots*); ***chan eil ach smùidrich mhìn*** it's just a light drizzle

sna (= **anns na**) in the; ***leathann sna guailnean*** broad in the shoulders; ***sna Hearadh*** on Harris

snàgair /snahgar/ *an* (*pl* snàgairean) reptile

snaidhm /snYm/ *an* (*gen* snaidhme, *pl* snaidhmean) knot
 ♦ **snaidhm-rathaid** junction

snàig (a' snàigeadh) /snYk (ə snYkəG)/ crawl; creep

snàithle /snYlə / *an t-* (*pl* snàithlean) thread

snàithlean /snYlan/ *an* (*gen* snàithlein, *pl* snàithleanan) thread

snàmh /snahv/ *an* (*gen* snàimh) swimming

snàmh (a' snàmh) /snahv/ swim; ***tha mi a' falbh gu snàmh*** I'm going for a swim

snasail /snasal/ tidy, neat

snàth /snah/ *an* (*gen* snàith, *pl* snàithean) thread; yarn

snàthad /snah-ət/ *an t-* (*gen* snàthaide, *pl* snàthadan) needle

snàthainn /snah-hin/ *an t-* (*gen* snàthainne, *pl* snàthainnean) thread

sneachd /shnyaKk/ *an* (*gen* sneachda) snow

sneachda /shnyaKkə/ *an* snow; ***tha e a' cur an t-sneachda*** it's snowing

snèap /shnayp/ *an t-* (*gen* snèipe, *pl* snèipean) turnip, neep (*Scots*); ***snèip is buntàta*** neeps and tatties

snigh (a' snigheadh) /snee (ə sneeyəG)/ ooze, leak; ***bha an sùilean a' snigheadh*** they were in tears

snigheadh /sneeyəG/ *an* (*gen* snighidh): ***tha snigheadh san...*** there's a leak in the...

snìomh (a' snìomh) /snee-əv/ spin; weave; twist; sprain

snìomhte /shnee-əvchə/ entwined, interwoven

snodha-gàire /snoh-Gə-gahrə/ *an* (*pl* snodhan-gàire) smile; ***rinn i snodha-gàire*** she smiled

snog /snok/ nice; ***tha siud snog!*** that's nice, how lovely!

snòtaireachd /snawtərəKk/ *an t-* sniffing

so- (*like English* -able *or* -ible); ***so-leònta*** vulnerable

sòbarra /sawbərə/ sober

soc /soKk/ *an* (*gen & pl* suic) snout

socaid /soKkij/ *an t-* (*gen* socaide, *pl* socaidean) socket

socair /soKkir/ gentle; *socair ort!* settle down!; easy does it!; *gabh air do shocair* take your time; calm down; *am mìnicheadh tu sin air do shocair?* would you explain that slowly?; *air a shocair* gently; *socair, socair!* cool it!

sochair /soKar/ *an t-* (*gen* sochaire, *pl* sochairean) benefit; welfare ♦ **sochairean-obrach** employment benefits

socraich (a' socrachadh) /soKreeK (ə sokrəKəG)/ **1** settle; *bhiodh a' ghaoth a' socrachadh* the wind would settle **2** set; *socraich an teas* set the heating

sògh /soh/ *an* (*gen* sòigh) luxury

soidhne /soyn-yə/ *an* (*pl* soidhnichean) sign; *soidhnichean Gàidhlig* Gaelic signage

soifiostaigeach /sofistigəK/ sophisticated

soilleir /səlyər/ **1** light; bright; clear; *chan eil e soilleir dhomh* it's not clear to me; *cho soilleir ri grian an t-samhraidh* as clear as day; *fianais shoilleir air...* clear evidence of... **2** light (*of colours*); *soilleir-ghorm* light blue

soilleireachd /səlyərəKk/ *an t-* clarity

soilleireachadh /səlyərəKəG/ *an* (*gen* soilleireachaidh) clarification; *soilleireachadh a dhìth* clarification needed

soilleirich (a' soilleireachadh) /səlyəreeK (ə səlyərəKəG)/ clarify; clear up

soillseachadh /sə-ilshəKəG/ *an* (*gen* soillseachaidh) shining; illuminating; lighting ♦ **an Soillseachadh** the Enlightenment

soirbh /sərəv/ easy

soirbheachail /sərəvəKal/ successful; prosperous

soirbheachas /sərəvəKəs/ *an* (*gen* soirbheachais) success; prosperity

soirbheas /sərəvəs/ *an* (*gen* soirbheis, *pl* soirbheasan) **1** success; prosperity **2** breeze

soirbhich (a' soirbheachadh) /sərəveeK (ə sərəvəKəG)/ succeed; *cha do shoirbhich leis a' phlana* the plan *sòisealta*

didn't work out; ***shoirbhich leotha*** they succeeded; ***...is iad a' soirbheachadh 2-0 an aghaidh...*** ...winning 2-0 against...

sòisealta /sohshəltə/ social

sòisealtas /sohshəltəs/ *an* (*gen* sòisealtais, *pl* sòisealtasan) society

sòisealtasach /sohshəltəsəK/ societal

sòiseo-eòlas /sohshee-oh-yawləs/ *an* (*gen* sòiseo-eòlais) sociology

soisgeul /soshkel/ *an* (*gen* soisgeil, *pl* soisgeulan) gospel

soitheach /seh-yoK/ *an* (*gen* soithich, *pl* soithichean) **1** vessel, ship **2** dish ♦ **soitheach carago** cargo ship, freighter; **soitheach-luaithre** ashtray; **soitheach turasachd** cruise ship

solair (a' solar) /solər (ə solər)/ supply; provide

solar /solər/ *an* (*gen* solair, *pl* solaran) supply, provision; ***solar foghlaim*** educational provision

solaraiche /soləreeKə/ *an* (*pl* solaraichean) supplier

sòlas /sawsləs/ *an* (*gen* sòlais) comfort, solace

solas /soləs/ *an* (*gen & pl* solais) light; ***solas a chur air...*** throw light on... ♦ **solas an latha** daylight; ***le solas an latha a' falbh*** as the light was fading; **solas-boillsgidh** flash; **solas-toisich** headlight; **solas trafaig** traffic lights

sòlasach /sawləsəK/ comforting

so-leantainn /so-lentin/ coherent

so-leònta /so-lawntə/ vulnerable

'son → airson

son: ***rinn mi air do shon e*** I did it for your sake; ***bha i deiseil air an son*** she was ready for them; ***bha iad deiseil air a shon ron seo*** they were ready for it before this; ***tha mi gu mòr air a shon*** I'm all for it; ***chan eil leisgeul ann air a shon*** there's no excuse for it; ***air mo shon*** for me; on my account; ***dèan air do shon fhèin*** watch out for yourself!

sona /sonə/ happy

sonas /sonəs/ *an (gen* sonais*)* happiness
sònraichte /sawnreeKchə/ special; *gu sònraichte* especially, in particular
soraidh /soree/: *soraidh slàn le...* farewell to...
sòrn /sawrn/ *an (gen & pl* sùirn*)* flue
spad (a' spadadh) /spat (ə spatəG)/ kill; slaughter
spàg (a' spàgail) /spahg (ə spahgal)/ waddle
spaid /spaj/ *an +len adj (gen* spaide, *pl* spaideachan*)* spade
spaideil /spajel/ smart; posh; *bha aodach spaideil orra* they were all dressed up
spaidhir /spYər/ *an +len adj (gen* spaidhire, *pl* spaidhirean*)* fly *(of trousers)*
spàin /spahn/ *an +len adj (gen* spàine, *pl* spàinean*)* spoon
Spàinn: *an Spàinn* /ən spahn/ Spain
Spàinnteach /spahn-chəK/ **1** Spanish **2** *an (gen & pl* Spàinntich*)* Spaniard
Spàinntis /spahn-chish/ *an +len adj* Spanish *(language)*
spàirn /spahrn/ *an +len adj (gen* spàirne, *pl* spàirnean*)* struggle
spanair /'spanner/ *an (pl* spanairean*)* spanner
spàrr (a' sparradh) /spahr (ə sparəG)/ drive; *bidh adhartasan ann an teicneòlas a' sparradh caochladh* advances in technology will drive change
speach /sp-yaK/ *an +len adj (gen* speacha, *pl* speachan*)* wasp
speal /sp-yal/ *an +len adj (gen* speala, *pl* spealan*)* scythe
spealg /sp-yalag/ *an +len adj (gen* speilge, *pl* spealgan*)* splinter, skelf *(Scots)*; *chaidh iad nan spealgan* they shattered, they smashed to pieces
spèirr /spayr/ *an (gen* spèirre, *pl* spèirrichean*)* fly, flies
spèis /spaysh/ *an +len adj (gen* spèise*)* respect
speisealach /spehshələK/ *an (gen & pl* speisealaich*)* specialist
speisealaiche /spehshəleeKə/ *an (pl* speisealaichean*)* specialist
speisealta /spehshəltə/ specialized, specialist
speuclairean /spee-aKklərən/ *na* spectacles, glasses
♦ **speuclairean-dìona** protective glasses, goggles; **speuclairean-grèine** sunglasses

speur /spee-ər/ *an* (*gen* speura, *pl* speuran) sky; *na speuran* the heavens, the skies; *suas gu na speuran* up to the skies; *dè fo na speuran* what on earth

spideag /speejak/ *an +len adj* (*gen* spideige, *pl* spideagan) **1** nightingale **2** busybody **3** *bha spideag air* he was slightly merry

spideal /speejəl/ *an* (*gen* spideil, *pl* spidealan) refuge

spìocach /speeKkəK/ mean, tight-fisted

spìon (a' spìonadh) /spee-ən (ə spee-ənəG)/ pluck; rip out

spionnadh /sp-yoonəG/ *an* (*gen* spionnaidh) strength

spionnmhor /sp-yoonvər/ dynamic

spiorad /spirət/ *an* (*gen* spioraid, *pl* spioradan) spirit; *mar dhòigh air an spiorad a chumail an-àirde* as a way of keeping their spirits up ♦ **spiorad na coimhearsnachd** the community spirit; **Spiorad Naomh** Holy Spirit

spioradail /spirətəl/ spiritual

spìosrach /speesrəK/ hot, spicey

spleuchd (a' spleuchdadh) /splee-əKk (ə splee-əKkəG)/ stare; *na bi spleuchdadh!* don't stare!; *bha e a' spleuchdadh oirnn* he was staring at us

spòg /spawg/ *an +len adj* (*gen* spòige, *pl* spògan) **1** paw; hand **2** spoke

sporan /sporən/ *an* (*gen* sporain, *pl* sporanan) purse; wallet; sporran; *cha ruig mo sporan air* I can't afford it

sporghail /sporəGəl/ *an +len adj* scampering about; rummaging around

spòrs /spawrs/ *an +len adj* (*gen* spòrsa, *pl* spòrsachan) sport; fun; *chan eil spòrs sam bith annad!* you're no fun at all!; *gabh spòrs!* have fun!, enjoy yourself!

spòrsail /spawrsal/ fun

spot *an* (*gen* spoit, *pl* spotan) spot

spreadh (a' spreadhadh) /spreG (ə spreh-əG)/ explode; burst; *tha mi làn gu spreadhadh* I'm full to bursting; *spreadh e e fhèin* he blew himself up

spreag (a' spreagadh) /sprek (ə sprekəG)/ set off, trigger

sprèidh /spray/ *an +len adj (gen* sprèidhe*)* cattle
sprionga /sprin-gə/ *an (pl* spriongan*)* spring
spriotag /spritak/ *an (gen* spriotaige, *pl* spriotagan*)* fleck; splash
sprùilleach /sproolyəK/ *an (gen* sprùillich*)* debris
spùinneadair /spoonyədər/ *an (pl* spùinneadairean*)* robber
spuir, spur /spoor/ *an (gen* spuir, *pl* spuirean*)* claw, talon
spùt /spoot/ *an (gen* spùta, *pl* spùtan*)* **1** spout **2** diarrhoea, the runs (*especially in sheep*); *ceistean gun spùt* stupid questions; *chuir iad an spùt asainn* they gubbed us
spùt (a' spùtadh) /spoot (ə spootəG)/ spout
◊ **spùt a-mach** spout out; blurt out
sràc /strahKk/ *an +len adj (gen* stràice, *pl* stràcan*)* stràc, accent; forward slash; *sràc mòr dealanaich* a big bolt of lightning, a big lightning strike ♦ **sràc mall** grave accent
srac (a' sracadh) /straKk (ə straKkəG)/ tear, rip
srad /strat/ *an t- (gen* straid, *pl* sradan*)* spark
sradag /stratak/ *an t- (gen* sradaige, *pl* sradagan*)* little spark; *cuir sradagan fo chasan...* put a bomb under...
sradagach /stratəGəK/ fiery
sràid /strahj/ *an t- (gen* sràide, *pl* sràidean*)* street; *air an t-sràid* on the street
srainnsear /'stranger'/ *an (gen* srainnseir, *pl* srainnsearan*)* stranger
srann /strōwn/ *an (gen* sranna, *pl* srannan*)* snore; snoring; *tha srann aige* he's snoring; *dèan srann* snore; *srann na dibhe* drunken snoring
srannartaich /srōwnərteeK/ *an t-* snort; snorting
sraointe /strurnchə/: *sraointe fosgailte* wide open
srath /strah/ *an (gen* sratha, *pl* srathan*)* (wide) valley, strath (*Scots*)
Srath Chluaidh /strah Kloo-wY/ Strathclyde
sreang /streng/ *an t- (gen* sreinge, *pl* sreangan*)* string
sreap (a' sreap) /strep/ climb; *tha e a' sreap ri caogad* he's getting on for fifty

sreapadair /strepədehr/ *an* (*pl* sreapadairean) climber

sreapadaireachd /strepə-tarəKk/ *an t-* climbing, mountaineering

sreath /streh/ *an t-* (*gen* sreatha, *pl* sreathan) line; lane (*on M-way*); series; queue; ***bha sreath mòr dhaoine ann*** there was a big queue; ***sreath choinneamhan*** a series of meetings; ***sreath dràma*** drama series; ***ceithir geamaichean ann an sreath*** four games in a row; ***sreath de thaighean*** a row of houses

sreothart /str-yŏ-arsht/ *an* (*gen* sreothairt, *pl* sreothartan) sneeze; ***rinn i sreothart*** she sneezed

sreothartaich /str-yŏ-ərshteeK/ *an t-* (*gen* sreothartaiche) sneezing

srian /stree-ən/ *an t-* (*gen* srèine, *pl* sriantan) bridle; stripe; ***cuir srian air do theangaidh!*** put a sock in it; hold your tongue

srianag /sree-anak/ *an t-* (*gen* srianaige, *pl* srianagan) little stripe; little strip

sròl /strawl/ *an* (*gen* sròil) satin

sròn /strawn/ *an t-* (sròn, *gen* sròin; *pl* sròinean) nose; point, promontory; ***an do ghabh iad sin san t-sròin aca?, an do ghabh iad sin nan sròin?*** were they offended by that?

Sròn Reamhar: ***An t-Sròn Reamhar*** /ən trawn ryafar/ Stranraer

srònach /strawnəK/ **1** nasal **2** defensive

srùb /stroop/ *an* (*gen* srùib, *pl* srùban) spout

srùbag /stroopak/ = **srùpag**

srùban /stroopan/ *an* (*gen* & *pl* srùbain) cockle

Sruighlea /streelə/ Stirling

srùpag /stroopak/ *an t-* (*gen* srùpaige, *pl* srùpagan) cup of tea; ***a' gabhail srùpag*** having a cuppa; having a tea break

sruth /stroo/ *an* (*gen* srutha, *pl* sruthan) stream; current; flow
 ♦ **sruth-mara** ocean current; **sruth na trafaig** the traffic flow

sruth (a' sruthadh) /stroo (ə stroo-əG)/ flow; stream; ***thèid a shruthadh beò*** it will be streamed live

stac /staKk/ *an* (*gen* staca, *pl* stacan) stack

stad /stat/ *an* (*gen* stada, *pl* stadan) stop; break (*at school, work*); *chuir e stad air fhèin* he stopped himself; *chuir iad stad air a' phròiseas* they put a stop to the process; *chuir iad stad air trafaig* they brought traffic to a standstill; *cha ghabhadh stad cur orra* there was no stopping them
♦ **stad-bus** bus stop; **stad-phuing** *an +len adj* full stop

stad (a' stadadh) /stat (ə stadəG)/ stop; *stad an sin!* stop there!; *a bheil an t-uisge air stad?* has the rain stopped?; *an stadadh tu an seo?* could you stop here?

Stafa /stafə/ Staffa

staid /staj/ *an +len adj* (*gen* staide, *pl* staidean) state, condition; *cha robh i an ann staid sam bith...* she wasn't in any condition to...; *bha i ann an droch staid* she was in a bad way; *ann an staid sheasmhach* in a stable condition

staidhre /stYrə/ *an +len adj* (*pl* staidhrichean) stairs; staircase

staigh /stY/ = **a-staigh**

stail[1] /stal/ *an +len adj* (*gen* staile, *pl* stailean) bandage

stail[2] /stal/ *an +len adj* (*gen* staile, *pl* stailean) still (*for distilling*)

stailc /stalKk/ *an +len adj* (*gen* stailce, *pl* stailcean) strike (*industrial*); *a dhol air stailc* going on strike

stàilinn /stahlin/ *an +len adj* (*gen* stàilinne) steel

staing *an +len adj* (*gen* stainge, *pl* staingean) difficulty; crisis; *ann an staing* in trouble, having difficulties; *ann an staing cheart, ann am fìor staing* in dire straits, in real trouble

stairseach, stairsneach /starshəK/ *an +len adj* (*gen* stairsich, stairsnich, *pl* stairsichean, stairsnichean) threshold; *air an stairsich againn fhèin* on our own doorstep

stais /stash/ *an +len adj* (*gen* staise, *pl* staisean) moustache

stàit /stahch/ *an +len adj* (*gen* stàite, *pl* stàitean) state
♦ **na Stàitean Aonaichte** the United States; **stàit shochairean** welfare state

staitistig /statistik/ *an +len adj* (*gen* statistige, *pl* statistigean) statistic

stalcaireachd /stalkərəKk/ *an +len adj* stalking; *stalcaireachd fèidh* deer stalking
stamag /stamak/ *an +len adj* (*gen* stamaig, *pl* stamagan) stomach
stamp (a' stampadh) /stōwmp (ə stōwmpəG)/ stamp
stampa /stōwmpə/ *an +len adj* (*pl* stampaichean) stamp
stannd /stōwnd/ *an* (*gen* stannda, *pl* stanndaichean) stand; stall
  ♦ **stannd-taisbeanaidh** display stand; exhibition stand
staoig /stur-ik/ *an +len adj* (*gen* staoige, *pl* staoigean) steak
staoin /sturn/ *an +len adj* (*gen* staoine) tin
staran /starən/ *an* (*gen* starain, *pl* staranan) path
starrag *an +len adj* (*gen* starraige, *pl* starragan) hooded crow
starsach /starsəK/ *an +len adj* (*gen* starsaich) threshold
steach /shtyaK/ = **a-steach**; *steach leat!* in you get!
steall /shtyal/ *an +len adj* (*gen* stèill, *pl* steallan) splash; gush; squirt; *thig steall fala a-mach* blood comes gushing out; *chaidh i a-mach na steall* she dashed out
steall (a' stealladh) /shtyal (ə shtyaləG)/ splash; gush; spray; squirt
steap /step/ *an* (*pl* steapaichean) step
stèidhich (a' stèidheachadh) /stay-eeK (ə stay-əKəG)/ set up, establish; *stèidhichte air...* based on..., on the basis of...
stèids /'stage'/ *an* stage
steig (a' steigeadh) /stik (ə stigəG)/ stick
steigeach /stikəK/ sticky
steiplear /'stapler'/ *an* (*gen* steipleir, *pl* steiplearan) stapler
stèisean /'station'/ *an* (*gen* stèisein, *pl* stèiseanan) station
  ♦ **stèisean nam busaichean** the bus station; **stèisean haidro** hydro power station; **stèisean-peatrail** petrol station; **stèisean poilis** police station; **stèisean-rèile** railway station; **stèisean smàlaidh** fire station; **stèisean-trèana** train station
Steòrnabhagh /shtornavaG/ Stornoway
stiall /shtee-əl/ *an +len adj* (*gen* stèill, *pl* stiallan) strip; scrap;

stripe; ***cha robh stiall oirre*** she didn't have a stitch on; ***stiallan*** streaks (*in hair*)

stiall (a' stialladh) /shtee-əl (ə shtee-ələG)/ **1** beat, lash **2** streak

stiallach /shtee-aləK/ striped, stripey

stioram-stairearm /sh-chirəm-starəm/ clip-clop; pitter-patter

stiubha /shtyoo-ə/ *an* +*len adj* (*pl* stiubhan) stew

stiùideo, stiùidio /'studio'/ *an* +*len adj* (*pl* stiùideothan, stiùidiothan) studio

stiùir /shtyoor/ *an* helm; tail (*of a bird*); ***aig an stiùir*** at the helm

stiùireadh /shtyoorəG/ *an* (*gen* stiùiridh, *pl* stiùiridhean) steering; guidance; management; instruction; ***stiùireadh gnothachais*** business management; ***stiùiridhean sgrìobhte*** written instructions

stiùiriche /shtyooreeKə/ *an* (*pl* stiùirichean) director

stob /stop/ *an* (*pl* stoban) post, stake; ***bha mi na mo stob*** I was left there looking stupid *or* like a stookie (*Scots*) ♦ **stob-deighe** icicle

stob (a' stobadh) /stop (ə stopəG)/ push

stòbha /stawvə/ *an* (*pl* stòbhan) stove

stoc[1] /stoKk/ *an* (*gen & pl* stuic) scarf

stoc[2] /stoKk/ *an* (*gen & pl* stuic) stock ♦ **stoc-craoibhe** tree-trunk

stocainn /stoKkin/ *an* +*len adj* (*pl* stocainnean) sock
   ♦ **stocainnean-teann** tights

stoidhle /stoylə/ *an* +*len adj* (*pl* stoidhlean) style

stoirm /storəm/ *an* +*len adj* (*gen* stoirme, *pl* stoirmean) storm
   ♦ **stoirm tàirneanaich** thunderstorm

stòl (a' stòladh) /stawl (ə stawl-əG)/ calm down

stòlda /stawltə/ staid, quiet; serious

stopadh /stopəG/ *an* (*gen* stopaidh, *pl* stopaidhean) blockage
   ♦ **stopadh trafaig** traffic jam

stopte /stopchə/ blocked

stòr /stawr/ *an* (*gen & pl* stòir) store

stòras

stòras /stawrəs/ *an* (*gen* stòrais, *pl* stòrasan) store; resource; fund

stòr-dàta /stawr-dahtə/ *an* (*gen & pl* stòir-dhàta) database

stràbh /strahv/ *am* (*gen* stràibh, *pl* stràbhan) straw

stràc /strahKk/ = **sràc**

stràiceil /strYkel/ haughty; *tha e a' coiseachd gu stràiceil sìos...* he went strutting *or* swaggering down...

straighlich /strYliK/ *an +len adj* (*gen* straighliche) commotion

streap (a' streap) /strep/ climb

streas /stres/ *an* (*gen* streasa) stress

streadsair /'stretcher'/ *an* (*pl* streadsairean) stretcher
  ♦ **streadsair cobhair** rescue stretcher

streòdag /str-yawtak/ *an +len adj* (*gen* streòdaige, *pl* streòdagan) quick drink, quickie; *an gabh thu streòdag bheag?* how about a quick drink?

strì /stree/ *an +len adj* (*gen* strìthe, *pl* strìthean) struggle; fight; *rinn e strì an aghaidh a' cho-dhùnaidh* he fought against the decision

strì (a' strì) /stree/ struggle; strive; *gun cùm iad orra a' strì gus an sgioba a chumail a' dol* that they would keep on fighting to keep the team going; *bha iad a' strì an aghaidh...* they were struggling *or* competing against...; *tha iad a' strì ri bochdainn* they are tackling poverty

strìopach /streepəK/ *an +len adj* (*gen* strìopaiche, *pl* strìopaichean) prostitute; whore

striopach /stripəK/ stripey

strùp /stroop/ *an* (*gen* strùip, *pl* strùpan) spout

stuadh /stoo-əG/ *an +len adj* (*gen* stuaidh, *pl* stuadhan) **1** big wave, breaker **2** gable

stùc /stooKk/ *an +len adj* (*gen* stùic, *pl* stùcan) peak (*of mountain*)

stuic /stooKk/ *gen & pl of* **stoc**[1] & [2]

stuicte, stuigte /stookchə/ stuck

stùirc /stoorKk/ *an +len adj* (*gen* stùirce, *pl* stùircean) scowl

stùr /stoor/ *an* (*gen* stùir) dust

stuth /stoo/ *an* (*gen* stutha, *pl* stuthan) stuff, material; *do chuid a tha a' dèanamh stuth airson a reic...* for some who make goods *or* things to sell... ♦ **stuthan ionnsachaidh** learning materials; **stuth-gealachaidh** bleach; **stuth-glanaidh** detergent; **stuth-nighe** detergent

sù /soo/ *an* (*gen* sùtha, *pl* sùthan) zoo

suab /soo-əp/ *an* (*gen* suaib, *pl* suaban) swab

suaicheanta /soo-əKəntə/ distinctive

suaicheantas /soo-əKəntəs/ *an* (*gen* suicheantais, *pl* suicheantasan) symbol; emblem; logo

suaile /soo-ələ/ *an t-* (*gen* suaile, *pl* suailichean) swell, surge; *an dàrna suaile de ChOVID-19* the second wave of Covid-19

suain /soo-en/ *an t-* (*gen* suaine) deep sleep; *'s tu nad shuain san leabaidh* when you're fast asleep in bed

Suain: *an t-Suain* /ən too-en/ Sweden

Suaineach /soo-ənəK/ **1** Swedish **2** *an* (*gen & pl* Suainich) Swede

suaip /soo-ehp/ *an t-* (*gen* suaipe, *pl* suaipean) resemblance; *tha suaip aige ri athair* he's like his father

suairc /soo-ark/ kind

suarach /soo-ərəK/ mean; petty; insignificant; despicable; *taigheadas suarach* poor housing; *'s suarach agam sibh* I don't care about/for you; *agus suarach an teansa gun...* and there's not much of a chance that...

suas /soo-əz/ up; *nas fhaide shuas an t-sràid* further up the street (*position*); *nas fhaide suas an t-sràid* further up the street (*motion*); *suas/shuas an staidhre* upstairs; *suas ri trì bliadhna* up to three years; *suas ri ceithir òirlich de shneachda* up to four inches of snow; *suas chun a' 15mh là den Ghiblean* up until the 15th of April

suath (a' suathadh) /soo-ə (ə soo-əhəG)/ wipe; rub; massage

suathan /soo-ə-hən/ *an* (*gen & pl* suathain) rubber, eraser

sùbailte /soopalchə/ flexible

sùbailteachd /soopalchəKk/ *an t-* flexibility

sùbh /soo/ *an* (*gen* sùibh, *pl* sùibhean) berry ♦ **sùbh-craoibhe** raspberry; **sùbh-làir** strawberry

subhach /soo-əK/ joyful

subhailc *an* (*gen* subhailce, *pl* subhailcean) virtue

subsadaidh /'subsidy'/ *an* (*pl* subsadaidhean) subsidy

suèad /swayd/ *an* suede

sùgh /soo/ *an* (*gen* sùigh, *pl* sùghan) juice ♦ **sùgh orainds** orange juice; **sùgh seadaig** grapefruit juice; **sùgh-ubhail** apple juice

sùgradh /soogrəG/ *an* (*gen* sùgraidh) merriment, fun; *'s e sùgradh a bh'ann* it was a good laugh; *chan eil e na shùgradh* it's no joke

sùibheag /sooyak/ *an t-* (*gen* sùibheig, *pl* sùibheagan) strawberry; raspberry

suic /soo-ik/ *gen* & *pl* of **soc**

suidh (a' suidhe) /soo-ee (ə sooyə)/ sit (down)

suidhe /sooyə/ *an* (*pl* suidhean) seat; sitting; *dèan suidhe* take a seat

suidheachadh /sooyəKəG/ *an* (*gen* suidheachaidh, *pl* suidheachaidhean) situation; position; *tha iad ann an suidheachadh nas treasa a-nise* they are in a stronger position now; *daoine às a h-uile suidheachadh* people from all backgrounds

suidheachan /sooyəKan/ *an* (*gen* suidheachain, *pl* suidheachanan) seat ♦ **suidheachan-cùil** back seat; **suidheachan-uinneige** window seat

suidhich (a' suidheachadh) /səyeeK (ə sooyəKəG)/ **1** base; *bidh iad suidhichte ann an Obair Dheathain* they will be based in Aberdeen; *tha clèirean a' suidheachadh mhinistearan* presbyteries are appointing ministers **2** set; *suidhich an teas* set the heating

suidhichte /sooyeeKchə/: *suidhichte air rudeigin a dhèanamh* determined to do something; *suidhichte ann an Obair Dheathain* based *or* located in Aberdeen; *suidhichte air an A837* situated on the A837; *reata* *suidhichte* fixed rate

suids-chlàr /sooch-Klahr/ *an* (*gen* suids-chlàir, *pl* suids-chlàran) switchboard

suidse /soochə/ *an t-* (*pl* suidseachan) switch

sùil /sool/ *an t-* (*gen* sùla, *pl* sùilean) eye; *chunnaic mi e le mo shùilean fhìn* I saw it with my own eyes; *'s math a lorg do shùil e!* well spotted!; *thug i sùil air...* she took a look at..., she looked at...; *feumaidh mi sùil a thoirt air* I must have a look; *bu chòir dhaibh sùil a thoirt a-rithist air...* they should take another look at...; *sùil ùr air...* a new look at...; *sùil bheag* wink

sùileachan /sooləKan/ *an* (*gen & pl* sùileachain) eye-opener; *bidh sin na shùileachan dha* he's in for a surprise

sùilich (a' sùileachadh) /sooleeK (ə sooləKəG)/ expect; *tha iad a' sùileachadh cus bho...* they're expecting too much from...

suim[1] /sə-im/ *an t-* (*gen* suime, *pl* suimeannan) sum; *suim mhòr airgid* a large sum of money

suim[2] /sə-im/ *an t-* (*gen* suime) respect; *chan eil suim aca dhaibh* they have no respect for them

suipear /soo-ipər/ *an t-* (*gen* suipearach, *pl* suipearan) supper

suirbhidh /sərəvee/ *an t-* (*gen* suirbhidhe, *pl* suirbhidhean) survey

suirghe /sooriyə/ *an t-* courtship; *bha e air a bhith a' suirghe oirre* he had been courting her

suirgheach /soorəyəK/ *an* (*gen* suirghich, *pl* suirghichean) suitor; lover

sùirn /soorn/ *gen & pl of* **sòrn**

suiteas /soo-itish/ *an* (*gen & pl* suiteis) sweet(ie) ♦ **suiteis amhaich** cough sweets

sùith /soo-i/ *an* soot

sùla /soolə/ *gen of* **sùil**

sùlaire /soolərə/ *an* (*pl* sùlairean) gannet

Sultain: **an t-Sultain** /ən toolten/ September

sùmhlachd /sooləKk/ *an t-* condensation

sunnd /soont/ *an* mood; ***chan eil sunnd còmhraidh air an-dràsta*** he's not in the mood for talking right now; ***chan eil sunnd orm ris*** I'm not feeling up to it; ***tha mi ann an sunnd nas fheàrr a-nis*** I feel much happier now

sunndach /soondəK/ cheerful; ***sunndach coma co-dhiù*** happy-go-lucky

sùrd /soort/ *an*: ***cuir sùrd ort agus dèan d'obair*** get on with your work; ***'s e a rinn an sùrd rithe*** he was delighted to see her

sùrdail /soordal/ active

susbaint /soospanch/ *an t-* (*gen* susbainte, *pl* susbaintean) content, substance

susbainteach /soospənchəK/ substantial; significant

sùtha /soo-ə/ *gen of* **sù**

suthainn /soo-in/ eternal

sùthan /soohən/ *pl of* **sù**

T t

tà /tah/ = **ge-tà**
tàbhachdach /tahvəKkəK/ effective
tabhainn¹ (a' tabhann) /tafin (ə tafən)/ offer; *...gun tèid cùmhnantan a thabhann orra* ...that they will be offered contracts
tabhainn² (a' tabhann) /tafin (ə tafən)/ bark
tabhann¹ /tafən/ *an* (*gen & pl* tabhainn) offer; tender
tabhann² /tafən/ *an* (*gen & pl* tabhainn) bark
tabhartas /tavərtəs/ *an* (*gen* tabhartais, *pl* tabhartasan) contribution; grant ♦ **tabhartasan peinnsein** pension contributions
tablaid /tablij/ *an* +*len adj* (*gen* tablaide, *pl* tablaidean) tablet (*computer*)
tac /taKk/: *an tac an teine* by the fireside
taca /taKkə/: *an taca ri* compared with; *an taca riumsa* compared with me
tacaid /taKkij/ *an* +*len adj* (*gen* tacaide, *pl* tacaidean) drawing pin
tacaideach /taKkijəK/ hob-nailed, tackety (*Scots*)
tachair (a' tachairt) /taKir (ə taKirsht)/ happen; *dè a thachair?* what happened?; *dè tha a' tachairt?* what's happening?; *cha b' ann tric a thachradh sin* that didn't happen often; *cò aig tha fios dè thachras* who knows what'll happen; *ach cha b' ann mar sin a thachair e* that wasn't what happened
Δ**tachair ri** meet; bump into; *far a bheil an A9 a' tachairt ris an A95* where the A9 meets the A95; *thachair mi rithe sa bhaile* I bumped into her in town
tachartas /taKərtəs/ *an* (*gen* tachartais, *pl* tachartasan) event; occurrence; *tachartas sòisealta* social event; *tachartasan*

coimhearsnachd community events

tachas /taKəs/ *an* (*gen* tachais) itch; *tha tachas orm* I've got an itch

tachd (a' tachdadh) /taKk (ə taKkəG)/ choke; strangle

tacsa *an* support; *leig e a thacsa ri cùl an t-sèithir* he leant back in his chair ♦ **tacsa riochdachaidh:**... production assistant:...

tadhail (a' tadhal) /tur-əl (ə turl)/ visit; *chaidh i a thadhal air*... she went to visit...

tadhal /turl/ *an* (*gen* tadhail, *pl* tadhalan) **1** visit **2** goal; *b'e Stiùbhart a chuir na tadhalan* it was Stuart who scored the goals

taga /tagə/ *an* (*pl* tagaichean) tag ♦ **taga cluaise** ear tag; **taga hais** hashtag

tagh (a' taghadh) /turG (ə tur-əG)/ choose; elect; *a' chiad fhear a thaghas e* the first one he chooses

taghadh /tur-əG/ *an* (*gen* taghaidh, *pl* taghaidhean) choice; election; *dh'fheumadh e taghadh a dhèanamh* he had to make a choice; *'s math an taghadh a rinn thu!* good choice!; *do thaghadh fhèin a th'ann!* you choose!, your choice! ♦ **taghadh coitcheann** general election; **taghaidhean Eòrpach** European elections

taghadraidh *an* +*len adj* (*pl* taghadraidhean) electorate

tagair (a' tagradh) /takər (ə taKrəG)/ claim; plea

taghta /turta/ great, excellent; *tha sin taghta dhomh* I'm cool with that; *bha fhios aice taghta math* she knew fine well

tagradh /taKrəG/ *an* (*gen* tagraidh, *pl* tagraidhean) claim; appeal; bid; application; plea; *daoine a tha a' dèanamh tagraidh air a shon* people applying for it, people putting in a claim for it; *cuir a-steach tagradh airson a' chùmhnant* put in a bid for a contract; *tagradh airson cead-siubhail* passport application; *tagradh de neo-chiontachd* a plea of not guilty

tagraiche /takreeKə/ *an* (*pl* tagraichean) applicant, candidate

tagsaidh /'taxi'/ *an* (*pl* tagsaidhean) taxi

taibhse /tYvshə/ *an +len adj* (*pl* taibhsean) ghost

taic /tYKk/ *an +len adj* (*gen* taice) support; *cùm taic ri* support; accompany; *bha e an taic ri cunntair a' bhàir* he was propped against the bar ♦ **taic-airgid** financial support, funding

taiceil /tYKkel/ supportive

tàidh /'tie'/ *an +len adj* (*pl* tàidhean) tie, necktie

taidhir /'tyre'/ *an +len adj* (*pl* taidhirean) tyre

taigeis /takish/ *an +len adj* (*gen* taigeise, *pl* taigeisean) haggis

taigh /tY/ *an* (*gen* taighe, *pl* taighean) house; *aig an taigh* at home; *aig an taigh agadsa/agamsa* at your/my place; *aig taigh Sheumais* at Hamish's; *gèam aig an taigh* a home game; *geamaichean air falbh bhon taigh* away games, games away from home; *ag obair bhon taigh* working from home

♦ **taigh-aoigheachd** guesthouse; **taigh-bainne** dairy; **taigh-bathair** warehouse; **taigh-beag** toilet; *ri taobh an taigh-bhig* beside the toilet; **taigh-beag nam ban** ladies (toilet); **taigh-beag nam fear** gents (toilet); **taigh-bìdh** restaurant; **taigh-cluiche** theatre; **Taigh nan Cumantan** House of Commons; **taigh-dhealbh** cinema; **taigh-dubh** black house; **taigh-eiridinn** infirmary; **taigh-fuine** bakery; **taigh-giollachd, taigh-giullachd** processing plant; **taigh-glainne** greenhouse; glasshouse; **taigh-grùdaidh, taigh-grùide** brewery; **taigh-mùin** bog, piss-house; **taigh-òsta** hotel; pub; **taigh-seinnse** pub; **taigh-solais** lighthouse; **taigh-spadaidh** abattoir, slaughterhouse; **taigh-stàile** distillery; **taigh-tasgaidh** museum

Taigh an Droma /tY ən drohmə/ Tyndrum

Taigh Iain Ghròt /tY ee-an Grot/ John o' Groats; *thoir taigh 'ain Ghròt ort!* get lost!, get stuffed!

taigheadas /tYədəs/ *an* (*gen* taigheadais) housing

tàileasg /tahlesk/ *an* (*gen* tàileisg) chess

tàille *an* (*pl* tàillean) fee, charge

tàillear /tahlyər/ *an* (*gen* tàilleir, *pl* tàillearan) tailor
tàilleibh: *air tàilleibh* /ehr tahlyev/ because
taing /tang/ *an* (*gen* tainge) thanks, thank you; *mòran taing* thank you very much; *tha a thaing sin aigesan airson a h-uile rud* it's all thanks to him; *thug Poileas Alba taing dhan...* Police Scotland thanked...; *bu mhath leam taing a thoirt dha...* I would like to thank...; *taing do shealbh* thank goodness
taingeil /tang-gel/ grateful, thankful
tàinig /tahnik/ *past interr & neg of* **thig**
Tairbeart: *An Tairbeart* /ən terəpehrsht/ Tarbert
tairbeart /terəpehrsht/ *an* +*len adj* (*gen* tairbeirt, *pl* tairbeartan) isthmus; portage (place)
tairbh /terəv/ *gen & pl of* **tarbh**
tàire /tahrə/ *an* +*len adj* (*gen* tàire, *pl* tàirean) **1** trouble, difficulty; *tha mi a' faighinn tàire le...* I'm having trouble with...; *tha e a' faighinn tàire am màl aige a phàigheadh* he's finding it difficult to pay his rent **2** contempt; *dèan tàir' air...* despise..., scorn...
tàireil /tahrel/ scornful; *bha i caran tàireil man/mar deidhinn* she was quite disparaging about them/us
tairgse /tarəgshə/ *an* +*len adj* (*pl* tairgsean) bid; offer; tender; *cuir a-mach gu tairgse* put out to tender
tàirneanach /tahrnən-əK/ *an* (*gen* tàirneanaich) thunder; *tàirneanaich is dealanaich* thunder and lightning
tairsgeir /terəshker/ *an* (*pl* tairsgeirean) peat iron, peat knife
tais /tash/ damp; moist
taisbean (a' taisbeanadh) /tashbən (ə tashbinəG)/ exhibit, display; *thèid an dealbh a thàisbeanadh aig...* the picture will be displayed at...
taisbeanadh /tashbinəG/ *an* (*gen* taisbeanaidh, *pl* taisbeanaidhean) exhibition; show; *air an taisbeanadh* on display
taisead /tashet/ *an* (*gen* taiseid) humidity; moistness
taisealach /tashələK/ substantial; *bha am brot ud taisealach*

that soup was really filling *or* substantial

taisg (a' tasgadh) /tashk (ə tasgəG)/ store; invest; *taisg ionmhas ann...* invest in...

taistealach /tash-chələK/ *an* (*gen & pl* taistealaich) traveller; voyager

taistealaiche /tash-chəleeKə/ *an* (*pl* taistealaichean) traveller; voyager

taitneach /tachnəK/ pleasant

tàladh /tahləG/ *am* (*gen* tàlaidh, *pl* tàlaidhean) **1** lullaby **2** attraction

talaich (a' talach) /taleeK (ə taləK)/ grumble

tàlaidh (a' tàladh) /tahlee (ə tahləG)/ attract; entice; *...agus a thàlas daoine chun na Gàidhealtachd* ...and which will attract people to the Highlands

talamh /taləv/ *an* (*gen* talmhainn) ground, earth; *air an talamh* on the ground; *air talamh àrd* on high ground; *tàinig an t-itealan gu talamh* the plane landed; *an Talamh* The Earth; *càit air thalamh a bheil e?* where on earth is it?; *cò air thalamh a thuirt sin riut?* who on earth told you that?; *chan eil dòigh air thalamh* that is out of the question, there's no way ♦ **talamh-àitich** farm land, arable land

tàlant /tahlant/ *an* (*gen* tàlaint, *pl* tàlantan) talent

tàlantach /tahlantəK/ talented

talla /taləˈ/ *an* (*pl* tallachan) hall ♦ **talla a' bhaile** the town hall; the village hall; **talla-bìdh** dining hall; **talla cluiche** theatre; **talla dannsaidh** dance hall

tàmailt /tahməlch/ *an* +*len adj* shame; disgrace; offence, indignation; *thuirt e gur e tàmailt a bhios ann gun...* he said that it would be a shame that...; he said that it is a disgrace that...; *ghabh e tàmailt* he took offence; *ach an tàmailt nuair a thuit mi!* but the indignity of it when I fell!

tàmailteach /tahməlchəK/ shameful, disgraceful; embarrassing, humiliating

tàmh /tahv/ *an* (*gen* tàimh) rest; *bidh iad a-nise nan tàmh treis* they'll be taking a break for a while now; *chaidh an club nan tàmh* the club folded; *tha gàrraidhean ann an Alba nan tàmh* Scottish yards are lying idle

tana /tanə/ thin; shallow

tanalach /tanələK/ *an* (*gen & pl* tanalaich) shallows, shallow water

tanca /tankə/ *an* +*len adj* (*pl* tancaichean) tank ♦ **tanca connaidh** fuel tank

tancair /'tanker'/ *an* (*pl* tancairean) tanker ♦ **tancair connaidh** fuel tanker

taobh /turv/ *an* (*gen* taoibh, *pl* taobhan) **1** side; *air taobh clì an rathaid* on the lefthand side of the road; *san taobh a deas/ an iar* in the south/the west; *taobh a' bhùird-bheulaibh* to starboard; *tha mi air do thaobh* I'm on your side; *beagan taobh a-muigh air...* just outside...; *air taobh a-muigh an taighe* outside the house; *taobh a-muigh uairean àbhaisteach* out-of-hours; *taobh a-staigh na Comhairle* within the Council; *laigsean taobh a-staigh na buidhne* internal weaknesses in the organization; *taobh a-staigh còig bliadhna* within five years; *air an taobh eile* on the other hand; *gun taobh seach taobh* impartial, not taking sides

2 direction, way; *an taobh eile* in the opposite direction; *tha e an taobh seo* it's this way; *tha e an taobh sin* it's that way; *...gun robh iad air dràibhearan a chur taobh eile ...* that they had re-routed drivers

3 ■ **ri taobh** beside, next to; *ri taobh an taigh-òsta* next to the hotel; *ri taobh nan craobh* by the trees; *ri taobh an rathaid* by the side of the road; *rid thaobh* beside you; *ri taobh* beside him

4 ■ **a thaobh** about, concerning; *chan eil mi toilichte a thaobh seo fhathast* I'm still unhappy about this; *aon de na sgìrean as làidire a thaobh na Gàidhlig* one of the strongest areas for Gaelic

tarraing a-mach

5 ■ taobh thall across, on the other side of; on the far side of; *tha iad a' fuireach taobh thall na sràide* they live across the street

6 ■ a thaobh is gu because; *a thaobh 's gu bheil sinn tuigseach* because we understand

7 via, by way of; *'s ann taobh Inbhir Nis a thàinig iad* they came via Inverness

Taobh Sear Rois /turv shehr rosh/ Easter Ross

Taobh Siar Rois /turv shee-ər rosh/ Wester Ross

Taobh Tatha /turv tah/ Tayside

taobhach /turvəK/ **1** biased **2** lateral

taois /tursh/ *an +len adj* (*gen* taoise) dough; paste

taom (a' taomadh) /turm (ə turməG)/ pour; bale out

◊ **taom a-staigh** pour in, flood in

tapadh leat /tapə let/ thanks, thank you; *chan eil, tapadh leat* no thank you

tapadh leibh /tapə liv/ thanks, thank you (*if using the* **sibh** *form, more formal or talking to several people*)

tapaidh /tapee/ smart; stocky, sturdy; resilient

taraif /'tariff/ *an +len adj* (*pl* taraifean) tariff

tarbh /tarav/ *an* (*gen & pl* tairbh) bull

tarbhach /taravəK/ productive

tarbhachd /taravəKk/ *an +len adj* productivity

targaid /tarəgij/ *an +len adj* (*gen* targaide, *pl* targaidean) target; *targaidean fàis* growth targets

tar-ghnèitheach /tar-Gray-əK/ transgender

◊ **tàrr às (a' tàrrsainn às)** /tahr ahs (ə tahrsin ahs)/ survive (*crash etc*); escape

tarrag /tarak/ *an +len adj* (*gen* tarraige, *pl* tarragan) nail

tarraing (a' tarraing) /taring / pull; draw (*also picture*); tease; *companaidh tarraing* haulage company, haulier; *rinn mi tòrr tarraing* I got quite a big haul

△ **tarraing à** tease; *bha mi a' tarraing asad* I was pulling your leg

◊ **tarraing a-mach** pull out; withdraw; *tharraing iad*

tarraingeach

a-mach às an fharpais they pulled out of the competition
tarraingeach /tareenyəK/ attractive; *tarraingeach do* attractive to; *latha tarraingeach* a fun day
tarsaing = **tarsainn**
tarsainn /tarsin/ across; *tarsainn air* across; *na gabh tarsainn gus a bheil e sàbhailte* don't cross until it's safe
tartan /tarshtan/ *an* (*gen* & *pl* tartain) tartan; *stoc tartain* a tartan scarf
tasgadh /taskəG/ *an* (*gen* tasgaidh, *pl* tasgaidhean) deposit; investment ♦ **tasgadh ionmhais** investment
tasglann /tasklən/ *an* +*len adj* (*gen* tasglainn, *pl* tasglannan) archive
tasglannaiche /taskləneeKə/ *an* (*pl* tasglannaichean) archivist
tathaich (a' tathaich) /tah-eeK/ frequent
tàthan /tah-han/ *an* (*gen* tàthain, *pl* tàthanan) hyphen
TBh /tee-vee/ *an* TV; *chunnaic mi air an TBh e* I saw it on TV
tè[1] /chay/ one (*when replacing a feminine noun*); *an lèine seo? – chan i, an tè dhearg* this shirt? – no, the red one; *tè bheag* a dram; *tè mhòr* a double whisky
tè[2] /chay/ *an* +*len adj*: ♦ **tè a' chunntair** barmaid; **tè-chiùil** musician; **tè dhonn** brunette; **tè-ealain** (female) artist; **tè-fhrithealaidh** waitress; **tè-ghnothaich** businesswoman; **tè-labhairt** spokeswoman; **tè-lagha** lawyer; **tè-loiliopop** lollipop lady; **tè-phòsaidh** fiancée
teachd /chehKk/ *an* arrival; *ar crannchar san àm ri teachd* our future success; *ginealaichean a tha ri teachd* generations to come; *na trì bliadhnaichean ri teachd* the coming three years ♦ **teachd a-steach** income
teachdaiche /chehKkiKə/ *an* (*pl* teachdaichean) customer
teachdail /chehKkal/ future
teachdaire /chehKkehrə/ *an* (*pl* teachdairean) messenger; envoy; minister, vicar
teachdaireachd /chehKkirəKk/ *an* +*len adj* (*pl* teachdaireachdan) message; *a' sgaoileadh teachdaireachd eu-dòchasach* sending a negative message

teacsa /teksə/ *an* (*pl* teacsaichean) text; ***cuiridh mi thugad teacsa*** I'll text you

teagaisg (a' teagasg) /chegishk (ə chegəsk)/ teach

teagamh /chekəv/ *an* (*gen* teagaimh, *pl* teagamhan) doubt; ***gun teagamh*** without a doubt; ***gun teagamh sam bith*** without any doubt whatsoever; ***tha teagamhan agam*** I have my doubts; ***tha e air teagamh a chur ann*** he has called it into question; ***chan eil teagamh nach e...*** there's no doubt that it is...[66]

teagasg /chegəshk/ *an* (*gen* teagaisg) teaching; ***teagasg aig an taigh*** home schooling

teaghlach /churləK/ *an* (*gen* teaghlaich, *pl* teaghlaichean) family

teagmhach /chekvahK/ doubtful

teallach /cheləK/ *an* (*gen* teallaich, *pl* teallaichean) forge; hearth

teamplaid *an* +*len adj* (*pl* teamplaidean) template

teanamant /tenəmant/ *an* (*gen* teanamaint, *pl* teanamantan) tenement

teanas /tenəs/ *an* (*gen* teanais) tennis

teanga /chengə/ *an* +*len adj* (*pl* teangannan) tongue; ***cùm do theanga agad fhèin!*** hold your tongue!; don't answer back!; ***bha e air a theanga a lorg*** he had found his tongue

teann /chyōwn/ tight; ***'s e clàr teann a tha sin*** it's a tight schedule; ***teann air*** close by; ***riaghailtean teann*** strict rules

◊ **teann ri (a' teannadh ri)** /chyōwn ree (ə chyōwnəG ree)/ start to

teannaich (a' teannachadh) /chyōwneeK (ə chyōwnəKəG)/ tighten

teannas /chyōwnəs/ *an* (*gen* teannais) austerity

teanor /'tenor'/ *an* (*gen* teanoir, *pl* teanoran) tenor

teansa /chensə/ *an* (*pl* teansaichean) chance

---

66 double negative in Gaelic

teanta /tentə/ *an +len adj* (*pl* teantaichean) tent
tèarainte /chee-ərinchə/ secure
tèarainteachd /chee-ərinchəKk/ *an +len adj* security
  ♦ **tèarainteachd shòisealta** social security
tearc /chehrk/ rare, scarce
Teàrlach /charləK/ Charles; *Teàrlach Òg Stiùbhart* Bonnie Prince Charlie; *bliadhna Theàrlaich* the '45
tèarmann /chee-ərmən/ *an* (*gen & pl* tèarmainn) reserve; refuge
  ♦ **tèarmann nàdair** nature reserve
tèairrds (a' tèairrdseadh) /'charge' (ə 'charge'-shəG)/ charge
teas /ches/ *an* (*gen* teasa) heat
teasachadh /chesəKəG/ *an* (*gen* teasachaidh, *pl* teasachaidhean) heating; warm-up
teasadair /chesədər/ *an* (*pl* teasadairean) heater
teasaich (a' teasachadh) /cheseeK (ə chesəKəG)/ heat (up)
teasairg (a' teasairginn) /chesərg (ə chesərgin)/ rescue
teasairginn /chesərgin/ *an +len adj* rescue ♦ **teasairginn beinne** mountain rescue
tèatar /chee-ətər/ *an* (*gen* tèatair, *pl* tèataran) theatre
teatha /teh-ə/ *an +len adj* (*pl* teathachan) tea
teich (a' teicheadh) /chehK (ə chehKəG)/ escape; flee; *teichibh!* beat it!
Δ **teich air** run away from; *theich e orra* he ran away from them
teiche /chehKə/: *a' cur teiche air...* making...run away; *bha iad air teiche air falbh* they had got away
teicneòlach /teknyawləK/ technical; technological
teicneolaiche /teknyoleeKə/ *an* (*pl* teicneolaichean) technician
  ♦ **teicneolaiche deuchainn-lainn** lab technician
teicneòlas /teknyawləs/ *an* (*gen* teicneòlais, *pl* teicneòlasan) technology ♦ **teicneòlas fiosrachaidh** information technology, IT
teicnigeach /teknigəK/ technical; *trioblaidean teicnigeach* technical problems
tèid /chayj/ **1** *fut interr & neg of* rach **2** *càit an tèid agam*

air...a cheannach? where can I buy...?; ***bha 25% misneachail gun tèid aca air...*** 25% were confident that they can...

tèile /chaylə/ (= **tè eile**) the other one

teilidh /'telly'/ *an* telly

teine /chehnə/ *an* (*pl* teintean) fire; ***na theine, nan teine*** on fire; ***tha na meadhanan sòisealta nan teine le...*** social media are awash with... ♦ **teine dealain** electric fire; **teine mònach** peat fire; **teintean monaidh** hill fires

teinnteach /chYn-choK/ fiery

teinntean /chYn-chən/ *an* (*gen* & *pl* teinntein) hearth, fireplace

teip /tayp/ *an* +*len adj* (*pl* teipichean) tape

teirig (a' teireachdainn) /chehrik (ə chehrəKkin)/ run out; ***tha an t-aran air teireachdainn oirnn*** we've run out of bread; ***theirig fhoighidinn aig a' cheann thall*** his patience finally ran out

teiripe /cheripə/ *an* (*pl* teiripean) therapy

teiripiche /cheripeeKə/ *an* (*pl* teiripichean) therapist ♦ **teiripiche-cuirp** physiotherapist

teirm /tehrəm/ *an* +*len adj* (*gen* teirme, *pl* teirmean) term; ***tron teirm sgoile*** during term time; ***teirmean 's cumhaichean*** terms and conditions

teis-meadhan /chehsh-mee-an/ *an* (*gen* teis-meadhain) very centre; epicentre; ***aig teis-meadhan obair-leasachaidh*** at the very heart of development work; ***tha mi ann an teis-meadhan obair-dachaigh*** I'm right in the middle of my homework

teist /chehsch/ *an* +*len adj* (*gen* teiste, *pl* teistean) reputation

teisteanas /chestənəs/ *an* (*gen* teisteanais, *pl* teisteanasan) qualification; certificate; ***teisteanasan dreuchdail*** vocational qualifications ♦ **teisteanas-breith** birth certificate; **teisteanas slàinte** health certificate

telebhisean /televishen/ *an* (*gen* telebhisein, *pl* telebhiseanan) television; ***air an telebhisean*** on television

teoba /chopə/ *an* (*pl* teobaichean) job

teòclaid

teòclaid /chawKklij/ *an +len adj* (*gen* teòclaide, *pl* teòclaidean) chocolate; *teòclaid theth* a hot chocolate; *bogsa theòclaidean* a box of chocolates

teòmachd /chyawməKk/ *an +len adj* expertise

teop /chop/ *an* (*gen* teopa, *pl* teopaichean) chop; *teop muice/uain* pork/lamb chop

teotha /chaw-ə/: *nas/as teotha comp & supl of* **teth**

teothachd /chaw-əKk/ *an +len adj* (*pl* teothachdan) temperature

teth /cheh/ hot

teud /chayt/ *an* (*gen* teuda, *pl* teudan) string (*of violin etc*); *na teudan* the strings (*in orchestra*)

tha /ha/ **1** (*with adjectives*) am; is; are; *tha mi/sinn deiseil* I'm/we're ready; *tha mo chas goirt* my leg's sore **2** (*with nouns*) *tha an t-acras air/oirre* he's/she's hungry; *tha fios agam* I know; *tha mi an dòchas gu...* I hope that... **3** (*to form the perfect tense with* **air** *plus verbal noun*) *tha mi air dà phinnt òl* I've drunk two pints **4** (*in response to a question with* **a bheil?** *or* **nach eil?**) *a bheil thu sgìth? – tha* are you tired? – yes

thàinig /hahnik/ *past pos of* **thig**

thairis /harish/ **1** over; *na toir thairis gu bràth* never give up **2** ■ **thairis air** across, over; *na ruith thairis air an rathad* don't run across the road; *thairis air an ath dhà mhìos* over the next two months; *thairis air buidseat* over budget

thàlas /hahləs/ *short form of* **thàlaidheas**, *rel fut of* **tàlaidh**

thall /hōwl/ over there; *mu dheireadh thall* eventually, finally, at long last; *thall thairis* abroad; *o thall thairis* from abroad; *thall 's a-bhos* here and there, all over

thalla! /halə/ go away!; off you go!; come off it!; *thalla is dèan do nighe* go and wash; *thalla sìos an rathad seo* go down this road; *thalla 's tarraing!* get stuffed!

thar /har/ **1** beyond, outwith; *tha e thar a chomais* it is outwith his powers (*Scots*), it does not lie within his powers **2** over; across; *thar nam bliadhnaichean a dh'fhalbh* over the past years

thar-phàrtaidh /har-fahrtee/ cross-party

thathas /ha-əs/: *thathas a' moladh gun...* it is being recommended that...; *thathas a' tuigsinn gun...* it is understood that...; *thathas a' tuigsinn gu bheil iad...* they are understood to be...

theab /hehp/ nearly; *theab mi am bàta a chall* I nearly missed the boat; *theab mi do chreidsinn* I almost believed you; *theab is nach do theab* so very nearly

thèid /hayj/ *fut pos of* **rach**; *thèid £10,000 a thoirt do...* £10,000 is going to be given to...

their /hehr/ *fut pos of* **abair**

theirear /hehrər/ *fut pos pass of* **abair**; *dè a theirear ri seo?* what's this called?

thì: *ò thì!* /oh hee/ oh dear!

thig /hik/ *fut pos of* **thig**

thig* (a' tighinn) /hik (ə cheeyin)/ come; *am faod mi tighinn ann cuideachd?* can I come along too?; *thàinig e thugam* he came up to me

◊ **thig air**[1] **1** get at; *dè a tha thu a' tighinn air?* what are you getting at? **2** come on; *cha tàinig an teas air* the heating didn't come on; *le Jamie a' tighinn air san dàrna leth* with Jamie coming on in the second half

△ **thig air**[2] **1** *thàinig e gu math teann orra* he began to be very hard on them **2** come over, happen to; *dè thàinig air an duine?* what had come over the man? **3** be forced to; *thàinig air Morag an aon rud a dhèanamh* Morag had to do the same thing

◊ **thig air adhart** come on, come along; make progress; come forward; *tha e a' tighinn air adhart gu math* it's coming on nicely

◊ **thig air ais** come back (*return, also from losing position*); *thig mi air ais thugad a thaobh sin* I'll come back to you on that

◊ **thig a-mach** come out

thig às

◊ **thig às** get out; *thàinig esan beò às* he survived, he came out of it alive; *cha robh coltas ann gun tigeadh i às beò* there was no likelihood of her surviving

◊ **thig a-steach** come in; *thàinig e a-steach orm gum...* it occurred to me that..., it struck me that...

△ **thig còmhla le** merge with, get together with

△ **thig de** come off; *thàinig a bròg dhith* her shoe came off

◊ **thig dheth** get off; *càit an tig mi dheth?* where do I get off?; *seo far an tig thu dheth* this is where you should get off

△ **thig do** suit; *tha e a' tighinn dhut/dhi* it suits you/her

◊ **thig far** get off *(bus, train)*; *thàinig sinn far a' bhus aig an stad mu dheireadh* we got off the bus at the last stop

△ **thig ri** suit; get on with; *chan eil iad a' tighinn ri chèile* they don't get on with each other; *chan eil an ad a' tighinn rithe* the hat doesn't suit her

△ **thig suas ri** come up to, live up to; *cha robh e a' tighinn suas ri na bhathar an dùil* it didn't come up to expectations

△ **thig tarsainn air** come across, find

thogras /hohkrəs/ → **togair**

thoir* **(a' toirt)** /hor (ə torsht)/ **1** give; *bheir mi dhut e* I'll give it to you; *an toir thu dhomh...?* will you give me...?; *thug mi dha e* I gave it to him **2** take; bring; *an toir thu mo mhac dhachaigh?* can you take my son home?; *tha e a' toirt mòran ùine* it takes (up) a lot of time; *thugar an nighean dhan ospadal* the girl was taken to hospital; *dè cho fada 's a bheir e?* how long will it take? **3** *thug e bliadhnaichean mòra an sàs ann...* he spent many years involved with ...; *thoir ionnsaigh* carry out an attack

△ **thoir à** take out; remove; *bha sin air tòrr a thoirt asta* that had taken a lot out of them

△ **thoir air** cause, make; *dè thug oirbh sin a dhèanamh?* what made you do that?

◊ **thoir air adhart** bring forward; *chaidh na planaichean a* *thoirt air adhart* the plans were brought forward

◊ **thoir air ais** return, give back; bring back

◊ **thoir air falbh** take away, remove; subtract; *tha sin a' toirt aire air falbh bho...* this is taking the focus away from...

◊ **thoir a-mach 1** take out; *thug i sgàthan a-mach às...* she took a mirror out of...; *thug mi poileasaidh a-mach* I took out a policy **2** *nuair a thug e a-mach dreuchd* when he took up the profession **3** hatch (out); *nuair a thug iad na h-iseanan a-mach* when they hatched out their chicks

◊ **thoir a-nuas** bring down; reduce

◊ **thoir a-steach** bring in; include; *tha iad a' toirt a-steach bhìobhairean a-rithist* they are re-introducing beavers

◊ **thoir dheth** lay off; *chaidh an luchd-obrach a thoirt dheth* the workforce was laid off

△ **thoir le** bring; *bheir mi leam dhachaigh e* I'll bring him home; *cha robh e a' toirt leis na sgoile* he didn't get on well at school; *chan eil mi ga thoirt leam* I don't understand it

◊ **thoir seachad** give (*permission, reasons*); provide; pass on (*knowledge*); award (*contract*); *cothrom am beachdan a thoirt seachad* a chance to express their views; *cothrom seirbheis nas fheàrr a thoirt seachad* an opportunity to provide a better service; *thug i seachad an duais* she presented the award

◊ **thoir suas** give up, relinquish

thu /oo/ you; *thu fhèin* yourself; *'s toigh leam thu* I like you

thuca /hooKkə/ *prep pron from* **gu** *for* **iad** (*them*); to them; *chuir mi thuca e* I sent it to them

thucasan /hooKkəsən/ *the emphatic form of* **thuca**

thug /hook/ *past pos of* **thoir**

thugad /hookət/ *prep pron from* **gu** *for* **thu** (*you*); to you; *fònaidh mi air ais thugad* I'll phone you back; *cuiridh mi thugad teacsa* I'll text you; *thugad!* watch out!, look out!

thugadsa /hookətsə/ *the emphatic form of* **thugad**; *bhuamsa thugadsa* from me to you

thugaibh /hookiv/ *prep pron from* **gu** *for* **sibh** (*you*); to you; *cuiridh mi thugaibh e* I'll send it to you
thugaibhse /hookivshə/ *the emphatic form of* **thugaibh**
thugainn /hookin/ *prep pron from* **gu** *for* **sinn** (*us*); to us; *ruith iad a-nuas thugainn* they ran down to us; *thugainn!* come on!
thugainne /hookinyə/ *the emphatic form of* **thugainn**
thugam /hookəm/ *prep pron from* **gu** *for* **mi** (*me*); to me; *thàinig i thugam* she came up to me; *air a' fòn thugam* on the phone to me
thugamsa /hookəmsə/ *the emphatic form of* **thugam**
thuice /heeKkə/ *prep pron from* **gu** *for* **i** (*her; it*); to her/it; *ruith mi sìos thuice* I ran down to her; *am fòn thu air ais thuice?* will you call her back?
thuicese /heeKkəshə/ *the emphatic form of* **thuice**
thuige /heekə/ *prep pron from* **gu** *for* **e** (*him; it*); to him/it; *bhiodh daoine a' dol thuige airson...* people would go to him for...; *am fòn thu air ais thuige?* will you call him back?; *thuige seo* up to now, so far; by now, to date
thuigesan /heekəsən/ *the emphatic form of* **thuige**
thuirt /hoorsht/ *past pos of* **abair**
thusa /oosə/ *the emphatic form of* **thu**; *cò? – thusa!* who? – you!
tì[1] /'tea'/ *an +len adj* (*pl* titheachan) tea
tì[2] /tee/ *an* purpose; *air tì* on purpose; *tha iad air tì...* they are bent on...
tiamhaidh /chee-əvee/ plaintive; melancholy
ticead /tiket/ *an* (*gen* ticeid, *pl* ticeadan) ticket
tide /cheejə/ *an +len adj* (*pl* tìdeachan) time; *tha e thìde dhut fios a bhith agad air sin* it's time you knew that; *bha làn thìde aige ...a...* it was high time he...; *mun tìde-sa a dh'oidhche* at this time of night; *ri tìde* with time; over time ♦ **tìde-mhara** tide
tidsear /'teacher'/ *an* (*gen* tidseir, *pl* tidsearan) teacher; *obraichean tidseir* teaching jobs
tig /tik/ *fut interr & neg of* **thig**

tigear /cheegər/ *an* (*gen* tìgeir, *pl* tìgearan) tiger

tighe /chiyə/: *nas/as tighe comp & supl of* **tiugh**

tighearna /chee-ərnə/ *an* (*pl* tighearnan) lord ♦ **Tighearna nan Eilean** Lord of the Isles

tighinn: *a' tighinn* /ə cheeyin/ *verbal noun of* **thig**; *Dimàirt seo tighinn* this Tuesday coming, next Tuesday; *a' tighinn 's a' falbh* coming and going

Tìleach /cheeləK/ **1** Icelandic **2** *an* (*gen & pl* Tìlich) Icelander

tilg (a' tilgeil) /chilik (ə chilikel)/ throw

◊ **tilg às** throw out

△ **tilg de** fight off (*infection, cold etc*); *thilg mi dhìom an cnatan* I fought off the cold

till (a' tilleadh) /cheel (ə cheelyəG)/ come back, return, get back; go back; *an do thill e?* is he back?; *nuair a thilleas mi a Ghlaschu* when I get back to Glasgow; *tillidh mi an ceartair* I'll be right back

tìm /cheem/ *an* time; *tha e mar a bhith a' dol air ais ann an tìm* it's like going back in time

timcheall /chiməKal/ around; *a bheil i timcheall?* is she around?; *timcheall air* around; *timcheall air 2 uair an uaireadair* around 2 o'clock; *timcheall air 500 troigh* around 500 feet; *tha iad a' dol timcheall ag ràdh gu bheil...* they are going around saying that...

timcheallan /chiməKələn/ *an* (*gen* timcheallain, *pl* timcheallanan) roundabout

tinn /cheen/ sick, ill

tinneas /cheenyəs/ *an* (*gen* tinneis, *pl* tinneasan) illness; disease ♦ **tinneas nan alt** arthritis; **tinneas cridhe** heart disease; **tinneas na dibhe** alcoholism; **tinneas an fheòir** hay fever; **tinneas an t-siùcair** diabetes; *tha tinneas an t-siùcair air* he's diabetic; **tinneas tuiteamach** epilepsy[67]

tiodhlac /chee-ələk/ *an* (*gen* tiodhlaic, *pl* tiodhlacan) gift; donation ♦ **tiodhlac Nollaig** Christmas present

---

67 falling sickness in old English

tiodhlacadh /chee-ələkəG/ *an* (tiodhlacaidh, *pl* tiodhlacaidhean) funeral, burial; **làraichean tiodhlacaidh** burial sites

tiodhlaic (a' tiodhlacadh) /chee-əlik (ə chee-ələkəG)/ bury

tiogaid /tikij/ *an* +*len adj* (*gen* tiogaide, *pl* tiogaidean) ticket

tiom-chridheach /chim-KreeyəK/ sensitive

tiomain (a' tiomnadh) /chimen (ə chimənəG)/ bequeath; delegate; devolve

tiomnadh /chimənəG/ *an* (*gen* tiomnaidh, *pl* tiomnaidhean) will; testament; devolution; **tiomnadh do Riaghaltas na h-Alba** devolution to the Scottish Government; **tiomnadh chumhachdan** devolution of powers; **cumhachd thiomnaichte** devolved power; **an Seann Tiomnadh** the Old Testament; **an Tiomnadh Nuadh** the New Testament

tiomnaich (a' tiomnadh) /chiməneeK (ə chimənəG)/ bequeath; delegate; devolve

tiona /tinə/ *an* (*pl* tionaichean) tin, can

tionail (a' tional) /chinal (ə chinəl)/ collect, gather

tionndadh /chyoondəG/ *an* (*gen* tionndaidh, *pl* tionndaidhean) turn; turning; version

tionndaidh (a' tionndadh) /chyoondY (ə chyoondəG) / turn; **càit an tionndaidh sinn dhen rathad?** where do we turn off?; **an comas air rannsachadh a thionndadh gu ùr-ghnàthachas** the ability to turn research into innovation

◊ **tionndaidh a-mach** turn out

tionnsgail (a' tionnsgal) /chyoonskal (ə chyoonskəl)/ invent

tionnsgal /chyoonskəl/ *an* (*gen* tionnsgail, *pl* tionnsgalan) ingenuity, inventiveness

tionnsgalach /chyoonskələK/ inventive

tionnsgalair /chyoonskələr/ *an* (*pl* tionnsgalairean) inventor

tionnsgainneach /chyoonskinyəK/ entrepreneurial

tiops /'chips'/ *na* chips

tìoraidh /chee-əree/ cheerio

tìorail /cheeral/ cosy; **bha i tìorail blàth** it was pleasantly warm

tioram /chirəm/ dry; **tioram air tìr** on dry land; **tha cuthach**

tioram mu... there's enormous anger about... ♦ **tioram-ghlanadair** *an* dry-cleaner

tiorma /chirəmə/: *nas/as tiorma comp & supl of* **tioram**

tiormadair /chirəmədər/ *an* (*pl* tiormadairean) dryer
 ♦ **tiormadair-fuilt** hair-dryer

tiormaich (a' tiormachadh) /chirəmeeK (ə chirəməKəG)/ dry; dry up

tiota /chitə/ *an* (*pl* tiotaidhean) moment; *bidh mi ann ann an tiota* I'll be there in a moment

tiotal /chitəl/ *an* (*gen* tiotail, *pl* tiotalan) title ♦ **tiotal-obrach** job title

tiotan /chitan/ *an* (*gen & pl* tiotain) wee moment, sec

tìr /cheer/ *an +len adj* (*gen* tìre, *pl* tìrean) land; *air tìr* on (dry) land; ashore; *chaidh sinn air tìr* we went ashore; *à tìrean cèine* from other countries

tìr-mòr /cheer-mohr/ *an* mainland; *air tìr-mòr* on the mainland; *tìr-mòr na h-Alba* the Scottish mainland

Tiriodh /chiri-əG/ Tiree

Tiristeach /chirish-chəK/ **1** of/from Tiree **2** *an* (*gen & pl* Tiristich) person from Tiree

titheachan /ti-əKən/ *pl of* **tì**[1]

tiud! /choot/ bah!

tiugainn /chookeen/ let's go; *tiugainn leam* come with me

tiugh /ch-yoo/ thick

tiùrr *an* high-water mark

tlachd /tlaKk/ *an +len adj* pleasure; *'s e tlachd a th' ann* it's a pleasure

tlachdmhor /tlaKkvər/ pleasant; pleasing

tlàth /tlah/ mild

tobar /tohpar/ *an* (*gen* tobair, *pl* tobraichean) well; spring; source; *tobar ùr-ghnàthachais* a source of innovation
 ♦ **tobar-ola** oil well

Tobar Mhoire /tohpar vorə/ Tobermory

Tobar na Màthar /tohpar nə mah-hər/ Motherwell

tobhaig (a' tobhaigeadh) /toh-eg (ə toh-eegəG)/ tow

tobhta /tawtə/ *an +len adj* (*pl* tobhtaichean) ruin; *ann an tobhta a' chaisteil* in the ruins of the castle

todhar /toh-ər/ *an* (*gen* todhair, *pl* todharan) fertilizer, manure; *todhar gallta* artificial fertilizer

tog (a' togail) /tohk (ə tohkal)/ pick up (*object, language*); collect; build; take up; raise; lift, remove (*tariffs*); *togaidh mi aig a' phort-adhair thu* I'll pick you up from the airport; *thàinig mi gus ...a thogail* I've come to collect...; *dòighean eile gus airgead a thogail* other ways of raising the money; *tha sinn airson togail air an obair a thathar a' dèanamh* we want to build on the work being done; *thog iad cùis-lagha an aghaidh...* they brought legal proceedings against...; *rugadh agus thogadh mi ann an...* I was born and brought up in...

◊ **tog air**[1] take off; *tha am plèan a' togail air aig 9m* the plane takes off at 9.00am **2** build on; *...gum feum iad togail air sin agus aonta a dhèanamh* ...that they should build on this and reach an agreement **3** raise, bring up; discuss, look at; *togaidh iad air smachd a bharrachd fhaighinn...* they will raise the issue of greater control...; *thog an t-ùghdar air an dàimh eadar...* the author looked at the relationship between...; *thog na freagairtean a fhuair sinn air...* the responses which we received pointed up...

△ **tog air**[2] set off; *thog i oirre don stèisean* she set off to the station **2** get going, get started; *ceart ma-thà, togamaid oirnn* right, let's get started **3** look up, improve; *tha cùisean a' togail orra* things are looking up

togail /tohkal/ *an +len adj* building, construction; *thug e togail dham chridhe* it cheered me up; *bu chòir dhuinn togail fhàighinn às an obair aca* we should be inspired by their work ♦ **togail-air** take-off

togair (a' togradh) /toh-kər (ə toh-krəG)/ like, wish; *mar a thogras tu* as you like; *uair sam bith a thogradh iad* whenever they wished; *far an tograinn* where I would wish

togalach /tokələK/ *an* (*gen* togalaich, *pl* togalaichean) building
togarrach /tohkərəK/ keen, eager; inviting
togsain /'toxin'/ *an* (*pl* togsainean) toxin
toidhleat /'toilet'/ *an* (*gen* toidhleit, *pl* toidhleatan) toilet
tòidhs /toys/ *na* toys
toigh[68]: ***'s toigh leam...*** /stələm/ I like...; ***'s toigh leam e / thu*** I like it/you; ***am bu toigh leat deoch?*** would you like a drink?; ***am bu toigh leat a thighinn ann cuideachd?*** would you like to come too?; ***bu toigh*** yes, I'd like to; ***bu toigh leam...*** I'd like a...; ***bu toigh leam a dhol dhan Chomraich*** I'd like to go to Applecross; ***cha toigh leam e*** I don't like it; ***dè bu toigh leat?*** what would you like?
toil /təl/ *an* +*len adj* **1** will; desire; ***an aghaidh a thoil / a toil*** against his will/her will; ***air do thoil fhèin*** at your own discretion, as you please **2** ***mas e do thoil e*** please; ***mas e ur toil e*** please (*polite, plural*)
toileach /toləK/ willing
toileachas /toləKəs/ *an* (*gen* toileachais) pleasure; contentment; ***tha iad a' dèanamh toileachais*** they are celebrating; ***toileachas aig oileanaich*** student satisfaction; ***tha sinn a' dèanamh toileachais gu bheil...*** we are pleased that...
toilichte /toleeKchə/ happy; ***ceart gu leòr, tha mi toilichte le sin*** ok, I'm happy with that
toil-inntinn /tol-eenchin/ *an* +*len adj* satisfaction; pleasure; ***...a bheir toil-inntinn dhaibh*** ...which they find fulfilling; ...which gives them satisfaction
tòimhseachan /tawshəKən/ *an* (*gen* & *pl* tòimhseachain) puzzle; riddle ♦ **tòimhseachan-tarsainn** crossword
tòine /tawnyə/ *gen of* **tòn**
toinnte /toynchə/ complicated
tòir /tawr/: ***an tòir air*** in search of, after
toir /tor/ *fut interr* & *neg of* **thoir**

---

68 **Toigh** is often to be found written as **toil**.

Toirbheartan /torəvehrshtan/ Torridon
toirds /ˈtorch'/ *an* (*gen* toirdse, *pl* toirdsichean) torch
toirm /torəm/ *an* +*len adj* (*gen* toirme) din, noise
toirmeasg /tərəməsk/ *an* (*gen* toirmisg, *pl* toirmeasgan) prohibition; nuisance
toirmisg (a' toirmeasg) /tərəmishk (ə tərəməsk)/ forbid, prohibit
toirmisgte /torəmishkchə/ forbidden
toirt[1]: *a' toirt* /ə torsht/ *verbal noun of* **thoir**
toirt[2] /torsht/ *an* +*len adj* (*gen* toirte) importance
toirt am bruid /torsht əm brooj/ *an* abduction; kidnapping
toiseach /toshəK/ *an* (*gen* toisich) start, beginning; front; *aig an toiseach* at first; *an toiseach* to start with; *aig toiseach gnothaich* at first; *cò a th' ann an toiseach?* who's first?; *air thoiseach* ahead; *'s e MacAoidh a chuir County air thoiseach* Mackay put County ahead *or* in front; *'s e County a chaidh air thoiseach às ùr* County went ahead again; *air thoiseach air* ahead of
tòiseachadh /tawshəKəG/ *an* (*gen* tòiseachaidh) beginning, start; *aig an tachartas tòiseachaidh den fhèis* at the opening event of the festival
tòiseachail /tawshəKal/ initial
toiseach-tòiseachaidh /toshəK-tawshəKee/ *an* (*gen* toisich-thòiseachaidh) start; starting point; *sin deagh thoiseach-tòiseachaidh* that's a good start; *tha sibh air deagh thoiseach-tòiseachaidh a dhèanamh* you've made a good start; *rinn iad toiseach-tòiseachaidh sònraichte* they got off to a flying start
tòisich (a' tòiseachadh) /tawsheeK (ə tawshəKəG)/ start, begin; *a' tòiseachadh bho an-diugh* starting from today; *cha tòisich an càr* the car won't start; *cuin a thòisicheas e?* when does it start?; *thòisich iad ag innse mun...* they started telling about...
◊ **tòisich air** start to; *thòisich e air sgrìobhadh* he started writing

◊ **tòisich ri** start to; *thòisich i ri sgreuchail* she started to scream
toisich[1] /tosheeK/ *gen of* **toiseach**
toisich[2] /tosheeK/ front; *spògan-toisich* front paws
toit /totch/ *an +len adj* (*gen* toite) smoke; *toitean* smokes, fags
toll /tōwl/ *an* (*gen & pl* tuill) hole
toll (a' tolladh) /tōwl (ə toləG)/ pierce, make a hole in; *tha an t-acras gam tholladh* I'm starving
tolman /toləmən/ *an* (*gen & pl* tolmain) hillock, mound
tom /tōwm/ *an* (*gen* tuim, *pl* toman(n)an) hillock; mound
tom (a' tomadh) /tōwm (ə tohməG)/ dip; immerse
tomadach /toməDəK/ bulky; burly; massive
tomàto /'tomato'/ *an* (*pl* tomàtothan) tomato
tombaca /tombaKkə/ *an* tobacco
tomhais (a' tomhas) /toh-ish (ə toh-əs)/ measure; estimate
tomhas /toh-əsh/ *an* (*gen* tomhais, *pl* tomhasan) measurement; measure; *gu bheil tomhas de mhì-chinnt ann a thaobh...* that there is a degree *or* measure of uncertainty about...; *tomhas mòr de lùghdachadh* a significant degree of reduction
tòn /tawn/ *an +len adj* (*gen* tòine, *pl* tònan) backside, arse; bottom; *mo thòin!* my arse!; *buail do thòn fodhad!* park your bum!; *tha do thòn anns an t-solas ort!* you're too full of yourself!; *cha do chuir e a làmh ach a thachais a thòn* he did bugger-all ♦ **tòn-toile** arsehole
tonn /tōwn/ *an* (*gen & pl* tuinn) wave (*in sea*); *neart nan tonn* the power of the waves
tòrachd /tawrəKk/ *an +len adj* pursuit; *an tòrachd airson sàr-mhathais* the pursuit of excellence
toradh /torəG/ *an* (*gen* toraidh, *pl* toraidhean) produce; result; *toraidhean nan deuchainnean* exam results; *toradh taghaidh* election result; *toradh na mara* fruits of the sea; *toradh air poileasaidh* yield of a policy; *mar thoradh air...* because of..., as a result of...
Tòraidheach /tohreeyəK/ Tory, Conservative; *am Pàrtaidh*

Tòraidheach the Conservative Party, the Tories
torc /torKk/ *an* (*gen & pl* tuirc) wild boar
torghan /torəGan/ *an* (*gen* torghain, *pl* torghanan) rumbling
Tòr Lunndaidh /tawr loondee/ Torlundy
tòrr /tawr/ *an* (*gen* torra, *pl* torran) **1** heap; mound; hill **2** loads, lots; *tòrr shliseagan / rùim* lots of chips/space; *tha tòrr mòr obair ri dhèanamh fhathast* there is still a great deal of work to be done
torrach /torəK/ productive
tòrradh /tawrəG/ *an* (*gen* tòrraidh, *pl* tòrraidhean) burial; funeral
torran *an* (*gen* torrain, *pl* torranan) little mound; small stack
tosgaire /tosgərə/ *an* (*pl* tosgairean) ambassador
tòst /tawst/ *an* (*gen* tòist, *pl* tòstaichean) toast; slice of toast
tost *an* silence; *bha e / i na thost / tost airson greis* he/she was silent for a while
tostach /tostəK/ silent
tòstair /'toaster'/ *an* (*pl* tòstairean) toaster
tr (=troigh) ft (=foot)
traca /traKkə/ *an* (*pl* tracaichean) track (*on CD etc*)
tràchdas /trahKkəs/ *an* (*gen & pl* tràchdais) thesis
tractar /'tractor'/ *an* (*gen* tractair, *pl* tractaran) tractor
trafaig /trafek/ *an* +*len adj* (*gen* trafaige) traffic
traidiseanta /tradishəntə/ traditional
tràigh /trY/ *an* +*len adj* (*gen* tràghad, *pl* tràighean) beach; *air an tràigh* on the beach; *tha an tràigh ann* the tide's gone out ♦ **tràigh-ghainmhich** sandy beach
tràigheadh /trY-yəG/ *an* (*gen* tràighidh) stranding; ebbing; *Sgeama Albannach Tràigheadh nam Beathaichean Mara* Scottish Sea Animals Stranding Scheme
tràill /trahl/ *an* (*gen* tràille, *pl* tràillean) slave
tràilleachd /trahlyəKk/ *an* +*len adj* slavery; *gnìomhachas na tràilleachd* the slave trade
traingead /tranget/ *an* (*gen* traingeid): *le traingead na h-obrach* with being busy at her work

tràithe /trYə/ earlier; *na bu thràithe air a' bhliadhna* earlier in the year

tràladh /trahləG/ *an (gen* tràlaidh*)* trawling

tràlair /trahlər/ *an (pl* tràlairean*)* trawler

trang busy; engaged; *aig na h-amannan as trainge* at the busiest times, at peak times

trannsa /trōwnsə/ *an +len adj (pl* trannsachan*)* corridor; hallway; aisle

traogh (a' traoghadh) /trurG (ə trur-əG)/ go out, ebb

traon /trurn/ *an (gen & pl* traoin*)* corncrake

trast-rathad *an (gen* trast-rathaid, *pl* trast-rathadan*)* crossing
  ♦ **trast-rathad coise** pedestrian crossing; **trast-rathad seabra** zebra crossing

tràth[1] /trah/ early

tràth[2] /trah/ *an (gen* tràith, *pl* tràthan*)* time; tense ♦ **tràth-bhliadhnaichean** early years, pre-school; **tràth meadhain-là** lunchtime

treabh (a' treabhadh) /tr-yoh (ə tr-yohəG)/ plough

trealaich, treallaich /tr-yaleeK/ *an +len adj* rubbish, garbage; stuff; *trealaich de gach seòrsa* all sorts of odds and ends ♦ **trealaich-turais** baggage, luggage

treamhlaidh /tr-yōwlee/: *ghabh e treamhlaidh* he's caught a bug

trèan /'train'/ *an +len adj (gen* trèana, *pl* trèanaichean*)* train; *chaidh sinn air an trèan* we went by train

trèan (a' trèanadh) /'train'/ train

trèanadh /trehnəG/ *an (gen* trèanaidh*)* training

treas /tres/ third; *treas pàrtaidhean* third parties

treasa /tresə/: *nas / as treasa comp & supl of* **làidir**; stronger; strongest

treasach /tresəK/ tertiary

treas-ìreach /tres-eerəK/ tertiary; *foghlam treas-ìreach* tertiary education

treibil /'treble'/ *an +len adj* treble *(music)*

trèid /trayj/ *gen of* **treud**

trèig (a' trèigsinn) /trayg (ə traygshin)/ abandon, desert
trèilear /'trailer'/ *an* (*gen* trèileir, *pl* trèilearan) trailer
treis /trehsh/ while; ***airson treis*** for a while
treiseag /treh-shak/ *an +len adj* (*gen* treiseige, *pl* treiseagan) a wee while, a bit
treòrachadh /tr-yawrəKəG/ *an* (*gen* treòrachaidh) leading; guiding
treòraich (a' treòrachadh) /tr-yawreeK (ə tr-yawrəKəG)/ lead; guide
treubh /trayv/ *an +len adj* (*gen* treubha, *pl* treubhan) tribe
treubhach /trayvəK/ brave
treubhantas /trayvəntəs/ *an* (*gen* treubhantais) bravery
treud /trayt/ *an* (*gen* trèid, *pl* treudan) herd; flock
treun /trayn/ brave; strong
trì /tree/ three ♦ **trì deug** thirteen; **trì fichead** (*older system*) sixty; **trì fichead 's a deich** (*older system*) seventy; **trì-phuing** suspension points, ellipsis
triall (a' triall) /tree-əl/ journey; travel
trian /tree-ən/ *an* third; ***dà thrian*** two thirds
triantan /tree-əntən/ *an* (*gen* triantain, *pl* triantanan) triangle ♦ **triantan co-chasach** isosceles triangle
tric /treeKk/ **1** often; ***gu tric*** often; ***dè cho tric?*** how often?; ***nas trice*** more often; ***tric is minig*** very often, numerous times **2** *chan eil seirbheis thric ann* there isn't a frequent service
trichead = **trithead**
trioblaid /triplij/ *an +len adj* (*gen* trioblaide, *pl* trioblaidean) trouble; problem; ***gun trioblaid!*** no problem!; ***tha pàirceadh na thrioblaid an seo*** parking is a problem here; ***trioblaidean cridhe*** heart problems
triop /trip/ *an* (*pl* triopannan) time, occasion
trithead /tree-het/ thirty; ***nuair a tha iad anns na tritheadan*** when they're in their thirties
triùir /tr-yoor/ three (people)
triuthach: ***an triuthach*** /ən tr-yoo-əK/ (*gen na* triuthaich) whooping cough

tro /troh/ +*len* **1** through; across; *rach gu dìreach tron chlachan* go straight through the village **2** during; *tron latha* during the day; *tron chogadh* during the war **3** via; *tro cheangal bhideo* via video link

trobhad /troh-ət/ come on (*imperative only*); *trobhad an seo* come here; *trobhad a-steach dhan chàr* get in the car

trobhadaibh /troh-ətiv/ come on (*imperative only*)

troc: *abair troc!* /apar troKk/ rubbish!

tròcair /trawkər/ *an* +*len adj* compassion; mercy; *rinnear tròcair orra* they were shown mercy

trod /trot/ *an* (*gen & pl* troid) row; quarrel; telling-off

tro-fhaicsinneach /troh-YKkshinyəK/ transparent; *ann an dòigh fhosgailte agus tro-fhaicsinneach* in an open and transparent manner

tro-fhaicsinneachd /troh-YKkshinyəKk/ *an* transparency

troich /troyK/ *an* (*gen* troiche, *pl* troichean) dwarf

troid (a' trod) /troj (ə trot)/ quarrel; tell off; *...gun robh i a' trod riutha* ...that she told them off; *dè feum a th'ann a bhith trod ri...?* what's the point of arguing with...?

troigh /troy/ *an* +*len adj* (*gen* troighe, *pl* troighean) foot (*length*)

troimh /troy/ → **tro**

troimhe[1] /troy-yə/ *prep pron from* **tro** *for* **e** (*him; it*); through him/it; *dh'fhairich e am blàths a' sgaoileadh troimhe* he felt the warmth spreading through him

troimhe[2] /troy-yə/ through; *cluicheadairean òga a tha a' tighinn troimhe* young players coming through; *a dh'aindeoin 's na chaidh e troimhe* in spite of what he had been through

troimhe-a-chèile /troh-Kyaylə/ (*an* +*len adj*) **1** confusion; upset **2** turbulence **3** confused; upset; *tha i troimh-a-chèile ma dheidhinn* she's upset about it

troimhesan /troy-yəsən/ *the emphatic form of* **troimhe**[1]

troimhpe /troypə/ *prep pron from* **tro** *for* **i** (*her; it*); through her/it; *chaidh gaoir troimhpe* a shiver went through her

troimhpese /troypəshə/ *the emphatic form of* **troimhpe**

trom

trom /trōwm/ heavy; pregnant; *latha trom* a heavy day; a leaden day

trombaid /trōwmbij/ *an +len adj* (*gen* trombaide, *pl* trombaidean) trumpet

trombòn /'trombone'/ *an* (*gen* trombòin, *pl* trombònan) trombone

trom-chùiseach /trōwm-KooshəK/ serious

tromhad /troh-ət/ *prep pron from* **tro** *for* **thu** (*you*); through you; *an deach an t-snàthad tromhad?* did the needle go through you?

tromhadsa /troh-ətsə/ *the emphatic form of* **tromhad**

tromhaibh /troh-iv/ *prep pron from* **tro** *for* **sibh** (*you*); through you; *cha deach an t-snàthad tromhaibh* the needle didn't go through you

tromhaibhse /troh-ivshə/ *the emphatic form of* **tromhaibh**

tromhainn /troh-in/ *prep pron from* **tro** *for* **sinn** (*us*); through us; *nuair a thig na cungaidhean-leighis seo tromhainn* when these medicines pass through us

tromhainne /troh-inyə/ *the emphatic form of* **tromhainn**

tromham /troh-əm/ *prep pron from* **tro** *for* **mi** (*me*); through me; *chuir sin gaoir tromham* that sent a shiver through me; it made me shudder

tromhamsa /troh-əmsə/ *the emphatic form of* **tromham**

tromhpa /tropə/ *prep pron from* **tro** *for* **iad** (*them*); through them; *na Highers? gheibh i tromhpa gun mhaill* the Highers? she'll get through them no bother

tromhpasan /tropəsən/ *the emphatic form of* **tromhpa**

tron /trohn/ = **tro** + **an**

Tròndairnis /trawtərnish/ Trotternish

trosg /trosk/ *an* (*gen* & *pl* truisg) cod; *dh'òladh e mar an trosg* he could drink like a fish

trotan *an* trot; *thàinig e na throtan* he came trotting up

truagh /troo-əG/ poor; sad, miserable, wretched; *'s truagh sin!* what a shame!; *gus an truagh a chur air a' ghnothach* to make matters worse

truaghag /troo-əGəK/ *an* +*len adj* (*gen* truaghaige, *pl* truaghagan) poor thing, poor soul (*female*)

truaghan /troo-əGən/ *an* (*gen* truaghain, *pl* truaghanan) poor thing, poor soul (*male*); *a thruaghain* you poor thing

truaill (a' truailleadh) /troo-əl (ə troo-əlyəG)/ pollute; contaminate

truailleadh /troo-əlyəG/ *an* (*gen* truaillidh) pollution; contamination ♦ **truailleadh càrboin** carbon pollution; *'s urrainn dhaibh an truailleadh càrboin aca a ghearradh* they can reduce their carbon footprint; **truailleadh plastaig** plastic pollution

truaillte /troo-əlchə/ polluted; contaminated; *fuil thruaillte* contaminated blood

truas /troo-əs/ *an* (*gen* truais) pity; *bha truas aice rithe* she felt sorry for her

trubhal /troo-əl/ *an* (*gen* trubhail, *pl* trubhalan) trowel

truga /trəkə/ *an* +*len adj* (*pl* trugaichean) truck

truileis, truilleis /troolesh/ *an* +*len adj* junk

truime /trə-imə/: *nas/as truime comp & supl of* **trom**

truinnsear /troonshər/ *an* (*gen* truinnseir, *pl* truinnsearan) plate; dish ♦ **truinnsear-bìdh** dish (*food*); **truinnsear toisich** starter (*food*)

truis, trus (a' trusadh) /troosh, troos (ə troosəG)/ gather; bundle up; recruit

truisg /trooshk/ *gen & pl of* **trosg**

trusadh /troosəG/ *an* (*gen* trusaidh) gathering up; recruitment; *trusadh oileanaich* student recruitment

trustar /troostər/ *an* (*gen* trustair, *pl* trustairean) brute; *a thrustair!* you brute!

Truthail: *An Truthail* /ən troohal/ Troon

tu[69] /too/ you

tuainealach /too-anələK/ dizzy

---

69 Used when the verb is in the relative future or conditional.

tuaiream: *air thuaiream* /ehr hoo-ərəm/ at random; *tha mi a' bruidhinn air thuaiream* I'm guessing

tuaireamach /too-ərəməK/ random

tuairisgeul /too-ərishkel/ *an* (*gen* tuairisgeil, *pl* tuairisgeulan) description; *thoir tuairisgeul air* describe

tuairmse /too-ərmshə/ *an* +*len adj* (*pl* tuairmsean) guess; estimate; approximation ♦ **tuairmse sìde** weather forecast

tuar /too-ər/ *an* (*gen* tuair, *pl* tuaran) hue

tuarastal /too-ərəstəl/ *an* (*gen* & *pl* tuarastail) salary

tuath[1] /too-ə/ north; *mu thuath* up north

tuath[2] /too-ə/ *an* +*len adj* (*gen* tuatha) country(side); tenants; *air an tuath* in the country(side); *is treasa tuath na triath* the tenantry are stronger than the lairds ♦ **tuath cheòl** country music; **tuath-gaoithe** windfarm; *tuath-gaoithe mhara* marine windfarm; **tuath monaidh** hill farm

tuathal /too-əhəl/ confused; *tha thu gam chur tuathal* you're confusing me

tuathanach /too-ənəK/ *an* (*gen* & *pl* tuathanaich) farmer

tuathanachas /too-ənəKəs/ *an* (*gen* tuathanachais) farming

tuathanas /too-ənəs/ *an* (*gen* tuathanais, *pl* tuathanasan) farm ♦ **tuathanas èisg** fish farm; **tuathanas-gaoithe** windfarm; **tuathanas-gaoithe aig muir** marine windfarm

tuba /toopə/ *an* (*pl* tubaichean) bath; tub

tubaist /toopisht/ *an* +*len adj* (*gen* tubaiste, *pl* tubaistean) accident ♦ **tubaist rathaid** road accident

tubhailte /too-alchə/ *an* +*len adj* (*pl* tubhailtean) towel

tubhairt /too-ərsht/ *a past form of* **abair**

tùchach /tooKəK/ hoarse

tùchan /tooKan/ *an* (*gen* tùchain) hoarseness

tug /took/ past interr & neg of **thoir**

tugadh /tookəG/ past dependent pass of **thoir**

tughadh /too-əG/ *an* (*gen* tughaidh, *pl* tughaidhean) thatch, thatched roof

tuislich (a' tuisleachadh, a' tuisleadh)

tuig (a' tuigsinn) /tik (ə tikshin)/ understand; *a bheil thu a' tuigsinn?* do you understand?

tuigse /tikshə/ *an* +*len adj* intelligence; understanding; *ma 's math mo thuigse* if I have understood correctly; *tuigsinn?* get it?, understand?

tuigseach /tikshəK/ intelligent; understanding

tuil /tool/ *an* +*len adj* (*gen* tuile, *pl* tuiltean) flood; *rinn na tuiltean milleadh air...* the flooding damaged...; *tha an tuil bhàthte ann* it's pouring down

tuill /tool/ *gen & pl of* **toll**

tuilleadh /toolyəG/ more; *a bheil an tuilleadh cheistean agaibh?* do you have any further questions?; *tuilleadh fiosrachaidh* further information; *chan eil mi a' fuireach ann tuilleadh* I don't live there any more; *chan fhaca i tuilleadh iad* she never saw them again; *...nach biodh obair ann dhaibh tuilleadh às dèidh...* ...that there would be no more work for them after...; *tuilleadh air...* more than...; *a thuilleadh air...* as well as..., in addition to...; *tuilleadh 's...* more than...; too...; *tuilleadh 's a' chòir* more than enough; too much

tuim /too-im/ *gen of* **tom**

tuineachadh /toonyəKəG/ *an* (*gen* tuineachaidh, *pl* tuineachaidhean) settlement

tuinich (a' tuineachadh) /toonyiK (ə toonyəKəG)/ settle

tuiniche /toonyiKə/ *an* (*pl* tuinichean) settler

tuinn /tə-in/ *gen & pl of* **tonn**

tùir /toor/ *gen & pl of* **tùr**[1] & [2]

Tuirc: *an Tuirc* /ən toork/ Turkey

tuirc /toork/ *gen & pl of* **torc**

tùirseach /toorsəK/ sad

tuirt /toorsht/ *past interr & neg of* **abair**

tùis /toosh/ *gen of* **tùs**

tuislich (a' tuisleachadh, a' tuisleadh) /tooshliK (ə tooshləKəG, ə tooshləG)/ stumble, trip; *thuislich an coimpiutair agam* my computer crashed

tuit (a' tuiteam) /too-ich (ə too-ichəm)/ **1** fall; *bha i gu tuiteam leis an sgìths* she was ready to drop down exhausted **2** happen; *mar thuit e* as it happened *or* turned out

tuiteam /too-ichəm/ *an* (*gen* tuiteim, *pl* tuiteaman) fall

tuiteamas /toochəməs/ *an* (*gen* tuiteamais, *pl* tuiteamasan) chance event; *le tuiteamas* by chance; *'s e tuiteamas a bh' ann gun...* it was quite by chance that...

tulach /tooləK/ *an* (*gen* tulaich, *pl* tulaichean) hillock

tulg (a' tulgadh) /tooləg (ə tooləgəG)/ rock, swing

tum (a' tumadh) /toom (ə toomeG)/ dip

tunail /tənal/ *an* +*len adj* (*gen* tunaile, *pl* tunailean) tunnel

Tunga /toong-ə/ Tongue

tunna /toonə/ *an* (*pl* tunnaichean) ton; tonne

tunnag /toonəK/ *an* +*len adj* (*gen* tunnaige, *pl* tunnagan) duck

tùr[1] /toor/ *an* (*gen* tùir) sense ♦ *tùr fuadain* artificial intelligence

tùr[2] /toor/ *an* (*gen* tùir, *pl* tùir, tùraichean) tower; *tùr de chèic* a big slab of cake

tur /toor/ completely; *gu tur* completely; *tha sin tur ceàrr* that's completely wrong; *tha e tur toirmisgte* it is strictly forbidden

turach-air-tharach /toorəK-ehr-harəK/ topsy-turvy

turadh /toorəG/ *an* (*gen* turaidh, *pl* turaidhean) spell of dry weather

turas /toorəs/ *an* (*gen* turais, *pl* tursan) **1** time, occasion; *an ath-thuras* next time; *an turas mu dheireadh* last time; *aon turas* once, one time; *airson an treas turas* for the third time; *air dà thuras eadar-dhealaichte* on two separate occasions; *air turas roimhe* on a previous occasion; *chòrd an turas rinn* we enjoyed our stay; *turas math leat!* have a good time!; *airson a' chiad turas na bheatha* for the first time in his life

2 trip; journey; *turas math leat!* have a good journey!

3 turn; *'s e mo thuras-sa a th' ann* it's my turn; *'s e mo thuras-sa deoch a cheannach* it's my round

♦ **turas-adhair** flight; **turas là** day trip; **turas-sgoile** school trip

turasachd /tooresəKk/ *an +len adj* tourism

turchair = **tachair**

turchartas /tooreKərtəs/ *an* (*gen* turchartais, *pl* turchartasan) coincidence; *...nach eilear a' creidsinn gur e turchartas a bh' ann* ...that it was thought to be no coincidence

tursa /toorsə/ *an* (*pl* tursachan) standing stone

tùrsach /toorsəK/ sad, down

tursan /toorsən/ *pl of* **turas**

turtar /toortər/ *an +len adj* (*gen* turtair, *pl* turtaran) turtle

tùs /toos/ *an* (*gen* tùis, *pl* tùsan) beginning; origin; source; *bho thùs* from the beginning, originally; *Mike, a tha à Glaschu o thùs...* Mike, who is from Glasgow originally...

tusa /toosə/ you (*the emphatic form of* **tu**); *'s tusa am fear mu dheireadh* you're the last one

tùsail /toosal/ original

tùsaire /toosərə/ *an* (*pl* tùsairean) pioneer

tùsaireach /toosərəK/ pioneering

tùsanach /toosənəK/ **1** original, aboriginal, indigenous; *a' choimhearsnachd thùsanach* the indigenous community **2** *an* (*gen & pl* tùsanaich) native; aboriginal

tweeteadh /tweetəG/ *an* (*pl* tweetidhean) tweet; tweeting

tweetigeadh /tweetigəG/ *an* (*gen* tweetigidh, *pl* tweetigidhean) tweet; tweeting

U u

uabhas /oo-əvəs/ *an t-* (*gen* uabhais, *pl* uabhasan) **1** horror; *le uabhas* horrified; *chuir an naidheachd uabhas orra* the news shocked *or* horrified them; *tha feadhainn den bheachd gur e cùis uabhais a th'innte* some take the view that it is a terrible thing **2** ■ **an t-uabhas** a lot, a huge amount; *an t-uabhas Ghàidheal nam measg* including a large number of Gaels; *an t-uabhas anns an sgìre* a lot of people in the area

uabhasach /oo-əvəsəK/ **1** awful, dreadful **2** extremely, incredibly; *uabhasach dona* absolutely awful; *cha robh i uabhasach toilichte* she wasn't terribly happy

uachdar /oo-əKkər/ *an t-* (*gen* uachdair, *pl* uachdaran) surface; cream; upland ♦ **uachdar-fhiaclan** toothpaste; **uachdar reòite** ice cream

uachdaran /oo-əKkərən/ *an t-* (*gen* uachdarain, *pl* uachdaranan) laird; landowner ♦ **uachdaran-taighe** landlord

uachdranas /oo-əKkrənəs/ *an t-* (*gen* uachdranais, *pl* uachdranasan) jurisdiction; sovereignty; *uachdranas laghail* jurisdiction

uaibh /oo-əv/ → **bhuaibh**

uaigh /ooY/ *an* (*pl* uaighean) grave

uaigneas /oo-əgnes/ *an t-* (*gen* uaigneis) solitude

uaill /oo-əl/ *an* (*gen* uaille) pride; *dèanamh uaill à* take pride in, glory in

uain /oo-an/ *gen & pl of* **uan**

uaine /oo-ənyə/ green; *am Pàrtaidh Uaine* the Green Party, the Greens

Uaineach /oo-ənyəK/ *an t-* (*gen & pl* pl Uainich) Green; *na h-Uainich* the Greens

uainfheòil /oo-anyol/ *an* (*gen* uainfheòla) lamb (*meat*)
uainn /oo-in/ → **bhuainn**
uaipe /oo-əpə/ → **bhuaipe**
uair /oo-ər/ *an* (*gen* uarach, *pl* uairean) **1** time; *cha ruig sinn ri uair* we won't make it in time; *ris an uair* on schedule, on time; *uair dha robh saoghal* once upon a time; *bha mi ann uair* I was there once

2 time, occasion; *air uairean* occasionally, from time to time; *aon uair eile* one more time; once again; *uair ainneamh* rarely; *dà uair* twice; *trì uairean* three times; *gach uair a choimhead mi* each time I looked; *uair is uair* time and again; *uair sam bith* whenever; any time

3 (*by the clock*) *uair a thìde* an hour; *tha e a' toirt uair a thìde* it takes an hour; *dè an uair a tha e?* what's the time?; *tha e uair* it's one o'clock; *tha e trì/seachd uairean* it's three/seven o'clock; *aig uair an uaireadair* at one o'clock; *bha mi a' falbh aig 60 san uair* I was doing 60; *uairean beaga na maidne* the wee small hours of the morning; *cairteal na h-uarach* a quarter of an hour

4 *an uair sin* then; *an uair sin chaidh sinn gu…* then we went to…; *bhon uair sin, on uair sin* since then

■ *aon uair agus gu…* once…

uaireadair /oo-ərədər/ *an* (*pl* uaireadairean) watch, wristwatch; *dà uair an uaireadair* two hours
uaireannan /oo-ərənən/ sometimes
uaireigin /oo-ərehgin/ sometime; *uaireigin an-uiridh* sometime last year
uairsin: *an uairsin* = **an uair sin**
uaisle¹ /oo-əshlə/ *an* (*pl* uaislean) gentry; nobility; *na h-uaislean* the nobility
uaisle² /oo-əshlə/: *nas/as uaisle comp & supl of* **uasal**
uaithe /oo-Y-ə/ → **bhuaithe**
uallach /oo-ələK/ *an t-* (*gen* uallaich,, *pl* uallaichean) load, burden; responsibility; stress; worry; pressure; *na biodh uallach ort* don't worry; *tha uallach orm ma dheidhinn*

I'm worried about him; *gun uallach oirre mu dhuine ach...* with no-one to worry about except...; *uallach air buidseatan* pressure on budgets; *a' cur uallach air na h-ùghdarrasan ionadail* putting pressure on the local authorities; *roinn air a bheil an t-uallach* department responsible; *làrach-lìn fo uallach* website overloaded

uam /oo-əm/ → **bhuam**

uamh /oo-wəv/ *an* (*gen* uamha, *pl* uamhan) cave

uan /oo-ən/ *an t-* (*gen* & *pl* uain) lamb (*animal*)

uapa /oo-əpə/ → **bhuapa**

uarach /oo-ərəK/ *gen of* **uair**

uàrd /'ward'/ *an t-* (*gen* uàird, *pl* uàrdan) ward

uasal /oo-əsəl/ noble

uat /oo-ət/ → **bhuat**

ubhal /oo-wəl/ *an t-* (*gen* ubhail, *pl* ùbhlan) apple ♦ **ubhal-ghort** apple orchard

uchd /ooKk/ *an t-* lap; breast; chest; *ri uchd bàis* at death's door ♦ **uchd-leanabh** adopted child

ud /ət/ that; *an t-eilean ud* that island; *na h-eileanan ud* those islands

uèir /wayr/ *an* (*gen* uèire, *pl* uèirean) wire ♦ **uèir bhiorach** barbed wire

ugan /ookan/ *an t-* (*gen* ugain, *pl* ugannan) neck; throat

ugh /oo/ *an t-* (*gen* uigh, *pl* uighean) egg ♦ **ugh bruich** boiled egg; **ugh na Càisge** Easter egg; **ugh air a chruaidh-bhruich** hard-boiled egg; **ugh air a phraighigeadh** fried egg

ùghdar /ooder/ *an t-* (*gen* ùghdair, *pl* ùghdaran) author

ùghdarras /ooderəs/ *an t-* (*gen* ùghdarrais, *pl* ùghdarrasan) authority ♦ **Ùghdarras Catharra na h-Itealachd** the Civil Aviation Authority; **ùghdarrasan ionadail** local authorities; **Ùghdarras Pàirce Nàiseanta** National Park Authority; **Ùghdarras Port Steòrnabhaigh** Stornoway Harbour Authority; **Ùghdarras Teisteanais na h-Alba** the Scottish Qualifications Authority

ùghdarrasach /ooderəseK/ **1** authoritative **2** authentic
uibhir = **uimhir**
Uibhist a Deas /oo-yish-ch ə jes/ South Uist
Uibhist a Tuath /oo-yish-ch ə too-ə/ North Uist
Uibhisteach /ə-ish-chəK/ **1** from/ of Uist, Uist; *an sgrìobhadair Uibhisteach...* the Uist writer... **2** *an t-* (*gen & pl* Uibhistich) Uist man; Uist woman
ùidh /ooyee/ *an* (*gen* ùidhe, *pl* ùidhean) interest; *a bheil ùidh agad ann an...?* are you interested in...?; *...gus ùidh a thogail am measg dhaoine òga ann an...* ...to interest young people in..., ...to get young people interested in...
uidh /ooyə/: *uidh air n-uidh* little by little
uidheam /ooyəm/ *an* (*gen* uidheim, *pl* uidheaman) equipment; *uidheaman* devices, gadgets ♦ **uidheam-smachd** controller
uidheamachd /ooyəməKk/ *an* (*pl* uidheamachdan) equipment; *uidheamachd dìon* protective equipment; *uidheamachdan* mechanisms
uidheamaich (ag uidheamachadh) /əyəmeeK (əg əyəməKəG)/ equip; fit out
uidhir = **uimhir**
uigh /oo-i/ *gen of* **ugh**
uighean /ooyən/ *pl of* **ugh**
uilc /oolk/ *gen of* **olc**
uile /oolə/ all; *a h-uile* every; *a h-uile latha* every day; *a h-uile rud a th'agam* all I have, everything I have; *a h-uile duine* everybody; *a h-uile càil* everything; *na daoine seo uile* all these people; *sin e uile* that's all; *uile gu lèir* overall; altogether; entirely ♦ **uile-choitcheann** universal
uileag /ooləg/ all
uileann /oolan/ *an* (*gen* uilne, *pl* uileannan) elbow; angle
uilebheist /ooləvesht/ *an t-* (*gen* uilebheiste, *pl* uilebheistean) monster ♦ **Uilebheist Loch Nis** the Loch Ness Monster
uill /wel/ well (*as exclamation*)
uillt /oolch/ *gen & pl of* **allt**

uime

uime /ooma/ **1** *prep pron from* **mu** *for* **e** (*him*; *it*); around him/it; about him/it; *chuir e uime* he got dressed; *chuir e uime a chòta* he put his coat on **2** *agus uime sin* and therefore

uimhir /ooyir/: *dè uimhir?* how much?; *a dhà uimhir* twice as much; twice as many; *còrr is an treas uimhir* more than a third as much/many; *...nach toir gearraidhean uimhir de bhuaidh 's bha dùil* ...that the cuts won't have as much of an impact as expected; *tha uimhir de stuth againn* we have so much stuff; *a cheart uimhir a-rithist* the same amount again; *chan eil na h-uimhir (sin)* not so much (as that); *na h-uimhir* such a lot; *'s e na h-uimhir e* it's a start, it's something

uimpe /oompa/ *prep pron from* **mu** *for* **i** (*her*; *it*); around her/it; about her/it; *plaide uimpe* a blanket around her; → **uime**

ùine /oonya/ *an* (*pl* ùineachan) time; *chan eil ùine agam* I haven't got time; *san ùine ghoirid* in a short time; *bho chionn ùine* some time ago; *san ùine fhada* in the long term; *tha e a' toirt ùine nan ùineachan* it takes ages; *uair a dh'ùine* an hour; *tha dùil gum bi esan a-mach ùine* he's expected to be out for some time ♦ **ùine ath-leughaidh** study period; **ùine cluiche** playtime; **ùine eadar-amail** transitional period

ùineadair /oonyadar/ *an t-* (*pl* ùineadairean) timer

uinneag /oonyak/ *an* (*gen* uinneig, *pl* uinneagan) window
♦ **uinneag toisich** windscreen

uinnean /oonyan/ *an t-* (*gen* uinnein, *pl* uinneanan) onion

ùir /oor/ *an* (*gen* ùire, ùireach) soil, earth; *tomanan ùireach* mounds of earth

ùird /oorshj/ *gen & pl of* **òrd**

ùire: *as ùire* /as oora/ newest; up-to-date; last; latest

uiread /ooret/: *uiread de...* **1** so much...; so many...; *na h-uiread de dhaoine* so many people; *àiteachan far nach eil uiread a' tadhal* places that are less visited *or* not so much visited **2** ■ *uiread agus* as much as; *uiread 's as urrainn dhut* as much as you can **3** times; *seachd uiread* *ceithir* 7 times 4

uireas /oores/: *sin uireas* that's all

uirigh *an* (*gen* uirighe, *pl* uirighean) couch

uirsgeul /oorskehl/ *an t-* (*gen* uirsgeòil, *pl* uirsgeulan) fiction

uiseag /ooshak/ *an* (*gen* uiseige, *pl* uiseagan) (sky)lark

uisge /ooshkə/ *an t-* (*pl* uisgeachan) water; rain; *tha an t-uisge ann* it's raining; *camara fon uisge* underwater camera; *ann an uisgeachan Bhreatainn* in British waters ♦ **uisge-beatha** whisky; **uisge-caithte** waste water; **uisge-fuarain** mineral water; **uisge-stiùireach** wake (*behind boat*); **uisge an tap** tap water

Uisge Dè /ooshkə jay/ the (River) Dee

Uisge Deathan /ooshkə jeh-ən/ the (River) Don

Uisge Tatha /ooshkə tah/ the (River) Tay

uisgich (ag uisgeacheadh) /ooshkeeK (əg ooshkəKəG)/ water; irrigate

ùisnich (ag ùisneachadh) /ooshneeK (əg ooshnəKəG)/ use, utilize

Uladh /ooləG/ Ulster

ulaidh /oolee/ *an* (*gen* ulaidhe, *pl* ulaidhean) treasure

ullachadh /ooləKəG/ *an t-* (*gen* ullachaidh, *pl* ullachaidhean) preparation; *tha an t-ullachadh mu dheireadh ga dhèanamh airson...* the final preparations are being made for...

ullaich (ag ullachadh) /ooleeK (əg ooləKəG)/ prepare, get ready

ullamh /ooləv/ ready

ultach /ooltəK/ *an t-* (*gen* ultaich, *pl* ultaichean) armful

umad /ooməd/ *prep pron from* **mu** *for* **thu** (*you*); around you; about you; *cuir do chòta umad* put your coat on; → **uime**

umaibh /oomiv/ *prep pron from* **mu** *for* **sibh** (*you*); around you; about you; → **uime**

umainn /oomin/ *prep pron from* **mu** *for* **sinn** (*us*); around us; about us; → **uime**

umam /ooməm/ *prep pron from* **mu** *for* **mi** (*me*); around me;

umha

about me; ***chuir mi car umam fhìn*** I spun around; → **uime**

umha /oo-ə/ *an t-* bronze

umhail[1] /oowal/ humble; obsequious

umhail[2] /oowal/: ***cha do chuir mi umhail air dad*** I didn't notice anything

ùmhlachd /ooləKk/ *an* deference; ***thoir ùmhlachd do*** defer to

umpa /oompə/ *prep pron from* **mu** *for* **iad** (*them*); around them; about them; → **uime**

uncail /'uncle'/ *an t-* (*pl* uncailean) uncle

Ungair: ***an Ungair*** /ən oongər/ Hungary

unnad /ənət/ = **annad**

unnaibh /əniv/ = **annaibh**

unnainn /ənin/ = **annainn**

unnam /ənəm/ = **annam**

unndais /oondish/ *an* (*gen* unndaise, *pl* unndaisean) winch

unnta /əntə/ = **annta**

ùpraid /ooprij/ *an* (*gen* ùpraide) hubbub; commotion

ùr /oor/ new; fresh (*fruit etc*); ***às ùr*** again; ***gealltanas às ùr*** a new promise

ur /oor/ **1** your (*polite or plural form*); ***ur n-eisimpleir*** your example **2** ***chan urrainn dhaibh ur tuigsinn*** they can't understand you **3** (*translates as 'you' in passives*) ***an deach ur leantainn?*** were you followed?

ùrachadh /oorəKəG/ *an t-* (*gen* ùrachaidh, *pl* ùrachaidhean) renewal; updating; renovation, refurbishment; ***obair ùrachaidh*** renovation work

ùraich (ag ùrachadh) /ooreeK (əg oorəKəG)/ renew; update; renovate, refurbish; ***ùraichte*** updated

ùr-bhreith: ***air ùr-bhreith*** /ehr oor-vreh/ new-born

urchair *an* (*gen* urchrach, *pl* urchraichean) shot

ùr-ghnàthachas /oor-Grah-əKəs/ *an t-* (*gen* ùr-ghnàthachais, *pl* ùr-ghnàthachasan) innovation

ùr-ghnàthadair /oor-Grah-ədər/ *an t-* (*pl* ùr-ghnàthadairean) innovator

ùr-ghnàthaich (ag ùr-ghnàthachadh) /oor-Grah-eeK (əg oor-Grah-əKəG)/ innovate

ùrlar /oorlər/ *an t-* (*gen* ùrlair, *pl* ùrlaran) floor; platform (*station*); ground (*in piping*) ♦ **ùrlar-mullaich** ceiling

ùrnaigh /oornee/ *an* (*gen* ùrnaighe, *pl* ùrnaighean) prayer; *rinn e ùrnaigh* he said a prayer, he prayed; *dèanamaid ùrnaigh* let us pray; *bha mi ag ùrnaigh nach...* I was praying that... not...

ùr-nodha /oor-noh-ə/ brand-new; up-to-date, state-of-the-art

ùr-nòsach /oor-nawsəK/ modern

ùr-nuadh /oor-noo-əG/ = **ùr-nodha**

Urr (=Urramach) Rev (=Reverend); Hon (=Honourable)

urra /oorə/ *an t-* (*pl* urracha): *urracha mòra* **1** VIPs, bigwigs; *gheibh sibh fear an urra* you can have one each **2** *an urra ri* dependent on; in charge of; *tha e an urra riut fhèin!* you decide!, it's up to you!; *...gur ann an urra ri Riaghaltas na h-Alba* ...that that was a matter for the Scottish Government; *bha iad an urra ri cosgaisean de £2.5m* they were responsible for costs of £2.5m

urrad = **uiread**

urrainn /oorin/ **1** *'s urrainn dhomh...* I can...; *'s urrainn do Mhòrag leughadh mar-thà* Morag can read already; *an urrainn dhi...?* can she...?; *am b' urrainn dhut...* could you please...?; *chan urrainn dha snàmh* he can't swim; *cha b' urrainn dhuinn...* we couldn't...; *cho cruaidh 's a b' urrainn dha* as hard as he could; *cho math 's as urrainn dhuinn a dhèanamh* as best we can; *nì sinn nas urrainn dhuinn* we will do all we can; *...far am b' urrainn bruidhinn air seòrsa de...* ...where it's possible to talk about a kind of...; *is urrainnear obraichean ùra a chruthachadh* new jobs can be created

2 *cha b' urrainn dha gun sùil a thoirt air...* he couldn't help taking a look at...

urram /oorəm/ *an t-* (*gen* urraim, *pl* urraman) respect; honour; *...a tha a' toirt urraim do na luachan...* ...which respects *or* honours the values...; *oileanaich aig ìre urraim* students at honours level; *liosta Urraman na Bliadhna Ùire* the New Year's Honours List

urramach /ooraməK/ **1** honourable; *an t-Urramach...* the Reverend...; the Honourable; *am Fìor Urramach...* the Very Reverend...; the Right Honourable... **2** honorary

urras /oorəs/ *an t-* (*gen* urrais, *pl* urrasan) **1** trust **2** bail; *...agus chaidh a leigeil ma sgaoil air urras* ...and was released on bail ♦ **Urras Brosnachaidh na Gàidhlig** the Gaelic Language Promotion Trust; **urras cuimhneachaidh** memorial trust; **Urras Dualchais Alba** the Scottish Heritage Trust; **Urras Fiadh-bheatha na h-Alba** the Scottish Wildlife Trust; **Urras Nàiseanta na h-Alba** the National Trust for Scotland

urrasair /oorəsər/ *an t-* (*pl* urrasairean) trustee

ursainn /oorsin/ *an* (*pl* ursainnean) doorpost; *eadar sinn fhìn agus an ursainn* between you and me and the gatepost

uspag /oospak/ *an* (*gen* uspaige, *pl* uspagan) gust

uspardaich /oospərdeeK/ gusting

Appendices

Articles and genders

In this dictionary Gaelic nouns are entered together with the pattern of the definite article that they take in the nominative singular. This pattern yields the noun's gender. Here is the range of Gaelic articles for each gender.

masculine

definite article pattern	example	
an (*if followed by a consonant*)	an saoghal	*the world*
am	am fear	*the man*
an t- (*if followed by a vowel*)	an t-òran	*the song*

feminine

definite article pattern	example	
a' bh-	a' bheinn	*the mountain*
a' ch-	a' chluas	*the ear*
a' gh-	a' ghlainne	*the glass*
a' mh-	a' mhustais	*the moustache*
a' ph-	a' phòg	*the kiss*
an t- (*if followed by sl…*)	an t-slàinte	*the health*
an t- (*if followed by sn…*)	an t-snèap	*the turnip*
an t- (*if followed by sr…*)	an t-sròn	*the nose*
an t- (*if followed by s + vowel*)	an t-seanmhair	*the granny*
an (*if followed by a vowel*)	an ite	*the feather*
an fh-	an fhàinne	*the ring*
an + len adj (*when an lenites a following adjective*)	an dòigh fhurasta	*the easy way*

A small number of nouns are entered in the plural form only.

na	na leth-aonan	*the twins*
na h-	na h-imeachdan	*the proceedings*

Notes on Gaelic verb forms

1 Regular verbs

Past

root		positive	interrogative	negative
pòs	*marry*	phòs	an do phòs?	cha do phòs
cuir	*put*	chuir	an do chuir	cha do chuir
ruith	*run*	ruith	an do ruith?	cha do ruith
òl	*drink*	dh'òl	an do dh'òl?	cha do dh'òl
falbh	*leave*	dh'fhalbh	an do dh'fhalbh?	cha do dh'fhalbh

(a) In the past tense, positive, interrogative and negative forms lenite where possible.
(b) If the root form starts with a vowel, then the past inserts **dh'** before the vowel.
(c) If the root form starts with **f**+vowel, then the past inserts **dh'** and lenites the **f**.
(d) If the root form starts with a letter that does not lenite (**l**, **n**, **r**), then the form of the past positive will be the same as the root.

Future

root		positive	interrogative	negative
pòs	*marry*	pòsaidh	am pòs?	cha phòs
cuir	*put*	cuiridh	an cuir?	cha chuir
ruith	*run*	ruithidh	an ruith?	cha ruith
òl	*drink*	olaidh	an òl?	chan òl
falbh	*leave*	falbhaidh	am falbh?	chan fhalbh

(a) If the last vowel in the root is **o**, **a** or **u**, then the future ending is **aidh**.
(b) If the last vowel in the root is **e** or **i**, then the future ending is **idh**.
(c) Negative futures lenite where possible.

Notes on Gaelic verb forms

(d) The future tense is also used to express repeated or customary actions in the present (eg: **gabhaidh sinn cearc gach Didòmhnaich** we have chicken on Sundays).

Relative future

root		
pòs	*marry*	phòsas
cuir	*put*	chuireas
ruith	*run*	ruitheas
òl	*drink*	dh'òlas
falbh	*leave*	dh'fhalbhas

(a) If the last vowel in the root is **o**, **a** or **u**, then the relative future ending is **as**.
(b) If the last vowel in the root is **e** or **i**, then the relative future ending is **eas**.
(c) The relative future is used after question words like **dè** or **cuin** (eg: **dè chuireas mi orm?** what shall I wear?). It can also be used after **ma** (eg: **ma lorgas tu e** if you find it)
(d) After a relative future **thu** becomes **tu**.

Conditional

The Gaelic conditional is alone in having endings for some persons (the first person).

phòsainn	*I would marry*	phòsamaid	*we would marry*
phòsadh tu	*you would marry*	phòsadh sibh	*you would marry*
phòsadh e/i	*he/she would marry*	phòsadh iad	*they would marry*
chuirinn	*I would put*	chuireamaid	*we would put*
chuireadh tu	*you would put*	chuireadh sibh	*you would put*
chuireadh e/i	*he/she would put*	chuireadh iad	*they would put*

Notes on Gaelic verb forms

First person, I and we

(a) For the first person singular no personal pronoun is used.
(b) The first person plural will be found either with its own special ending and no pronoun or with a similar structure to other persons (eg: **phòsadh sinn**, **chuireadh sinn**).

Formation

(a) If the last vowel in the root is **o**, **a** or **u**, then the conditional ending is **adh** or, for the first person, **ainn**.
(b) If the last vowel in the root is **e** or **i**, then the conditional ending is **eadh** or, for the first person, **inn**.
(c) If the root form starts with a vowel, then the conditional inserts **dh'** before the vowel (eg: **dh'òlainn** I would drink).
(d) If the root form starts with **f**+vowel, then the conditional inserts **dh'** and lenites the **f** (eg: **dh'fhalbhadh iad** they would leave).
(e) The interrogative form omits the leniting **h**, eg: **am pòsainn i?** would I marry her?; **an cuireadh tu e air ais?** would you put it back?; **an òladh tu…?** would you drink…?
(f) The negative form uses **cha** (eg: **cha chuirinn…** I wouldn't put…); or it uses **chan** before a vowel or **fh** (eg: **chan òlainn sin** I wouldn't drink that)
(g) **Thu** becomes **tu** after a conditional.

2 The eleven irregular verbs

root		verbal noun
abair	*say*	ag ràdh
beir (air)	*catch*	a' breith
bi	*be*	-
cluinn	*hear*	a' cluinntinn
dèan	*do, make*	a' dèanamh
faic	*see*	a' faicinn
faigh	*get, find*	a' faighinn
rach	*go*	a' dol

Notes on Gaelic verb forms

ruig	*reach, arrive (at)*	a' ruigsinn
thoir	*give*	a' toirt
thig	*come*	a' tighinn

Past

root		positive	interrogative	negative
abair	*say*	thuirt	an tuirt?	cha tuirt
beir (air)	*catch*	rug	an do rug?	cha do rug
bi	*be*	bha	an robh?	cha robh
cluinn	*hear*	chuala	an cuala?	cha chuala
dèan	*do, make*	rinn	an do rinn?	cha do rinn
faic	*see*	chunnaic	am faca?	chan fhaca
faigh	*get, find*	fhuair	an d'fhuair?	cha d'fhuair
rach	*go*	chaidh	an deach?	cha deach
ruig	*reach, arrive (at)*	ràinig	an do ràinig?	cha do ràinig
thoir	*give*	thug	an tug?	cha tug
thig	*come*	thàinig	an tàinig?	cha tàinig

Future

root		positive	interrogative	negative
abair	*say*	their	an abair?	chan abair
beir (air)	*catch*	beiridh	an beir?	cha bheir
bi	*be*	bidh	am bi?	cha bhi
cluinn	*hear*	cluinnidh	an cluinn?	cha chluinn
dèan	*do, make*	nì	an dèan?	cha dèan
faic	*see*	chì	am faic?	chan fhaic

Notes on Gaelic verb forms

faigh	get, find	gheibh	am faigh	chan fhaigh
rach	go	thèid	an tèid?	cha tèid
ruig	reach, arrive (at)	ruigidh	an ruig?	cha ruig
thoir	give	bheir	an toir?	cha toir
thig	come	thig	an tig?	cha tig

These greyed-out verbs are in fact regular in the future.

Relative future

root		positive
abair	*say*	dh'abras; chanas
beir	*catch*	bheireas
bi	*be*	bhios; bhitheas
cluinn	*hear*	chluinneas
dèan	*do, make*	nì
faic	*see*	chì
faigh	*get, find*	gheibh
rach	*go*	thèid
ruig	*reach, arrive (at)*	ruigeas
thoir	*give*	bheir
thig	*come*	thig

These greyed-out verbs are in fact regular in the future.

Notes on Gaelic verb forms

Conditional

Not all of the eleven irregular verbs are also irregular in the conditional. But the following are.

root	positive form		interr	neg
	I/we	with pronoun		
abair	theirinn/ theireamaid	theireadh	an abrainn/ an abradh	chan abrainn/ chan abradh
bi	bhithinn/ bhiomaid	bhitheadh, bhiodh	am bithinn/ am biodh	cha bhithinn/ cha bhiodh
faic	chithinn/ chitheamaid	chitheadh	am faicinn/ am faiceadh	chan fhaicinn/chan fhaiceadh
faigh	gheibhinn/ gheibheamaid	gheibheadh	am faighinn/am faigheadh	chan fhaighinn/ fhaigheadh
thoir	bheirinn/ bheireamaid	bheireadh	an toirinn/ an toireadh	cha toirinn/ cha toireadh

The first person plural form is also found with a pronoun as, for example, **theireadh sinn**, **chitheadh sinn**.

Prepositional pronouns

In this table of prepositional pronouns the bracketed extensions are the emphatic forms. Pronunciation for these prepositional pronouns will be found where they are entered as headwords in this dictionary. In very many cases the dictionary entries for these prepositional pronouns will also contain examples of usage.

	aig (at)	*air* (on)	*ann* (in)	*à* (out of)
mi (I)	agam(sa)	orm(sa)	annam(sa)	asam(sa)
thu (you)	agad(sa)	ort(sa)	annad(sa)	asad(sa)
e (he, it)	aige(san)	air(san)	ann(san)	às(san)
i (she, it)	aice(se)	oirre(se)	innte(se)	aiste(se)
sinn (we)	againn(e)	oirnn(e)	annainn(e)	asainn(e)
sibh (you, formal or plural)	agaibh(se)	oirbh(se)	annaibh(se)	asaibh(se)
iad (they)	aca(san)	orra(san)	annta(san)	asta(san)

	bho (from)	*de* (of; off)	*do* (to)
mi (I)	bhuam(sa)	dhìom(sa)	dhomh (dhòmhsa)
thu (you)	bhuat(sa)	dhìot(sa)	dhut(sa)
e (he, it)	bhuaithe(san)	dheth(san)	dha(san)
i (she, it)	bhuaipe(se)	dhith (dhìse)	dhi (dhìse)
sinn (we)	bhuainn(e)	dhinn(e)	dhuinn(e)
sibh (you, formal or plural)	bhuaibh(se)	dhibh(se)	dhuibh(se)
iad (they)	bhuapa(san)	dhiubh(san)	dhaibh(san)

Prepositional Pronouns

	fo (under)	**gu** (to)	**le** (with)	**mu** (around)
mi (I)	fodham(sa)	thugam(sa)	leam(sa)	umam(sa)
thu (you)	fodhad(sa)	thugad(sa)	leat(sa)	umad(sa)
e (he, it)	fodha(san)	thuige(san)	leis(san)	uime(san)
i (she, it)	foidhpe(se)	thuice(se)	leatha(se)	uimpe(se)
sinn (we)	fodhainn(e)	thugainn(e)	leinn(e)	umainn(e)
sibh (you, formal or plural)	fodhaibh(se)	thugaibh(se)	leibh(se)	umaibh(se)
iad (they)	fodhpa(san)	thuca(san)	leotha(san)	umpa(san)

	ri (to)	**ro** (before)	**tro** (through)
mi (I)	rium(sa)	romham(sa)	tromham(sa)
thu (you)	riut(sa)	romhad(sa)	tromhad(sa)
e (he, it)	ris(san)	roimhe(san)	troimhe(san)
i (she, it)	rithe(se)	roimhpe(se)	troimhpe(se)
sinn (we)	ruinn(e), rinn	romhainn(e)	tromhainn(e)
sibh (you, formal or plural)	ribh(se)	romhaibh(se)	tromhaibh(se)
iad (they)	riutha(san)	romhpa(san)	tromhpa(san)